ALGORITMOS E ESTRUTURAS DE DADOS
EM LINGUAGEM C

CB020956

O GEN | Grupo Editorial Nacional – maior plataforma editorial brasileira no segmento científico, técnico e profissional – publica conteúdos nas áreas de ciências exatas, humanas, jurídicas, da saúde e sociais aplicadas, além de prover serviços direcionados à educação continuada e à preparação para concursos.

As editoras que integram o GEN, das mais respeitadas no mercado editorial, construíram catálogos inigualáveis, com obras decisivas para a formação acadêmica e o aperfeiçoamento de várias gerações de profissionais e estudantes, tendo se tornado sinônimo de qualidade e seriedade.

A missão do GEN e dos núcleos de conteúdo que o compõem é prover a melhor informação científica e distribuí-la de maneira flexível e conveniente, a preços justos, gerando benefícios e servindo a autores, docentes, livreiros, funcionários, colaboradores e acionistas.

Nosso comportamento ético incondicional e nossa responsabilidade social e ambiental são reforçados pela natureza educacional de nossa atividade e dão sustentabilidade ao crescimento contínuo e à rentabilidade do grupo.

ANDRÉ RICARDO **BACKES**

ALGORITMOS E ESTRUTURAS DE DADOS
EM LINGUAGEM **C**

- O autor deste livro e a editora empenharam seus melhores esforços para assegurar que as informações e os procedimentos apresentados no texto estejam em acordo com os padrões aceitos à época da publicação, *e todos os dados foram atualizados pelo autor até a data de fechamento do livro*. Entretanto, tendo em conta a evolução das ciências, as atualizações legislativas, as mudanças regulamentares governamentais e o constante fluxo de novas informações sobre os temas que constam do livro, recomendamos enfaticamente que os leitores consultem sempre outras fontes fidedignas, de modo a se certificarem de que as informações contidas no texto estão corretas e de que não houve alterações nas recomendações ou na legislação regulamentadora.

- Data do fechamento do livro: 30/10/2022

- O autor e a editora se empenharam para citar adequadamente e dar o devido crédito a todos os detentores de direitos autorais de qualquer material utilizado neste livro, dispondo-se a possíveis acertos posteriores caso, inadvertida e involuntariamente, a identificação de algum deles tenha sido omitida.

- **Atendimento ao cliente: (11) 5080-0751 | faleconosco@grupogen.com.br**

- Direitos exclusivos para a língua portuguesa
  Copyright © 2023, 2025 (2ª impressão) *by*
  LTC – Livros Técnicos e Científicos Editora Ltda.
  Uma editora integrante do GEN | Grupo Editorial Nacional
  Travessa do Ouvidor, 11
  Rio de Janeiro – RJ – 20040-040
  www.grupogen.com.br

- Reservados todos os direitos. É proibida a duplicação ou reprodução deste volume, no todo ou em parte, em quaisquer formas ou por quaisquer meios (eletrônico, mecânico, gravação, fotocópia, distribuição pela Internet ou outros), sem permissão, por escrito, da LTC – Livros Técnicos e Científicos Editora Ltda.

- Capa: Leonidas Leite

- Imagem da capa: © iStockphoto | scyther5

- Editoração eletrônica: Set-up Time Artes Gráficas

- Ficha catalográfica

CIP-BRASIL. CATALOGAÇÃO NA PUBLICAÇÃO
SINDICATO NACIONAL DOS EDITORES DE LIVROS, RJ

B122a

Backes, André Ricardo

Algoritmos e estruturas de dados em linguagem C / André Ricardo Backes. - 1. ed. [2ª Reimp.] - Rio de Janeiro : LTC, 2025.

Inclui bibliografia e índice

ISBN 978-85-216-3830-8

1. Estrutura de dados (Computação). 2. Algoritmos. 3. C (Linguagem de programação de computador). I. Título.

22-80079   CDD: 005.73

                                               CDU: 004.021

Gabriela Faray Ferreira Lopes - Bibliotecária - CRB-7/6643

Aos meus pais, que sempre me incentivaram e me apoiaram nos estudos, e ao meu filho, Pedro, que me ensinou o verdadeiro significado de ensinar.

Sobre o autor

André Ricardo Backes possui bacharelado em Informática (2003), mestrado e doutorado em Ciência da Computação (2006 e 2010, respectivamente), todos pela Universidade de São Paulo (USP). Atualmente, é professor associado da Universidade Federal de Uberlândia (UFU) e revisor de vários periódicos da área de processamento de imagens, visão computacional e inteligência artificial. Possui experiência na área de Ciência da Computação, com ênfase em Metodologia e Técnicas da Computação. Principais tópicos de pesquisa: caminhada determinística, análise de complexidade, dimensão fractal, redes complexas, análise de imagens, *deep learning*, redes neurais convolucionais e aplicações nas áreas de agricultura de precisão, biologia e medicina.

Prefácio

A maneira como os dados são organizados dentro do computador é de grande importância para uma manipulação eficiente deles. Uma estrutura de dados é a forma como decidimos armazenar e organizar os dados dentro do computador, de modo a atender diferentes requisitos de processamento. A escolha correta de uma estrutura para organizar os dados permite otimizar o seu uso, tornando assim um problema complexo em algo simples de se resolver.

Estrutura de dados é um dos tópicos mais importantes da computação, sendo ela utilizada em diversas áreas e para diversas finalidades. Nesse sentido, este livro pretende uma nova abordagem que descomplique os conceitos de estruturas de dados por meio de lembretes e avisos que ressaltem os seus pontos-chave, além de explicações detalhadas de cada algoritmo e o uso de imagens para auxiliar no entendimento do seu funcionamento. Tudo isso utilizando a linguagem C, uma das mais bem-sucedidas linguagens de alto nível já criadas e considerada uma das linguagens de programação mais utilizadas de todos os tempos.

O Autor

Agradecimentos

Este livro foi escrito com o objetivo de se tornar referência no aprendizado de estrutura de dados. O mundo mudou, assim como o acesso à informação e a forma como nossos alunos lidam com as tecnologias. Como professor, eu percebia as dificuldades dos alunos e isso me motivou a fazer algo diferente, algo que pegasse os conceitos, muitas vezes um tanto abstratos, e os tornasse mais acessíveis, que os descomplicasse. Por isso, agradeço aos meus alunos, que atuaram como um guia. Foi pensando em ajudá-los que me arrisquei a produzir esta obra.

Material Suplementar

Este livro conta com os seguintes materiais suplementares:

Para todos os leitores:

- Códigos-fontes disponíveis para *download* (requer PIN).

O acesso ao material suplementar é gratuito. Basta que o leitor se cadastre e faça seu *login* em nosso *site* (www.grupogen.com.br), clicando em Ambiente de aprendizagem, no *menu* superior do lado direito. Em seguida, insira o código (PIN) de acesso localizado na orelha deste livro.

O acesso ao material suplementar online fica disponível até seis meses após a edição do livro ser retirada do mercado.

Caso haja alguma mudança no sistema ou dificuldade de acesso, entre em contato conosco (gendigital@grupogen.com.br).

Sumário

CAPÍTULO 1
Introdução 1

Algoritmos 3
Estrutura de dados 4
Alocação de memória 4
   Alocação estática 4
   Alocação dinâmica 5
   Alocação estática × dinâmica 7

CAPÍTULO 2
Análise da Complexidade de Algoritmos 8

Análise empírica 9
Análise matemática 10
   Motivação 10
   Contando instruções de um algoritmo 10
   Custo dominante ou pior caso do algoritmo 12
   Comportamento assintótico 13
   A notação Grande-O 16
   Os diferentes tipos de análise assintótica 18
   Classes de problemas 21
Relações de recorrências 22
Exercícios 26

CAPÍTULO 3
Ordenação e Busca em *Arrays* 27

Definição 28
Algoritmos básicos de ordenação 29
   Ordenação por "bolha" – *bubble sort* 29
   Ordenação por seleção – *selection sort* 32
   Ordenação por inserção – *insertion sort* 34
Algoritmos sofisticados de ordenação 37
   Algoritmo *merge sort* 37

Algoritmo *quick sort*   40
Algoritmo *heap sort*   44
Algoritmo *counting sort*   48
Ordenação de um *array* de *struct*   50
Ordenação externa   52
Merge sort externo   53
Busca em *arrays*   59
Busca sequencial ou linear   60
Busca binária   63
Busca em um *array* de *struct*   64
Exercícios   66

CAPÍTULO 4
Tipo Abstrato de Dados – TAD   68
Definição   69
Vantagens de usar um TAD   70
O tipo FILE   70
Tipo opaco   72
Operações básicas de um TAD   72
Modularizando o programa   73
Implementando um TAD: Ponto   74
Exercícios   78

CAPÍTULO 5
Listas   80
Definição   81
Tipos de listas   81
Operações básicas de uma lista   82
A operação de inserção na lista   82
A operação de remoção da lista   83
Lista sequencial estática   83
Definindo o tipo lista sequencial estática   84
Criando e destruindo uma lista   86
Informações básicas sobre a lista   87
Inserindo um elemento na lista   90
Removendo um elemento da lista   94
Busca por um elemento da lista   100
Análise de complexidade   102
Lista dinâmica encadeada   103
Trabalhando com ponteiro para ponteiro   104
Definindo o tipo lista dinâmica encadeada   108
Criando e destruindo uma lista   110
Informações básicas sobre a lista   111

Inserindo um elemento na lista   114
Removendo um elemento da lista   119
Busca por um elemento da lista   124
Análise de complexidade   126

Lista dinâmica encadeada circular   127
Definindo o tipo lista dinâmica encadeada circular   129
Criando e destruindo uma lista   131
Informações básicas sobre a lista   133
Inserindo um elemento na lista   136
Removendo um elemento da lista   142
Busca por um elemento da lista   148
Análise de complexidade   151
Aumentando o desempenho de uma lista circular   151

Lista dinâmica duplamente encadeada   157
Definindo o tipo lista dinâmica duplamente encadeada   159
Informações básicas sobre a lista   164
Inserindo um elemento na lista   166
Removendo um elemento da lista   172
Busca por um elemento da lista   177
Análise de complexidade   179

Lista dinâmica encadeada com nó descritor   180
Definindo o tipo lista com nó descritor   181
Criando e destruindo uma lista   183
Informações básicas sobre a lista   185
Inserindo um elemento na lista   186
Removendo um elemento da lista   189
Análise de complexidade   191

Exercícios   192

CAPÍTULO 6
Filas   194

Definição   195
Tipos de filas   195
Operações básicas de uma fila   196
Fila sequencial estática   197
Definindo o tipo fila sequencial estática   197
Criando e destruindo uma fila   199
Informações básicas sobre a fila   201
Inserindo um elemento na fila   203
Removendo um elemento da fila   205
Consultando o elemento no início da fila   206
Análise de complexidade   206

Fila dinâmica encadeada   206
Definindo o tipo fila dinâmica encadeada   208

Criando e destruindo uma fila   210
Informações básicas sobre a fila   211
Inserindo um elemento na fila   214
Removendo um elemento da fila   215
Consultando o elemento no início da fila   216
Análise de complexidade   217
Criando uma fila usando uma lista   217
Exercícios   219

CAPÍTULO 7
Filas de Prioridade   221

Definição   222
Operações básicas de uma fila   222
Implementação da fila de prioridades   222
Definindo o tipo fila de prioridades   223
Criando e destruindo uma fila   225
Informações básicas sobre a fila   227
Tamanho da fila   227
Fila cheia   227
Fila vazia   228
Fila de prioridades usando um *array* ordenado   229
Inserindo um elemento na fila de prioridades   229
Removendo um elemento da fila de prioridades   231
Consultando o elemento no início da fila de prioridades   232
Fila de prioridades usando uma *heap* binária   233
Inserindo um elemento na fila de prioridades   233
Removendo um elemento da fila de prioridades   235
Consultando o elemento no início da fila de prioridades   237
Exercícios   239

CAPÍTULO 8
Deque   240

Definição   241
Tipos de deques   241
Operações básicas de um deque   242
Deque estático   243
Definindo o tipo deque estático   243
Criando e destruindo um deque   245
Informações básicas sobre o deque   246
Inserindo um elemento no deque   249
Removendo um elemento do deque   251
Consultando o deque   254
Deque dinâmico   255
Definindo o tipo deque dinâmico   256
Criando e destruindo um deque   258

Sumário   **xvii**

Informações básicas sobre o deque   260
Inserindo um elemento no deque   263
Removendo um elemento do deque   266
Consultando o deque   269
Exercícios   271

CAPÍTULO 9
Pilhas   272

Definição   273
Tipos de pilhas   273
Operações básicas de uma pilha   274
Pilha sequencial estática   274
  Definindo o tipo pilha sequencial estática   275
  Criando e destruindo uma pilha   277
  Informações básicas sobre a pilha   278
  Inserindo um elemento na pilha   280
  Removendo um elemento da pilha   281
  Acessando o elemento no topo da pilha   282
  Análise de complexidade   283
Pilha dinâmica encadeada   283
  Definindo o tipo pilha dinâmica encadeada   285
  Criando e destruindo uma pilha   287
  Informações básicas sobre a pilha   288
  Inserindo um elemento na pilha   291
  Removendo um elemento da pilha   292
  Acessando o elemento no topo da pilha   293
  Análise de complexidade   294
Criando uma pilha usando uma lista   295
Exercícios   296

CAPÍTULO 10
Tabela *Hash*   298

Definição   299
Aplicações   300
Criando o TAD tabela *Hash*   301
  Definindo o tipo tabela *Hash*   301
  Criando e destruindo uma tabela *Hash*   302
Calculando a posição da chave: função de *hashing*   305
  Método da divisão   305
  Método da multiplicação   306
  Método da sobra   307
  Tratando uma *string* como chave   308
Inserção e busca sem colisão   309
Hashing universal   311
Hashing perfeito e imperfeito   312

Tratamento de colisões   312
  Endereçamento aberto   313
  Encadeamento separado   320
Exercícios   321

CAPÍTULO 11
Grafos   323

Definição   324
Conceitos básicos   325
  Vértice   325
  Arestas: conectando os vértices   326
  Direção das arestas: grafos e digrafos   326
  Grau de um vértice   326
  Laços   327
  Caminhos e ciclos   327
  Arestas múltiplas e multigrafo   329
Representação de grafos   329
  Matriz de adjacência   330
  Listas de adjacência   330
  Criando o TAD grafo   331
Tipos de grafos   337
  Grafos trivial e simples   337
  Grafo completo   338
  Grafo regular   338
  Subgrafo   339
  Grafo bipartido   339
  Grafo conexo e desconexo   339
  Grafos isomorfos   340
  Grafo ponderado   341
  Grafo hamiltoniano   341
  Grafo euleriano   341
Algoritmos de busca   342
  Busca em profundidade   343
  Busca em largura   346
  Menor caminho entre dois vértices   349
Árvore geradora mínima   353
  Algoritmo de Prim   355
  Algoritmo de Kruskal   358
Exercícios   362

CAPÍTULO 12
Árvores   364

Definição   365
Conceitos básicos   366
  Notação   366

Sumário   **xix**

    Grau do nó e subárvores   367
    Altura e nível da árvore   367
Tipos de árvore   368
Árvore binária   368
    Tipos de árvore binária   369
    Tipos de implementação   370
    Criando a TAD árvore binária   372
Árvore binária de busca   384
    Definição   384
    Inserindo um nó na árvore   385
    Removendo um nó da árvore   387
    Consultando um nó da árvore   391
Árvore binária de busca balanceada   393
Árvore AVL   394
    Definição   394
    Implementando uma árvore AVL   395
    Rotações   397
    Inserindo um nó na árvore   406
    Removendo um nó da árvore   411
Árvore rubro-negra   417
    Definição   417
    Diferença entre as árvores AVL e rubro-negra   418
    Árvore rubro-negra caída para a esquerda   418
    Implementando uma árvore rubro-negra   419
    Acessando e mudando a cor dos nós   421
    Rotações   423
    Movendo os nós vermelhos   424
    Inserindo um nó na árvore   427
    Removendo um nó da árvore   431
Exercícios   436

CAPÍTULO 13
Skip List   438

Definição   439
Criando a TAD *skip list*   440
Criando e destruindo uma *skip list*   443
Informações básicas sobre a *skip list*   447
Inserindo um elemento na *skip list*   450
Removendo um elemento da *skip list*   452
Busca por um elemento da *skip list*   455
Exercícios   456

CAPÍTULO 14
Conjunto e multiconjunto   457

Conjunto   458

Criando a TAD conjunto   458
Criando e destruindo um conjunto   460
Inserindo e removendo um elemento do conjunto   461
Tamanho do conjunto   463
Busca por um elemento do conjunto   464
Percorrendo os elementos do conjunto   464
União de dois conjuntos   467
Intersecção de dois conjuntos   468
Multiconjunto   469
Criando a TAD multiconjunto   470
Criando e destruindo um multiconjunto   472
Inserindo e removendo um elemento do multiconjunto   473
Tamanho do multiconjunto   476
Busca por um elemento do multiconjunto   476
Percorrendo os elementos do multiconjunto   477
Exercícios   480

CAPÍTULO 15
Usos e aplicações das estruturas de dados   481

Referências bibliográficas   487

Índice alfabético   489

1

Introdução

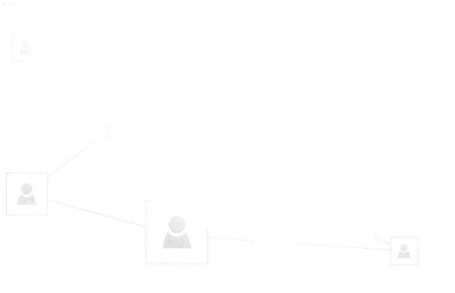

Uma estrutura de dados é uma forma eficiente de armazenar e organizar os dados dentro do computador para que nossos algoritmos tirem o melhor proveito deles. Porém, muitas pessoas consideram seu estudo de difícil aprendizado, seja pela dificuldade de compreender certos conceitos (como os ponteiros), seja pela falta de clareza com que a estrutura de dados é descrita.

Nesse sentido, pretende-se uma nova abordagem que descomplique os conceitos dos diferentes tipos de estrutura de dados por meio de lembretes e avisos que ressaltem os seus pontos-chave, além das respectivas implementações em linguagem C, uma das mais bem-sucedidas linguagens de alto nível já criadas e considerada uma das linguagens de programação mais utilizadas de todos os tempos.

Este livro foi desenvolvido como um curso completo de estrutura de dados. Sua elaboração foi focada nas principais estruturas de dados utilizadas pelos mais diversos cursos de graduação em ciências de computação, sistemas de informação e engenharia de computação. Foi priorizada a simplicidade na abordagem dos tópicos e implementação das estruturas. Desse modo, espera-se que o livro possa ser facilmente utilizado tanto por profissionais que trabalhem com programação quanto por profissionais de áreas não computacionais.

Quanto a sua estrutura, adotamos a seguinte forma: no Capítulo 1, apresentamos uma breve descrição do que é um algoritmo, o que são estruturas de dados e as diferenças entre alocação estática e dinâmica de memória.

O Capítulo 2 mostra as definições e conceitos sobre a análise de complexidade de algoritmos, a diferença entre análise empírica e análise matemática, o custo dominante de um algoritmo, além dos diferentes tipos de análise assintótica e classes de problemas. Já no Capítulo 3, descrevemos o problema de ordenação e busca de dados em *arrays*. Aqui são apresentados algoritmos básicos a sofisticados. Também é apresentada a ideia da ordenação externa (em disco).

Tratamos da criação de novos tipos de dados pelo programador no Capítulo 4. Nesse capítulo, são apresentados os conceitos necessários para a criação de um tipo abstrato de dado e modularização de programas.

O Capítulo 5 tem como tema as listas, uma estrutura de dados linear utilizada para armazenar e organizar elementos do mesmo tipo. Aqui são apresentadas as operações possíveis nessa estrutura de dados, assim como os diferentes tipos de implementação e as diferenças entre elas.

Nos Capítulos 6 e 7 são descritas as filas e as filas de prioridade, uma variação da fila convencional. O Capítulo 8 apresenta o deque, uma generalização da fila que permite a inserção e remoção em ambos os extremos da fila. Já no Capítulo 9 tratamos da implementação das pilhas. As filas e as pilhas, assim como uma lista, armazenam uma sequência de elementos, mas diferentemente das listas, os elementos da fila e da pilha obedecem uma ordem de entrada e saída.

A definição e implementação de uma tabela *Hash* é o tema do Capítulo 10. Nesse capítulo tratamos também dos tipos de função de *hashing* existentes e do problema da colisão de chaves.

Na sequência, o Capítulo 11 aborda os conceitos básicos de grafos, as diferentes formas de representação, os tipos de grafos, além de exemplificar alguns algoritmos de busca em grafos.

O Capítulo 12 apresenta o conceito de árvores, os vários tipos de árvores existentes, como funciona uma árvore binária de busca, a importância do balanceamento da árvore e como implementar uma árvore binária balanceada. Na sequência, o Capítulo 13 apresenta a **SkipList**, uma

Introdução

estrutura baseada em listas ligadas paralelas e que possui eficiência comparável à de uma árvore binária de busca balanceada.

Por fim, o Capítulo 14 apresenta as estruturas conjunto e multiconjunto, que são utilizadas para armazenar e organizar dados, com ou sem repetições e sem qualquer ordem particular.

Ao final, no Capítulo 15, apresentamos alguns usos e aplicações das principais estruturas de dados abordadas neste livro.

Algoritmos

Sempre que queremos resolver um problema no computador precisamos, antes de tudo, descrevê-lo de forma clara e precisa. Ou seja, precisamos escrever o seu algoritmo.

Ao final, no Capítulo 15, apresentamos alguns usos e aplicações das principais estruturas de dados abordadas neste livro.

> Algoritmo pode ser definido como uma sequência simples e objetiva de instruções para solucionar um determinado problema. Cada instrução é uma informação que indica ao computador uma ação básica a ser executada.

Um algoritmo é uma sequência de instruções que realizam uma tarefa específica e é frequentemente ilustrado como uma receita, por exemplo, de bolo:

- aqueça o forno a 180 °C;
- unte uma forma redonda;
- numa taça;
  - bata;
    - 75 g de manteiga;
    - 250 g de açúcar;
  - até ficar cremoso;
  - junte;
    - 4 ovos, um a um;
    - 100 g de chocolate derretido;
  - adicione aos poucos 250 g de farinha peneirada;
- deite a massa na forma;
- leve ao forno durante 40 minutos.

> A sequência de instruções que define o algoritmo deve ser sempre finita e também não pode ser ambígua.

Isso significa que nosso algoritmo deve ter sempre um fim (ou seja, deve terminar após certo número de passos) e que cada instrução deve ser precisamente definida (ou seja, não deve permitir mais de uma interpretação de seu significado). Além disso, os algoritmos se baseiam no uso de um conjunto de instruções bem definido, que constituem um vocabulário de símbolos limitado (por exemplo, o conjunto de palavras reservadas da linguagem).

Um algoritmo é um procedimento computacional composto de 3 partes:

- **Entrada de dados**: são os dados do algoritmo informados pelo usuário;
- **Processamento de dados**: são os procedimentos utilizados para chegar ao resultado. É responsável pela obtenção dos dados de saída com base nos dados de entrada;
- **Saída de dados**: são os dados já processados, apresentados ao usuário.

> Muitas vezes, um mesmo problema pode ser resolvido por vários algoritmos diferentes.

Os algoritmos se diferenciam uns dos outros pela maneira como eles utilizam os recursos do computador. Existem algoritmos que dependem principalmente do tempo que demoram para serem executados, enquanto outros dependem da quantidade de memória do computador. Um exemplo de problema em que existem vários algoritmos é a ordenação de números.

Estrutura de dados

Em computação, uma **estrutura de dados** é uma forma de armazenar e organizar os dados de modo que eles possam ser usados de forma eficiente. Uma estrutura de dados é um relacionamento lógico entre diferentes tipos de dados, visando a resolução de determinado problema de forma eficiente.

As **estruturas de dados** são utilizadas em diversas áreas do conhecimento e podem possuir diferentes propósitos. Trata-se de um tema fundamental da ciência da computação, pois a organização de forma coerente dos dados permite a diminuição do custo de execução de um algoritmo em termos de tempo de execução, consumo de memória ou em ambos.

Alocação de memória

Alocação estática

Na alocação estática de memória, o programador não precisa se preocupar em reservar memória para seus dados. A quantidade de memória necessária para armazenar suas variáveis é automaticamente reservada na *stack* (pilha) ou em outras seções do programa. Do mesmo modo, o programador também não tem controle sobre o tempo de vida dessas variáveis na memória.

> A *stack* guarda os dados alocados dentro dos escopos de funções: variáveis locais, parâmetros, retorno de funções e endereços de outras áreas de código. Nela, as instruções e os dados vão sendo empilhados, e o desempilhamento ocorre automaticamente após a execução.

Nesse tipo de alocação os dados estão organizados sequencialmente na memória do computador (como os *arrays*). Além disso, a quantidade total de memória utilizada pelo programa é previamente conhecida e não pode ser mudada (não é possível redimensionar a memória). As variáveis são alocadas considerando toda a memória que seu tipo de dado necessita e não consideram a quantidade que seria realmente necessária na execução do programa. Consequentemente, podemos ter espaços alocados na memória que não são utilizados.

A Figura 1.1 mostra um exemplo passo a passo do funcionamento da *stack*. As variáveis são empilhadas na *stack* à medida que são declaradas na **main()** (Passos 1 e 2). Ao correr uma chamada de função, cria-se uma nova região na *stack* com os parâmetros locais (Passo 3). Variáveis declaradas dentro da função são empilhadas dentro da sua região da *stack* (Passo 4). Terminada a execução da função ela é removida da *stack* (desempilhada) e seu valor retornado para uma variável dentro da **main()**. A variável declarada para receber o retorno da função é empilhada dentro da região da *stack* associada a **main()** (Passo 5).

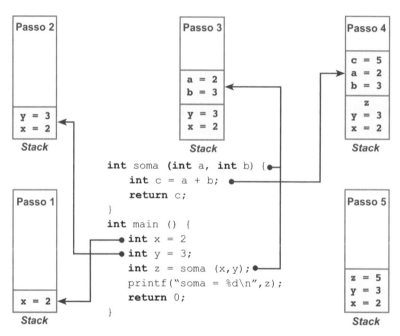

Figura 1.1

Alocação dinâmica

Na alocação dinâmica de memória, o programador tem total controle sobre o tamanho e o tempo de vida das posições de memória dos seus dados. Ou seja, o programador é responsável por reservar a quantidade de memória necessária para seus dados. Essa memória não é mais reservada na *stack*, mas em outra área de memória chamada *heap*. As variáveis armazenadas na *heap* não dependem do escopo e devem ser liberadas manualmente pelo programador. Se o programador esquecer de liberar essa memória, um vazamento de memória (***memory leak***) poderá ocorrer, causando falha no aplicativo.

> **Heap** é uma seção do programa que é bem maior que o **stack**. Ela é ideal para alocar muitos objetos e/ou objetos muito grandes. Nela, os dados são alocados dinamicamente por meio da função **malloc()** em C e só podem ser acessados por ponteiros. Além de ser mais lenta que a **stack**, a remoção de objetos da **heap** é manual.

Nesse tipo de alocação os dados não precisam estar necessariamente organizados sequencialmente na memória do computador. Em geral, os blocos de memória alocados podem estar dispersos na memória do computador (estruturas encadeadas fazem melhor uso desse tipo de memória). Além disso, a quantidade total de memória utilizada pelo programa não precisa ser previamente conhecida. Os blocos de memória podem ser alocados, liberados e realocados para diferentes propósitos, durante a execução do programa. O acesso aos dados agora é feito por ponteiros que apontam para os blocos de memória alocados, e não mais por variáveis.

A Figura 1.2 mostra um exemplo passo a passo do funcionamento da **heap**. As variáveis são empilhadas na **stack** à medida que são declaradas na **main()** (Passo 1). Ao correr uma chamada da função **malloc()**, cria-se uma nova região de memória na **heap** e o ponteiro que aponta para essa região é empilhado na **stack** (Passos 2 e 3). Note que as regiões na **heap** não são escolhidas de forma sequencial. Quando a função **free()** é chamada, a região associada a aquele ponteiro é liberada da **heap**, mas o ponteiro ainda continua na **stack** (Passo 4). Ao fim da **main()**, todas as variáveis são removidas da **stack**. Porém, uma região da **heap** continua presente, pois ela foi alocada, mas nunca liberada (Passo 5).

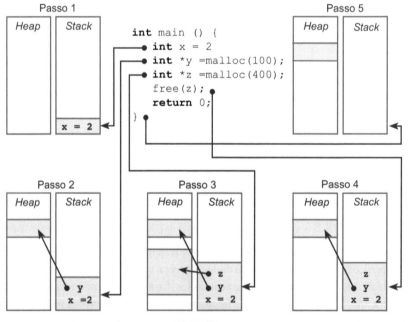

Figura 1.2

Alocação estática × dinâmica

A Tabela 1.1 apresenta uma breve descrição das diferenças entre a alocação estática e a alocação dinâmica.

Alocação estática (*stack*)	Alocação dinâmica (*heap*)
Armazenado na memória RAM.	Armazenado na memória RAM.
Variáveis são liberadas automaticamente no fim do escopo.	Variáveis não dependem do escopo (podem ser acessadas globalmente) e devem ser liberadas manualmente.
Alocação mais rápida que na **heap**.	Alocação mais lenta que na **stack**.
Implementado usando uma estrutura de dados do tipo pilha.	Blocos de dados são alocados sob demanda.
Armazena dados locais e endereços de retorno utilizados na passagem de parâmetros.	Pode sofrer fragmentação após sucessivas alocações e liberações de memória.
Os dados podem ser usados sem ponteiros.	Os dados são acessados por ponteiros.
Pode ocorrer estouro de pilha quando for muito usada.	A alocação pode falhar se muita memória for solicitada.
É usada quando se sabe exatamente o quanto de espaço será alocado antes do tempo de compilação e esse espaço não é muito grande.	É usada quando não se sabe exatamente o quanto de espaço será alocado antes do tempo de compilação ou esse espaço é muito grande.
Geralmente possui um tamanho máximo predeterminado quando o programa inicia.	Responsável por vazamentos de memória.

Tabela 1.1

2

Análise da Complexidade de Algoritmos

Análise da Complexidade de Algoritmos

Em ciência da computação, a análise de algoritmos é a área de pesquisa cujo foco são os algoritmos.

> A análise de algoritmos busca responder a seguinte pergunta: podemos fazer um algoritmo mais eficiente?

Em programação, podemos resolver um problema de várias maneiras diferentes, isto é, podemos utilizar algoritmos diferentes para um mesmo problema.

> Algoritmos diferentes, mas capazes de resolver o mesmo problema não necessariamente o fazem com a mesma eficiência.

Essas diferenças de eficiência podem ser:
- **irrelevantes** para um pequeno número de elementos processados;
- **crescer proporcionalmente** com o número de elementos processados.

> Para comparar a eficiência dos algoritmos foi criada uma medida chamada **complexidade computacional.**

Basicamente, a complexidade computacional indica o custo ao se aplicar um algoritmo, sendo

$$custo = memória + tempo$$

em que o item **memória** indica quanto de espaço o algoritmo vai consumir e **tempo**, a duração de sua execução.

Para determinar se um algoritmo é o mais eficiente, podemos utilizar duas abordagens:
- **análise empírica**: comparação entre os programas;
- **análise matemática**: estudo das propriedades do algoritmo.

Análise empírica

Basicamente, esse tipo de análise avalia o custo (ou complexidade) de um algoritmo a partir da avaliação da execução do mesmo quando implementado.

> Na **análise empírica**, um algoritmo é analisado pela execução de seu programa correspondente.

A análise empírica possui uma série de vantagens. Por meio dela, podemos:
- avaliar o desempenho em uma determinada configuração de computador/linguagem;
- considerar custos não aparentes. Por exemplo, o custo da alocação de memória;

- comparar computadores;
- comparar linguagens.

> Apesar de suas vantagens, existem certas dificuldades na realização da análise empírica.

Algumas dessas dificuldades são:
- necessidade de implementar o algoritmo. Isso depende da habilidade do programador;
- resultado pode ser mascarado pelo *hardware* (computador utilizado) ou *software* (eventos ocorridos no momento de avaliação);
- qual a natureza dos dados: dados reais, aleatórios ou perversos?

> O uso de **dados aleatórios** permite avaliar o desempenho médio do algoritmo. **Dados perversos** permitem avaliar o desempenho no **pior caso**.

Análise matemática

Motivação

Muitas vezes, é preferível que a medição do tempo gasto por um algoritmo seja feita de maneira independente do *hardware* ou da linguagem usada na sua implementação. Nesse tipo de situação, convém utilizar a análise matemática do algoritmo.

> A **análise matemática** permite um estudo formal de um algoritmo ao nível ideia. Ela faz uso de um computador idealizado e simplificações que buscam considerar somente os custos dominantes do algoritmo.

Nesse tipo de análise, estamos avaliando a ideia por trás do algoritmo. Para tanto, detalhes de baixo nível, como a linguagem de programação utilizada, o *hardware* no qual o algoritmo é executado, ou o conjunto de instruções da CPU, são ignorados. Esse tipo de análise permite entender como um algoritmo se comporta à medida que o conjunto de dados de entrada cresce. Assim, podemos expressar a relação entre o conjunto de dados de entrada e a quantidade de tempo necessária para processar esses dados.

Contando instruções de um algoritmo

Para entender como calcular o custo de um algoritmo, tome como exemplo o pequeno trecho de código mostrado na Figura 2.1. Esse algoritmo procura o maior valor presente em um *array* A contendo n elementos e o armazena na variável M.

Análise da Complexidade de Algoritmos

De posse desse trecho de código, vamos contar quantas **instruções simples** ele executa.

Instrução simples é uma instrução que pode ser executada diretamente pelo CPU, ou algo muito perto disso.

No nosso trecho de código podemos encontrar os seguintes tipos de instruções:
- atribuição de um valor a uma variável;
- acesso ao valor de determinado elemento do *array*;
- comparação de dois valores;
- incremento de um valor;
- operações aritméticas básicas, como adição e multiplicação.

Por serem **instruções simples**, elas possuem todas o mesmo custo. Além disso, vamos assumir que comandos de seleção (como o comando **if**) possuem custo zero, ou seja, não contam como instruções.

	Exemplo de código
01	`int M = A[0];`
02	
03	`for(i = 0; i < n; i++){`
04	`    if(A[i] >= M) {`
05	`        M = A[i];`
06	`    }`
07	`}`

Figura 2.1

O custo da linha 1 é de: 1 instrução.

Na linha 1, o valor da primeira posição do *array* é copiado para a variável **M**. Vamos considerar que essa tarefa requer apenas uma instrução para acessar o valor **A[0]** e atribuí-lo à variável **M**.

O custo da inicialização do laço **for** (linha 3) é de: 2 instruções.

No nosso algoritmo, o comando de laço **for** é utilizado para percorrer o *array* A. Porém, antes mesmo de percorrer o *array*, ele precisa ser inicializado ao custo de **uma instrução** ($i = 0$). Além disso, mesmo que o *array* tenha tamanho zero (isto é, não possua nenhum elemento), ao menos uma comparação será executada ($i < n$), o que custa mais **uma instrução**. Portanto, temos um total de duas instruções na inicialização do laço **for**. Perceba que essas instruções serão executadas antes da primeira iteração do laço **for**.

> O custo para executar o comando de laço **for** (linha 3) é de: $2n$ instruções.

Ao fim de cada iteração do laço **for**, precisamos executar mais duas instruções: uma de incremento (i++) e uma comparação para verificar se vamos continuar no laço **for** ($i < n$). No nosso algoritmo, o comando de laço **for** será executado n vezes, que é o número de elementos no *array* **A**. Assim, essas duas instruções também serão executadas n vezes, ou seja, o seu custo será $2n$ instruções.

Se ignorarmos os comandos contidos no corpo do laço **for**, teremos que o algoritmo precisa executar $3 + 2n$ instruções:

- 3 instruções antes de iniciar o laço **for**;
- 2 instruções ao fim de cada laço **for**, o qual é executado n vezes.

Assim, considerando um laço vazio, podemos definir uma função matemática que representa o custo do algoritmo em relação ao tamanho do *array* de entrada: $f(n) = 2n + 3$.

Custo dominante ou pior caso do algoritmo

Se desconsiderarmos os comandos no corpo do laço **for**, a análise do algoritmo contido na Figura 2.1 resultou que o mesmo possui um custo de $3 + 2n$ instruções.

> As instruções vistas até o momento são sempre executadas. Porém, as instruções dentro do **for** podem ou não ser executadas.

Vamos, então, contar as instruções restantes. Dentro do laço **for** temos um comando de seleção (**if**). Seu custo será de 1 instrução: uma única instrução será responsável pelo acesso ao valor do *array* e sua comparação ($A[i] >= M$).

Dentro do comando **if** temos mais uma instrução: a que acessa o valor do *array* e o atribui a outra variável ($M = A[i]$). No entanto, essas instruções podem ou não ser executadas e isso depende do resultado da comparação feita pelo comando **if**. Isso complica um pouco o cálculo do custo do algoritmo.

> Antes, bastava saber o tamanho do *array*, **n**, para definir a função de custo $f(n)$. Agora temos que considerar também o conteúdo do *array*.

Tome como exemplo dois *arrays* de mesmo tamanho:

A1 = {1, 2, 3, 4}

A2 = {4, 3, 2, 1}

Análise da Complexidade de Algoritmos

É fácil perceber que o *array* A1 irá precisar de mais instruções (o comando **if** é sempre **verdadeiro**) para achar o maior valor do que o *array* A2 (o comando **if** é sempre **falso**).

> Ao analisarmos um algoritmo, é muito comum considerarmos o **pior caso** possível, ou seja, aquele em que o maior número de instruções é executado.

No nosso algoritmo, o **pior caso** ocorre quando o *array* possui valores em ordem crescente. Nesta situação, o valor de M é sempre substituído, o que resulta em um maior número de instruções. Ou seja, no **pior caso**, o laço **for** sempre executa as 2 instruções. Assim, teremos que a função custo do algoritmo será $f(n) = 2n + 2n + 3$ ou $f(n) = 4n + 3$. Essa função representa o custo do algoritmo em relação ao tamanho do *array* (n) de entrada no **pior caso**.

Comportamento assintótico

Vimos que o custo para o algoritmo mostrado na Figura 2.1 é dado pela função

$$f(n) = 4n + 3$$

Essa é a função de complexidade de tempo, que nos dá uma ideia do custo de execução do algoritmo para um problema de tamanho n. É importante salientar que é possível criar o mesmo tipo de função para a análise do espaço gasto.

> Será que todos os termos da função *f* são necessários para termos uma noção do custo do algoritmo?

De fato, nem todos os termos são necessários. Ou seja, podemos descartar certos termos na função e manter apenas os que nos dizem o que acontece com a função quando o tamanho dos dados de entrada (n) cresce muito.

> Se um algoritmo é mais rápido do que outro para um grande conjunto de dados de entrada, é muito provável que ele continue sendo também mais rápido em um conjunto de dados menor.

Diante desse fato, podemos descartar todos os termos que crescem lentamente e manter apenas os que crescem mais rápido à medida que o valor de n se torna maior. Nossa função, $f(n) = 4n + 3$, possui dois termos: $4n$ e 3.

> O termo 3 é simplesmente uma constante de inicialização, ou seja, não é afetado pelo valor de n e pode, portanto, ser descartado.

Como o termo 3 não se altera à medida que n aumenta, nossa função pode ser reduzida para $f(n) = 4n$.

> Constantes que multiplicam o termo *n* da função também devem ser descartadas.

Ao descartarmos essas constantes, nossa função se torna muito simples, $f(n) = n$. Descartar esse tipo de constante faz sentido se pensarmos em diferentes linguagens de programação. Por exemplo, a seguinte linha de código em Pascal

$$M := A[i]$$

equivale ao seguinte código em linguagem C

$$if(i >= 0 \;\&\&\; i < n)$$

$$M = A[i]$$

Como podemos ver, o acesso a um elemento do *array* em Pascal contém uma etapa de verificação para saber se aquela posição existe dentro do *array*, algo que não existe na linguagem C. Assim, ignorar essas constantes de multiplicação equivale a ignorar as particularidades de cada linguagem e compilador, e analisar apenas a ideia do algoritmo.

> Ao descartarmos todos os termos constantes e manter apenas o de maior crescimento, obtemos o **comportamento assintótico** do algoritmo. Chamamos de comportamento assintótico o comportamento de uma função *f(n)* quando *n* tende ao infinito.

Isso acontece porque o termo que possui o maior expoente domina o comportamento da função $f(n)$ quando n tende ao infinito. Para entender melhor isso, considere duas funções de custo: $g(n) = 1.000n + 500$ e $h(n) = n^2 + n + 1$. A Figura 2.2 mostra as curvas obtidas para essas duas funções à medida que n aumenta. Perceba que apesar da função $g(n)$ possuir constantes maiores multiplicando seus termos, existe um valor de n a partir do qual o resultado de $h(n)$ é sempre maior do que $g(n)$, tornando os demais termos e constantes pouco importantes. Ou seja, podemos suprimir os termos menos importantes da função de modo a considerar apenas o termo de maior grau. Assim, podemos descrever a complexidade usando somente o seu custo dominante: n para a função $g(n)$ e n^2 para $h(n)$.

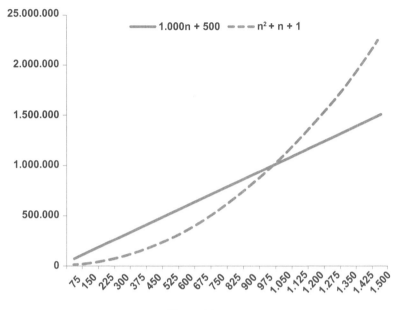

Figura 2.2

A Tabela 2.1 mostra alguns exemplos de função de custo juntamente com o seu comportamento assintótico. Perceba que, se a função não possui nenhum termo multiplicado por n, seu comportamento assintótico é constante (1).

Função custo	Comportamento assintótico
$f(n) = 105$	$f(n) = 1$
$f(n) = 15n + 2$	$f(n) = n$
$f(n) = n^2 + 5n + 2$	$f(n) = n^2$
$f(n) = 5n^3 + 200n^2 + 112$	$f(n) = n^3$

Tabela 2.1

> De modo geral, podemos obter a função de custo de um programa simples apenas contando os comandos de laços aninhados.

De fato, qualquer programa que não possua um laço será um programa com um número constante de instruções (exceto se houver recursão), ou seja, $f(n) = 1$. Um programa com um laço de 1 a n será $f(n) = n$ (ou seja, um conjunto de instruções constantes antes e/ou depois do laço e um conjunto de instruções constante dentro do laço), dois comandos de laço aninhados terão comportamento assintótico $f(n) = n^2$, e assim por diante.

A notação Grande-O

Dentre as várias formas de análise assintótica, a mais conhecida e utilizada é a notação **Grande-O, O**. Ela representa o custo (seja de tempo ou de espaço) do nosso algoritmo no **pior caso** possível para todas as entradas de tamanho n.

> A notação **Grande-O (O)** analisa o **pior caso** de um algoritmo, ou seja, ela analisa o limite superior de entrada. Desse modo, podemos dizer que o comportamento do nosso algoritmo não pode nunca ultrapassar certo limite.

A ordenação de dados é um problema interessante para entendermos como funciona a notação **Grande-O (O)**, por se tratar de um problema comum em sistemas reais e por possuir uma grande variedade de algoritmos para resolvê-lo.

A Figura 2.3 apresenta a implementação de um método de ordenação: o *selection sort*. Dado um *array* V de tamanho n, esse método procura o menor valor do *array* (posição me) e o coloca na primeira posição. Em seguida, ele repete esse processo para a segunda posição do *array*, depois para a terceira etc. Esse processo continua até que todo o *array* esteja ordenado. Na sua implementação, podemos ver dois comandos de laço. Enquanto o laço externo é executado n vezes, o número de execuções do laço interno depende do valor do índice do primeiro laço. Assim, o laço interno é executado $n - 1$ vezes na primeira iteração do laço externo, depois $n - 2$ vezes, e assim por diante, até que ele seja executado apenas 1 vez.

Método *selection sort*
| ```
01    void selectionSort(int *V, int n){
02        int i, j, me, troca;
03        for(i = 0; i < n-1; i++){
04            me = i;
05            for(j = i+1; j < n; j++){
06                if(V[j] < V[me])
07                    me = j;
08            }
09            if(i != me){
10                troca = V[i];
11                V[i] = V[me];
12                V[me] = troca;
13            }
14        }
15    }
``` |

Figura 2.3
```

Análise da Complexidade de Algoritmos

> Para calcularmos o custo do *selection sort* temos que calcular o resultado da soma 1 + 2 + ... + (n − 1) + n. Essa soma representa o número de execuções do laço interno, algo que não é tão simples de se calcular.

Dependendo do algoritmo, calcular o seu custo exato pode ser uma tarefa muito complicada. No nosso caso, temos que 1 + 2 + ... + (n − 1) + n equivale à soma dos n termos de uma **progressão aritmética**, S(n), de razão 1. Assim,

$S(n) = 1 + 2 + ... + (n - 1) + n$

$S(n) = n + (n - 1) + ... + 2 + 1$

$2S(n) = (1 + n) + (2 + (n - 1)) + ... + ((n - 1) + 2) + (n + 1)$

Como 1 e n, 2 e (n − 1), ..., são termos equidistantes dos extremos, suas somas são iguais a (1 + n); logo:

$2S(n) = (1 + n) + (2 + (n - 1)) + ... + ((n - 1) + 2) + (n + 1)$

$2S(n) = n(1 + n)$

$S(n) = n(1 + n)/2$

Assim, temos que o número de execuções do laço interno é $S(n) = n(1 + n)/2$. Uma alternativa mais simples seria estimar um **limite superior**. Isso pode ser feito alterando mentalmente o algoritmo e, em seguida, calculando o custo desse novo algoritmo. A ideia é alterá-lo para algo **menos eficiente** do que temos. Assim, saberemos que o algoritmo original é no máximo tão ruim, ou talvez melhor, que o novo algoritmo.

> Uma forma de diminuirmos a eficiência do *selection sort* seria trocar o laço interno (que muda de tamanho a cada execução do laço externo) por um laço que seja executado sempre **n vezes**.

Essa pequena alteração torna mais fácil de descobrir o custo do algoritmo. Obviamente, ela também piora o desempenho do algoritmo já que algumas execuções do laço interno serão inúteis. Como agora temos dois comandos de laço aninhados sendo executados n vezes cada, a função de custo do algoritmo passa a ser $f(n) = n^2$. Desse modo, utilizando a notação **Grande-O**, podemos dizer que o custo do algoritmo no **pior caso** é $O(n^2)$.

> No nosso exemplo, a notação $O(n^2)$ nos diz que o custo do algoritmo não é, assintoticamente, pior do que n^2. Em outras palavras, o custo do algoritmo original é no máximo tão ruim quanto n^2. Pode ser melhor, mas nunca pior.

Assim, com a notação **Grande-O** podemos estabelecer o **limite superior** para a complexidade real de um algoritmo. Isso significa que o nosso programa nunca vai ser mais lento que um determinado limite.

Os diferentes tipos de análise assintótica

Existem várias formas de análise assintótica. Dentre elas, a mais conhecida e utilizada é a notação **Grande-O**. Ela representa a complexidade (seja de tempo ou de espaço) do nosso algoritmo no **pior caso**.

A notação **Grande-O** é a mais utilizada, pois é o caso mais fácil de se identificar (limite superior sobre o tempo de execução do algoritmo). Para diversos algoritmos o **pior caso** ocorre com frequência.

A seguir, são matematicamente descritas outras formas de análise assintótica.

A notação Ω

A notação Ω (lê-se, grande-*omega*) descreve o **limite assintótico inferior** de um algoritmo. Trata-se de uma notação utilizada para analisar o melhor caso do algoritmo.

A notação Ω (n^2) nos diz que o custo do algoritmo é, assintoticamente, maior ou igual a n^2. Em outras palavras, o custo do algoritmo original é no mínimo tão ruim quanto n^2.

Matematicamente, a notação Ω é assim definida: uma função custo $f(n)$ é Ω ($g(n)$) se existem duas constantes positivas c e m tais que, para $n \geq m$, temos $f(n) \geq cg(n)$.

Em outras palavras, para todos os valores de n à direita do valor m, o resultado da nossa função custo $f(n)$ é sempre maior ou igual ao valor da função usada na notação Ω, $g(n)$, multiplicada por uma constante c. Um exemplo da notação Ω é mostrado na Figura 2.4.

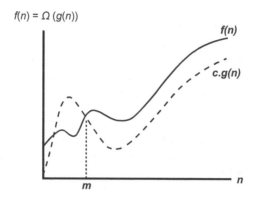

Figura 2.4

Um exemplo simples desse tipo de notação consiste em mostrar que a função custo do nosso algoritmo $f(n) = 3n^3 + 2n^2$ é $\Omega(n^3)$. Para isso, basta considerar que $c = 1$ e $n \geq 0$. Assim, $3n^3 + 2n^2 \geq 1n^3$.

A notação O

A notação O (lê-se, grande-o) descreve o **limite assintótico superior** de um algoritmo. Trata-se de uma notação utilizada para analisar o **pior caso** do algoritmo.

A notação $O(n^2)$ nos diz que o custo do algoritmo é, assintoticamente, menor ou igual a n^2. Em outras palavras, o custo do algoritmo original é, no máximo, tão ruim quanto n^2.

Matematicamente, a notação O é assim definida: uma função custo $f(n)$ é $O(g(n))$ se existem duas constantes positivas **c** e **m** tais que, para $n \geq m$, temos $f(n) \leq cg(n)$.

Em outras palavras, para todos os valores de **n** à direita do valor **m**, o resultado da nossa função custo $f(n)$ é sempre menor ou igual ao valor da função usada na notação O, $g(n)$, multiplicada por uma constante **c**. Um exemplo da notação O é mostrado na Figura 2.5.

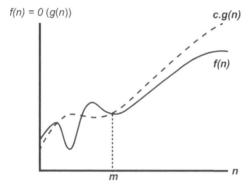

Figura 2.5

Um exemplo simples desse tipo de notação consiste em mostrar que a função custo do nosso algoritmo $f(n) = 3n^3 + 2n^2$ é $O(n^3)$. Para isso, basta considerar que $c = 6$ e $n \geq 0$. Assim, $3n^3 + 2n^2 \leq 6n^3$.

A notação Grande-O, O, possui algumas operações, sendo a mais importante a regra da soma.

A **regra da soma** é muito importante na análise da complexidade de diferentes algoritmos em sequência. Basicamente, se dois algoritmos são executados em sequência, a complexidade da execução dos dois algoritmos será dada pela complexidade do maior deles, ou seja,

$$O(f(n)) + O(g(n)) = O(max(f(n), g(n)))$$

Por exemplo, se temos:

- dois algoritmos cujos tempos de execução são $O(n)$ e $O(n^2)$, a execução deles em sequência será $O(max(n, n^2))$, que é $O(n^2)$;
- dois algoritmos cujos tempos de execução são $O(n)$ e $O(n \log n)$, a execução deles em sequência será $O(max(n, n \log n))$ que é $O(n \log n)$.

A notação θ

A notação θ (lê-se, grande *theta*) descreve o **limite assintótico firme** (ou **estreito**) de um algoritmo. Trata-se de uma notação utilizada para analisar os limites inferior e superior do algoritmo.

A notação $\theta(n^2)$ nos diz que o custo do algoritmo é, assintoticamente, igual a n^2. Em outras palavras, o custo do algoritmo original é n^2 dentro de um fator constante acima e abaixo.

Matematicamente, a notação θ é assim definida: uma função custo $f(n)$ é $\theta(g(n))$ se existem três constantes positivas c_1, c_2 e m tais que, para $n \geq m$, temos $c_1 g(n) \leq f(n) \leq c_2 g(n)$.

Em outras palavras, para todos os valores de n à direita do valor m, o resultado da nossa função custo $f(n)$ é sempre igual ao valor da função usada na notação θ, $g(n)$, quando esta função é multiplicada por constantes c_1 e c_2. Um exemplo da notação θ é mostrado na Figura 2.6.

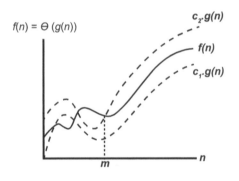

Figura 2.6

Um exemplo simples desse tipo de notação consiste em mostrar que a função custo do nosso algoritmo, $f(n) = 1/2\, n^2 - 3n$, é $\theta(n^2)$. Para tanto, iremos definir constantes positivas c_1, c_2 e m tais que

$$c_1 n^2 \leq 1/2\, n^2 - 3n \leq c_2 n^2$$

para todo $n \geq m$. Dividindo por n^2, temos

$$c_1 \leq 1/2 - 3/n \leq c_2$$

A desigualdade do lado direito é considerada válida para $n \geq 1$ quando escolhemos $c_2 \geq 1/2$. Já a desigualdade do lado esquerdo é considerada válida para $n \geq 7$ quando escolhemos $c_1 \geq 1/14$. Assim, basta considerar que $c_1 \geq 1/14$, $c_2 \geq 1/2$ e $n \geq 7$ para que a função $f(n) = 1/2\, n^2 - 3n$ seja $\theta(n^2)$.

A notação o e ω

As notações o (lê-se, pequeno-o) e ω (lê-se, pequeno-*omega*) são muito parecidas com as notações O e Ω, respectivamente.

> Enquanto as notações O e Ω possuem uma relação de **menor ou igual** e **maior ou igual**, as notações o e ω possuem uma relação de **menor e maior**.

Elas não representam limites próximos da função $f(n)$, mas apenas estritamente superiores e inferiores. Ou seja,

- A notação $o(n^2)$ nos diz que o custo do algoritmo é, assintoticamente, sempre menor do que n^2. Matematicamente, uma função custo $f(n)$ é $o(g(n))$ se existem duas constantes positivas c e m tais que, para $n \geq m$, temos $f(n) < c\, g(n)$.
- A notação $\omega(n^2)$ nos diz que o custo do algoritmo é, assintoticamente, sempre maior do que n^2. Matematicamente, uma função custo $f(n)$ é $\omega(g(n))$ se existem duas constantes positivas c e m tais que, para $n \geq m$, temos $f(n) > c\, g(n)$.

Classes de problemas

A seguir são apresentadas algumas classes de complexidade de problemas comumente usadas.

- $O(1)$: **ordem constante**, ou seja, as instruções são executadas um número fixo de vezes. Não depende do tamanho dos dados de entrada.
- $O(\log n)$: **ordem logarítmica**, típica de algoritmos que resolvem um problema transformando-o em problemas menores.
- $O(n)$: **ordem linear**. Em geral, uma certa quantidade de operações é realizada sobre cada um dos elementos de entrada.
- $O(n \log n)$: **ordem log linear**. Típica de algoritmos que trabalham com particionamento dos dados. Esses algoritmos resolvem um problema transformando-o em problemas menores, que são resolvidos de forma independente e depois unidos.
- $O(n^2)$: **ordem quadrática**. Normalmente, ocorre quando os dados são processados aos pares. Uma característica desse tipo de algoritmos é a presença de um aninhamento de dois comandos de repetição.
- $O(n^3)$: **ordem cúbica**. É caracterizado pela presença de três estruturas de repetição aninhadas.
- $O(2^n)$: **ordem exponencial**. Geralmente ocorre quando se usa uma solução de força bruta. Não são úteis do ponto de vista prático.
- $O(N!)$: **ordem fatorial**. Geralmente ocorre quando se usa uma solução de força bruta. Não são úteis do ponto de vista prático. Possui um comportamento muito pior que o exponencial.

Por fim, a relação entre as classes de complexidades é assim definida

$$O(1) < O(\log n) < O(n) < O(n \log n) < O(n^2) < O(n^3) < O(2^n) < O(N!)$$

A Tabela 2.2 mostra uma comparação no tempo de execução de algoritmos que possuem diferentes complexidades. Nesse caso, estamos considerando que nosso computador será capaz de executar 1 milhão de operações por segundo.

f(n)	n = 10	n = 20	n = 30	n = 50	n = 100
n	1,0E-05 segundos	2,0E-05 segundos	4,0E-05 segundos	5,0E-05 segundos	6,0E-05 segundos
$n \log n$	3,3E-05 segundos	8,6E-05 segundos	2,1E-04 segundos	2,8E-04 segundos	3,5E-04 segundos
n^2	1,0E-04 segundos	4,0E-04 segundos	1,6E-03 segundos	2,5E-03 segundos	3,6E-03 segundos
n^3	1,0E-03 segundos	8,0E-03 segundos	6,4E-02 segundos	0,13 segundos	0,22 segundos
2^n	1,0E-03 segundos	1,0 segundo	2,8 dias	35,7 anos	365,6 séculos
3^n	5,9E-02 segundos	58,1 minutos	3855,2 séculos	2,3E+08 séculos	1,3E+13 séculos

Tabela 2.2

Na análise assintótica, as constantes de multiplicação são consideradas irrelevantes e, portanto, descartadas. Porém, elas podem ser relevantes na prática, principalmente se o tamanho da entrada for pequena.

Considere dois algoritmos com tempo de execução $f(n) = 10^{100} n$ e $g(n) = 10n \log n$. Pela análise assintótica, o primeiro é mais eficiente, já que ele tem complexidade $O(n)$ enquanto o outro é $O(n \log n)$. No entanto, 10^{100} é um número muito grande. Alguns astrônomos consideram esse número o limite superior para a quantidade de átomos no universo observável. Nesse caso, $10n \log n > 10^{100} n$ apenas para $n \geq 2^{10^{99}}$. Para qualquer valor menor que n, o algoritmo de complexidade $O(n \log n)$ será melhor.

Relações de recorrências

Uma função é chamada **função recursiva** quando chama a si mesma durante a sua execução. Um exemplo clássico de função recursiva é o cálculo do fatorial de um número.

Como calcular o fatorial de quatro (definido como 4!)?

Solução: para calcular o fatorial de quatro, multiplica-se o número quatro pelo fatorial de três (definido como 3!). Generalizando esse processo, temos que o fatorial de N é igual a N multiplicado pelo fatorial de $(N - 1)$, ou seja, $N! = N*(N - 1)!$. Esse processo irá terminar quando atingirmos o número zero. Nesse caso, o valor do fatorial de zero (0!) é definido como igual a um. Temos, então, que a função fatorial é definida matematicamente como:

$0! = 1$

$N! = N * (N - 1)!$

Na Figura 2.7 é possível ver a função recursiva para cálculo do fatorial.

Função recursiva para cálculo do fatorial

```
01   int fatorial (int n){
02     if (n == 0)
03       return 1;
04     else
05       return n * fatorial(n-1);
06   }
```

Figura 2.7

A definição de uma função recursiva é um exemplo de **recorrência** ou **relação de recorrência**, isto é, uma expressão que descreve uma função em termos de entradas menores da função. No caso do fatorial, a sua relação de recorrência é dada por:

$$T(n) = T(n - 1) + n$$

Muitos algoritmos se baseiam em recorrência. Trata-se de uma ferramenta importante para a solução de problemas combinatórios. Como esses algoritmos usualmente não utilizam estruturas de repetição, apenas comandos condicionais, atribuições etc., podemos erroneamente imaginar que essas funções possuem complexidade $O(1)$. Na verdade, para saber a complexidade de um algoritmo recursivo precisamos resolver a sua relação de recorrência. Ou seja, temos que encontrar uma **fórmula fechada** que nos dê o valor da função em termos de seu parâmetro n. Isso é geralmente obtido como uma combinação de polinômios, quocientes de polinômios, logaritmos, exponenciais etc.

Considere a seguinte relação de recorrência:

$$T(n) = T(n - 1) + 2n + 3$$

Suponha que $n \in \{2, 3, 4, ...\}$. Existem inúmeras funções T que satisfazem a recorrência. Por exemplo, a Figura 2.8 mostra duas funções que satisfazem essa recorrência. Nesse caso, a primeira função considera o caso base como $T(1) = 1$ enquanto a segunda usa $T(1) = 5$.

n	1	2	3	4	5
T(n)	1	8	17	28	41

n	1	2	3	4	5
T(n)	5	12	21	32	45

Figura 2.8

> Para cada valor *i* e o intervalo $n \in \{2, 3, 4, ...\}$ existe uma (e apenas uma) função *T* que tem caso base $T(1) = i$ e satisfaz a recorrência $T(n) = T(n - 1) + 2n + 3$.

Sendo assim, precisamos encontrar uma **fórmula fechada** para a recorrência.

> Uma forma de se fazer isso é por meio da expansão da relação de recorrência até que se possa detectar um comportamento no seu caso geral.

Para entender a técnica, considere a seguinte relação de recorrência:

$$T(n) = T(n - 1) + 3$$

Essa relação de recorrência representa um algoritmo que possui três operações mais uma chamada recursiva. Para resolvermos essa recorrência devemos aplicar o termo $T(n - 1)$ sobre a relação $T(n)$. Com isso, obtemos:

$$T(n - 1) = T(n - 2) + 3$$

Se aplicarmos o termo $T(n - 2)$ sobre a relação $T(n)$, teremos:

$$T(n - 2) = T(n - 3) + 3$$

Se continuarmos esse processo, teremos a seguinte expansão:

$T(n) = T(n - 1) + 3$

$T(n) = (T(n - 2) + 3) + 3$

$T(n) = ((T(n - 3) + 3) + 3) + 3$

Perceba que a cada passo um valor 3 é somado à expansão e o valor de *n* é diminuído em uma unidade. Assim, podemos resumir essa expansão usando a seguinte equação:

$$T(n) = T(n - k) + 3k$$

Resta saber quando esse processo de expansão termina, ou seja, quando ele chega ao **caso base**. Isso ocorre quando $n - k = 1$, ou seja, $k = n - 1$. Substituindo, temos:

$T(n) = T(n - k) + 3k$

$T(n) = T(1) + 3(n - 1)$

$T(n) = T(1) + 3n - 3$

Como $T(1)$ é o **caso base**, ou seja, é o fim da recursão, o tempo de execução dele é constante, isto é, $O(1)$. Assim, a complexidade da recorrência é dada por $T(n) = 3n + 3 + O(1)$. Temos, portanto, que a complexidade é $O(n)$, ou seja, **linear**.

Análise da Complexidade de Algoritmos   **25**

Vamos a outro exemplo. Considere agora a seguinte relação de recorrência:

$$T(n) = T(n/2) + 5$$

Essa relação de recorrência representa um algoritmo que possui cinco operações mais uma chamada recursiva que divide os dados sempre pela metade ($n/2$). Diferente do exemplo anterior, essa
recorrência não atua sobre todos os valores de n, mas apenas nos valores de n que representem uma
potência de 2. Assim, essa recorrência existe apenas para $n \in \{2^1, 2^2, 2^3, 2^4, ...\}$. Considerando $n = 2^k$,
podemos reescrever a recorrência como:

$$T(2^k) = T(2^{k-1}) + 5$$

Para resolvermos essa recorrência devemos aplicar o termo $T(2^{k-1})$ sobre a relação $T(2^k)$. Com
isso, obtemos:

$$T(2^{k-1}) = T(2^{k-2}) + 5$$

Se aplicarmos o termo $T(2^{k-2})$ sobre a relação $T(2^k)$, teremos:

$$T(2^{k-2}) = T(2^{k-3}) + 5$$

Se continuarmos esse processo, teremos a seguinte expansão:

$T(2^k) = T(2^{k-1}) + 5$

$T(2^k) = (T(2^{k-2}) + 5) + 5$

$T(2^k) = ((T(2^{k-3}) + 5) + 5) + 5$

...

$T(2^k) = T(2^{k-k}) + 5k$

$T(2^k) = T(2^0) + 5k$

$T(2^k) = T(1) + 5k$

Perceba que a cada passo um valor 5 é somado à expansão e o valor de k é diminuído em uma
unidade. Assim, podemos resumir essa expansão usando a seguinte equação, a qual já considera
o seu **caso base**:

$$T(2^k) = T(1) + 5k$$

O tempo de execução do caso base, $T(1)$, é constante: $O(1)$. Desse modo, a complexidade da
recorrência é dada por $T(2^k) = 5k + O(1)$. Devemos lembrar que substituímos n por 2^k no início
da expansão, de modo que $n = 2^k$. Aplicando o logaritmo, temos que $k = log_2n$. Substituindo, temos:

$T(2^k) = 5k + O(1)$

$T(2^k) = 5\,log_2n + O(1)$

Como resultado, a relação de recorrência tem complexidade $O(log_2n)$, ou seja, **logarítmica**.

Exercícios

1) Na prática, quais grandezas físicas influenciam a eficiência de tempo de um algoritmo?

2) Quando calculamos a complexidade de algoritmos não recursivos podemos nos guiar por um conjunto de regras simples de serem seguidas. Cite e descreva essas regras.

3) O que significa dizer que uma função $g(n)$ é $O(f(n))$?

4) O que significa dizer que uma função $g(n)$ é $\Omega(f(n))$?

5) Liste os tipos de problemas que apresentam complexidade da ordem de $n \log n$. Como é possível identificá-los?

6) Considere dois algoritmos A e B com funções de complexidade de tempo $a(n) = n^2 - n + 500$ e $b(n) = 47n + 47$, respectivamente. Para quais valores de n o algoritmo A leva menos tempo para executar do que B?

7) Calcule a ordem de complexidade, no pior caso, das seguintes funções de custo:

- $2n + 10$
- $1/2\ n(n + 1)$
- $n + \sqrt{n}$
- $n / 1.000$
- $1/2\ n^2$
- $1/2\ n^2 - 3n$

8) Calcule a complexidade, no pior caso, do seguinte fragmento de código:

```c
int i,j,k;
for(i=0; i < N; i++){
    for(j=0; j < N; j++){
        R[i][j] = 0;
        for(k=0; k < N; k++)
        R[i][j] += A[i][k] * B[k][j];
    }
}
```

9) Calcule a complexidade, no pior caso, do seguinte fragmento de código:

```c
int i,j,k,s;
for(i=0; i < N-1; i++)
    for(j=i+1; j < N; j++)
        for(k=1; k < j; k++)
            s = 1;
```

10) Calcule a complexidade, no pior caso, do seguinte fragmento de código:

```c
int i,j,s;
s = 0;
for(i=1; i < N-1; i++)
    for(j=1; j < 2*N; j++)
        s = s + 1;
```

3

Ordenação e Busca em *Arrays*

Definição

A ordenação nada mais é do que o ato de colocar um conjunto de dados em determinada ordem predefinida, como mostra o exemplo a seguir:

5, 2, 1, 3, 4: FORA DE ORDEM

1, 2, 3, 4, 5: ORDENADO

> A ordenação permite que o acesso aos dados seja feito de forma mais eficiente.

A ordenação de um conjunto de dados é feita utilizando como base uma chave específica.

> A chave de ordenação é o "campo" do item utilizado para comparação. É por meio dele que sabemos se determinado elemento está à frente ou não de outros no conjunto ordenado.

Para realizar a ordenação podemos usar qualquer tipo de chave, desde que exista uma regra de ordenação bem definida. Existem vários tipos possíveis de ordenação. Os tipos de ordenação mais comuns são:

- numérica: 1, 2, 3, 4, 5;
- lexicográfica (ordem alfabética): Ana, André, Bianca, Ricardo.

Além disso, independentemente do tipo, a ordenação pode ser:

- crescente
    - 1, 2, 3, 4, 5;
    - Ana, André, Bianca, Ricardo.
- decrescente
    - 5, 4, 3, 2, 1;
    - Ricardo, Bianca, André, Ana.

> Um algoritmo de ordenação é aquele que coloca os elementos de uma dada sequência em uma certa ordem predefinida.

Existem vários algoritmos diferentes para realizar a ordenação dos dados. Esses algoritmos podem ser classificados de ordenação **interna** (*in-place*) ou **externa**.

- **ordenação interna**: o conjunto de dados a ser ordenado cabe todo na memória principal. Qualquer elemento pode ser imediatamente acessado;

- **ordenação externa**: o conjunto de dados a ser ordenado não cabe na memória principal (está armazenado em memória secundária, por exemplo, em um arquivo). Os elementos são acessados sequencialmente ou em grandes blocos.

Além disso, um algoritmo de ordenação pode ser considerado como estável ou não.

> Um algoritmo de ordenação é considerado estável se a ordem dos elementos com chaves iguais não muda durante a ordenação.

Imagine um conjunto de dados não ordenado com dois valores iguais, no caso 5a e 5b:

5a, 2, 5b, 3, 4, 1: **dados não ordenados**

Um algoritmo de ordenação será considerado estável se o valor 5a vier antes do valor 5b quando esse conjunto de dados for ordenado de forma crescente, ou seja, o algoritmo preserva a ordem relativa original dos valores:

1, 2, 3, 4, **5a, 5b: ordenação estável**;

1, 2, 3, 4, **5b, 5a: ordenação não estável**.

Nas próximas seções, iremos abordar alguns dos principais algoritmos de ordenação de dados armazenados em *arrays* (ordenação interna).

Algoritmos básicos de ordenação

Ordenação por "bolha" — *bubble sort*

O algoritmo *bubble sort*, também conhecido como ordenação por "bolha", é um dos algoritmos de ordenação mais conhecidos que existem. Ele tem esse nome pois remete à ideia de bolhas flutuando em um tanque de água em direção ao topo, até encontrarem o seu próprio nível (ordenação crescente).

> O algoritmo *bubble sort* trabalha de forma a movimentar, uma posição por vez, o maior valor existente na porção não ordenada de um *array* para a sua respectiva posição no *array* ordenado. Isso é repetido até que todos os elementos estejam nas suas posições correspondentes.

A Figura 3.1 mostra a implementação do algoritmo *bubble sort*. O princípio de funcionamento desse algoritmo é a troca de valores em posições consecutivas de *array* para que, desse modo, fiquem na ordem desejada. Para entender esse processo, imagine o seguinte conjunto de valores não ordenados, como na Figura 3.2. Ao se comparar os dois primeiros valores, percebe-se que eles não estão ordenados (ordem crescente). Então, o algoritmo os troca de lugar. Esse processo é repetido para cada par de valores em posições consecutivas do *array* (linhas 5-12). Ao fim desse processo teremos o maior valor na última posição do *array*. Falta ordenar o restante do *array*. Isso é feito diminuindo o valor da variável **fim** (linha 2) que está associada à última posição do *array* (linha 13).

Em seguida, executamos todo esse processo de levar o maior valor até o final do *array* com um comando **do-while** (linhas 3-14).

Método *bubble sort*
| ```
01   void bubbleSort(int *V  , int N){
02       int i, continua, aux, fim = N;
03       do{
04           continua = 0;
05           for(i = 0; i < fim-1; i++){
06               if(V[i] > V[i+1])
07                   {aux = V[i];
08                   V[i] = V[i+1];
09                   V[i+1] = aux;
10                   continua = i;
11                   }
12               }
13           fim--;
14       }while(continua != 0);
15   }
``` |

Figura 3.1

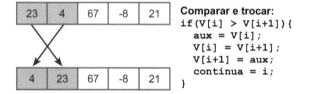

Figura 3.2

> Perceba que o comando **do-while** termina se a variável contínua for diferente de zero. Isso é feito para otimizar o algoritmo.

Sempre que uma troca de valores ocorrer, a variável contínua será modificada (linha 10) em relação ao seu valor original (linha 4). Desse modo, se nenhuma troca de valores ocorrer, o algoritmo poderá ser finalizado mais cedo.

A Figura 3.3 mostra um exemplo de ordenação completa de um *array* em ordem crescente. Os itens em cinza são os valores comparados enquanto os itens em preto representam a porção já ordenada do *array*. Percebe-se que:

- primeira iteração do comando **do-while**: encontra-se o maior valor e o movimenta até a última posição;
```

- segunda iteração do comando **do-while**: encontra-se o segundo maior valor e o movimenta até a penúltima posição;
- esse processo continua até que todo o *array* esteja ordenado.

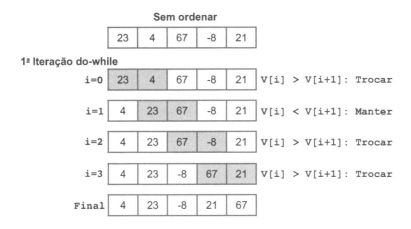

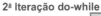

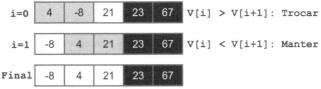

Figura 3.3

> *Bubble sort* é um algoritmo simples, de fácil entendimento e implementação. Além disso, ele está entre os mais difundidos métodos de ordenação existentes. Infelizmente, não é um algoritmo eficiente, estudado apenas para fins de desenvolvimento de raciocínio.

Isso ocorre pois sua eficiência diminui drasticamente à medida que o número de elementos no *array* aumenta. Ou seja, ele não é recomendado para aplicações que envolvam grandes quantidades de dados ou que precisem de velocidade. Considerando um *array* com N elementos, o tempo de execução do *bubble sort* é:

- $O(N)$, melhor caso: os elementos já estão ordenados;
- $O(N^2)$, pior caso: os elementos estão ordenados na ordem inversa;
- $O(N^2)$, caso médio.

Ordenação por seleção — *selection sort*

O algoritmo *selection sort*, também conhecido como ordenação por "seleção", é outro algoritmo de ordenação bastante simples. Ele tem esse nome pois, a cada passo, "seleciona" o melhor elemento (maior ou menor, dependendo do tipo de ordenação) para ocupar aquela posição do *array*. Na prática, esse algoritmo possui desempenho quase sempre superior quando comparado ao *bubble sort*.

> O algoritmo *selection sort* divide o *array* em duas partes: a parte ordenada, à esquerda do elemento analisado, e a parte que ainda não foi ordenada, à direita do elemento. Para cada elemento do *array*, começando do primeiro, o algoritmo procura na parte não ordenada (direita) o menor valor (ordenação crescente) e troca os dois valores de lugar. Em seguida, o algoritmo avança para a próxima posição do *array* e repete esse processo. Isso é feito até que todo o *array* esteja ordenado.

A Figura 3.4 mostra a implementação do algoritmo *selection sort*. O princípio de funcionamento desse algoritmo é a seleção do melhor elemento para ocupar uma posição do *array*. Para entender esse processo, imagine um conjunto de valores não ordenados, como na Figura 3.5. Perceba que o valor da terceira posição do *array* (67) não está na sua posição correta, pois existem valores menores que ele na porção não ordenada do *array* (direita). Então, o algoritmo percorre os elementos da direita procurando o índice do **menor** valor dentre todos (linhas 4-8). Ao chegar ao final do *array*, o algoritmo troca os valores do elemento atual, índice *i*, com o menor valor encontrado, índice **menor** (linhas 9-13). Esse processo de comparar o valor de uma posição do *array* com seus sucessores é repetido para cada posição do *array* (linhas 3-14).

Ordenação e Busca em *Arrays*   **33**

Método *selection sort*

```
01   void selectionSort(int *V, int N){
02       int i, j, menor, troca;
03       for(i = 0; i < N-1; i++){
04           menor = i;
05           for(j = i+1; j < N; j++){
06               if(V[j] < V[menor])
07                   menor = j;
08           }
09           if(i != menor){
10               troca = V[i];
11               V[i] = V[menor];
12               V[menor] = troca;
13           }
14       }
15   }
```

Figura 3.4

Procura o menor valor à direita:
```
menor = i;
for (j = i+1; j < N; j++){
  if (V[j] < V[menor])
    menor = j;
}
```

23	4	67	-8	21

-8	4	67	23	21

Troca os valores de lugar:
```
if(i != menor){
troca = V[i];
  V[i] = V[menor];
  V{menor} = troca;
}
```

Figura 3.5

A Figura 3.6 mostra um exemplo de ordenação completa de um *array* em ordem crescente. Para cada valor da variável *i* temos o *array* antes e depois de ser selecionado o menor valor para ocupar aquela posição. Os itens em cinza representam o valor da posição de índice *i* e a posição com o menor valor encontrado na porção não ordenada do *array* (à direita de *i*).

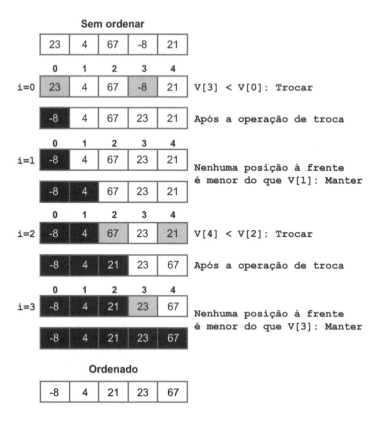

Figura 3.6

O *selection sort*, assim como o *bubble sort*, não é um algoritmo eficiente. Sua eficiência diminui drasticamente à medida que o número de elementos no *array* aumenta, não sendo recomendado para aplicações que envolvam grandes quantidades de dados ou que precisem de velocidade. Considerando um *array* com N elementos, o tempo de execução do *selection sort* é sempre de ordem $O(N^2)$. Como se pode notar, a eficiência do *selection sort* não depende da ordem inicial dos elementos.

Apesar de possuírem a mesma complexidade no caso médio, na prática, o *selection sort* quase sempre supera o desempenho do *bubble sort*, pois envolve um número menor de comparações.

Ordenação por inserção — *insertion sort*

O algoritmo *insertion sort*, também conhecido como ordenação por "inserção", é outro algoritmo de ordenação bastante simples. Ele tem esse nome pois se assemelha ao processo de ordenação de um conjunto de cartas de baralhos com as mãos: pega-se uma carta de cada vez e a "insire" em seu devido lugar, sempre deixando as cartas da mão em ordem. Na prática, este algoritmo possui um desempenho superior quando comparado com outros algoritmos como o *bubble sort* e o *selection sort*.

Ordenação e Busca em *Arrays*

O algoritmo *insertion sort* percorre um *array* e, para cada posição **X**, verifica se o seu valor está na posição correta. Isso é feito andando para o começo do *array* a partir da posição **X** e movimentando uma posição para frente os valores que são maiores do que o valor da posição **X**. Desse modo, teremos uma posição livre para inserir o valor da posição **X** em seu devido lugar.

A Figura 3.7 mostra a implementação do algoritmo *insertion sort*. O princípio de funcionamento desse algoritmo é a inserção de um elemento do *array* na sua posição correta. Para entender esse processo, imagine um conjunto de valores não ordenados, como mostrado na Figura 3.8. Perceba que o valor da quarta posição do *array* (-8) não está na sua posição correta em relação aos seus antecessores. Então, o algoritmo movimenta os seus antecessores uma posição para a frente e insere esse valor no início do *array*. Esse processo de comparar o valor de uma posição do *array* com seus antecessores é repetido para cada posição do *array* (linhas 3-8) em que se movimentam os valores maiores que o valor **atual** (linha 4) uma posição para a frente no *array* (linhas 5-6). Ao fim desse processo, copia-se o valor atual para a sua posição correta, que é a posição do último valor movimentado (linha 7).

	Método *insertion sort*
01	`void insertionSort(int *V, int N){`
02	`    int i, j, atual;`
03	`    for(i = 1; i < N; i++){`
04	`        atual = V[i];`
05	`        for(j = i; (j > 0) && (atual < V[j - 1]); j--)`
06	`            V[j] = V[j - 1];`
07	`        V[j] = atual;`
08	`    }`
09	`}`

Figura 3.7

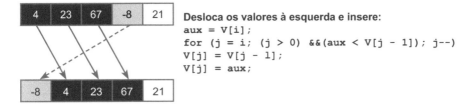

Figura 3.8

A Figura 3.9 mostra um exemplo de ordenação completa de um *array* em ordem crescente. Para cada valor da variável *i* temos o *array* antes de ser ordenado e depois de ser ordenado àquela posição. Os itens em cinza são os valores verificados se estão na posição correta, enquanto os itens em preto representam a porção do *array* movimentada durante a inserção do valor na sua posição correta.

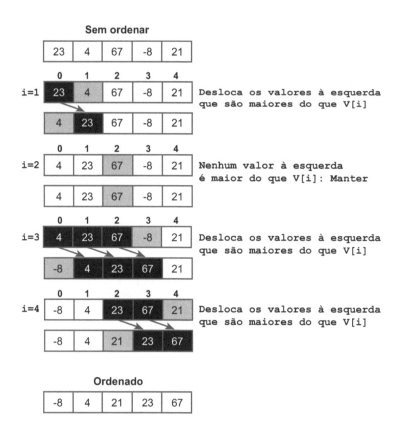

Figura 3.9

Considerando um *array* com **N** elementos, o tempo de execução do *insertion sort* é:

- $O(N)$, melhor caso: os elementos já estão ordenados;
- $O(N^2)$, pior caso: os elementos estão ordenados na ordem inversa;
- $O(N^2)$, caso médio.

> Na prática, o *insertion sort* é mais eficiente que a maioria dos algoritmos de ordem quadrática, como o *selection sort* e o *bubble sort*. De fato, trata-se de um dos mais rápidos algoritmos de ordenação para conjuntos pequenos de dados, superando inclusive o *quick sort*.

Ordenação e Busca em *Arrays*

Além de ser um algoritmo de fácil implementação, o *insertion sort* tem as vantagens de ser:
- **estável**: a ordem dos elementos iguais não muda durante a ordenação;
- **online**: pode ordenar elementos na medida em que os recebe, ou seja, não precisa ter todo o conjunto de dados para colocá-los em ordem.

Algoritmos sofisticados de ordenação

Algoritmo *merge sort*

O algoritmo *merge sort*, também conhecido como ordenação por "intercalação", é um algoritmo recursivo que usa a ideia de "dividir para conquistar" para ordenar os dados de um *array*. Este algoritmo parte do princípio de que é mais fácil ordenar um conjunto com poucos dados do que um conjunto com muitos. Sendo assim, o algoritmo divide os dados em conjuntos cada vez menores para depois ordená-los e combiná-los por meio de intercalação (*merge*).

O algoritmo *merge sort* divide, recursivamente, o *array* em duas partes até que cada posição dele seja considerada como um *array* de um único elemento. Em seguida, o algoritmo combina dois *arrays* de forma a obter um *array* maior e ordenado. Essa combinação dos *arrays* é feita intercalando seus elementos de acordo com o sentido da ordenação (crescente ou decrescente). Esse processo se repete até que exista apenas um *array*.

A Figura 3.10 mostra a implementação do algoritmo *merge sort*. Esse algoritmo trabalha com o conceito de recursividade chamado **dividir para conquistar**: ele usa uma função para dividir os dados em *arrays* cada vez menores, **mergeSort** (linhas 31-39), e outra para intercalar os dados dos *arrays* de forma ordenada em um *array* maior, **merge** (linhas 1-29). A função **mergeSort** se encarrega de dividir o *array* ao meio se este tiver mais do que um elemento (linha 33). Se essa afirmação for verdadeira, ela calcula o valor que corresponde ao meio do *array* (linha 34) e chama a si para as duas metades (linhas 35-36). Uma vez que todos os elementos do *array* tenham sido separados em *arrays* com um único elemento, a recursão termina e tem início a etapa de intercalação dos *arrays* pela função **mergeSort** (linha 37). Apesar de parecer grande, a função de intercalação é bastante simples, como mostra a Figura 3.11. A função recebe as duas metades do *array* (uma começando em **inicio** e outra em **meio+1**) e as combina em um *array* auxiliar **temp**. Para fazer isso, a função percorre o *array* **temp** e a cada passo verifica qual *array* tem o menor elemento. O menor elemento é inserido em **temp** e o algoritmo incrementa o contador do *array* escolhido (linhas 11-14). Caso um dos *array* tenha chegado ao final (linhas 16-17), na próxima iteração o algoritmo irá simplesmente copiar o restante do *array* que sobrou para o final de **temp** (linhas 19-22). Por fim, o algoritmo copia os dados do *array* **temp** para o *array* original (linhas 25-26).

Método *merge sort*

```
01    void merge(int *V, int inicio, int meio, int fim){
02        int *temp, p1, p2, tamanho, i, j, k;
03        int fim1 = 0, fim2 = 0;
04        tamanho = fim-inicio+1;
05        p1 = inicio;
06        p2 = meio+1;
07
08        temp = (int *) malloc(tamanho*sizeof(int));
09        if(temp != NULL){
10            for(i=0; i<tamanho; i++){
11                if(!fim1 && !fim2){
12                    if(V[p1] < V[p2])
13                        temp[i]=V[p1++];
14                    else
15                        temp[i]=V[p2++];
16                    if(p1>meio) fim1=1;
17                    if(p2>fim) fim2=1;
18                }else{
19                    if(!fim1)
20                        temp[i]=V[p1++];
21                    else
22                        temp[i]=V[p2++];
23                }
24            }
25            for(j=0, k=inicio; j<tamanho; j++, k++)
26                V[k]=temp[j];
27        }
28        free(temp);
29    }
30
31    void mergeSort(int *V, int inicio, int fim){
32        int meio;
33        if(inicio < fim){
34            meio = floor((inicio+fim)/2);
35            mergeSort(V,inicio,meio);
36            mergeSort(V,meio+1,fim);
37            merge(V,inicio,meio,fim);
38        }
39    }
```

Figura 3.10

Ordenação e Busca em *Arrays*

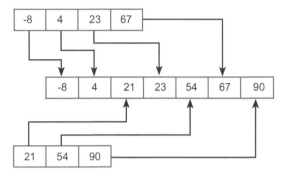

Figura 3.11

A Figura 3.12 mostra um exemplo de ordenação completa de um *array* em ordem crescente. Os itens em cinza são os valores calculados como sendo o meio do *array* e utilizados para dividir o mesmo em duas metades na função **mergeSort**.

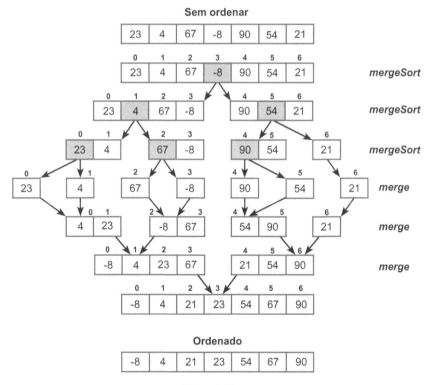

Figura 3.12

Considerando um *array* com N elementos, o tempo de execução do *merge sort* é sempre de ordem $O(n \log n)$. Como se pode notar, a eficiência do *merge sort* não depende da ordem inicial dos elementos.

> Embora a eficiência do *merge sort* seja a mesma independente da ordem dos elementos, ele possui um gasto extra de espaço de memória em relação aos demais métodos de ordenação.

Isso ocorre porque ele cria uma cópia do *array* para cada chamada recursiva. Em uma outra abordagem, é possível utilizar um único *array* auxiliar ao longo de toda a execução do *merge sort*.

> No pior caso, o *merge sort* realiza cerca de 39 % menos comparações do que o *quick sort* faz no seu caso médio. Já no seu melhor caso, o *merge sort* realiza cerca de metade do número de iterações do seu pior caso.

Algoritmo *quick sort*

O algoritmo *quick sort*, também conhecido como ordenação por "partição", é outro algoritmo recursivo que usa a ideia de "dividir para conquistar" para ordenar os dados de um *array*. Esse algoritmo se baseia no problema da separação (em inglês, *partition subproblem*). Esse problema consiste em rearranjar um *array* de modo que os valores menores que um certo valor, chamado **pivô**, fiquem na parte esquerda do *array*, enquanto os valores maiores do que o **pivô** ficam na parte direita. Trata-se, em geral, de um algoritmo muito rápido, pois parte do princípio de que é mais fácil ordenar um conjunto com poucos dados do que um conjunto com muitos. Porém, é um algoritmo lento em alguns casos especiais.

> O algoritmo *quick sort*, primeiramente, rearranja os valores de *array* de modo que os valores menores que o valor do **pivô** fiquem na parte esquerda do *array*, enquanto os valores maiores que o **pivô** ficam na parte direita. Supondo um *array* de tamanho *N* e que o **pivô** esteja na posição *X*, esse processo cria duas partições: [0, ..., X − 1] e [X + 1, ..., N − 1]. Em seguida, o algoritmo é aplicado recursivamente a cada partição. Esse processo se repete até que cada partição contenha um único elemento.

A Figura 3.13 mostra uma implementação do algoritmo *quick sort*. Esse algoritmo trabalha com o conceito de recursividade dividir para conquistar: ele usa uma função para rearranjar os dados do *array* em partições cada vez menores, **particiona** (linhas 1-20), e outra para gerenciar a ordenação de cada partição **quickSort** (linhas 22-29). A função **quickSort** se encarrega de verificar se o tamanho do *array* (ou partição) tem mais do que um elemento (linha 24). Se esta afirmação for verdadeira, ela calcula o valor que corresponde ao **pivô** do *array* (linha 34) e chama a si mesma para as duas partições criadas (linhas 25-27).

Ordenação e Busca em Arrays

	Método quick sort
01	`int particiona(int *V, int inicio, int final ){`
02	`    int esq, dir, pivo, aux;`
03	`    esq = inicio;`
04	`    dir = final;`
05	`    pivo = V[inicio];`
06	`    while(esq < dir){`
07	`        while(esq <= final && V[esq] <= pivo)`
08	`            esq++;`
09	`        while(dir >= 0 && V[dir] > pivo)`
10	`            dir--;`
11	`        if(esq < dir){`
12	`            aux = V[esq];`
13	`            V[esq] = V[dir];`
14	`            V[dir] = aux;`
15	`        }`
16	`    }`
17	`    V[inicio] = V[dir];`
18	`    V[dir] = pivo;`
19	`    return dir;`
20	`}`
21	
22	`void quickSort(int *V, int inicio, int fim) {`
23	`    int pivo;`
24	`    if(fim > inicio){`
25	`        pivo = particiona(V, inicio, fim);`
26	`        quickSort(V, inicio, pivo-1);`
27	`        quickSort(V, pivo+1, fim);`
28	`    }`
29	`}`

Figura 3.13

Como se pode notar, o ponto principal para a ordenação dos dados usando o algoritmo *quick sort* é a escolha do **pivô**.

A escolha do **pivô** e a partição dos dados é a parte mais delicada desse algoritmo. Isso porque precisamos de um algoritmo que rearranje os dados de forma rápida e que não use um *array* auxiliar para realizar essa tarefa. A eficiência do *quick sort* está ligada à eficiência da sua função **particiona** (linhas 1-20) para separar os dados e calcular o **pivô**. Apesar de parecer grande, a função de particionamento dos dados é bastante simples, como mostra a Figura 3.14 (os itens em cinza são os **pivôs** enquanto os valores hachurados são os que foram comparados e/ou mudados de lugar). A função recebe um *array* e as posições de início e final da partição sendo processada (a qual pode ser todo o *array*). Em seguida, ela define **esq** e **dir** como as posições mais à esquerda (**início**) e mais à direita (**final**) da partição, sendo o primeiro valor da partição escolhido como o **pivô** (linhas 3-5).

Enquanto a posição da direita for maior do que a da esquerda (linha 6), a variável **esq** será incrementada até que se encontre uma posição cujo valor seja maior que o **pivô** (linhas 7-8). Já a variável **dir** será decrementada até que se encontre uma posição cujo valor seja menor ou igual ao **pivô** (linhas 9-10). Ao fim desse processo, **esq** e **dir** são comparados e se **esq** for menor que **dir**, seus valores são trocados de lugar (linhas 11-15). Esse processo se repete enquanto **esq** for menor que **dir**. Terminado o comando **while**, a posição do início da partição recebe o valor na posição **dir** e essa recebe o valor do **pivô** (linhas 17-18). Por fim, o valor de **dir** é retornado como o **pivô** escolhido (linha 19).

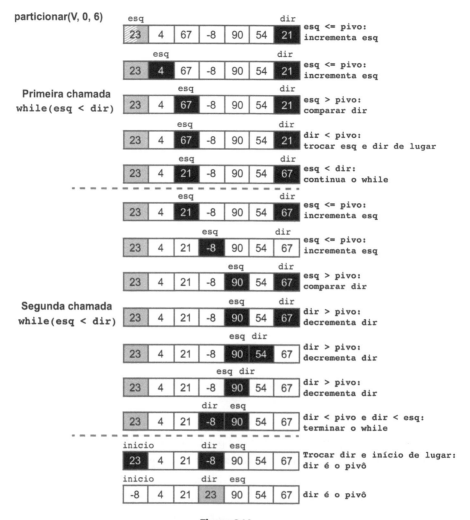

Figura 3.14

A Figura 3.15 mostra um exemplo de ordenação completa de um *array* em ordem crescente. Os itens em cinza são os valores calculados como sendo o **pivô** do *array* e os valores em preto são os que foram mudados de lugar pela função **particiona**.

Ordenação e Busca em *Arrays*

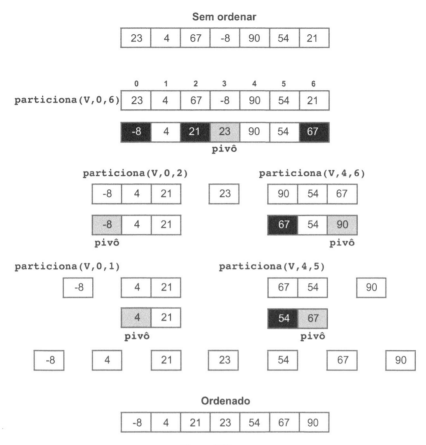

Figura 3.15

Considerando um *array* com N elementos, o tempo de execução do *quick sort* é:

- $O(n \log n)$, melhor caso e caso médio;
- $O(N^2)$, pior caso.

> O pior caso do *quick sort* ocorre quando a função de partição calcula um pivô que divide o *array* de N em dois: uma partição com $N - 1$ elementos e outra com zero elementos.

Nesse caso, temos um particionamento que não é balanceado. Quando isso acontece a cada nível da recursão, temos o tempo de execução de $O(N^2)$. Nesse caso, o *insertion sort* acaba sendo mais eficiente que o *quick sort*. Isso porque o pior caso do *quick sort* ocorre quando o *array* já está ordenado, situação onde a complexidade é $O(N)$ no *insertion sort*.

> Apesar de seu pior caso ser quadrático, o *quick sort* costuma ser a melhor opção prática para ordenação de grandes conjuntos de dados. Sua maior desvantagem talvez seja o fato dele não ser um algoritmo de ordenação estável.

Algoritmo *heap sort*

O algoritmo *heap sort*, também conhecido como ordenação por *heap* (do inglês, *monte*), é um algoritmo de ordenação bastante sofisticado e que compete em desempenho com o *quick sort*. A ideia básica desse algoritmo é transformar o *array* de dados em uma estrutura do tipo *heap*, isto é, uma árvore binária completa (com exceção do seu último nível). Essa estrutura permite recuperação e remoção eficiente do elemento de maior valor do *array*. Desse modo, podemos repetidamente "remover" o maior elemento do *heap*, construindo, assim, o *array* ordenado de trás para a frente.

> O algoritmo *heap sort* simula uma árvore binária completa (exceção do último nível) a partir de um *array*. Cada posição *i* do *array* passa a ser considerada o pai de duas outras posições, chamadas filhos: ($2i + 1$) e ($2i + 2$). Em seguida, o algoritmo reorganiza o *array* para que o pai seja sempre maior que os dois filhos. Ao fim desse processo, o elemento que é pai de todos é também o maior elemento do *array*. Este elemento poderá ser removido do *heap* e colocado na última posição do *array* e esse processo continua para o restante do *heap/array*.

A Figura 3.16 mostra a simulação de um *heap* a partir de um *array*. Note que a posição *i* do *array* passa a ser considerada o pai de duas outras posições, chamadas filhos: ($2i + 1$) e ($2i + 2$).

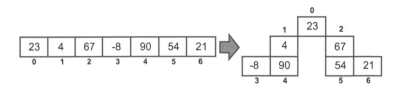

Figura 3.16

A Figura 3.17 mostra a implementação do algoritmo *heap sort*. Note que esse algoritmo utiliza duas funções:

- **criaHeap** (linhas 1-19), responsável pela criação do *heap* a partir de um certo elemento do *array*;
- **heapSort** (linhas 21-32), responsável por criar o *heap* e ordenar os dados.

A função **criaHeap** recebe como parâmetros o *array* a ser ordenado, uma determinada posição **pai** a ser verificada e a última posição do *array*, fim. A função então armazena o valor da posição **pai** na variável **aux** (linha 2), calcula o seu primeiro **filho** (linha 3) e verifica se a posição do **filho** está no *array* (linha 4). Em caso afirmativo, a função verifica se existe o segundo **filho** (linha 5).

Ordenação e Busca em *Arrays* **45**

Se o segundo **filho** existir, é necessário selecionar o maior deles (linhas 6-8). Do contrário, o primeiro será considerado o maior. Tendo sido selecionado o maior **filho**, é necessário verificar se o valor de **aux** é menor do que ele (linha 10). Se essa afirmação for verdadeira, a posição **pai** receberá o valor do maior **filho** (linha 11), o **filho** será considerado o novo **pai** e também terá o seu **filho** calculado para que o processo e ordenação continue (linhas 11-13). Caso a afirmação seja falsa (linha 10), o **filho** recebe o valor de uma posição além do final do *array* (**fim**) para que o comando **while** termine (linha 15). Terminado o laço, o valor de **aux** é copiado para a posição do **pai** atual. Esse processo pode ser melhor entendido com a Figura 3.18.

Método *heap sort*

```
01      void criaHeap(int *vet, int pai, int fim){
02          int aux = vet[pai];
03          int filho = 2 * pai + 1;
04          while (filho <= fim){
05              if(filho < fim){
06                  if(vet[filho] < vet[filho + 1]){
07                      filho++;
08                  }
09              }
10              if(aux < vet[filho]){
11                  vet[pai] = vet[filho];
12                  pai = filho;
13                  filho = 2 * pai + 1;
14              }else{
15                  filho = fim + 1;
16              }
17          }
18          vet[pai] = aux;
19      }
20
21      void heapSort(int *vet, int N){
22          int i, aux;
23          for(i=(N - 1)/2; i >= 0; i--){
24              criaHeap(vet, i, N-1);
25          }
26          for (i = N-1; i >= 1; i--){
27              aux = vet[0];
28              vet [0] = vet [i];
29              vet [i] = aux;
30              criaHeap(vet, 0, i - 1);
31          }
32      }
```

Figura 3.17

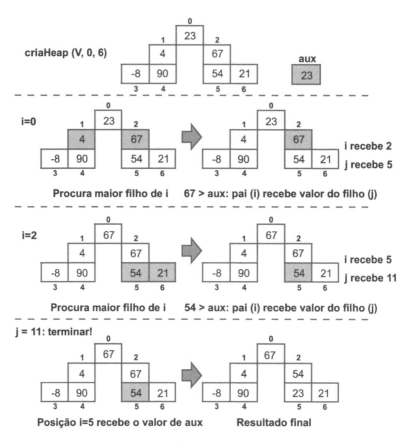

Figura 3.18

> Como se pode notar, o objetivo da função **criaHeap** é fazer com que toda posição pai analisada seja sempre maior do que os seus filhos. Porém, isso não significa que determinada posição **pai** será maior do que os filhos de seus filhos.

É por esse motivo que a função **criaHeap** é chamada várias vezes dentro da função **heapSort** (linhas 22-25). É preciso analisar metade das posições do *array* para poder garantir que todo pai seja maior que seus filhos, e os filhos deles. A essa etapa damos o nome de criação do *heap*, como exemplificado na Figura 3.19.

Ordenação e Busca em *Arrays*

A segunda etapa da função **heapSort** realiza a remoção do maior elemento e a reconstrução do *heap* (linhas 26-31). Sabemos agora que a primeira posição do *array* possui o maior elemento. Então, percorremos o *array* do seu final até o seu início (linha 26). A cada passo da repetição, trocamos de lugar os valores da posição *i* e do início do *array* (linhas 27-29). Em seguida, recriamos o *heap* considerando que o *array* tenha agora um elemento a menos no seu final (linha 30). O elemento desconsiderado é o elemento copiado para o final, ou seja, o maior elemento, e, portanto, já está na sua posição correta, sendo necessário ordenar apenas os demais valores do *array*. A Figura 3.20 exemplifica esse processo.

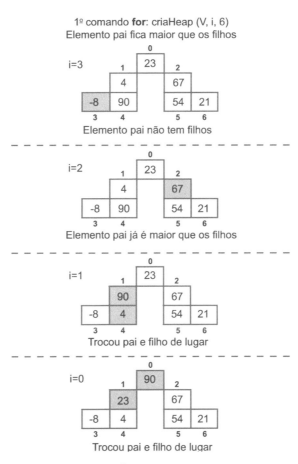

Figura 3.19

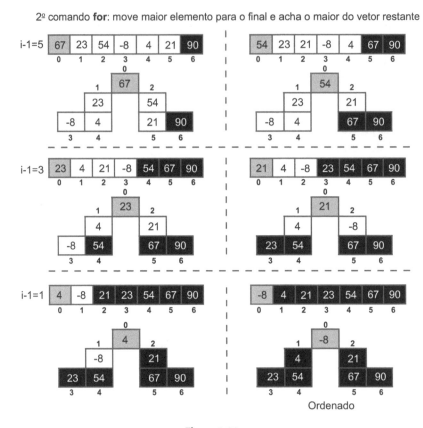

Figura 3.20

Considerando um *array* com **N** elementos, o tempo de execução do *heap sort* é sempre de ordem $O(n \log n)$. Como se pode notar, a eficiência do *heap sort* não depende da ordem inicial dos elementos.

> Na prática, o *heap sort* é mais lento que o *quick sort*. Com exceção ao pior caso, em que o *quick sort* tem complexidade $O(N^2)$, algo inaceitável para grandes conjuntos de elementos.

Algoritmo *counting sort*

O algoritmo *counting sort*, também conhecido como ordenação por contagem, é um algoritmo de ordenação para pequenos valores inteiros dentro de um certo intervalo. Ele tem esse nome pois a sua ideia básica consiste em contar o número de vezes que cada valor inteiro aparece no *array*. A partir dessa contagem, o algoritmo é capaz de recolocar os valores ordenados no *array* em tempo linear.

Ordenação e Busca em *Arrays*

> O algoritmo *counting sort* ordena um conjunto de inteiros calculando a frequência com que cada valor ocorre no *array*. A partir disso, ele preenche o *array* original com a quantidade de vezes que cada valor aparece no *array* original.

A Figura 3.21 mostra a implementação do algoritmo *counting sort* para valores inteiros de **ZERO** a **MAX – 1**. O princípio de funcionamento desse algoritmo é a contagem do número de vezes que cada valor aparece no *array*. Para entender esse processo, imagine um conjunto de valores não ordenados, como mostrado na Figura 3.22. Primeiramente, o algoritmo cria um ***array* auxiliar** e o preenche com zeros (linhas 4-6). Esse *array* será utilizado para contar o número de vezes que cada valor ocorre no *array* não ordenado. Para fazer a contagem, percorre-se o *array* **V** e cada valor nele é tratado como um índice do *array* auxiliar (linhas 8-9). Ao fim desse passo temos, por exemplo, que o valor **UM** aparece duas vezes no *array* não ordenado, logo **auxiliar[1] = 2**. O passo seguinte consiste em percorrer o *array* auxiliar (linha 11). Um valor maior do que **ZERO** indica que aquele índice do *array* auxiliar existia no *array* não ordenado e, portanto, deve ser copiado para o *array* original "*N* vezes", em que *N* é o valor na posição **auxiliar[i]** (linhas 12-13).

```
                    Método counting sort
01    #define MAX 100
02    void countingSort(int *V, int N){
03         int i, j, k;
04         int auxiliar[MAX];
05         for(i = 0; i < MAX; i++)
06              auxiliar[i] = 0;
07
08         for(i = 0; i < N; i++)
09              auxiliar[V[i]]++;
10
11         for(i = 0, j = 0; j < MAX; j++)
12              for(k = auxiliar[j]; k > 0; k--)
13                   V[i++] = j;
14    }
```

Figura 3.21

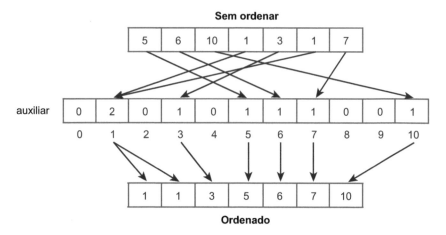

Figura 3.22

Considerando um *array* com N elementos e o maior valor K, o tempo de execução do *counting sort* é sempre de ordem O(N+K), o que faz dele um algoritmo de complexidade linear e de processamento muito simples.

> Embora tenha complexidade linear e seu processamento seja simples, o *counting sort* possui um gasto extra de espaço de memória em relação aos demais métodos de ordenação.

Isso ocorre porque ele necessita de um *array* auxiliar para fazer a contagem de dados, o que o torna inadequado para grandes intervalos de valores.

Ordenação de um *array* de *struct*

Nas seções anteriores vimos como realizar a ordenação de um conjunto de dados, mais especificamente um *array* de inteiros.

> Como posso fazer para ordenar o meu *array* se nele estiver armazenado outro tipo de informação, como uma estrutura (**struct**)?

É importante lembrarmos que toda ordenação é feita utilizando como base uma chave específica. Essa chave é o "campo" utilizado para a comparação durante o processo de ordenação. No caso de uma estrutura, a chave é o campo da **struct** usado para a comparação.

A Figura 3.23 mostra dois exemplos de ordenação utilizando o algoritmo *insertion sort* (Seção Ordenação por inserção – *insertion sort*) em uma **struct**. Nesse exemplo, optamos por usar uma estrutura que representa os dados associados a um aluno: número de matrícula, nome, e três

Ordenação e Busca em *Arrays* **51**

notas (linhas 1-5). O primeiro exemplo mostra a ordenação feita com base no número de matrícula do aluno (linhas 6-15). Perceba que a única mudança com relação à ordenação de um *array* de inteiros apresentada na Figura 3.7 é a especificação do campo matrícula (**mat**) em cada posição do *array* (linha 11). Essa é nossa chave de comparação. Já o segundo exemplo realiza a ordenação com base no nome do aluno (linhas 17 a 26). Nesse caso, além de especificarmos o campo **nome** em cada posição do *array*, temos também que utilizar a função **strcmp()** para realizar a comparação de duas *strings* (linha 22). Nesse exemplo, é importante lembrar as saídas da função **strcmp()**:

- **strcmp(str1, str2) == 0**: **str1** é igual a **str2**;
- **strcmp(str1, str2) > 0**: **str1** vem depois de **str2** no dicionário;
- **strcmp(str1, str2) < 0**: **str1** vem antes de **str2** no dicionário.

Ordenação de um *array* de *struct*

```
01    struct aluno{
02        int mat;
03        char nome[30];
04        float n1,n2,n3;
05    };
06    void insertionSortMatricula(struct aluno *V, int N){
07        int i, j;
08        struct aluno aux;
09        for(i = 1; i < N; i++){
10            aux = V[i];
11            for(j=i;(j>0) && (aux.mat<V[j-1].mat);j--)
12                V[j] = V[j - 1];
13            V[j] = aux;
14        }
15    }
16
17    void insertionSortNome(struct aluno *V, int N){
18      int i, j;
19      struct aluno aux;
20      for(i = 1; i < N; i++){
21        aux = V[i];
22        for(j=i;(j>0) && (strcmp(aux.nome,V[j-1].nome)<0);j--)
23          V[j] = V[j-1];
24        V[j] = aux;
25      }
26    }
```

Figura 3.23

A Figura 3.24 mostra um exemplo de ordenação usando como chave o nome do aluno.

Ordenação de um *array* de *struct* pelo nome do aluno

```
01  #include <stdio.h>
02  #include <stdlib.h>
03  int main(){
04      int i;
05      struct aluno V[4] =
06                          {{2,"Andre",9.5,7.8,8.5},
07                           {4,"Ricardo",7.5,8.7,6.8},
08                           {1,"Bianca",9.7,6.7,8.4},
09                           {3,"Ana",5.7,6.1,7.4}};
10      insertionSortNome(V,4);
11      for(i = 0; i < 4; i++)
12          printf("%d) %s\n",V[i].mat,V[i].nome);
13
14      system("pause");
15      return 0;
16  }
```

Figura 3.24

Ordenação externa

Os métodos de ordenação vistos até agora permitem ordenar apenas dados que estejam dentro da memória principal (RAM) do computador, sendo por isso chamados de métodos de ordenação **interna** ou *in-place*. Porém, esses métodos não são úteis quando a quantidade de dados a ser ordenada é maior do que a memória do computador. Nesse tipo de situação, precisamos de um método de ordenação **externa**.

A ordenação externa busca ordenar conjuntos de dados maiores que a memória principal (RAM) disponível no computador. Nesse caso, a ordenação deve ser feita em arquivos, como mostra a Figura 3.25.

Na **ordenação externa** o conjunto de dados a ser ordenado não cabe na memória principal (está armazenado em memória secundária, por exemplo, um arquivo no disco rígido). Nesse tipo de ordenação, os dados são acessados sequencialmente ou em grandes blocos, de modo que não temos acesso imediato a qualquer elemento. Além disso, os algoritmos devem minimizar o número de acessos às unidades de memória secundária (quando ocorre a transferência de dados entre a memória interna e externa) a fim de ter um bom desempenho, já que o custo de acesso à memória secundária é muito maior.

Ordenação e Busca em *Arrays*

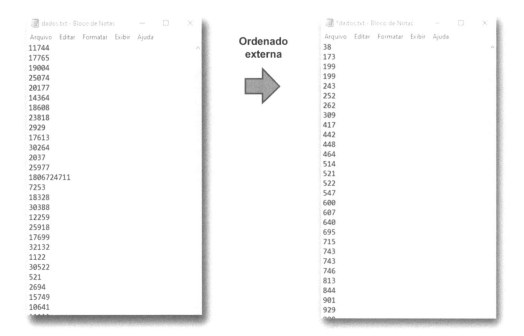

Figura 3.25

Merge sort externo

Um dos métodos mais importante de ordenação externa é o **merge sort externo**. Seu funcionamento é similar ao *merge* tradicional: o algoritmo parte do princípio de que é mais fácil ordenar um conjunto com poucos dados do que um com muitos. Sendo assim, o algoritmo divide os dados em conjuntos cada vez menores para depois ordená-los e combiná-los por meio de intercalação (*merge*). A diferença consiste em agora termos que considerar que os dados estão em um arquivo, e que a etapa de intercalação será realizada entre arquivos.

A Figura 3.26 exemplifica o passo a passo de como funciona a ordenação em arquivos. Suponha que seja possível carregar na memória principal (RAM) do computador N registros de dados do arquivo a ser ordenado:

1) carregar parte do arquivo na RAM (N registros de dados);
2) ordenar os dados na RAM com um algoritmo **in-place** (exemplo: *quick sort*);
3) salvar os dados ordenados em um arquivo separado;
4) repetir os passos de 1 a 3 até terminar o arquivo original. Ao fim, teremos K arquivos ordenados;
5) *multiway merging*: intercalar K blocos ordenados;
   - criar $K + 1$ *buffers* de tamanho $N/(K+1)$: um *buffer* de saída e K *buffers* de entrada;
   - carregar parte dos arquivos ordenados nos **buffers de entrada** e intercalar no **buffer de saída**;

- se um *buffer* de entrada ficar vazio: carregar mais dados do respectivo arquivo;
- se o *buffer* de saída ficar cheio: salvar os dados no arquivo final;

Perceba que o *multiway merging* nada mais é do que a etapa de *merge* do algoritmo *merge sort* adaptado para fazer a intercalação de *K* conjuntos ordenados de dados, e não apenas de dois.

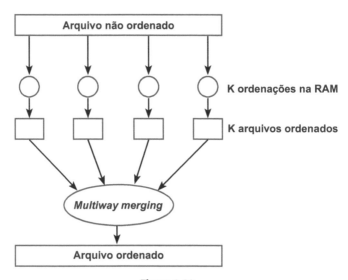

Figura 3.26

A Figura 3.27 mostra um exemplo de programa de teste para a ordenação externa. Nele, criamos uma função para gerar um arquivo com valores inteiros aleatórios, **criArquivoTeste** (linhas 7-15), como o mostrado na Figura 3.25. Esse arquivo é então passado para a função **mergeSortExterno**, que irá ordená-lo. Perceba que estamos definindo um valor para *N* (linha 5). Esse valor será o máximo de memória disponível para a criação dos *buffers* durante o processo de ordenação.

A implementação da função **mergeSortExterno** é mostrada na Figura 3.28. Essa função utiliza uma outra função para criar os arquivos ordenados, **criaArquivosOrdenados** (linha 3), e retorna o número de arquivos ordenados gerados, *K*. Em seguida, a função calcula o tamanho *T* dos *K* + 1 *buffers* necessários para a etapa de *merge*, apaga o arquivo original e chama a função responsável pela etapa de intercalação (linhas 4-6). Por fim, a função apenas apaga os arquivos temporários gerados (linhas 7-10).

Ordenação e Busca em *Arrays*

Exemplo: *merge sort* **externo**

```
01   #include <stdio.h>
02   #include <stdlib.h>
03   #include <time.h>
04
05   #define N 100
06
07   void criArquivoTeste(char *nome){
08       int i;
09       FILE *f = fopen(nome,"w");
10       srand(time(NULL));
11       for(i=1; i < 1000; i++)
12           fprintf(f,"%d\n",rand());
13       fprintf(f,"%d",rand());
14       fclose(f);
15   }
16
17   int main(){
18       criArquivoTeste("dados.txt");
19       mergeSortExterno("dados.txt");
20       system("pause");
21       return 0;
22   }
```

Figura 3.27

Merge sort externo

```
01   void mergeSortExterno(char *nome){
02       char novo[20];
03       int K = criaArquivosOrdenados(nome);
04       int i, T = N / (K + 1);
05       remove(nome);
06       merge(nome,K,T);
07       for(i=0; i<K; i++){
08           sprintf(novo,"Temp%d.txt",i+1);
09           remove(novo);
10       }
11   }
```

Figura 3.28

A criação dos arquivos ordenados é descrita pela função **criaArquivosOrdenados**, mostrada na Figura 3.29. Basicamente, essa função abre o arquivo original (linha 16) e enquanto houver dados no arquivo (linhas 17-27), lê um valor do arquivo e armazena no vetor *V* (linha 18). Sempre que o total de valores lidos for igual ao tamanho do vetor, os dados são ordenados usando a função **quickSort** (Figura 3.13) e um novo arquivo temporário é gerado (linhas 20-26). Uma vez terminado o arquivo, é verificado se ainda não existem dados no *buffer* (linha 28).

Em caso afirmativo, um novo arquivo de dados ordenados é gerado (linhas 29-32). Por fim, a função retorna o número de arquivos ordenados gerados (linha 35). Perceba que utilizamos uma função auxiliar **salvaArquivo** (linhas 1-11) apenas para facilitar a etapa de salvar os dados de um vetor em um arquivo.

Merge sort externo: cria arquivos ordenados

```
01    void salvaArquivo(char *nome, int *V, int tam, int mudaLinhaFinal){
02        int i;
03        FILE *f = fopen(nome,"a");
04        for(i=0; i < tam-1; i++)
05            fprintf(f,"%d\n",V[i]);
06        if(mudaLinhaFinal == 0)
07            fprintf(f,"%d",V[tam-1]);
08        else
09            fprintf(f,"%d\n",V[tam-1]);
10        fclose(f);
11    }
12    int criaArquivosOrdenados(char *nome){
13        int V[N];
14        char novo[20];
15        int K = 0, total = 0;
16        FILE *f = fopen(nome,"r");
17        while(!feof(f)){
18            fscanf(f,"%d",&V[total]);
19            total++;
20            if(total == N){
21                K++;
22                sprintf(novo,"Temp%d.txt",K);
23                quickSort(V,0,N-1);
24                salvaArquivo(novo, V, total,0);
25                total = 0;
26            }
27        }
28        if(total > 0){
29            K++;
30            sprintf(novo,"Temp%d.txt",K);
31            quickSort(V,0,total-1);
32            salvaArquivo(novo, V, total,0);
33        }
34        fclose(f);
35        return K;
36    }
```

Figura 3.29

Uma vez gerados os arquivos ordenados, é preciso fazer a intercalação deles utilizando a função **merge** mostrada na Figura 3.30. Para facilitar o gerenciamento dos *buffers*, criamos uma **struct arquivo** (linhas 1-4), a qual armazena o ponteiro do arquivo ordenado relativo àquele *buffer*, assim como o seu tamanho máximo e a posição em que estamos no *buffer*. A função *merge* recebe como parâmetros o nome do arquivo a ser salvo com os dados ordenados, o número de arquivos (*K*) e

Ordenação e Busca em *Arrays*

o tamanho máximo de cada *buffer* (*T*). Inicialmente, a função cria o *buffer* de saída e os *buffers* de entrada (linhas 8-10). Para cada *buffer* de entrada, é aberto o seu arquivo, alocado memória para o seu *buffer* e *T* elementos do arquivo são copiados para dentro do *buffer* utilizando a função **preencheBuffer** (linhas 11-16). Em seguida, enquanto for possível achar o menor elemento de um dos *buffers* de entrada (linha 18), copiamos esse elemento para o *buffer* de saída (linhas 19-20), e sempre que a quantidade de elementos no *buffer* de saída for igual ao tamanho máximo do *buffer* (*T*), os dados são salvos em arquivo e a quantidade de dados no *buffer* é zerada (linhas 21-24). Uma vez que não existam mais dados nos *buffers* de entrada (linha 18), verificamos se ainda existem dados no *buffer* de saída e, em caso afirmativo, os salvamos em arquivo (linhas 26-27). Por fim, liberamos a memória associada a cada *buffer*.

Merge sort externo: *multiway merging*

```
01    struct arquivo{
02        FILE *f;
03        int pos, MAX, *buffer;
04    };
05    void merge(char *nome, int K, int T){
06        char novo[20];
07        int i;
08        int *saida = (int*)malloc(T*sizeof(int));
09        struct arquivo* arq;
10        arq=(struct arquivo*)malloc(K*sizeof(struct arquivo));
11        for(i=0; i < K; i++){
12            sprintf(novo,"Temp%d.txt",i+1);
13            arq[i].f = fopen(novo,"r");
14            arq[i].buffer = (int*)malloc(T*sizeof(int));
15            preencheBuffer(&arq[i],T);
16        }
17        int menor, qtdSaida = 0;
18        while(procuraMenor(arq,K,T,&menor) == 1){
19            saida[qtdSaida] = menor;
20            qtdSaida++;
21            if(qtdSaida == T){
22                salvaArquivo(nome, saida, T,1);
23                qtdSaida = 0;
24            }
25        }
26        if(qtdSaida != 0)
27            salvaArquivo(nome, saida, qtdSaida,1);
28
29        for(i=0; i<K; i++)
30            free(arq[i].buffer);
31        free(arq);
32        free(saida);
33
34    }
```

Figura 3.30

A Figura 3.31 apresenta as funções responsáveis por copiar os dados do arquivo para o *buffer*, **preencheBuffer** (linhas 1-17), e por achar o menor elemento em um dos *buffers* de entrada, **procuraMenor** (linhas 18-38). Basicamente, a função **preencheBuffer** apenas lê T elementos de um arquivo e armazena no respectivo *buffer* (linhas 7-16). Caso o arquivo termine antes que se possam ler os T elementos, o arquivo é fechado (linhas 12-14). Perceba que a função não é executada se o arquivo já tiver sido fechado anteriormente (linhas 3-4).

Merge sort **externo: manipulando o** *buffer*

```
01    void preencheBuffer(struct arquivo* arq, int T){
02        int i;
03        if(arq->f == NULL)
04            return;
05        arq->pos = 0;
06        arq->MAX = 0;
07        for(i=0;  i < T; i++){
08            if(!feof(arq->f)){
09                fscanf(arq->f,"%d",&arq->buffer[arq->MAX]);
10                arq->MAX++;
11            }else{
12                fclose(arq->f);
13                arq->f = NULL;
14                break;
15            }
16        }
17    }
18    int procuraMenor(struct arquivo* arq,int K,int T,
                        int* menor){
19        int i, idx = -1;
20        for(i=0; i < K; i++){
21            if(arq[i].pos < arq[i].MAX){
22                if(idx == -1)
23                    idx = i;
24                else{
25                    if(arq[i].buffer[arq[i].pos] <
                          arq[idx].buffer[arq[idx].pos])
26                        idx = i;
27                }
28            }
29        }
30        if(idx != -1){
31            *menor = arq[idx].buffer[arq[idx].pos];
32            arq[idx].pos++;
33            if(arq[idx].pos == arq[idx].MAX)
34                preencheBuffer(&arq[idx],T);
35            return 1;
36        }else
37            return 0;
38    }
```

Figura 3.31

Ordenação e Busca em *Arrays*

Já a função **procuraMenor** percorrer todos os *buffers* de entrada que ainda contenham dados (linhas 20-21) e os compara, de modo a descobrir o índice do *buffer* (**idx**) cuja posição atual (**pos**) dele é a menor dentre todos os *buffers*.

- Caso se tenha encontrado o menor elemento (linha 30), o mesmo é copiado para a variável passada por **referência**, a posição atual desse *buffer* de entrada é incrementada e, caso necessário, o mesmo é novamente preenchido com dados do arquivo (linhas 31-34). Ao fim, a função retorna **UM** para indicar sucesso na operação.
- Caso não se tenha encontrado o menor elemento, significa que não mais existem dados nos *buffers* de entrada e o processo de intercalação deve terminar. Assim, a função retorna **ZERO** para indicar uma falha na operação.

Complexidade

Diferentemente dos métodos de ordenação interna, uma boa medida de complexidade para a ordenação externa é o número de vezes que um elemento é lido/escrito na memória externa. No caso do algoritmo apresentado, temos:

- a leitura do arquivo não ordenado (*M* elementos);
- *K* gravações sequenciais de *N* elementos ordenados ($K = M / N$);
- cada buffer de entrada comporta *T* elementos ($T = N / (K + 1)$);
- são necessárias $K + 1$ passadas por cada um dos *K* arquivos ordenados para fazer a intercalação, o que resulta em $K*(K + 1)$ operações de *seek* no disco.

Por esses cálculos, temos que a complexidade do *merge sort* externo, em termos de *seeks*, é $O(K^2)$. Como *K* é diretamente proporcional ao tamanho do arquivo, podemos dizer que a sua complexidade é $O(M^2)$.

A complexidade do *merge sort* externo é muita alta. Como melhorar o desempenho?

Bons métodos de ordenação externa envolvem, ao todo, menos de 10 passadas sobre o arquivo. Existem várias maneiras de reduzir esse tempo:

- usar mais *hardware* durante a ordenação (memória principal, canais de I/O);
- fazer a intercalação em mais de uma etapa, o que aumenta o tamanho do *buffer* e reduz o número de *seeks* (**multistep merging** em vez de **multiway merging**);
- aumentar o tamanho dos blocos ordenados de dados (**replacement selection**).

Busca em *arrays*

A busca nada mais é do que o ato de procurar por um elemento em um conjunto de dados.

A operação de busca visa responder se determinado valor está ou não presente em um conjunto de elementos (por exemplo, um *array*).

No caso do item que se busca estar presente no conjunto de elementos, seus dados são retornados para o usuário. Toda busca é feita utilizando como base uma chave específica.

> A chave de busca é o "campo" do item utilizado para comparação. É por meio dele que sabemos se dado elemento é o que buscamos.

Existem vários tipos de busca. Sua utilização depende de como são esses dados:
- Os dados estão estruturados (*array*, lista, árvore etc.)? Existe também a busca em dados não estruturados.
- Os dados estão ordenados?
- Existem valores duplicados?

Nas próximas seções iremos abordar a busca em dados armazenados em *arrays*, sejam eles ordenados ou não.

Busca sequencial ou linear

A **busca sequencial** é a estratégia de busca mais simples que existe. Basicamente, esse algoritmo percorre o *array* que contém os dados desde a sua primeira posição até a última.

> A busca sequencial assume que os dados não estão ordenados, por isso a necessidade de percorrer o *array* do seu início até o seu fim.

Para cada posição do *array*, o algoritmo compara se a posição atual do *array* é igual ao valor buscado, como mostra a sua implementação na Figura 3.32. Se os valores forem iguais, o valor existe e o algoritmo retorna a sua posição no *array* (linha 5). Do contrário, a busca continua com a próxima posição do *array*. Ao término do *array*, o algoritmo retorna o valor −1, indicando que o valor buscado não existe nesse *array* (linha 7). Um exemplo de busca é mostrado na Figura 3.33.

```
Busca sequencial ou linear
01   int buscaLinear(int *V, int N, int elem){
02       int i;
03       for(i = 0; i<N; i++){
04           if(elem == V[i])
05               return i;//elemento encontrado
06       }
07       return -1;//elemento não encontrado
08   }
```

Figura 3.32

Ordenação e Busca em *Arrays*

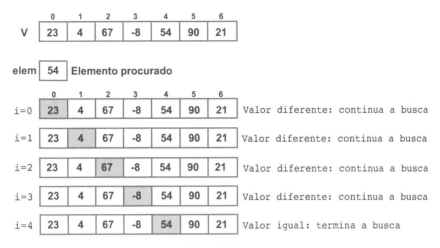

Figura 3.33

Quanto tempo demora para executar esse algoritmo de busca?

Considerando um *array* com **N** elementos:

- $O(1)$, melhor caso: o elemento é o primeiro do *array*;
- $O(N)$, pior caso: o elemento é o último do *array* ou não existe;
- $O(N/2)$, caso médio.

Procurar por determinado valor em um *array* desordenado é uma tarefa bastante cara. Porém, quando organizamos o *array* segundo alguma ordem, isto é, quando ordenamos nosso *array*, a tarefa de busca se torna muito mais fácil.

A busca sequencial ordenada assume que os dados estão ordenados. Assim, se o elemento procurado for menor do que o valor em determinada posição do *array*, temos a certeza de que ele não estará no restante do *array*. Isso evita a necessidade de percorrer o *array* do seu início até o seu fim.

A Figura 3.34 mostra a implementação da busca sequencial ordenada. Para cada posição do *array*, o algoritmo compara se a posição atual do *array* é igual ao valor buscado (linha 4). Se os valores forem iguais, o valor existe e o algoritmo retorna a sua posição no *array* (linha 5). Do contrário, verificamos se o elemento procurado é menor do que o valor da posição atual do *array* (linha 7). Em caso afirmativo, o algoritmo retorna o valor −1, indicando que o valor buscado não existe (linha 8). Do contrário, a busca continua com a próxima posição do *array*. Ao término do *array*, o algoritmo retorna o valor −1, indicando que o valor buscado é maior do que todos os valores nesse *array* (linha 10). Um exemplo de busca é mostrado na Figura 3.35.

Busca sequencial ordenada
| ```
01    int buscaOrdenada(int *V, int N, int elem){
02        int i;
03        for(i = 0; i<N; i++){
04            if(elem == V[i])
05                return i;//elemento encontrado
06            else
07                if(elem < V[i])
08                    return -1;//para a busca
09        }
10        return -1;//elemento não encontrado
11    }
``` |

Figura 3.34

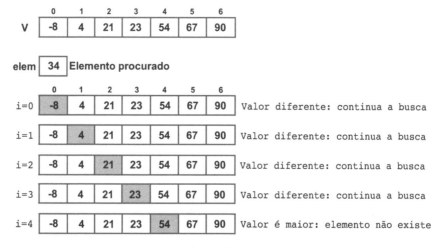

Figura 3.35

> Ordenar um *array* também tem um custo. Esse custo é superior ao custo da busca sequencial no seu pior caso.

Isso significa que, se for para fazer a busca de um único elemento, não vale a pena ordenar o *array*. Porém, se mais de um elemento for recuperado do *array*, o esforço de ordenar o *array* irá valer a pena.
```

Ordenação e Busca em *Arrays*

Busca binária

Vimos que fazer a busca em um *array* ordenado representa um ganho de tempo, pois podemos terminar a busca mais cedo se o elemento procurado for menor que o valor da posição atual do *array*. Porém, a busca sequencial é uma estratégia de busca extremamente simples que percorre todo o *array* linearmente. Uma estratégia de busca mais sofisticada é a busca binária.

A busca binária é uma estratégia baseada na ideia de "dividir para conquistar". A cada passo, esse algoritmo analisa o valor do meio do *array*. Caso esse valor seja igual ao elemento procurado, a busca termina. Do contrário, a busca continua na metade do *array* que condiz com o valor procurado.

A Figura 3.36 mostra a implementação da busca binária. Dado o **início** e o **final** do *array*, o algoritmo calcula a posição do **meio** do *array* (linha 6). Em seguida, o valor dessa posição é comparado com o elemento buscado (linha 7). Se o elemento buscado tiver valor menor, definimos a posição do **meio** como sendo o novo **final** do *array* (linha 8). Se o elemento buscado tiver valor maior, definimos a posição do **meio** como sendo o novo **início** do *array* (linhas 10-11). Se os valores forem iguais, o algoritmo retorna o valor **meio** (linha 13). Esse processo de busca continua enquanto o valor do **início** for menor que o **final**. Do contrário, a busca termina e o algoritmo retorna o valor **−1**, indicando que o elemento não existe no *array*. Um exemplo de busca binária é mostrado na Figura 3.37.

```
                          Busca binária
01    int buscaBinaria(int *V, int N, int elem){
02        int i, inicio, meio, final;
03        inicio = 0;
04        final = N-1;
05        while(inicio <= final){
06            meio = (inicio + final)/2;
07            if(elem < V[meio])
08                final = meio-1;//busca na metade da esquerda
09            else
10                if(elem > V[meio])
11                    inicio = meio+1;//busca na metade da direita
12                else
13                    return meio;
14        }
15        return -1;//elemento não encontrado
16    }
```

Figura 3.36

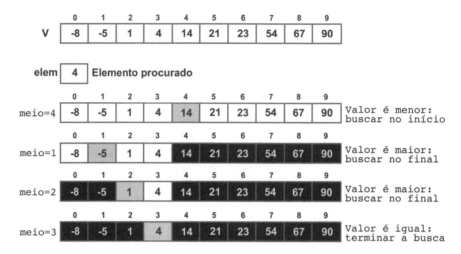

Figura 3.37

> A busca binária é uma estratégia de busca muito mais eficiente que a busca sequencial ordenada.

Considerando um *array* com *N* elementos, o tempo de execução da busca binária é:

- $O(1)$, melhor caso: o elemento procurado está no meio do *array*;
- $O(\log_2 n)$, pior caso: o elemento não existe;
- $O(\log_2 n)$, caso médio.

Para se ter uma ideia da sua vantagem, se $N = 1.000$ o algoritmo de busca sequencial irá executar 1.000 comparações no pior caso, enquanto a busca binária irá executar apenas 10 comparações.

Busca em um *array* de *struct*

Nas seções anteriores vimos como realizar a busca por um elemento em um conjunto de dados, mais especificamente um *array* de inteiros.

> Como posso fazer uma busca se no meu *array* estiver armazenado outro tipo de informação, como uma estrutura (**struct**).

Ordenação e Busca em *Arrays*

É importante lembrarmos que toda busca é feita utilizando como base uma chave específica. Essa chave é o "campo" utilizado para comparação. No caso de uma estrutura, a chave é o campo da *struct* usado para a comparação.

A Figura 3.38 mostra dois exemplos de busca linear em uma *struct*. Nesse exemplo, optamos por usar uma estrutura que representa os dados associados a um aluno: número de matrícula, nome, e três notas (linhas 1-5). O primeiro exemplo mostra a busca feita com base no número de matrícula do aluno (linhas 6-13). Perceba que a única mudança com relação à busca linear apresentada na Figura 3.32 é a especificação do campo matrícula (**mat**) em cada posição do *array* (linha 9). Essa é nossa chave de comparação. Já o segundo exemplo realiza a busca com base no nome do aluno (linhas 15-22). Nesse caso, além de especificarmos o campo **nome** em cada posição do *array*, temos também que utilizar a função **strcmp()** para realizar a comparação de duas *strings* (linha 18). A Figura 3.39 mostra um exemplo da busca linear usando como chave o nome do aluno.

Busca em um *array* de struct

```
01    struct aluno{
02        int mat;
03        char nome[30];
04        float n1,n2,n3;
05    };
06    int buscaLinearMatricula(struct aluno *V, int N, int elem){
07        int i;
08        for(i = 0; i<N; i++){
09            if(elem == V[i].mat)
10                return i;//elemento encontrado
11        }
12        return -1;//elemento não encontrado
13    }
14
15    int buscaLinearNome(struct aluno *V, int N, char* elem){
16        int i;
17        for(i = 0; i<N; i++){
18            if(strcmp(elem,V[i].nome)==0)
19                return i;//elemento encontrado
20        }
21        return -1;//elemento não encontrado
22    }
```

Figura 3.38

Busca de um aluno pelo nome

```
01    #include <stdio.h>
02    #include <stdlib.h>
03       int main(){
04          struct aluno V[4] = {{2,"Andre",9.5,7.8,8.5},
05                               {4,"Ricardo",7.5,8.7,6.8},
06                               {1,"Pedro",9.7,6.7,8.4},
07                               {3,"Ana",5.7,6.1,7.4}};
08          int pos = buscaLinearNome(V,4,"Andre");
09          if(pos != -1)
10             printf("Nome encontrado\n");
11          else
12             printf("Nome NAO encontrado\n");
13
14          system("pause");
15          return 0;
16       }
```

Figura 3.39

Exercícios

1) Defina, usando as suas palavras, o problema de ordenação.

2) Defina, usando as suas palavras, o problema de encontrar o menor valor de um *array*.

3) Cite exemplos de aplicação que envolvam o problema de ordenação no mundo real.

4) Modifique os algoritmos de ordenação vistos, para que ordenem de forma decrescente os números (do maior para o menor).

5) Dado um número e um *array* ordenado, escreva um algoritmo para inserir esse valor na sua posição correta. Desloque os outros números se necessário (considere que há espaço vago no *array*).

6) Escreva um algoritmo que retorne quantas vezes um dado número aparece em um *array*. Reescreva a função para considerar um *array* ordenado.

7) Modifique o algoritmo de ordenação por inserção para que este retorne o número de trocas realizadas.

8) Para cada sequência de números abaixo, faça um teste de mesa com cada método de ordenação visto. Mostre o número de comparações e trocas realizadas por cada método:

- 1, 4, 7, 9, 14, 17
- 21, 19, 17, 9, 5, 1
- 15, 27, 2, 18, 11, 6
- 2, 4, 6, 8, 10, 12, 11, 9, 7, 5, 3, 1

Ordenação e Busca em *Arrays*   **67**

- 2, 4, 6, 8, 10, 12, 1, 3, 5, 7, 9, 11
- 18, 29, 17, 29, 23, 21, 23, 8, 14, 6

9) Qual o resultado de se aplicar o algoritmo de particionamento no seguinte *array*: 23, 12, 56, 48, 20, 98, 75, 77, 45, 15?

10) Modifique o algoritmo *bubble sort*. O algoritmo deverá receber uma *string* e colocar as suas letras em ordem crescente.

11) Modifique o algoritmo *bubble sort* para que o mesmo possa ordenar um conjunto de alunos por seu nome. Cada aluno é representado por uma estrutura contendo seu nome e número de matrícula.

Tipo Abstrato de Dados – TAD

Definição

Quando iniciamos nossos estudos em uma linguagem de programação, vários conceitos foram apresentados. Um desses conceitos é o de **tipos de dados**.

> Um tipo de dado define o conjunto de valores (domínio) e operações que uma variável pode assumir.

Por exemplo, o tipo *char* da linguagem C suporta valores inteiros que vão de −128 até +127. Além disso, esse tipo também suporta operações de soma, subtração etc. Vimos também que esses tipos de dados não possuem nenhum tipo de estrutura sobre seus valores. Porém, existem outros tipos de dados chamados **dados estruturados** ou **estruturas de dados**. Neles, existe uma relação estrutural (que pode ser linear ou não linear) entre seus valores.

> Uma estrutura de dados consiste de um conjunto de tipos de dados onde existe algum tipo de relacionamento lógico estrutural.

Ou seja, uma **estrutura de dados** é apenas uma forma de armazenar e organizar os dados de modo que eles possam ser usados de forma eficiente. Alguns exemplos dessas estruturas de dados presentes na linguagem C são os ***array***, ***struct***, ***union*** e ***enum***, todas criadas a partir dos tipos de dados básicos.

Às vezes, os tipos de dados e as estruturas de dados presentes na linguagem podem não ser suficientes para nossa aplicação. Podemos necessitar de uma melhor estruturação dos dados, assim como precisamos especificar quais operações estarão disponíveis para manipular esses dados. Nesse caso, convém criar um **tipo abstrato de dados**, também conhecido como **TAD**.

> Um **tipo abstrato de dados**, ou **TAD**, é um conjunto de dados estruturados e as operações que podem ser executadas sobre esses dados.

Basicamente, o **tipo abstrato de dados** é um conjunto de valores com seu comportamento definido por operações implementadas na forma de funções. Ele é construído a partir dos tipos básicos (***int***, ***char***, ***float*** e ***double***) ou dos tipos estruturados (***array***, ***struct***, ***union*** e ***enum***) da linguagem C. Assim, **tipos abstratos de dados** são entidades puramente teóricas, usadas para simplificar a descrição de algoritmos abstratos, classificar e avaliar as estruturas de dados e descrever formalmente certos tipos de sistemas.

> Tanto a representação quanto as operações do **TAD** são especificadas pelo programador. O usuário utiliza o **TAD** como uma caixa-preta por meio de sua **interface**.

Para a criação de um **TAD** é essencial ocultar os dados do usuário, ou seja, devemos tornar invisível a sua implementação para o usuário. Assim, o **TAD** é como uma caixa-preta para o usuário, que nunca tem acesso direto a informação lá armazenada. A implementação de um **TAD** está desvinculada da sua utilização, ou seja, quando definimos um **TAD** estamos preocupados com o que ele faz e não em como ele faz.

Um **TAD** é muitas vezes implementado na forma de dois módulos: implementação e interface. O módulo de interface declara as funções que correspondem às operações do **TAD** e é visível pelo usuário. Essa estratégia de ocultação de informações permite a implementação e manutenção de módulos sem afetar os programas do usuário, como mostra a Figura 4.1.

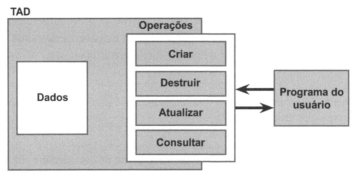

Figura 4.1

Vantagens de usar um TAD

O uso de um **TAD** traz consigo uma série de vantagens:

- **Encapsulamento**: ao ocultarmos a implementação, fornecemos um conjunto de operações possíveis para o **TAD**. Isso é tudo o que o usuário precisa saber para fazer uso do **TAD**. O usuário não precisa de nenhum conhecimento técnico de como a implementação trabalha para usá-lo, tornando o seu uso muito mais fácil.
- **Segurança**: usuário não tem acesso direto aos dados. Isso evita que ele manipule os dados de maneira imprópria.
- **Flexibilidade**: podemos alterar o **TAD** sem alterar as aplicações que o utilizam. De fato, podemos ter diferentes implementações de um mesmo **TAD** desde que todos respeitem a mesma interface. Assim, podemos usar a implementação mais eficiente para determinada situação.
- **Reutilização**: a implementação da **TAD** é feita em um módulo diferente do programa do usuário.

O tipo FILE

Se você já trabalhou com arquivos na linguagem C, então muito provavelmente já teve o seu primeiro contato com um tipo abstrato de dado, **TAD**. Trata-se do tipo **FILE**.

Tipo Abstrato de Dados – TAD

O tipo **FILE** é uma estrutura que contém as informações sobre um arquivo ou fluxo de texto necessárias para realizar as operações de entrada ou saída sobre ele como, por exemplo, o descritor do arquivo, a posição atual dentro do arquivo, um indicador de fim de arquivo e um indicador de erro, como na Figura 4.2. Tenha em mente que o conteúdo dessa estrutura parece mudar significativamente em outras implementações.

```
Exemplo: estrutura do tipo FILE
01   typedef struct{
02    int        level;      // nível do buffer
03    unsigned flags;        // flag de status do arquivo
04    char       fd;         // descritor do arquivo
05    unsigned char hold;    // retorna caractere sem buffer
06    int        bsize;      // tamanho do buffer
07    unsigned char *buffer; // buffer de transferência de dados
08    unsigned char *curp;   // ponteiro atualmente ativo
09    unsigned       istemp; // indicador de arquivo temporário
10    short      token;      // usado para validação
11   }FILE;
12
```

Figura 4.2

Alguns acreditam que ninguém em sã consciência deve fazer uso direto dos campos dessa estrutura. Então, a única maneira de trabalhar com arquivos em linguagem C é declarando um ponteiro de arquivo da seguinte maneira:

FILE*f;

Desse modo, o usuário possui apenas um ponteiro para onde os dados estão armazenados, mas não pode acessá-los diretamente.

> A única maneira de acessar o conteúdo do ponteiro **FILE** é por meio das operações definidas em sua **interface**.

Assim, os dados do ponteiro *f* somente podem ser acessados pelas funções de manipulação do tipo **FILE**:

- fopen()
- fclose()
- fputc()
- fgetc()
- feof()
- etc.

Tipo opaco

Sempre que trabalhamos com arquivos na linguagem C temos a necessidade de declarar um ponteiro do tipo **FILE** para poder manipular o arquivo.

> Se o tipo FILE é na verdade uma estrutura, por que não podemos simplesmente declarar uma variável em vez de um ponteiro para ela?

Isso acontece porque o tipo **FILE** é um tipo **opaco** do ponto de vista dos usuários da biblioteca. Apenas a própria biblioteca conhece o conteúdo do tipo e consegue manipulá-lo.

> Diz-se que um tipo de dado é opaco quando ele é incompletamente definido em uma interface. Assim, os seus valores só podem ser acessados por funções específicas.

Basicamente, um tipo opaco representa uma forma de esconder os detalhes de sua implementação dos programadores que apenas farão uso do módulo ou biblioteca. Para criar um tipo opaco, utilizamos dois arquivos e os princípios de modularização:

- **Arquivo ".C":** declara o tipo de dados que deverá ficar oculto do usuário;
- **Arquivo ".H":** declara o tipo que irá representar os dados ocultos do arquivo ".C" e que somente poderá ser declarado pelo usuário na forma de um ponteiro.

Por meio dos tipos opacos, nossos programas utilizam uma biblioteca apenas fazendo uso de ponteiros para os dados. E os dados somente podem ser acessados recorrendo às funções. Note que é justamente isso que acontece quando trabalhamos com arquivos na linguagem C.

Operações básicas de um TAD

Tipos abstratos de dados incluem as operações para a manipulação de seus dados. Essas operações variam de acordo com o TAD criado, porém as seguintes operações básicas são possíveis:

- criação do TAD;
- inserção de um novo elemento no TAD;
- remoção de um elemento do TAD;
- acesso a um elemento do TAD;
- destruição do TAD.

Modularizando o programa

Quando trabalhamos com TAD, a convenção em linguagem C é prepararmos dois arquivos para implementá-la. Assim, podemos separar o "conceito" (definição do tipo) de sua "implementação":

- **Um arquivo ".H"**: aqui são declarados os protótipos das funções visíveis para o usuário, tipos de ponteiro, e dados globalmente acessíveis. Aqui é definida a **interface** visível pelo usuário;
- **Um arquivo ".C"**: declaração do tipo de dados que ficará oculto do usuário do **TAD** e implementação das suas funções. Aqui é definido tudo que ficará **oculto** do usuário.

Chamamos **modularização** o processo de separação da definição do **TAD** em dois arquivos.

Em programação, a **modularização** visa a criação de **módulos**. Um módulo é uma unidade com um propósito único e bem definido e que pode ser compilado separadamente do restante do programa. Desse modo, um módulo pode ser facilmente reutilizado e modificado independente do programa do usuário.

Um módulo pode conter um ou mais tipos, variáveis, constantes e funções, além de uma interface apropriada com outros módulos existentes.

À medida que uma aplicação se torna maior, o uso de módulos se torna necessário. Isso ocorre porque o uso de um único arquivo causa uma série de problemas.

Redação e modificação do programa se tornam mais difíceis à medida que ele fica maior:

- a reutilização do código é um processo de copiar e colar;
- qualquer modificação exige a recompilação de todo o código;
- o código é dividido em arquivos separados com entidades relacionadas.

A criação de módulos usa a estratégia de "dividir para conquistar" para a resolução de problemas.

A ideia básica da modularização é **dividir para conquistar**. Essa estratégia apresenta uma série de vantagens:

- divide-se um problema maior em um conjunto de problemas menores;
- aumenta as possibilidades de reutilização do código;

- facilita o entendimento do programa;
- encapsulam os dados e, assim, são agrupados os dados e os processos logicamente relacionados;
- código fica distribuído em vários arquivos. Isso permite trabalhar com equipes de programadores;
- aumento da produtividade do programador;
- apenas as partes alteradas do programa precisam ser recompiladas;
- verificação independente dos módulos antes do uso no programa do usuário;
- maior confiabilidade.

Implementando um TAD: Ponto

Nesta seção, iremos mostrar passo a passo a criação de um **TAD**. Para o nosso exemplo, iremos criar um **TAD** que represente um ponto definido por suas coordenadas *x* e *y*. Como também estamos trabalhando com modularização, precisamos definir o **tipo opaco** que irá representar nosso ponto. Esse tipo será um ponteiro para a estrutura que define o ponto. Além disso, também precisamos definir o conjunto de funções que será visível para o programador que utilizará a biblioteca que estamos criando.

No arquivo **Ponto.h** iremos declarar tudo aquilo que será visível para o programador.

Vamos começar definindo o arquivo **Ponto.h**, ilustrado na Figura 4.3. Nele, temos que definir:
- um novo nome (**Ponto**) para a **struct ponto** (linha 1). Esse é o tipo opaco que será usado sempre que se desejar trabalhar com nosso **TAD**;
- as funções disponíveis para se trabalhar com nosso **TAD** (linhas 2-11) e que serão implementadas no arquivo **Ponto.c**.

No arquivo **Ponto.c**, iremos definir tudo aquilo que deve ficar oculto do usuário da nossa biblioteca e implementar as funções definidas em **Ponto.h**.

Basicamente, o arquivo **Ponto.c** (Figura 4.3) contém apenas:
- as chamadas bibliotecas necessárias à implementação do **TAD** (linhas 1-3);
- a definição do tipo que define o nosso **TAD**, **struct ponto** (linhas 4-7);
- as implementações das funções definidas no arquivo **Ponto.h**, as quais serão vistas adiante.

Por estar definido dentro do arquivo **Ponto.c**, os campos dessa estrutura **struct ponto** não são visíveis pelo usuário da biblioteca no arquivo **main()**, apenas o seu outro nome definido no arquivo **Ponto.h** (linha 1), que pode apenas declarar um ponteiro para ele da seguinte forma:

Ponto*p;

Tipo Abstrato de Dados – TAD

Arquivo Ponto.h

```
01    typedef struct ponto Ponto;
02    //Cria um novo ponto
03    Ponto* Ponto_cria(float x, float y);
04    //Libera um ponto
05    void Ponto_libera(Ponto* p);
06    //Acessa os valores "x" e "y" de um ponto
07    int Ponto_acessa(Ponto* p, float* x, float* y);
08    //Atribui os valores "x" e "y" a um ponto
09    int Ponto_atribui(Ponto* p, float x, float y);
10    //Calcula a distancia entre dois pontos
11    float Ponto_distancia(Ponto* p1, Ponto* p2);
```

Arquivo Ponto.c

```
01    #include <stdlib.h>
02    #include <math.h>
03    #include "Ponto.h" //inclui os protótipos
04    struct ponto{//definição do tipo de dados
05      float x;
06      float y;
07    };
```

Figura 4.3

Para utilizar um **TAD** em seu programa, a primeira coisa a fazer é criar um novo ponto. Essa tarefa é executada pela função descrita na Figura 4.4. Basicamente, o que essa função faz é alocar uma área de memória para o **TAD** (linha 2). Essa área corresponde à memória necessária para armazenar a estrutura que define o ponto armazenado no **TAD**, **struct ponto**, a qual é devolvida para o nosso ponteiro para o **TAD**. Em seguida, essa função inicializa os campos da estrutura com os valores fornecidos pelo usuário (linhas 4-5) e retorna para o usuário o **TAD** (linha 7).

Criando um ponto

```
01    Ponto* Ponto_cria(float x, float y){
02        Ponto* p = (Ponto*) malloc(sizeof(Ponto));
03        if(p != NULL){
04            p->x = x;
05            p->y = y;
06        }
07        return p;
08    }
```

Figura 4.4

Sempre que terminarmos de utilizar nosso **TAD**, é necessário que o mesmo seja destruído, como mostra o código contido na Figura 4.5. Basicamente, o que temos que fazer é liberar a memória alocada para a estrutura que representa o ponto. Isso é feito utilizando apenas uma chamada da **free()**.

> Por que criar uma função para destruir o **TAD** sendo que tudo que precisamos fazer é chamar a função **free()**?

Por questões de modularização. Destruir nosso **TAD Ponto** é uma tarefa simples, porém para outros **TADs** essa pode ser uma tarefa mais complicada. Ao criar essa função, estamos escondendo a implementação dessa tarefa do usuário, o qual não precisa saber como um **TAD** é destruído para utilizá-lo.

Destruindo um ponto
01   **void** Ponto_libera(Ponto* p){
02   free(p);
03   }

Figura 4.5

Outra tarefa importante é o acesso à informação armazenada dentro do **TAD**. É preciso criar uma função que recupera, por referência, o valor das coordenadas de um ponto, como mostra o código contido na Figura 4.6. Primeiramente, a função verifica se o **TAD** é válido, isto é, se o ponteiro **Ponto*p** é igual a **NULL**. Se essa condição for verdadeira, a função retorna o valor ZERO (linha 3), indicando erro na operação. Caso contrário, os dados são copiados para o conteúdo dos ponteiros passados por referência para a função (linhas 4-5) que retorna o valor UM, indicando sucesso nessa operação.

Acessando o conteúdo de um ponto
01   **int** Ponto_acessa(Ponto* p, **float*** x, **float*** y){
02   **if**(p == NULL)
03   **return** 0;
04   *x = p->x;
05   *y = p->y;
06   **return** 1;
07   }

Figura 4.6

Tipo Abstrato de Dados – TAD

77

Podemos também querer modificar o valor atribuído ao **TAD**. Assim, é preciso criar uma função que atribui um novo valor às coordenadas do ponto, como mostra o código contido na Figura 4.7. Primeiramente, a função verifica se o **TAD** é válido, isto é, se o ponteiro **Ponto*p** é igual a **NULL**. Se essa condição for verdadeira, a função retorna o valor ZERO (linha 3), indicando erro na operação. Caso contrário, os dados passados por parâmetro são copiados para dentro da estrutura que representa o **TAD** (linhas 4-5) e a função retorna o valor UM, indicando sucesso nessa operação.

```
Atribuindo um valor ao ponto

01    int Ponto_atribui(Ponto* p, float x, float y){
02        if(p == NULL)
03            return 0;
04        p->x = x;
05        p->y = y;
06        return 1;
07    }
```

Figura 4.7

Dependendo de nossa aplicação, pode ser interessante saber a distância entre dois pontos. Então, vamos criar uma função que calcula a distância entre as coordenadas de dois **TAD Ponto**, como mostra o código contido na Figura 4.8. Primeiramente, a função verifica se os dois **TADs** são válidos. Se algum deles for igual a **NULL**, a função irá retornar o valor –1 (linha 3), indicando erro na operação (não existem distâncias negativas). Caso contrário, será calculada e retornada para o usuário da função o valor da distância entre os pontos (linhas 4-6).

```
Calculando a distância entre dois pontos

01    float Ponto_distancia(Ponto* p1, Ponto* p2){
02        if(p1 == NULL || p2 == NULL)
03            return -1;
04        float dx = p1->x - p2->x;
05        float dy = p1->y - p2->y;
06        return sqrt(dx * dx + dy * dy);
07    }
```

Figura 4.8

Por fim, podemos ver na Figura 4.9 um exemplo de como podemos utilizar nosso **TAD** em uma aplicação.

Exemplo: utilizando o TAD ponto

```
01   #include <stdio.h>
02   #include <stdlib.h>
03   #include "Ponto.h"
04   int main(){
05       float d;
06       Ponto *p,*q;
07       //Ponto r; //ERRO
08       p = Ponto_cria(10,21);
09       q = Ponto_cria(7,25);
10       //q->x = 2; //ERRO
11       d = Ponto_distancia(p,q);
12       printf("Distancia entre pontos: %f\n",d);
13       Ponto_libera(q);
14       Ponto_libera(p);
15       system("pause");
16       return 0;
17   }
```

Figura 4.9

Exercícios

1) O que é um Tipo Abstrato de Dados (TAD)? Qual a característica fundamental na sua utilização?

2) Quais as vantagens de se programar utilizando um Tipo Abstrato de Dados (TAD)?

3) Desenvolva um TAD que represente um cubo. Inclua as funções de inicializações necessárias e as operações que retornem os tamanhos de cada lado, a sua área e o seu volume.

4) Desenvolva um TAD que represente um cilindro. Inclua as funções de inicializações necessárias e as operações que retornem sua altura e raio, a sua área e o seu volume.

5) Desenvolva um TAD que represente uma esfera. Inclua as funções de inicializações necessárias e as operações que retornem seu raio, a sua área e o seu volume.

6) Desenvolva um TAD que represente um número complexo $z = x + iy$, em que $i^2 = -1$, sendo x a sua parte real e y a parte imaginária. O TAD deverá conter as seguintes funções:

- criar um número complexo;
- destruir um número complexo;
- soma de dois números complexos;

Tipo Abstrato de Dados – TAD

- subtração de dois números complexos;
- multiplicação de dois números complexos;
- divisão de dois números complexos.

7) Desenvolva um TAD que represente um conjunto de inteiros. Para isso, utilize um vetor de inteiros. O TAD deverá conter as seguintes funções:
- criar um conjunto vazio;
- união de dois conjuntos;
- inserir um elemento no conjunto;
- remover um elemento do conjunto;
- intersecção entre dois conjuntos;
- diferença de dois conjuntos;
- testar se um número pertence ao conjunto;
- menor valor do conjunto;
- maior valor do conjunto;
- testar se dois conjuntos são iguais;
- tamanho do conjunto;
- testar se o conjunto é vazio.

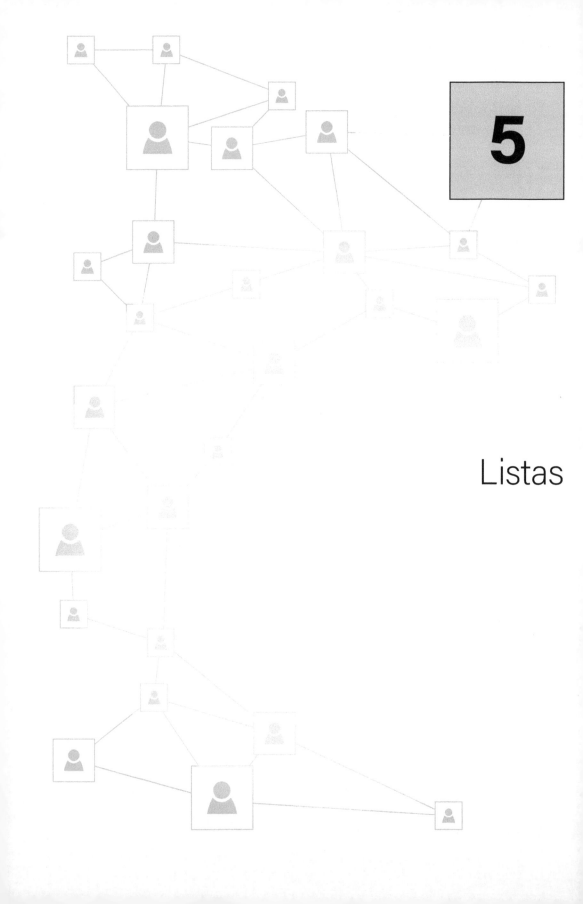

5

Listas

Definição

O conceito de lista é algo muito comum para as pessoas. Trata-se de uma relação finita de itens, todos eles contidos dentro de um mesmo tema. Vários são os exemplos possíveis de listas: itens em estoque em uma empresa, dias da semana, lista de compras do supermercado, convidados de uma festa etc.

Em ciência da computação, uma lista é uma estrutura de dados linear utilizada para armazenar e organizar dados em um computador. Uma estrutura do tipo lista é uma sequência de elementos do mesmo tipo, como ilustrado na Figura 5.1. Seus elementos possuem estrutura interna abstraída, ou seja, sua complexidade é arbitrária e não afeta o seu funcionamento. Além disso, uma lista pode possuir elementos repetidos, assim como ser ordenada ou não, dependendo da aplicação. Como nas listas que conhecemos, a estrutura do tipo lista pode possuir N ($N \geq 0$) elementos ou itens. Se $N = 0$, dizemos que a lista está vazia.

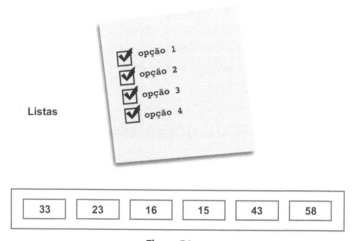

Figura 5.1

Tipos de listas

Existem várias representações diferentes para uma lista.

> Essas representações variam a depender de como os elementos são inseridos ou removidos da lista, tipo de alocação usada e tipo de acesso aos elementos.

Quanto à inserção/remoção de elementos da lista, temos:

- **lista convencional**: pode ter elementos inseridos ou removidos de qualquer lugar dela;
- **fila**: estrutura do tipo **FIFO** (*First In First Out*), os elementos só podem ser inseridos no final, e acessados ou removidos do início da lista. Mais informações no Capítulo 6;
- **pilha**: estrutura do tipo **LIFO** (*Last In First Out*), os elementos só podem ser inseridos, acessados ou removidos do final da lista. Mais informações no Capítulo 9.

Quanto à alocação de memória, podemos utilizar alocação estática ou dinâmica para implementar uma lista:

- **alocação estática**: o espaço de memória é alocada no momento da compilação do programa. É necessário definir do número máximo de elementos que a lista irá possuir;
- **alocação dinâmica**: o espaço de memória é alocado em tempo de execução. A lista cresce à medida que novos elementos são armazenados, e diminui à medida que elementos são removidos.

E, independentemente de como a memória foi alocada, podemos acessar os seus elementos de duas formas:

- **acesso sequencial**: os elementos são armazenados de forma consecutiva na memória (como em um *array* ou vetor). A posição de um elemento pode ser facilmente obtida a partir do início da lista;
- **acesso encadeado**: cada elemento pode estar em uma área distinta da memória, não necessariamente consecutivas. É necessário que cada elemento da lista armazene, além da sua informação, o endereço de memória onde se encontra o próximo elemento. Para acessar um elemento, é preciso percorrer todos os seus antecessores na lista.

Nas próximas seções serão apresentadas as diferentes implementações de listas com relação à alocação e acesso aos elementos.

Operações básicas de uma lista

Independentemente do tipo de alocação e acesso usado na implementação de uma lista, as seguintes operações básicas são possíveis:

- criação da lista;
- inserção de um elemento na lista;
- remoção de um elemento da lista;
- busca por um elemento da lista;
- destruição da lista;
- além de informações com tamanho, se está cheia ou vazia.

A operação de inserção na lista

A operação de inserção é o ato de guardar elementos dentro da lista.

> Existem 3 tipos de inserção: inserção no início, no final ou no meio (isto é, entre dois elementos) da lista.

Listas

A operação de inserção no meio da lista é comumente usada quando se deseja inserir um elemento de forma ordenada na lista.

> A operação de inserção envolve o teste de estouro da lista, ou seja, precisamos verificar se é possível inserir um novo elemento na lista (a lista ainda não está cheia).

A operação de remoção da lista

Existindo uma lista e ela possuindo elementos, é possível excluí-los. E é disso que se trata a operação de remoção.

> Existem 3 tipos de remoção: remoção do início, do final ou do meio (isto é, entre dois elementos) da lista.

A operação de remoção do meio da lista é comumente usada quando se deseja remover um elemento específico da lista.

> A operação de remoção envolve o teste de lista vazia, ou seja, precisamos verificar se existem elementos dentro da lista antes de tentar removê-los.

Lista sequencial estática

Uma **lista sequencial estática** ou **lista linear estática** é uma lista definida utilizando alocação estática e acesso sequencial dos elementos. Trata-se do tipo mais simples de lista possível. Essa lista é definida utilizando um *array*, de modo que o sucessor de um elemento ocupa a posição física seguinte do mesmo.

> Além do *array*, essa lista utiliza um campo adicional (qtd) que serve para indicar o quanto do *array* já está ocupado pelos elementos (dados) inseridos na lista.

Considerando uma implementação em módulos, temos que o usuário tem acesso apenas a um ponteiro do tipo lista (a lista é um tipo opaco), como ilustrado na Figura 5.2. Isso impede o usuário de saber como foi realmente implementada a lista e limita o seu acesso apenas às funções que a manipulam.

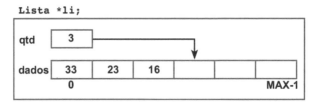

Figura 5.2

O uso de um *array* na definição de uma lista sequencial estática tem vantagens e desvantagens, que devem ser consideradas para um melhor desempenho da aplicação.

Várias são as vantagens em se definir uma lista utilizando um *array*:
- acesso rápido e direto aos elementos (índice do *array*);
- tempo constante para acessar um elemento;
- facilidade em modificar as suas informações.

Infelizmente, o uso de *arrays* também tem suas desvantagens:
- definição prévia do tamanho do *array* e, consequentemente, da lista;
- dificuldade para inserir e remover um elemento entre outros dois: é necessário deslocar os elementos para abrir espaço dentro do *array*.

Considerando suas vantagens e desvantagens, quando devo utilizar uma lista sequencial estática?

Em geral, usamos esse tipo de lista nas seguintes situações:
- listas pequenas;
- inserção e remoção apenas no final da lista;
- tamanho máximo da lista bem definido;
- a busca é a operação mais frequente.

Definindo o tipo lista sequencial estática

Antes de começar a implementar a nossa lista, é preciso definir o tipo de dado que será armazenado nela. Uma lista pode armazenar qualquer tipo de informação. Para tanto, é necessário que especifiquemos isso na sua declaração. Como estamos trabalhando com modularização, precisamos também definir o **tipo opaco** que representa nossa lista. Esse tipo será um ponteiro para a estrutura que define a lista. Além disso, também precisamos definir o conjunto de funções que será visível para o programador que utilizar a biblioteca que estamos criando.

Listas

No arquivo **ListaSequencial.h**, iremos declarar tudo aquilo que será visível para o programador.

Vamos começar definindo o arquivo **ListaSequencial.h**, ilustrado na Figura 5.3. Por se tratar de uma lista estática, temos que definir:

- o tamanho máximo do *array* utilizado na lista, representada pela constante **MAX** (linha 1);
- o tipo de dado que será armazenado na lista, ***struct* aluno** (linhas 2-6);
- para fins de padronização, criamos um novo nome para o tipo lista (linha 7). Esse é o tipo que será usado sempre que se desejar trabalhar com uma lista;
- as funções disponíveis para se trabalhar com essa lista em especial (linhas 9-21) e que serão implementadas no arquivo **ListaSequencial.c**.

Nesse exemplo, optamos por armazenar uma estrutura representando um aluno dentro da lista. Esse aluno é representado pelo seu número de matrícula, nome, e três notas.

No arquivo **ListaSequencial.c** iremos definir tudo aquilo que deve ficar oculto do usuário da nossa biblioteca e implementar as funções definidas em **ListaSequencial.h**.

Basicamente, o arquivo **ListaSequencial.c** (Figura 5.3) contém apenas:

- as chamadas às bibliotecas necessárias para implementação da lista (linhas 1-3);
- a definição do tipo que define o funcionamento da lista, ***struct* lista** (linhas 5-8);
- as implementações das funções definidas no arquivo **ListaSequencial.h**. As implementações dessas funções serão vistas nas seções seguintes.

Note que o nosso tipo lista nada mais é do que uma estrutura contendo dois campos: um inteiro **qtd** que indica o quanto do *array* já está ocupado pelos elementos inseridos na lista, e o nosso *array* do tipo **struct aluno**, que é o tipo de dado a ser armazenado na lista. Por estar definido dentro do arquivo **ListaSequencial.c**, os campos dessa estrutura não são visíveis pelo usuário da biblioteca no arquivo **main()**, apenas o seu outro nome definido no arquivo **ListaSequencial.h** (linha 7), que pode apenas declarar um ponteiro para ele da seguinte forma:

Algoritmos e Estruturas de Dados em Linguagem C

Lista *li;

Arquivo ListaSequencial.h

```
01    #define MAX 100
02    struct aluno{
03        int matricula;
04        char nome[30];
05        float n1,n2,n3;
06    };
07    typedef struct lista Lista;
08
09    Lista* cria_lista();
10    void libera_lista(Lista* li);
11    int busca_lista_pos(Lista* li, int pos, struct aluno *al);
12    int busca_lista_mat(Lista* li, int mat, struct aluno *al);
13    int insere_lista_final(Lista* li, struct aluno al);
14    int insere_lista_inicio(Lista* li, struct aluno al);
15    int insere_lista_ordenada(Lista* li, struct aluno al);
16    int remove_lista(Lista* li, int mat);
17    int remove_lista_inicio(Lista* li);
18    int remove_lista_final(Lista* li);
19    int tamanho_lista(Lista* li);
20    int lista_cheia(Lista* li);
21    int lista_vazia(Lista* li);
```

Arquivo ListaSequencial.c

```
01    #include <stdio.h>
02    #include <stdlib.h>
03    #include "ListaSequencial.h" //inclui os protótipos
04    //Definição do tipo lista
05    struct lista{
06        int qtd;
07        struct aluno dados[MAX];
08    };
```

Figura 5.3

Criando e destruindo uma lista

Para utilizar uma lista em seu programa, a primeira coisa a fazer é criar uma lista vazia. Essa tarefa é executada pela função descrita na Figura 5.4. Basicamente, o que essa função faz é a alocação de uma área de memória para a lista (linha 3). Essa área de memória corresponde à memória necessária para armazenar a estrutura que define a lista, **struct lista**. Em seguida, essa função inicializa o campo **qtd** com o valor 0. Esse campo indica o quanto do *array* já está ocupado pelos elementos inseridos na lista, que no caso indica que nenhum elemento foi inserido ainda. A Figura 5.5 indica o conteúdo do nosso ponteiro **Lista* li** após a chamada da função que cria a lista.

Criando uma lista

```
01   Lista* cria_lista(){
02       Lista *li;
03       li = (Lista*) malloc(sizeof(struct lista));
04       if(li != NULL)
05           li->qtd = 0;
06       return li;
07   }
```

Figura 5.4

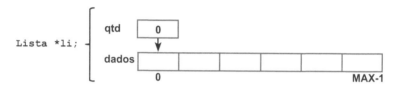

Figura 5.5

Destruir uma lista estática é bastante simples, como mostra o código contido na Figura 5.6. Basicamente, o que temos que fazer é liberar a memória alocada para a estrutura que representa a lista. Isso é feito utilizando apenas uma chamada da função **free()**.

> Por que criar uma função para destruir a lista sendo que tudo que precisamos fazer é chamar a função **free()**?

Por questões de modularização. Destruir uma lista estática é bastante simples, porém destruir uma lista alocada dinamicamente é uma tarefa mais complicada. Ao criar essa função, estamos escondendo a implementação dessa tarefa do usuário, ao mesmo tempo em que mantemos a mesma notação utilizada por uma lista com alocação **estática** ou **dinâmica**. Desse modo, utilizar uma lista **estática** ou **dinâmica** será indiferente para o programador.

Destruindo uma lista

```
01   void libera_lista(Lista* li){
02       free(li);
03   }
```

Figura 5.6

Informações básicas sobre a lista

As operações de inserção, remoção e busca são consideradas as principais operações de uma lista. Apesar disso, para realizar essas operações é necessário ter em mãos algumas outras informações mais básicas sobre a lista. Por exemplo, não podemos remover um elemento da lista se a mesma estiver vazia. Sendo assim, é conveniente implementar uma função que retorne esse tipo de informação.

A seguir, veremos como implementar as funções que retornam as três principais informações sobre o *status* atual da lista: seu tamanho, se ela está cheia e se ela está vazia.

Tamanho da lista

Saber o tamanho de uma **lista sequencial estática** é uma tarefa relativamente simples. Isso ocorre porque essa lista possui um campo inteiro **qtd** que indica o quanto do *array* já está ocupado pelos elementos inseridos na lista, como mostra a Figura 5.7.

> Basicamente, retornar o tamanho de uma **lista sequencial estática** consiste em retornar o valor do seu campo **qtd**.

A implementação da função que retorna o tamanho da lista é mostrada na Figura 5.8. Note que essa função, em primeiro lugar, verifica se o ponteiro **Lista* li** é igual a **NULL**. Essa condição seria verdadeira, se tivesse ocorrido um problema na criação da lista e, nesse caso, não teríamos uma lista válida para trabalhar. Porém, se a lista foi criada com sucesso, então é possível acessar o seu campo **qtd** e retornar o seu valor, que nada mais é do que o tamanho da lista.

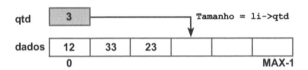

Figura 5.7

Tamanho da lista
01   `int tamanho_lista(Lista* li){`
02   `if(li == NULL)`
03   `return -1;`
04   `else`
05   `return li->qtd;`
06   `}`

Figura 5.8

Lista cheia

Saber se uma **lista sequencial estática** está cheia é outra tarefa relativamente simples. Novamente, isso ocorre porque essa lista possui um campo inteiro **qtd** que indica o quanto do *array* já está ocupado pelos elementos inseridos na lista, como mostra a Figura 5.9.

Listas 89

> Basicamente, retornar se uma lista sequencial estática está cheia consiste em verificar se o valor do seu campo **qtd** é igual a **MAX**.

A implementação da função que retorna se a lista está cheia é mostrada na Figura 5.10. Note que essa função, em primeiro lugar, verifica se o ponteiro **Lista* li** é igual a **NULL**. Essa condição seria verdadeira, se tivesse ocorrido um problema na criação da lista e, nesse caso, não teríamos uma lista válida para trabalhar. Dessa forma, optamos por retornar o valor −1 para indicar uma lista inválida. Porém, se a lista foi criada com sucesso, então é possível acessar o seu campo **qtd** e comparar o seu valor com o tamanho máximo definido para o seu *array* (vetor) de elementos: **MAX**. Se os valores forem iguais (ou seja, lista cheia), a expressão da linha 4 irá retornar o valor 1. Caso contrário, irá retornar o valor 0.

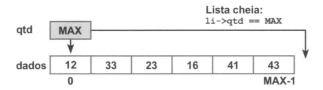

Figura 5.9

Retornando se a lista está cheia
01   `int lista_cheia(Lista* li){`
02   `if(li == NULL)`
03   `return -1;`
04   `return (li->qtd == MAX);`
05   `}`

Figura 5.10

Lista vazia

Saber se uma **lista sequencial estática** está vazia é outra tarefa bastante simples. Como no caso do tamanho da lista e da lista cheia, isso ocorre porque esse tipo de lista possui um campo inteiro **qtd** que indica o quanto do *array* já está ocupado pelos elementos inseridos na lista, como mostra a Figura 5.11.

> Basicamente, retornar se uma **lista sequencial estática** está vazia consiste em verificar se o valor do seu campo **qtd** é igual a **ZERO**.

A implementação da função que retorna se a lista está vazia é mostrada na Figura 5.12. Note que essa função, em primeiro lugar, verifica se o ponteiro **Lista* li** é igual a **NULL**. Essa condição seria verdadeira, se tivesse ocorrido um problema na criação da lista e, nesse caso, não teríamos uma lista válida para trabalhar. Dessa forma, optamos por retornar o valor −1 para indicar uma lista inválida. Porém, se a lista foi criada com sucesso, então é possível acessar o seu campo **qtd** e comparar o seu valor com o valor **ZERO**, que é o valor inicial do campo quando criamos uma lista. Se os valores forem iguais (ou seja, nenhum elemento contido dentro da lista), a expressão da linha 4 irá retornar o valor 1. Caso contrário, irá retornar o valor 0.

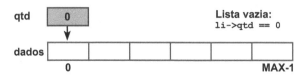

Figura 5.11

Retornando se a lista está vazia
01   int lista_vazia(Lista* li){
02   if(li == NULL)
03   return -1;
04   return (li->qtd == 0);
05   }

Figura 5.12

Inserindo um elemento na lista

Preparando a inserção na lista

Antes de inserir um elemento em uma **lista sequencial estática**, algumas verificações são necessárias. Isso vale para os três tipos de inserção: no início, no final ou no meio da lista, como mostrados nas suas respectivas implementações (Figuras 5.13, 5.15, 5.17).

Primeiramente, verificamos se o ponteiro **Lista* li** é igual a **NULL**. Essa condição seria verdadeira, se tivesse ocorrido um problema na criação da lista e, nesse caso, não teríamos uma lista válida para trabalhar. Dessa forma, optamos por retornar o valor 0 para indicar uma lista inválida (linha 3). Porém, se a lista foi criada com sucesso, precisamos verificar se ela não está cheia, isto é, se existe espaço para um novo elemento. Caso a lista esteja cheia, a função irá retornar o valor 0 (linhas 4 e 5).

No caso de uma lista implementada usando um *array*, ela somente será considerada cheia quando a quantidade de elementos (campo **qtd**) for igual ao tamanho do *array* (**MAX**), indicando que o *array* está completamente ocupado por elementos.

Inserindo no início da lista

Inserir um elemento no início de uma **lista sequencial estática** é uma tarefa simples, mas um tanto trabalhosa.

> Isso ocorre porque a inserção no início de uma **lista sequencial estática** necessita que se mude o lugar dos demais elementos da lista.

Basicamente, o que temos que fazer é movimentar todos os elementos da lista uma posição para frente dentro do *array*. Isso deixa o início da lista (a posição ZERO do *array*) livre para inserir um novo elemento, como mostra a sua implementação na Figura 5.13. Note que as linhas de 2 a 5 verificam se a inserção é possível.

Como se trata de uma inserção no início, temos que percorrer todos os elementos da lista e copiá-los uma posição para a frente. Isso deve ser feito do último elemento até o primeiro, evitando assim que a cópia de um elemento sobrescreva o outro (linhas 7 e 8). Em seguida, podemos copiar os dados que vamos armazenar para dentro da posição ZERO do *array* que representa a lista (linha 9). Por fim, devemos incrementar a quantidade (**li->qtd**) de elementos armazenados na lista e retornamos o valor 1 (linhas 10 e 11), indicando sucesso na operação de inserção. Esse processo é melhor ilustrado pela Figura 5.14.

Inserindo um elemento no início da lista

```
01  int insere_lista_inicio(Lista* li, struct aluno al){
02      if(li == NULL)
03          return 0;
04      if(li->qtd == MAX)//lista cheia
05          return 0;
06      int i;
07      for(i=li->qtd-1; i>=0; i--)
08          li->dados[i+1] = li->dados[i];
09      li->dados[0] = al;
10      li->qtd++;
11      return 1;
12  }
```

Figura 5.13

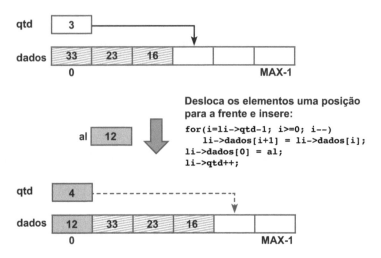

Figura 5.14

Inserindo no final da Lista

Inserir um elemento no final de uma **lista sequencial estática** é uma tarefa extremamente simples.

> Diferente da inserção no início, a inserção no final de uma **lista sequencial estática** não necessita que se mude o lugar dos demais elementos da lista.

Como a inserção é no final da lista, devemos inserir nosso elemento após a última posição ocupada do *array* que representa a lista, como mostra a sua implementação na Figura 5.15. Note que as linhas de 2 a 5 verificam se a inserção é possível.

Como se trata de uma inserção no final, basta copiar os dados que vamos armazenar para dentro da posição **li->qtd** do *array* que representa a lista (linha 6). Por fim, devemos incrementar a quantidade (**li->qtd**) de elementos armazenados na lista e retornamos o valor 1 (linhas 7-8), indicando sucesso na operação de inserção. Esse processo é melhor ilustrado pela Figura 5.16.

Inserindo um elemento no final da lista
01 int insere_lista_final(Lista* li, struct aluno al){
02   if(li == NULL)
03   return 0;
04   if(li->qtd == MAX)//lista cheia
05   return 0;
06   li->dados[li->qtd] = al;
07   li->qtd++;
08   return 1;
09 }

Figura 5.15

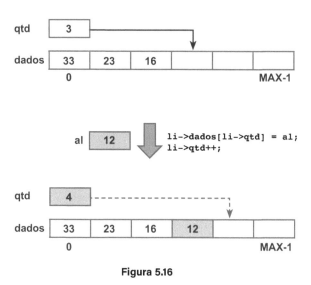

Figura 5.16

Inserindo de forma ordenada na lista

Inserir um elemento de forma ordenada em uma **lista sequencial estática** é uma tarefa simples, mas trabalhosa.

> Isso ocorre porque precisamos procurar o ponto de inserção do elemento na lista, o qual pode ser no início, no meio ou no final da lista. Nos dois primeiros casos (início ou meio) é preciso mudar o lugar dos demais elementos da lista.

Basicamente, o que temos que fazer é procurar em que lugar da lista será inserido o novo elemento (no caso, iremos ordenar pelo campo matrícula) e, dependendo do lugar, movimentar todos os elementos a partir daquele ponto da lista uma posição para a frente dentro do *array*. Isso deixa aquela posição livre para inserir um novo elemento, como mostra a sua implementação na Figura 5.17. Note que as linhas 2 a 5 verificam se a inserção é possível.

Como se trata de uma inserção ordenada, temos que continuar percorrendo a lista enquanto não chegamos ao seu final e o campo matrícula do elemento atual for menor do que a matrícula do novo elemento a ser inserido (linhas 7-8). Uma vez que chegamos ao final da lista ou a um elemento com matrícula maior, iniciamos o processo de cópia dos elementos: a partir desse ponto da lista (i), todos os elementos são copiados uma posição para a frente. Isso deve ser feito do último elemento até o atual, evitando assim que a cópia de um elemento sobrescreva o outro (linhas 10-11). Em seguida, podemos copiar os dados que vamos armazenar para dentro da posição atual (i) do *array* que representa a lista (linha 13). Por fim, devemos incrementar a quantidade (**li->qtd**) de elemento armazenados na lista e retornamos o valor 1 (linhas 14-15), indicando sucesso na operação de inserção. Esse processo é melhor ilustrado pela Figura 5.18.

Inserindo um elemento de forma ordenada na lista

```
01    int insere_lista_ordenada(Lista* li, struct aluno al){
02      if(li == NULL)
03        return 0;
04      if(li->qtd == MAX)//lista cheia
05        return 0;
06      int k,i = 0;
07      while(i<li->qtd && li->dados[i].matricula < al.matricula)
08        i++;
09
10      for(k=li->qtd-1; k >= i; k--)
11        li->dados[k+1] = li->dados[k];
12
13      li->dados[i] = al;
14      li->qtd++;
15      return 1;
16    }
```

Figura 5.17

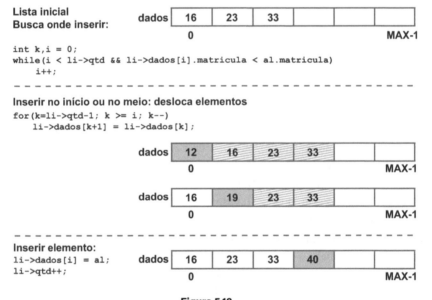

Figura 5.18

Removendo um elemento da lista

Preparando a remoção da lista

Antes de remover um elemento de uma **lista sequencial estática**, algumas verificações são necessárias. Isso vale para os três tipos de remoção: do início, do final ou do meio da lista, como mostrados nas suas respectivas implementações (Figuras 5.19, 5.21 e 5.23).

Primeiramente, verificamos se o ponteiro **Lista* li** é igual a **NULL**. Essa condição seria verdadeira, se tivesse ocorrido um problema na criação da lista e, nesse caso, não teríamos uma lista válida para trabalhar. Dessa forma, optamos por retornar o valor 0 para indicar uma lista inválida (linha 3). Porém, se a lista foi criada com sucesso, precisamos verificar se ela não está vazia, isto é, se existem elementos dentro dela. Caso a lista esteja vazia, a função irá retornar o valor 0 (linhas 4-5).

No caso de uma lista implementada usando um *array*, ela somente será considerada vazia quando a quantidade de elementos (campo **qtd**) for igual ao valor **ZERO**, indicando que nenhuma posição do *array* está ocupada por elementos.

Removendo do início da lista

Apesar de simples, remover um elemento do início de uma **lista sequencial estática** é uma tarefa trabalhosa.

Como na inserção no início, a remoção de um elemento do início de uma **lista sequencial estática** necessita que se mude o lugar dos demais elementos da lista.

Basicamente, o que temos que fazer é movimentar todos os elementos da lista uma posição para trás dentro do *array*. Isso sobrescreve o início da lista (a posição ZERO do *array*) ao mesmo tempo em que diminui o número de elementos, como mostra a sua implementação na Figura 5.19. Note que as linhas de 2 a 5 verificam se a remoção é possível.

Como se trata de uma remoção do início, temos que percorrer do segundo ao penúltimo elemento da lista e copiá-los uma posição para trás (linhas 7-8). Por fim, devemos diminuir em uma unidade a quantidade (**li->qtd**) de elemento armazenados na lista e retornamos o valor 1 (linhas 9-10), indicando sucesso na operação de remoção. Esse processo é melhor ilustrado pela Figura 5.20.

Note que o último elemento da lista fica duplicado. Isso não é um problema, já que aquela posição duplicada é considerada como não ocupada por elementos da lista.

Lembre-se, o campo **qtd** indica a próxima posição vaga no final da lista.

Removendo um elemento do início da lista
| ```
01  int remove_lista_inicio(Lista* li){
02      if(li == NULL)
03          return 0;
04      if(li->qtd == 0)//lista vazia
05          return 0;
06      int k = 0;
07      for(k=0; k< li->qtd-1; k++)
08          li->dados[k] = li->dados[k+1];
09      li->qtd--;
10      return 1;
11  }
``` |

Figura 5.19

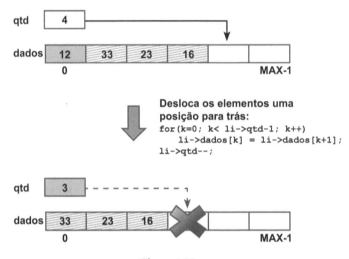

Figura 5.20

Removendo do final da Lista

Remover um elemento do final de uma **lista sequencial estática** é uma tarefa extremamente simples.

> Diferente da remoção do início, a remoção do final de uma **lista sequencial estática** não necessita que se mude o lugar dos demais elementos. Temos apenas que alterar a quantidade de elementos na lista.

A Figura 5.21 mostra a implementação da função de remoção do final da lista. Note que as linhas de 2 a 5 verificam se a remoção é possível. Como a remoção é no final da lista, basta diminuir em uma unidade a quantidade (**li- > qtd**) de elemento armazenados na lista e retornamos o valor 1 (linhas 6-7), indicando sucesso na operação de remoção. Esse processo é melhor ilustrado pela Figura 5.22.
```

Note que o elemento removido continua no final da lista. Isso não é um problema, já que aquela posição é considerada como não ocupada por elementos da lista.

Lembre-se, o campo **qtd** indica a próxima posição vaga no final da lista.

Removendo um elemento do final da lista
01   `int remove_lista_final(Lista* li){`
02   `if(li == NULL)`
03   `return 0;`
04   `if(li->qtd == 0)//lista vazia`
05   `return 0;`
06   `li->qtd--;`
07   `return 1;`
08   `}`

Figura 5.21

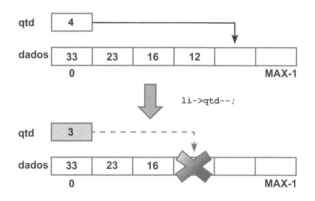

Figura 5.22

Removendo um elemento específico da lista

Apesar de simples, remover um elemento específico de uma **lista sequencial estática** é uma tarefa trabalhosa.

Isso ocorre porque precisamos procurar o elemento a ser removido na lista, o qual pode estar no início, no meio ou no final da lista. Nos dois primeiros casos (início ou meio) é preciso mudar o lugar dos demais elementos da lista após a remoção.

Basicamente, o que temos que fazer é procurar esse elemento na lista e movimentar todos os elementos que estão à frente na lista, uma posição para trás dentro do *array*. Isso sobrescreve o elemento a ser removido, ao mesmo tempo em que diminui o número de elementos, como mostra a sua implementação na Figura 5.23. Note que as linhas de 2 a 5 verificam se a remoção é possível.

No nosso exemplo, vamos remover um elemento de acordo com o campo matrícula. Assim, temos que percorrer a lista enquanto não chegarmos ao seu final e enquanto o campo matrícula do elemento atual for diferente do valor de matrícula procurado (linhas 7-8). Terminado o processo de busca, verificamos se estamos no final da lista ou não (linha 9). Em caso afirmativo, o elemento não existe na lista e a remoção não é possível (linha 10). Caso contrário, percorremos da posição atual até o penúltimo elemento da lista e copiamos esse elemento uma posição para trás (linhas 12-13). Por fim, devemos diminuir em uma unidade a quantidade (**li -> qtd**) de elemento armazenados na lista e retornamos o valor 1 (linhas 14-15), indicando sucesso na operação de remoção. Esse processo é melhor ilustrado pela Figura 5.24.

Removendo um elemento específico da lista
| ```
01   int remove_lista(Lista* li, int mat){
02       if(li == NULL)
03           return 0;
04       if(li->qtd == 0)//lista vazia
05           return 0;
06       int k,i = 0;
07       while(i<li->qtd && li->dados[i].matricula != mat)
08           i++;
09       if(i == li->qtd)//elemento nao encontrado
10           return 0;
11
12       for(k=i; k< li->qtd-1; k++)
13           li->dados[k] = li->dados[k+1];
14       li->qtd--;
15       return 1;
16   }
``` |

Figura 5.23

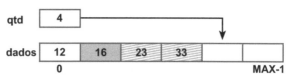

Procura elemento a ser removido:
```
while (i<li->qtd && li->dados[i].matricula != mat)
    i++;
```

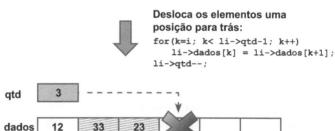

Figura 5.24
```

Otimizando a remoção da lista

Remover um elemento que esteja no início ou no meio de uma **lista sequencial estática** é uma tarefa trabalhosa, pois envolve o deslocamento de todos os elementos a sua frente. Porém, se a ordem dos elementos dentro da lista não for uma característica importante, então é possível otimizar essa tarefa.

A otimização da remoção é possível da seguinte forma: em vez de deslocar os elementos que estão à frente do elemento removido, apenas copie o último elemento para o lugar do elemento removido. Desse modo, apenas um único elemento será movimentado. Porém, a ordem dos elementos na lista será alterada.

Basicamente, o que temos a fazer é procurar esse elemento na lista e movimentar o último elemento para a posição do elemento removido. Isso sobrescreve o elemento a ser removido ao mesmo tempo em que diminui o número de elementos, como mostra a sua implementação na Figura 5.25. Note que as linhas de 2 a 5 verificam se a remoção é possível.

No nosso exemplo, vamos remover um elemento de acordo com o campo matrícula. Assim, temos que percorrer a lista enquanto não chegarmos ao seu final e enquanto o campo matrícula do elemento atual for diferente do valor de matrícula procurado (linhas 7-8). Terminado o processo de busca, verificamos se estamos no final da lista ou não (linha 9). Em caso afirmativo, o elemento não existe na lista e a remoção não é possível (linha 10). Caso contrário, diminuímos em uma unidade a quantidade (**li- > qtd**) de elemento armazenados na lista e copiamos o último elemento para a posição do elemento a ser removido (linhas 12-13). Por fim, retornamos o valor 1 (linha 14), indicando sucesso na operação de remoção. Esse processo é melhor ilustrado pela Figura 5.26.

Não se esqueça: a otimização da operação de remoção somente deve ser utilizada quando alterar a ordem dos elementos da lista que não compromete o desempenho da aplicação. Se a ordem dos elementos é um atributo importante da lista, então essa otimização não deve ser utilizada.

Removendo um elemento específico da lista

```
01   int remove_lista_otimizado(Lista* li, int mat){
02       if(li == NULL)
03           return 0;
04       if(li->qtd == 0)
05           return 0;
06       int i = 0;
07       while(i<li->qtd && li->dados[i].matricula != mat)
08           i++;
09       if(i == li->qtd)//elemento nao encontrado
10           return 0;
11
12       li->qtd--;
13       li->dados[i] = li->dados[li->qtd];
14       return 1;
15   }
```

Figura 5.25

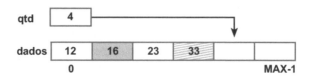
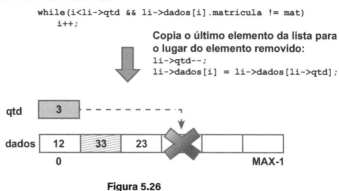

Figura 5.26

Busca por um elemento da lista

A operação de busca consiste em recuperar as informações contidas em determinado elemento da lista.

> De modo geral, a operação de busca pode ser feita de diversas maneiras diferentes, dependendo da necessidade da aplicação.

Por exemplo, podemos buscar as informações:

- do segundo elemento da lista: busca por posição;
- do elemento que possui um certo pedaço de informação conhecida: busca por conteúdo.

A seguir, veremos como esses dois tipos de busca funcionam.

Busca por posição na lista

Buscar um elemento por sua posição em uma **lista sequencial estática** é uma tarefa quase imediata, como mostra a sua implementação na Figura 5.27. Em primeiro lugar, a função verifica se a busca é válida. Para tanto, três condições são verificadas: se o ponteiro **Lista* li** é igual a **NULL**, se a posição buscada (**pos**) é um valor negativo e se essa posição é maior que o tamanho da lista. Se alguma dessas condições for verdadeira, a busca termina e a função retorna o valor ZERO (linha 3). Caso contrário, a posição selecionada é copiada para o conteúdo do ponteiro passado por referência (**al**) para a função (linha 4). Como se nota, esse tipo de busca consiste em um simples acesso a uma determinada posição do *array* (Figura 5.28).

Listas

```
01    int busca_lista_pos(Lista* li, int pos, struct aluno *al){
02        if(li == NULL || pos <= 0 || pos > li->qtd)
03            return 0;
04        *al = li->dados[pos-1];
05        return 1;
06    }
```

Figura 5.27

Figura 5.28

Busca por conteúdo na lista

Buscar um elemento por seu conteúdo em uma **lista sequencial estática** é uma tarefa um pouco mais complicada.

> Na busca por conteúdo precisamos percorrer a lista à procura do elemento desejado.

A Figura 5.29 mostra a implementação da busca por conteúdo. Nesse caso, estamos procurando um aluno pelo seu número de matrícula. Em primeiro lugar, a função verifica se a lista é válida, ou seja, se o ponteiro **Lista* li** é igual a **NULL**. Se essa condição for verdadeira, a busca termina e a função retorna o valor ZERO (linha 3). Caso contrário, temos que percorrer a lista. Essa tarefa é realizada enquanto não chegarmos ao final da lista e o número de matrícula não for encontrado (linhas 4-6).

> Perceba que a primeira condição do comando **while** será sempre falsa se a lista estiver vazia (campo **qtd** igual a zero). Assim, não é preciso tratar isoladamente esse caso.

Terminado o laço, verificamos se estamos no final da lista (linha 7). Se essa condição for verdadeira, o elemento não foi encontrado na lista. Do contrário, a posição atual *i* é copiada para o conteúdo do ponteiro passado por referência (**al**) para a função (linha 10). A Figura 5.30 ilustra os principais pontos dessa busca.

Busca um elemento por conteúdo
| ```
01   int busca_lista_mat(Lista* li, int mat, struct aluno *al){
02     if(li == NULL)
03       return 0;
04     int i = 0;
05     while(i<li->qtd && li->dados[i].matricula != mat)
06       i++;
07     if(i == li->qtd)//elemento nao encontrado
08       return 0;
09
10     *al = li->dados[i];
11     return 1;
12   }
``` |

Figura 5.29

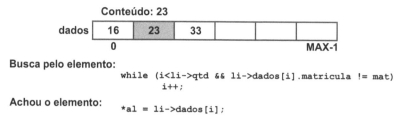

Figura 5.30

Análise de complexidade

Um aspecto importante quando manipulamos listas são os custos das operações. A seguir, são mostradas as complexidades computacionais das principais operações em uma **lista sequencial estática** contendo N elementos:

- **Inserção no início**: essa operação envolve o deslocamento de todos os elementos da lista, de modo que a sua complexidade é $O(N)$.
- **Inserção no final**: essa operação envolve apenas a manipulação de alguns índices. Desse modo, a sua complexidade é $O(1)$.
- **Inserção ordenada**: nesse caso, é preciso procurar o ponto de inserção, o qual pode ser no início, no meio ou no final. Assim, no pior caso, a sua complexidade é $O(N)$ (inserção no início).
- **Remoção do início**: como na inserção, essa operação envolve o deslocamento de todos os elementos da lista, de modo que a sua complexidade é $O(N)$.
- **Remoção do final**: essa operação envolve apenas a manipulação de alguns índices. Desse modo, a sua complexidade é $O(1)$.
- **Remoção de um elemento específico**: essa operação envolve a busca pelo elemento a ser removido, o qual pode estar no início, no meio ou no final. Assim, no pior caso, a sua complexidade é $O(N)$ (remoção do início).
```

- **Consulta**: a operação de consulta envolve a busca de um elemento, o qual pode ser no início, no meio ou no final. Assim, no pior caso, a sua complexidade é $O(N)$ (último elemento).

Lista dinâmica encadeada

Uma **lista dinâmica encadeada** é uma lista definida utilizando alocação dinâmica e acesso encadeado dos elementos. Cada elemento da lista é alocado dinamicamente, à medida que os dados são inseridos dentro da lista, e tem sua memória liberada à medida que é removido. Esse elemento nada mais é do que um ponteiro para uma estrutura contendo dois campos de informação: um campo de **dado**, utilizado para armazenar a informação inserida na lista, e um campo **prox**, que nada mais é do que um ponteiro que indica o próximo elemento na lista.

Além da estrutura que define seus elementos, essa lista utiliza um **ponteiro para ponteiro** para guardar o primeiro elemento da lista.

Temos uma **lista dinâmica encadeada** em que todos os elementos são ponteiros alocados dinamicamente. Para inserir um elemento no início da lista é necessário utilizar um campo que seja fixo, mas que ao mesmo tempo seja capaz de apontar para o novo elemento.

É necessário o uso de um **ponteiro para ponteiro** para guardar o endereço de um ponteiro. Utilizando um **ponteiro para ponteiro** para representar o início da lista fica fácil mudar quem é o primeiro elemento da lista mudando apenas o conteúdo do **ponteiro para ponteiro**. Mais detalhes são apresentados na Seção Trabalhando com ponteiro para ponteiro.

Após o último elemento não existe nenhum novo elemento alocado. Sendo assim, o último elemento da lista aponta para **NULL**.

Considerando uma implementação em módulos, temos que o usuário tem acesso apenas a um ponteiro do tipo lista (a lista é um **tipo opaco**), como ilustrado na Figura 5.31. Isso impede o usuário de saber como foi realmente implementada a lista, e limita o seu acesso apenas às funções que manipulam a lista.

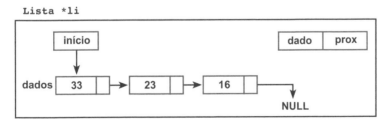

Figura 5.31

> Note que a implementação em módulos impede o usuário de saber como a lista foi implementada. Tanto a **lista dinâmica encadeada** quanto a **lista sequencial estática** são declaradas como sendo do tipo **Lista***.

Essa é a grande vantagem da modularização e da utilização de tipos opacos: mudar a maneira que a lista foi implementada não altera nem interfere no funcionamento do programa que a utiliza.

> O uso de alocação dinâmica e acesso encadeado na definição de uma lista dinâmica encadeada tem vantagens e desvantagens que devem ser consideradas para um melhor desempenho da aplicação.

Várias são as vantagens em se definir uma lista utilizando uma abordagem dinâmica e encadeada:
- melhor utilização dos recursos de memória;
- não é preciso definir previamente o tamanho da lista;
- não precisa movimentar os elementos nas operações de inserção e remoção.

Infelizmente, esse tipo de implementação também tem suas desvantagens:
- acesso indireto aos elementos;
- necessidade de percorrer a lista para acessar determinado elemento.

> Considerando suas vantagens e desvantagens, quando devo utilizar uma lista dinâmica encadeada?

Em geral, usamos esse tipo de lista nas seguintes situações:
- não há necessidade de garantir um espaço mínimo para a execução da aplicação;
- inserção e remoção em lista ordenada são as operações mais frequentes;
- tamanho máximo da lista não é definido.

Trabalhando com ponteiro para ponteiro

Quando definimos uma **lista sequencial estática**, é preciso declarar apenas um ponteiro para manipular a lista. Isso porque a lista em si é uma única estrutura contendo dois campos: um campo para o tamanho da lista e um *array* para armazenar os dados da lista.

> Qualquer alteração (seja uma inserção ou remoção) em uma **lista sequencial estática** altera apenas o conteúdo da estrutura que define a lista, nunca o endereço onde ela se encontra na memória.

Já em uma **lista dinâmica encadeada** todos os seus elementos são ponteiros alocados dinamicamente e de forma independente. É dentro desse ponteiro que fica armazenada a informação daquele elemento da lista.

> Numa **lista dinâmica encadeada** não temos mais uma estrutura que define a lista, apenas a estrutura que define os seus elementos. Assim, quando inserimos ou removemos um elemento do início da lista, estamos mudando o endereço em que essa lista se inicia.

Essa pequena diferença de implementação faz com que a passagem de uma **lista dinâmica encadeada** para uma função tenha que ser feita utilizando um **ponteiro para ponteiro** em vez de um simples ponteiro. Para entender melhor, ver Figura 5.32. Nela, temos um pequeno trecho de código em que tentamos modificar o endereço associado a um ponteiro *x* (linha 9) dentro de uma função (linha 4). Perceba que mesmo que o valor seja modificado dentro da função (linha 5), o valor ao sair da função continua sendo o originalmente atribuído ao ponteiro (linhas 12-14).

> Isso ocorre, pois, quando passamos um ponteiro para uma função (passagem por referência), podemos alterar somente o conteúdo apontado por aquele ponteiro, nunca o endereço guardado dentro dele.

Para alterar o endereço do ponteiro é necessário o uso de um ponteiro para ponteiro para guardar o endereço do ponteiro que será modificado, como mostra a Figura 5.33. Nela, temos um pequeno trecho de código em que tentamos modificar o endereço associado a um ponteiro para ponteiro *x* (linha 10) dentro de uma função (linha 4). Perceba agora que o que está sendo modificado dentro da função não é mais o endereço de *x*, mas sim o conteúdo de *x* (linha 4). Como *x* é um ponteiro para ponteiro, o seu conteúdo nada mais é do que outro ponteiro: *w* (linha 9). Usando essa estratégia, o endereço guardado dentro de *x* nunca é modificado. O que é modificado é apenas o endereço guardado dentro de *w* (linha 4). Assim, mesmo que o valor seja modificado dentro da função (linha 5), o valor ao sair da função será o mesmo recebido dentro da função e diferente do valor originalmente atribuído (linhas 13 e 15).

> Desse modo, criamos um indicador que nunca muda sua posição na memória e que aponta para o início da lista dinâmica encadeada.

Trabalhando com ponteiro
01 `#include <stdio.h>`
02 `#include <stdlib.h>`
03 `void troca_ender(int *a, int *b){`
04   `a = b;`
05   `printf("x (Dentro): %#p\n",a);`
06 `}`
07 `int main(){`
08   `int *x, y = 5, z = 6;`
09   `x = &y;`
10   `printf("Endereco y: %#p\n",&y);`
11   `printf("Endereco z: %#p\n",&z);`
12   `printf("x (Antes): %#p\n",x);`
13   `troca_ender(x,&z);`
14   `printf("x (Depois): %#p\n",x);`
15   `system("pause");`
16   `return 0;`
17 `}`

Saída
01 `Endereco y: 0x03E`
02 `Endereco z: 0x042`
03 `x (Antes) : 0x03E`
04 `x (Dentro): 0x042`
05 `x (Depois): 0x03E`

Memória

Memória		
Endereço	**Variável**	**Conteúdo**
00034		
00038		
00042		
00046	int *x;	00054
00050		
00054	int y;	5
00058		
00062	int z;	6
00066		

Antes da função

Memória		
Endereço	**Variável**	**Conteúdo**
00034		
00038		
00042		
00046	int *n;	00054
00050		
00054	int y;	5
00058		
00062	int z;	6
00066		

Depois da função

Figura 5.32

Listas

Trabalhando com ponteiro para ponteiro

```
01    #include <stdio.h>
02    #include <stdlib.h>
03    void troca_ender(int **a, int *b){
04        *a = b;
05        printf("x (Dentro): %#p\n",*a);
06    }
07    int main(){
08        int **x, *w, y = 5, z = 6;
09        x = &w;
10        *x = &y;
11        printf("Endereco y: %#p\n",&y);
12        printf("Endereco z: %#p\n",&z);
13        printf("x (Antes): %#p\n",*x);
14        troca_ender(x,&z);
15        printf("x (Depois): %#p\n",*x);
16        system("pause");
17        return 0;
18    }
```

Saída

```
01    Endereco y: 0x03E
02    Endereco z: 0x042
03    x (Antes) : 0x03E
04    x (Dentro): 0x042
05    x (Depois): 0x042
```

Memória

Memória		
Endereço	Variável	Conteúdo
00034		
00038	int **x;	00046
00042		
00046	int *w;	00054
00050		
00054	int y;	5
00058		
00062	int z;	6
00066		

Antes da função

Memória		
Endereço	Variável	Conteúdo
00034		
00038	int **x;	00046
00042		
00046	int *w;	00062
00050		
00054	int y;	5
00058		
00062	int z;	6
00066		

Depois da função

Figura 5.33

Definindo o tipo lista dinâmica encadeada

Antes de começar a implementar a nossa lista, é preciso definir o tipo de dado que será armazenado nela. Uma lista pode armazenar qualquer tipo de informação. Para tanto, é necessário que especifiquemos isso na sua declaração. Como estamos trabalhando com modularização, precisamos também definir o **tipo opaco** que representa nossa lista. Como estamos trabalhando com alocação dinâmica da lista, esse tipo será um **ponteiro para ponteiro** da estrutura que define a lista. Além disso, também precisamos definir o conjunto de funções que será visível para o programador que utilizar a biblioteca que estamos criando.

> No arquivo **ListaDinEncad.h** iremos declarar tudo aquilo que será visível para o programador.

Vamos começar definindo o arquivo **ListaDinEncad.h**, ilustrado na Figura 5.34. Por se tratar de uma lista dinâmica encadeada, temos que definir:

- o tipo de dado que será armazenado na lista, ***struct* aluno** (linhas 1-5);
- para fins de padronização, criamos um novo nome para o **ponteiro** do tipo lista (linha 6). Esse é o tipo que será usado sempre que se desejar trabalhar com uma lista;
- as funções disponíveis para se trabalhar com essa lista em especial (linhas 8-19) e que serão implementadas no arquivo **ListaDinEncad.c**.

Nesse exemplo, optamos por armazenar uma estrutura representando um aluno dentro da lista. Esse aluno é representado pelo seu número de matrícula, nome e três notas.

> Por que colocamos um ponteiro no comando **typedef** quando criamos um novo nome para o tipo (linha 6)?

Por estarmos trabalhando com uma lista dinâmica e encadeada, temos que trabalhar com um ponteiro para ponteiro a fim de poder fazer modificações no início da lista. Por questões de modularização e para manter a mesma notação utilizada pela **lista sequencial estática**, podemos esconder um dos ponteiros do usuário. Assim, utilizar uma **lista sequencial estática** ou uma **lista dinâmica encadeada** será indiferente para o programador, pois sua implementação está escondida dele:

- Lista *li; declaração de uma **lista sequencial estática** (ponteiro);
- Lista *li; declaração de uma **lista dinâmica encadeada** (ponteiro para ponteiro).

> No arquivo **ListaDinEncad.c**, iremos definir tudo aquilo que deve ficar oculto do usuário da nossa biblioteca e implementar as funções definidas em **ListaDinEncad.h**.

Basicamente, o arquivo **ListaDinEncad.c** (Figura 5.34) contém apenas:

- as chamadas bibliotecas necessárias para a implementação da lista (linhas 1-3);

Listas 109

- a definição do tipo de cada elemento da lista, *struct* **elemento** (linhas 5-8);
- a definição de um novo nome para a *struct* **elemento** (linha 9). Isso é feito apenas para facilitar certas etapas de codificação;
- as implementações das funções definidas no arquivo **ListaDinEncad.h**. As implementações dessas funções serão vistas nas seções seguintes.

Note que nossa estrutura **elemento** nada mais é do que uma estrutura contendo dois campos: um ponteiro **prox** que indica o próximo elemento (também do tipo *struct* **elemento**) dentro da lista e um campo dado do tipo *struct* **aluno**, que é o tipo de dado a ser armazenado na lista. Por estar definido dentro do arquivo **ListaDinEncad.c**, os campos dessa estrutura não são visíveis pelo usuário da biblioteca no arquivo **main()**, apenas o seu outro nome definido no arquivo **ListaDinEncad.h** (linha 6), que pode apenas declarar um ponteiro para ele da seguinte forma:

Lista* li;

Arquivo ListaDinEncad.h

```
01    struct aluno{
02        int matricula;
03        char nome[30];
04        float n1,n2,n3;
05    };
06    typedef struct elemento* Lista;
07
08    Lista* cria_lista();
09    void libera_lista(Lista* li);
10    int insere_lista_final(Lista* li, struct aluno al);
11    int insere_lista_inicio(Lista* li, struct aluno al);
12    int insere_lista_ordenada(Lista* li, struct aluno al);
13    int remove_lista(Lista* li, int mat);
14    int remove_lista_inicio(Lista* li);
15    int remove_lista_final(Lista* li);
16    int tamanho_lista(Lista* li);
17    int lista_vazia(Lista* li);
18    int lista_cheia(Lista* li);
19    int busca_lista_mat(Lista* li, int mat, struct aluno *al);
20    int busca_lista_pos(Lista* li, int pos, struct aluno *al);
```

Arquivo ListaDinEncad.c

```
01    #include <stdio.h>
02    #include <stdlib.h>
03    #include "ListaDinEncad.h" //inclui os protótipos
04    //Definição do tipo lista
05    struct elemento{
06        struct aluno dados;
07        struct elemento *prox;
08    };
09    typedef struct elemento Elem;
```

Figura 5.34

Criando e destruindo uma lista

Para utilizar uma lista em seu programa, a primeira coisa a fazer é criar uma lista vazia. Essa tarefa é executada pela função descrita na Figura 5.35. Basicamente, o que essa função faz é a alocação de uma área de memória para armazenar o endereço do início da lista (linha 2), o qual é um **ponteiro para ponteiro**. Essa área de memória corresponde à memória necessária para armazenar o endereço de um elemento da lista, **sizeof(Lista)** ou **sizeof(struct elemento*)**. Em seguida, essa função inicializa o conteúdo desse ponteiro para ponteiro com a constante **NULL**. Essa constante é utilizada em uma **lista dinâmica encadeada** para indicar que não existe nenhum elemento alocado após o atual. Como o início da lista aponta para essa constante, isso significa que a lista está vazia. A Figura 5.36 indica o conteúdo do nosso ponteiro Lista* li após a chamada da função que cria a lista.

Criando uma lista
01   `Lista* cria_lista(){`
02   `Lista* li = (Lista*) malloc(sizeof(Lista));`
03   `if(li != NULL)`
04   `*li = NULL;`
05   `return li;`
06   `}`

Figura 5.35

Figura 5.36

Destruir uma lista que utilize alocação dinâmica e seja encadeada não é uma tarefa tão simples quanto destruir uma **lista sequencial estática**.

> Para liberar uma lista que utilize alocação dinâmica e seja encadeada é preciso percorrer toda a lista, liberando a memória alocada para cada elemento inserido.

O código que realiza a destruição da lista é mostrado na Figura 5.37. Inicialmente, verificamos se a lista é válida, ou seja, se a tarefa de criação da lista foi realizada com sucesso (linha 2). Em seguida, percorremos a lista até que o conteúdo do seu início (*li) seja diferente de **NULL**, o final da lista. Enquanto não chegamos ao final da lista, liberamos a memória do elemento que se encontra atualmente no início e avançamos para o próximo (linhas 5-7). Terminado esse processo, liberamos a memória alocada para o início da lista (linha 9). Esse processo é melhor ilustrado pela Figura 5.38, que mostra a liberação de uma lista contendo dois elementos.

Listas

Destruindo uma lista

```
01   void libera_lista(Lista* li){
02       if(li != NULL){
03           Elem* no;
04           while((*li) != NULL){
05               no = *li;
06               *li = (*li)->prox;
07               free(no);
08           }
09           free(li);
10       }
11   }
```

Figura 5.37

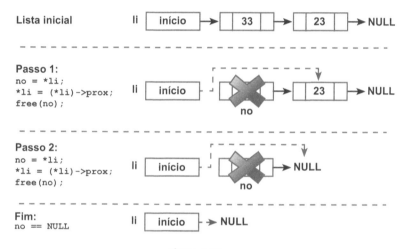

Figura 5.38

Informações básicas sobre a lista

As operações de inserção, remoção e busca são consideradas as principais de uma lista. Apesar disso, para realizar essas operações é necessário ter em mãos algumas outras informações mais básicas sobre a lista. Por exemplo, não podemos remover um elemento da lista se a mesma estiver vazia. Sendo assim, é conveniente implementar uma função que retorne esse tipo de informação.

A seguir, veremos como implementar as funções que retornam as três principais informações sobre o *status* atual da lista: seu tamanho, se ela está cheia e se ela está vazia.

Tamanho da lista

Saber o tamanho de uma **lista dinâmica encadeada** não é uma tarefa tão simples como na **lista sequencial estática**. Isso ocorre porque agora não possuímos mais um campo armazenando a quantidade de elementos inseridos dentro da lista.

Para saber o tamanho de uma lista que utilize alocação dinâmica e seja encadeada é preciso percorrer toda a lista, contando os elementos inseridos até encontrar o último.

O código que realiza a contagem dos elementos da lista é mostrado na Figura 5.39. Inicialmente, verificamos se a lista é válida, ou seja, se a tarefa de criação da lista foi realizada com sucesso e a lista é ou não igual a **NULL** (linha 2). Caso ela seja nula, não temos o que fazer na função e terminamos ela (linha 3). Em seguida, criamos um contador iniciado em **ZERO** (linha 4) e um elemento auxiliar (**no**) apontado para o primeiro elemento da lista (linha 5). Então, percorremos a lista até que o valor de **no** seja diferente de **NULL**, o final da lista. Enquanto não chegarmos ao final da lista, iremos somar +1 ao contador **cont** e avançar para o próximo elemento da lista (linhas 6-9). Terminado esse processo, retornamos o valor da variável **cont** (linha 10). Esse processo é melhor ilustrado pela Figura 5.40, a qual mostra o cálculo do tamanho de uma lista contendo dois elementos.

```
Tamanho da lista
01    int tamanho_lista(Lista* li){
02        if(li == NULL)
03            return 0;
04        int cont = 0;
05        Elem* no = *li;
06        while(no != NULL){
07            cont++;
08            no = no->prox;
09        }
10        return cont;
11    }
```

Figura 5.39

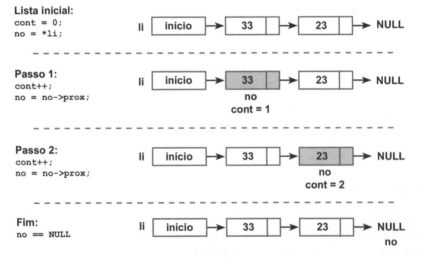

Figura 5.40

Listas

Lista cheia

Implementar uma função que retorne se uma **lista dinâmica encadeada** está cheia é uma tarefa relativamente simples.

> Uma **lista dinâmica encadeada** somente será considerada cheia quando não tivermos mais memória disponível para alocar novos elementos.

A implementação da função que retorna se a lista está cheia é mostrada na Figura 5.41. Como se pode notar, essa função sempre irá retornar o valor **ZERO**, indicando que a lista não está cheia.

Retornando se a lista está cheia
```
01   int lista_cheia(Lista* li){
02       return 0;
03   }
```

Figura 5.41

Lista vazia

Implementar uma função que retorne se uma **lista dinâmica encadeada** está vazia é outra tarefa relativamente simples.

> Uma **lista dinâmica encadeada** será considerada vazia sempre que o conteúdo do seu "início" apontar para a constante **NULL**.

A implementação da função que retorna se a lista está vazia é mostrada na Figura 5.42. Note que essa função, em primeiro lugar, verifica se o ponteiro **Lista* li** é igual a **NULL**. Essa condição seria verdadeira, se tivesse um problema na criação da lista e, nesse caso, não teríamos uma lista válida para trabalhar. Dessa forma, optamos por retornar o valor **1** para indicar uma lista inválida (linha 3). Porém, se a lista foi criada com sucesso, então é possível acessar o conteúdo do seu "início" (***li**) e comparar o seu valor com a constante **NULL**, que é o valor inicial do conteúdo do "início" quando criamos a lista. Se os valores forem iguais (ou seja, nenhum elemento contido dentro da lista), a função irá retornar o valor **1** (linha 5). Caso contrário, irá retornar o valor **0** (linha 6).

Retornando se a lista está vazia
```
01   int lista_vazia(Lista* li){
02       if(li == NULL)
03           return 1;
04       if(*li == NULL)
05           return 1;
06       return 0;
07   }
```

Figura 5.42

Inserindo um elemento na lista

Preparando a inserção na lista

Antes de inserir um elemento em uma **lista dinâmica encadeada**, algumas verificações são necessárias. Isso vale para os três tipos de inserção: no início, no final ou no meio da lista, como mostrados nas suas respectivas implementações (Figuras 5.44, 5.46 e 5.48).

Primeiramente, a função verifica se o ponteiro **Lista* li** é igual a **NULL**. Essa condição seria verdadeira, se tivesse um problema na criação da lista e, nesse caso, não teríamos uma lista válida para trabalhar. Dessa forma, optamos por retornar o valor **0** para indicar uma lista inválida (linha 3). Porém, se a lista foi criada com sucesso, podemos tentar alocar memória para um novo elemento (linhas 4-5). Caso a alocação de memória não seja possível, a função irá retornar o valor **0** (linhas 6-7). Tendo a função **malloc()** retornado um endereço de memória válido, podemos copiar os dados que vamos armazenar para dentro desse elemento (linha 8).

> No caso de uma lista com alocação dinâmica, ela somente será considerada cheia quando não tivermos mais memória disponível no computador para alocar novos elementos. Isso ocorrerá apenas quando a chamada da função **malloc()** retornar **NULL**.

Também existe o caso em que a inserção é feita em uma lista que está vazia, como mostrado na Figura 5.43. Nesse caso, a lista, que inicialmente apontava para **NULL**, passa a apontar para o único elemento inserido até então.

Figura 5.43

Inserindo no início da lista

Inserir um elemento no início de uma **lista dinâmica encadeada** é uma tarefa bastante simples.

> Diferente da **lista sequencial estática**, a inserção no início de uma **lista dinâmica encadeada** não necessita que se mude o lugar dos demais elementos da lista.

Basicamente, o que temos que fazer é alocar espaço para o novo elemento da lista e mudar os valores de alguns ponteiros, como mostra a sua implementação na Figura 5.44. Note que as linhas 2 a 8 verificam se a inserção é possível.

Listas

Como se trata de uma inserção no início, temos que fazer nosso elemento apontar para o início da lista, ***li** (linha 9). Assim, o elemento **no** passa a ser o início da lista enquanto o antigo início passa a ser o próximo elemento da lista. Por fim, mudamos o conteúdo do "início" da lista (***li**) para que ele passe a ser o nosso elemento **no** e retornamos o valor **1** (linhas 10 e 11), indicando sucesso na operação de inserção. Esse processo é melhor ilustrado pela Figura 5.45.

Inserindo um elemento no início da lista

```
01    int insere_lista_inicio(Lista* li, struct aluno al){
02        if(li == NULL)
03            return 0;
04        Elem* no;
05        no = (Elem*) malloc(sizeof(Elem));
06        if(no == NULL)
07            return 0;
08        no->dados = al;
09        no->prox = (*li);
10        *li = no;
11        return 1;
12    }
```

Figura 5.44

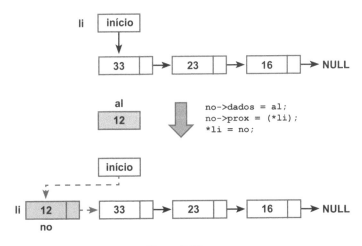

Figura 5.45

Inserindo no final da lista

Inserir um elemento no final de uma **lista dinâmica encadeada** é uma tarefa um tanto trabalhosa.

Como na inserção no início, a inserção no final de uma **lista dinâmica encadeada** não necessita que se mude o lugar dos demais elementos da lista. Porém, é preciso percorrer a lista toda para descobrir o último elemento, e assim fazer a inserção após ele.

Basicamente, o que temos que fazer é alocar espaço para o novo elemento da lista, encontrar o último e mudar os valores de alguns ponteiros, como mostra a sua implementação na Figura 5.46. Note que as linhas de 2 a 8 verificam se a inserção é possível.

Como se trata de uma inserção no final, o elemento a ser inserido obrigatoriamente irá apontar para a constante **NULL** (linha 9). Também temos que considerar que a lista pode ou não estar vazia (linha 10):

- no caso de ser uma lista vazia, mudamos o conteúdo do "início" da lista (***li**) para que ele passe a ser o nosso elemento **no** (linha 11). Esse processo é melhor ilustrado pela Figura 5.43;
- no caso de não ser uma lista vazia, temos que achar o último elemento, pois ele aponta sempre para a constante **NULL**. Assim, devemos guardar em um ponteiro auxiliar (**aux**) o endereço do primeiro elemento da lista (***li**) e percorrer a lista até que o elemento seguinte ao elemento atual (**aux->prox**) seja a constante **NULL** (linhas 13-17). Ao fim desse processo, o elemento **no** passa a ser o elemento seguinte a **aux** (linha 18). Esse processo é melhor ilustrado pela Figura 5.47.

Terminado um dos dois processos de inserção, retornamos o valor 1 (linha 20), indicando sucesso na operação de inserção.

Inserindo um elemento no final da lista

```
01    int insere_lista_final(Lista* li, struct aluno al){
02        if(li == NULL)
03            return 0;
04        Elem *no;
05        no = (Elem*) malloc(sizeof(Elem));
06        if(no == NULL)
07            return 0;
08        no->dados = al;
09        no->prox = NULL;
10        if((*li) == NULL){//lista vazia: insere início
11            *li = no;
12        }else{
13            Elem *aux;
14            aux = *li;
15            while(aux->prox != NULL){
16                aux = aux->prox;
17            }
18            aux->prox = no;
19        }
20        return 1;
21    }
```

Figura 5.46

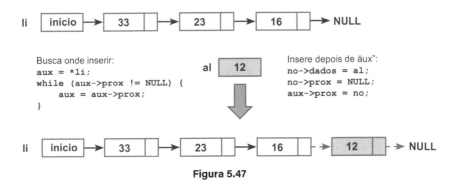

Figura 5.47

Inserindo de forma ordenada na lista

Inserir um elemento de forma ordenada em uma **lista dinâmica encadeada** é uma tarefa trabalhosa.

> Isso ocorre porque precisamos procurar o ponto de inserção do elemento na lista, o qual pode ser no início, no meio ou no final da lista. Porém, diferente da **lista sequencial estática**, a inserção ordenada em uma **lista dinâmica encadeada** não necessita que se mude o lugar dos demais elementos da lista.

Basicamente, o que temos que fazer é procurar em que lugar da lista será inserido o novo elemento (no caso, iremos ordenar pelo campo matrícula), alocar espaço para ele na lista e mudar os valores de alguns ponteiros, como mostra a sua implementação na Figura 5.48. Note que as linhas de 2 a 8 verificam se a inserção é possível.

Antes de fazer a inserção, temos que considerar que a lista pode ou não estar vazia (linha 9):

- no caso de ser uma lista vazia, mudamos o conteúdo do "início" da lista (**li**) para que ele passe a ser o nosso elemento **no**, o qual irá apontar para a constante **NULL**, sendo o valor **1** retornado para indicar sucesso na operação de inserção (linhas 10-12). Esse processo é melhor ilustrado pela Figura 5.43;
- no caso de não ser uma lista vazia, temos que percorrer a lista enquanto não chegarmos ao seu final e enquanto o campo matrícula do elemento **atual** for menor do que a matrícula do novo elemento a ser inserido (linhas 15-19). Note que, além do elemento **atual**, também armazenamos o elemento anterior a ele (**ant**), o qual é necessário em uma inserção no meio da lista. Ao fim desse processo, temos duas possibilidades, de acordo com o valor de **atual**: inserção no início da lista (linhas 21-22) ou inserção entre os elementos **ant** e **atual** (linhas 24-25). Note que se **atual** for igual a **NULL**, a inserção é no final da lista. Ao fim desse processo, retornamos o valor **1** para indicar sucesso na operação de inserção (linha 27). Esse processo é melhor ilustrado pela Figura 5.49.

Algoritmos e Estruturas de Dados em Linguagem C

Inserindo um elemento de forma ordenada na lista

```
01    int insere_lista_ordenada(Lista* li, struct aluno al){
02        if(li == NULL)
03            return 0;
04        Elem *no;
05        no = (Elem*) malloc(sizeof(Elem));
06        if(no == NULL)
07            return 0;
08        no->dados = al;
09        if((*li) == NULL){//lista vazia: insere início
10            no->prox = NULL;
11            *li = no;
12            return 1;
13        }
14        else{
15            Elem *ant, *atual = *li;
16            while(atual != NULL &&
                    atual->dados.matricula < al.matricula){
17                ant = atual;
18                atual = atual->prox;
19            }
20            if(atual == *li){//insere início
21                no->prox = (*li);
22                *li = no;
23            }else{
24                no->prox = atual;
25                ant->prox = no;
26            }
27            return 1;
28        }
29    }
```

Figura 5.48

Listas

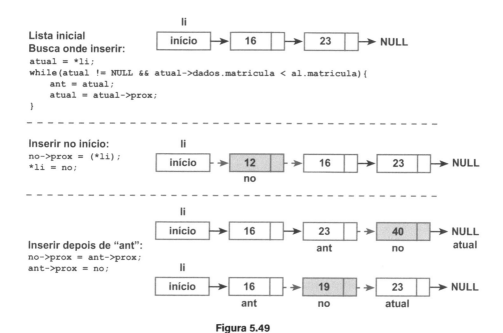

Figura 5.49

Removendo um elemento da lista

Preparando a remoção da lista

Antes de remover um elemento de uma **lista dinâmica encadeada**, algumas verificações são necessárias. Isso vale para os três tipos de remoção: do início, do final ou do meio da lista, como mostrados nas suas respectivas implementações (Figuras 5.51, 5.53 e 5.55).

Primeiramente, verificamos se o ponteiro **Lista* li** é igual a **NULL**. Essa condição seria verdadeira, se tivesse um problema na criação da lista e, nesse caso, não teríamos uma lista válida para trabalhar. Dessa forma, optamos por retornar o valor **0** para indicar uma lista inválida (linha 3). Porém, se a lista foi criada com sucesso, precisamos verificar se ela não está vazia, isto é, se existem elementos dentro dela. Caso a lista esteja vazia, a função irá retornar o valor **0** (linhas 4-5).

> No caso de uma lista com alocação dinâmica, ela somente será considerada vazia quando o seu início apontar para a constante **NULL**.

Também existe o caso em que a remoção é feita em uma lista que possui um único elemento, como mostrado na Figura 5.50. Nesse caso, a lista fica vazia após a remoção.

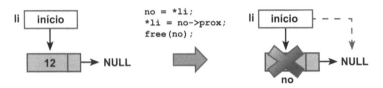

Figura 5.50

Removendo do início da lista

Remover um elemento do início de uma **lista dinâmica encadeada** é uma tarefa bastante simples.

> Diferente da **lista sequencial estática**, a remoção do início de uma **lista dinâmica encadeada** não necessita que se mude o lugar dos demais elementos da lista.

Basicamente, o que temos que fazer é verificar se a lista não está vazia e mudar os valores de alguns ponteiros, como mostra a sua implementação na Figura 5.51. Note que as linhas de 2 a 5 verificam se a remoção é possível.

Como se trata de uma remoção do início, temos que fazer o início da lista (***li**) apontar para o elemento seguinte a ele (linhas 7 e 8). Por fim, temos que liberar a memória associada ao antigo "início" da lista (**no**) e retornamos o valor 1 (linhas 9 e 10), indicando sucesso na operação de remoção. Esse processo é melhor ilustrado pela Figura 5.52.

Removendo um elemento do início da lista
| ``` 
01    int remove_lista_inicio(Lista* li){
02        if(li == NULL)
03            return 0;
04        if((*li) == NULL)//lista vazia
05            return 0;
06
07        Elem *no = *li;
08        *li = no->prox;
09        free(no);
10        return 1;
11    }
``` |

Figura 5.51
```

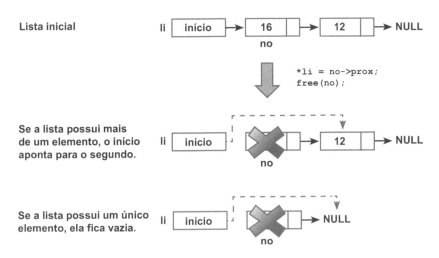

Figura 5.52

Removendo do final da lista

Remover um elemento do final de uma **lista dinâmica encadeada** é uma tarefa um tanto trabalhosa.

Como na remoção do início, a remoção no final de uma **lista dinâmica encadeada** não necessita de mudança de lugar dos demais elementos da lista. Porém, é preciso percorrer a lista toda para descobrir o último elemento, e assim removê-lo.

Basicamente, o que temos que fazer é verificar se a lista não está vazia e mudar os valores de alguns ponteiros, como mostra a sua implementação na Figura 5.53. Note que as linhas de 2 a 5 verificam se a remoção é possível.

Como se trata de uma remoção do final, temos que achar o último elemento da lista, ou seja, aquele que aponta para a constante **NULL**. Assim, devemos guardar em um ponteiro auxiliar (**no**) o endereço do primeiro elemento da lista (***li**) e percorrer a lista até que o elemento seguinte ao elemento atual (**no- > prox**) seja a constante **NULL** (linhas 7-11). Note que usamos um segundo ponteiro auxiliar **ant** para guardar o elemento anterior ao último da lista. Ao fim desse processo, temos que considerar que o último elemento da lista talvez seja o primeiro e único (linha 13):

- Se **no** também é o início da lista, então o início da lista deverá apontar para a posição seguinte a ele, que nesse caso é a constante NULL, ficando assim a lista vazia (linha 14).
- Caso contrário, o penúltimo elemento da lista (**ant**) irá apontar para o elemento seguinte ao último (**no**), que nesse caso será a constante NULL (linha 16).

Terminado um dos dois processos de remoção, temos que liberar a memória associada ao antigo "final" da lista (**no**) e retornamos o valor **1** (linhas 17-18), indicando sucesso na operação de remoção. Esse processo é melhor ilustrado pela Figura 5.54.

	Removendo um elemento do final da lista
01	`int remove_lista_final(Lista* li){`
02	`if(li == NULL)`
03	`return 0;`
04	`if((*li) == NULL)//lista vazia`
05	`return 0;`
06	
07	`Elem *ant, *no = *li;`
08	`while(no->prox != NULL){`
09	`ant = no;`
10	`no = no->prox;`
11	`}`
12	
13	`if(no == (*li))//remover o primeiro?`
14	`*li = no->prox;`
15	`else`
16	`ant->prox = no->prox;`
17	`free(no);`
18	`return 1;`
19	`}`

Figura 5.53

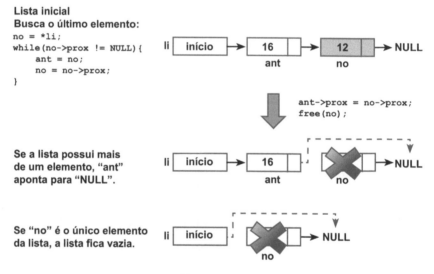

Figura 5.54

Removendo um elemento específico da lista

Remover um elemento específico de uma **lista dinâmica encadeada** é uma tarefa trabalhosa.

> Isso ocorre porque precisamos procurar o elemento a ser removido na lista, que pode estar no início, no meio ou no final da lista. Porém, diferente da **lista sequencial estática**, essa remoção não necessita que se mude o lugar dos demais elementos da lista.

Basicamente, o que temos que fazer é procurar esse elemento na lista e mudar os valores de alguns ponteiros, como mostra a sua implementação na Figura 5.55. Note que as linhas de 2 a 5 verificam se a remoção é possível.

No nosso exemplo, vamos remover um elemento de acordo com o campo matrícula. Assim, temos que percorrer a lista enquanto não chegarmos ao seu final e enquanto o campo matrícula do elemento **no** for diferente do valor de matrícula procurado (linhas 6-10). Note que, além do elemento **no**, também armazenamos o elemento anterior a ele (**ant**), o qual é necessário para uma remoção no meio da lista. Terminado o processo de busca, verificamos se estamos no final da lista ou não (linha 11). Em caso afirmativo, o elemento não existe na lista e a remoção não é possível (linha 12). Caso contrário, a remoção pode ser no início da lista e, portanto, temos que mudar o valor de **li** (linhas 14-15), ou a remoção é no meio ou no final da lista (linha 17). Nesse caso, basta apenas fazer o elemento **ant** apontar para o elemento seguinte a **no**.

Terminado o processo de remoção, temos que liberar a memória associada ao elemento **no** e retornamos o valor 1 (linhas 18-19), indicando sucesso na operação de remoção. Esse processo é melhor ilustrado pela Figura 5.56.

```
Removendo um elemento específico da lista
01   int remove_lista(Lista* li, int mat){
02       if(li == NULL)
03           return 0;
04       if((*li) == NULL)//lista vazia
05           return 0;
06       Elem *ant, *no = *li;
07       while(no != NULL && no->dados.matricula != mat){
08           ant = no;
09           no = no->prox;
10       }
11       if(no == NULL)//não encontrado
12           return 0;
13
14       if(no == *li)//remover o primeiro?
15           *li = no->prox;
16       else
17           ant->prox = no->prox;
18       free(no);
19       return 1;
20   }
```

Figura 5.55

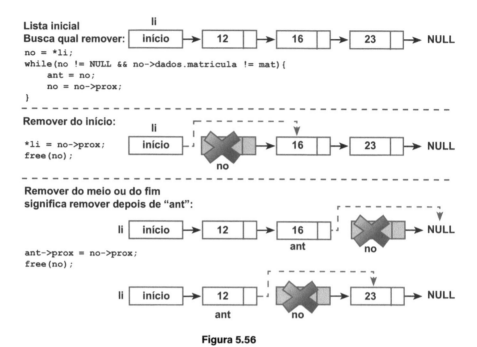

Figura 5.56

Busca por um elemento da lista

A operação de busca consiste em recuperar as informações contidas em determinado elemento da lista.

> De modo geral, a operação de busca pode ser feita de diversas maneiras diferentes, dependendo da necessidade da aplicação.

Por exemplo, podemos buscar as informações:

- do segundo elemento da lista: busca por posição;
- do elemento que possui um certo pedaço de informação conhecida: busca por conteúdo.

> Em uma lista que utilize alocação dinâmica e seja encadeada, a busca sempre envolve a necessidade de percorrer a lista.

A seguir, veremos como esses dois tipos de busca funcionam.

Listas **125**

Busca por posição na lista

O código que realiza a busca de um elemento por sua posição em uma **lista dinâmica encadeada** é mostrado na Figura 5.57. Em primeiro lugar, a função verifica se a busca é válida. Para tanto, duas condições são verificadas: se o ponteiro **Lista* li** é igual a **NULL** e se a posição buscada (**pos**) é um valor negativo. Se alguma dessas condições for verdadeira, a busca termina e a função retorna o valor **ZERO** (linha 3). Caso contrário, criamos um elemento auxiliar (**no**) apontado para o primeiro elemento da lista (linha 4) e um contador (**i**) iniciado em **UM** (linha 5). Então, percorremos a lista enquanto o valor de **no** for diferente de **NULL** e o valor do contador for menor do que a posição desejada (linhas 6-9). Terminado o laço, verificamos se estamos no final da lista (linha 10). Se essa condição for verdadeira, o elemento não foi encontrado na lista. Do contrário, a posição atual (**no**) é copiada para o conteúdo do ponteiro passado por referência (**al**) para a função (linha 13). A Figura 5.58 ilustra os principais pontos dessa busca.

Busca um elemento por posição
```
01    int busca_lista_pos(Lista* li, int pos, struct aluno *al){
02        if(li == NULL || pos <= 0)
03            return 0;
04        Elem *no = *li;
05        int i = 1;
06        while(no != NULL && i < pos){
07            no = no->prox;
08            i++;
09        }
10        if(no == NULL)
11            return 0;
12        else{
13            *al = no->dados;
14            return 1;
15        }
16    }
```

Figura 5.57

Busca pela posição do elemento:
```
no = *li;
int i = 1;
while(no != NULL && i < pos){
    no = no->prox;
    i++;
}
```
Verifica se a posição foi encontrada e a retorna:
```
if(no == NULL) return 0;
else{
    *al = no->dados;
    return 1;
}
```

li
início
Posição: 3º
33 → 23 → 16
no
NULL

Figura 5.58

Busca por conteúdo na lista

O código que realiza a busca de um elemento por sua posição em uma **lista dinâmica encadeada** é mostrado na Figura 5.59. Nesse caso, estamos procurando um aluno pelo seu número de matrícula. Como se pode notar, o código é praticamente igual ao da busca por posição mostrado na Figura 5.57. A única diferença é que agora não percorremos mais a lista comparando o valor da posição, mas sim o valor da matrícula (linha 5). Além disso, não precisamos mais de um contador ao percorrer a lista. A Figura 5.60 ilustra os principais pontos dessa busca.

```
                        Busca um elemento por conteúdo
01    int busca_lista_mat(Lista* li, int mat, struct aluno *al){
02        if(li == NULL)
03            return 0;
04        Elem *no = *li;
05        while(no != NULL && no->dados.matricula != mat){
06            no = no->prox;
07        }
08        if(no == NULL)
09            return 0;
10        else{
11            *al = no->dados;
12            return 1;
13        }
14    }
```

Figura 5.59

Busca pelo conteúdo do elemento:
```
no = *li;
while(no != NULL && no->dados.matricula != mat)
    no = no->prox;
```

Verifica se o elemento foi encontrado e o retorna:
```
if(no == NULL) return 0;
else{
    *al = no->dados;
    return 1;
}
```

Figura 5.60

Análise de complexidade

Um aspecto importante quando manipulamos listas é com relação aos custos das suas operações. A seguir, são mostradas as complexidades computacionais das principais operações em uma **lista dinâmica encadeada** contendo N elementos:

- **Inserção no início**: essa operação envolve apenas a manipulação de alguns ponteiros, de modo que a sua complexidade é $O(1)$.

- **Inserção no final**: é preciso percorrer toda a lista até alcançar o seu final. Desse modo, a sua complexidade é O(N).
- **Inserção ordenada**: nesse caso, é preciso procurar o ponto de inserção, que pode ser no início, no meio ou no final. Assim, no pior caso, a sua complexidade é O(N) (inserção no final).
- **Remoção do início**: é uma operação que envolve apenas a manipulação de alguns ponteiros, de modo que a sua complexidade é O(1).
- **Remoção do final**: é preciso percorrer toda a lista, até alcançar o seu final. Desse modo, a sua complexidade é O(N).
- **Remoção de um elemento específico**: essa operação envolve a busca pelo elemento a ser removido, que pode estar no início, no meio ou no final. Assim, no pior caso, a sua complexidade é O(N) (remoção do final).
- **Consulta**: a operação de consulta envolve a busca de um elemento, o que pode ser no início, no meio ou no final. Assim, no pior caso, a sua complexidade é O(N) (último elemento).

Lista dinâmica encadeada circular

Uma **lista dinâmica encadeada circular** é uma lista definida utilizando alocação dinâmica e acesso encadeado dos elementos. Cada elemento da lista é alocado dinamicamente, conforme os dados são inseridos dentro da lista, e tem sua memória liberada à medida que é removido. Esse elemento nada mais é do que um ponteiro para uma estrutura contendo dois campos de informação: um campo de **dado**, utilizado para armazenar a informação inserida na lista, e um campo **prox**, que nada mais é do que um ponteiro que indica o próximo elemento na lista.

Além da estrutura que define seus elementos, essa lista utiliza um **ponteiro para ponteiro** para guardar o primeiro elemento da lista.

Temos uma **Lista dinâmica encadeada** que todos os seus elementos são ponteiros alocados dinamicamente. Para inserir um elemento no início da lista é necessário utilizar um campo que seja fixo, mas que ao mesmo tempo seja capaz de apontar para o novo elemento.

É necessário o uso de um **ponteiro para ponteiro** para guardar o endereço de um **ponteiro**. Utilizando um ponteiro para ponteiro para representar o início da lista fica fácil mudar quem é o primeiro elemento da lista mudando apenas **o conteúdo do ponteiro para ponteiro**. Mais detalhes são apresentados na Seção Trabalhando com ponteiro para ponteiro.

Até aqui, uma **lista dinâmica encadeada circular** se parece muito com a **lista dinâmica encadeada**. Qual a diferença entre elas?

Em uma **lista dinâmica encadeada**, após o último elemento não existe nenhum novo elemento alocado, de modo que o último elemento da lista aponta para **NULL**. Já em uma **lista dinâmica**

encadeada circular, o último elemento tem como sucessor o primeiro elemento da lista, dando a aparência que esse tipo de lista não tem fim: nunca chegaremos a uma posição final da lista, a partir da qual não poderemos mais andar, porque depois do último elemento voltamos para o primeiro, como em um círculo.

Considerando uma implementação em módulos, temos que o usuário tem acesso apenas a um ponteiro do tipo lista (a lista é um **tipo opaco**), como ilustrado na Figura 5.61. Isso impede o usuário de saber como foi realmente implementada a lista, e limita o seu acesso apenas às funções que manipulam a lista.

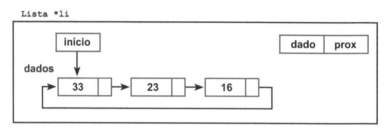

Figura 5.61

Note que a implementação em módulos impede o usuário de saber como a lista foi implementada. Tanto a **lista dinâmica encadeada circular** quanto as listas **dinâmica encadeada** e **sequencial estática** são declaradas como sendo do tipo **Lista***.

Essa é a grande vantagem da modularização e da utilização de tipos opacos: mudar a maneira que a lista foi implementada não altera nem interfere o funcionamento do programa que a utiliza.

O uso de alocação dinâmica e acesso encadeado na definição de uma **lista dinâmica encadeada circular** tem vantagens e desvantagens que devem ser consideradas para um melhor desempenho da aplicação.

Várias são as vantagens em se definir uma lista utilizando uma abordagem dinâmica e encadeada:
- melhor utilização dos recursos de memória;
- não é preciso definir previamente o tamanho da lista;
- possibilidade de percorrer a lista diversas vezes;
- não precisa movimentar os elementos nas operações de inserção e remoção;
- não precisamos considerar casos especiais de inclusão e remoção de elementos (primeiro e último).

Infelizmente, esse tipo de implementação também tem suas desvantagens:
- acesso indireto aos elementos;

Listas

- necessidade de percorrer a lista para acessar determinado elemento;
- a lista não possui um final definido. Logo, não há como saber se já percorremos a lista inteira.

Considerando suas vantagens e desvantagens, quando devo utilizar uma **lista dinâmica encadeada circular**?

Em geral, usamos esse tipo de lista nas seguintes situações:
- não há necessidade de garantir um espaço mínimo para a execução da aplicação;
- inserção e remoção em lista ordenada são as operações mais frequentes;
- tamanho máximo da lista não é definido;
- existe a necessidade de voltar ao primeiro elemento da lista depois de percorrê-la.

Definindo o tipo lista dinâmica encadeada circular

Antes de começar a implementar a nossa lista, é preciso definir o tipo de dado que será armazenado nela. Uma lista pode armazenar qualquer tipo de informação. Para tanto, é necessário que especifiquemos isso na sua declaração. Como estamos trabalhando com modularização, precisamos também definir o **tipo opaco** que representa nossa lista. Como estamos trabalhando com alocação dinâmica da lista, esse tipo será um **ponteiro para ponteiro** da estrutura que define a lista. Além disso, também precisamos definir o conjunto de funções que será visível para o programador que utilizar a biblioteca que estamos criando.

No arquivo **ListaDinEncadCirc.h**, iremos declarar tudo aquilo que será visível para o programador.

Vamos começar definindo o arquivo **ListaDinEncadCirc.h**, ilustrado na Figura 5.62. Por se tratar de uma lista dinâmica encadeada, temos que definir:
- o tipo de dado que será armazenado na lista, ***struct* aluno** (linhas 1-5);
- para fins de padronização, criamos um novo nome para o **ponteiro** do tipo lista (linha 6). Esse é o tipo que será usado sempre que se desejar trabalhar com uma lista;
- as funções disponíveis para se trabalhar com essa lista em especial (linhas 8-19) e que serão implementadas no arquivo **ListaDinEncadCirc.c**.

Nesse exemplo, optamos por armazenar uma estrutura representando um aluno dentro da lista. Esse aluno é representado pelo seu número de matrícula, nome e três notas.

Por que colocamos um ponteiro no comando **typedef** quando criamos um novo nome para o tipo (linha 6)?

Por estarmos trabalhando com uma lista dinâmica e encadeada, temos que trabalhar com um ponteiro para ponteiro a fim de poder fazer modificações no início da lista. Por questões de modularização e para manter a mesma notação utilizada pela **lista sequencial estática**, podemos esconder um dos ponteiros do usuário. Assim, utilizar uma **lista sequencial estática**, uma **lista dinâmica encadeada** ou uma **lista dinâmica encadeada circular** será indiferente para o programador, pois a sua implementação está escondida dele:

- Lista *li; Declaração de uma Lista Sequencial Estática (ponteiro);
- Lista *li; Declaração de uma Lista Dinâmica Encadeada (ponteiro para ponteiro);
- Lista *li; Declaração de uma Lista Dinâmica Encadeada Circular (ponteiro para ponteiro).

No arquivo **ListaDinEncadCirc.c**, iremos definir tudo o que deve ficar oculto do usuário da nossa biblioteca e implementar as funções definidas em **ListaDinEncadCirc.h**.

Basicamente, o arquivo **ListaDinEncadCirc.c** (Figura 5.62) contém apenas:
- as chamadas bibliotecas necessárias para implementação da lista (linhas 1-3);
- a definição do tipo de cada elemento da lista, *struct* **elemento** (linhas 5-8);
- a definição de um novo nome para a *struct* **elemento** (linha 9). Isso é feito apenas para facilitar certas etapas de codificação;
- as implementações das funções definidas no arquivo **ListaDinEncadCirc.h**. As implementações dessas funções serão vistas nas seções seguintes.

Note que a nossa estrutura **elemento** nada mais é do que uma estrutura contendo dois campos: um ponteiro **prox**, que indica o próximo elemento (também do tipo *struct* **elemento**) dentro da lista, e um campo **dado** do tipo *struct* **aluno**, que é o tipo de dado a ser armazenado na lista. Por estar definido dentro do arquivo **ListaDinEncadCirc.c**, os campos dessa estrutura não são visíveis pelo usuário da biblioteca no arquivo **main()**, apenas o seu outro nome definido no arquivo **ListaDinEncadCirc.h** (linha 6), que pode apenas declarar um ponteiro para ele da seguinte forma:

Lista *li;

Note que não existe diferença na definição de uma **lista dinâmica encadeada** e uma **lista dinâmica encadeada circular**. A diferença entre elas se dá na implementação de suas funções e não na definição dos seus tipos básicos.

Listas   **131**

Arquivo ListaDinEncadCirc.h

```
01    struct aluno{
02        int matricula;
03        char nome[30];
04        float n1,n2,n3;
05    };
06    typedef struct elemento* Lista;
07
08    Lista* cria_lista();
09    void libera_lista(Lista* li);
10    int busca_lista_pos(Lista* li, int pos, struct aluno *al);
11    int busca_lista_mat(Lista* li, int mat, struct aluno *al);
12    int insere_lista_final(Lista* li, struct aluno al);
13    int insere_lista_inicio(Lista* li, struct aluno al);
14    int insere_lista_ordenada(Lista* li, struct aluno al);
15    int remove_lista(Lista* li, int mat);
16    int remove_lista_inicio(Lista* li);
17    int remove_lista_final(Lista* li);
18    int tamanho_lista(Lista* li);
19    int lista_vazia(Lista* li);
20    int lista_cheia(Lista* li);
```

Arquivo ListaDinEncadCirc.c

```
01    #include <stdio.h>
02    #include <stdlib.h>
03    #include "ListaDinEncadCirc.h" //inclui os Protótipos
04    //Definição do tipo lista
05    struct elemento{
06        struct aluno dados;
07        struct elemento *prox;
08    };
09    typedef struct elemento Elem;
```

Figura 5.62

Criando e destruindo uma lista

Para utilizar uma lista em seu programa, a primeira coisa a fazer é criar uma lista vazia. Essa tarefa é executada pela função descrita na Figura 5.63. Basicamente, o que essa função faz é a alocação de uma área de memória para armazenar o endereço do início da lista (linha 2), o qual é um **ponteiro para ponteiro**. Essa área de memória corresponde à memória necessária para armazenar o endereço de um elemento da lista, **sizeof(Lista)** ou **sizeof(struct elemento*)**. Em seguida, essa função inicializa o conteúdo desse ponteiro para ponteiro com a constante **NULL**. Essa constante é utilizada em uma **lista dinâmica encadeada** para indicar que não existe nenhum elemento alocado até o momento. Isso significa que a lista está vazia. A Figura 5.64 indica o conteúdo do nosso ponteiro **Lista* li** após a chamada da função que cria a lista.

Note que não existe diferença entre criar uma **lista dinâmica encadeada** e uma **lista dinâmica encadeada circular**.

	Criando uma lista
01	Lista* cria_lista(){
02	Lista* li = (Lista*) malloc(**sizeof**(Lista));
03	**if**(li != NULL)
04	*li = NULL;
05	**return** li;
06	}

Figura 5.63

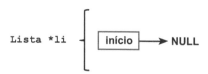

Figura 5.64

Destruir uma lista que utilize alocação dinâmica e seja encadeada não é uma tarefa tão simples quanto destruir uma **lista sequencial estática**.

Para liberar uma lista que utilize alocação dinâmica e seja encadeada, é preciso percorrer toda a lista, liberando a memória alocada para cada elemento inserido.

O código que realiza a destruição da lista é mostrado na Figura 5.65. Inicialmente, verificamos se a lista é válida, ou seja, se a tarefa de criação da lista foi realizada com sucesso e se ela não está vazia (linha 2).

Para liberar uma **lista dinâmica encadeada circular**, não podemos mais percorrer a lista até que o conteúdo do seu início (***li**) seja diferente de **NULL**.

Isso ocorre porque, em uma **lista dinâmica encadeada circular**, o último elemento tem como sucessor o primeiro elemento da lista e não mais a constante **NULL**. O que devemos fazer é guardar em um ponteiro auxiliar (**no**) o endereço do primeiro elemento da lista (***li**). Em seguida, devemos percorrer a lista até que o elemento seguinte ao elemento atual (**no->prox**) seja o início (***li**), o que caracteriza uma volta completa na lista (linha 4). Enquanto não completarmos uma volta na lista, iremos liberar a memória do elemento que se encontra na posição atual e avançar

Listas

para o próximo (linhas 5-7). Terminado esse processo, liberamos a memória alocada para o início da lista (linha 9). Esse processo é melhor ilustrado pela Figura 5.66, a qual mostra a liberação de uma lista contendo dois elementos.

	Destruindo uma lista
01	`void libera_lista(Lista* li){`
02	`    if(li != NULL && (*li) != NULL){`
03	`        Elem *aux, *no = *li;`
04	`        while((*li) != no->prox){`
05	`            aux = no;`
06	`            no = no->prox;`
07	`            free(aux);`
08	`        }`
09	`        free(no);`
10	`        free(li);`
11	`    }`
12	`}`

Figura 5.65

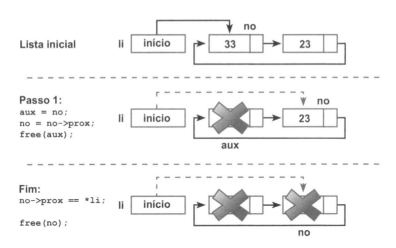

Figura 5.66

Informações básicas sobre a lista

As operações de inserção, remoção e busca são consideradas as principais operações de uma lista. Apesar disso, para realizar essas operações é necessário ter em mãos algumas outras informações mais básicas sobre a lista. Por exemplo, não podemos remover um elemento da lista se a mesma estiver vazia. Sendo assim, é conveniente implementar uma função que retorne esse tipo de informação.

A seguir, veremos como implementar as funções que retornam as três principais informações sobre o *status* atual da lista: seu tamanho, se ela está cheia e se ela está vazia.

Tamanho da lista

Saber o tamanho de uma **lista dinâmica encadeada circular** é uma tarefa um pouco mais complexa do que saber o tamanho de uma **lista dinâmica encadeada**.

> Para saber o tamanho de uma lista que utilize alocação dinâmica e seja encadeada é preciso percorrer toda a lista contando os elementos inseridos na lista, até encontrar o seu final.
> O problema é que uma **lista dinâmica encadeada circular** não possui final.

Para calcular o tamanho de uma **lista dinâmica encadeada circular**, não podemos mais percorrer a lista até que o conteúdo do seu início (*li) seja diferente de **NULL** como era feito com a **lista dinâmica encadeada**. Isso ocorre porque em uma **lista dinâmica encadeada circular** o último elemento tem como sucessor o primeiro elemento da lista e não mais a constante **NULL**. Agora devemos parar quando completarmos uma volta na lista.

O código que calcula o tamanho da lista é mostrado na Figura 5.67. Inicialmente, verificamos se a lista é válida, ou seja, se a tarefa de criação da lista foi realizada com sucesso e se ela não está vazia (linha 2). Em seguida, criamos um contador iniciado em **ZERO** (linha 4) e um elemento auxiliar (**no**) apontado para o primeiro elemento da lista (linha 5). Então, percorremos a lista até que o valor de **no** seja novamente igual ao primeiro elemento da lista, *li (linha 9). Enquanto não chegarmos novamente ao início da lista, iremos somar +1 ao contador **cont** e avançar para o próximo elemento da lista (linhas 7-8). Terminado esse processo, retornamos o valor da variável **cont** (linha 10). Esse processo é melhor ilustrado pela Figura 5.68, que mostra o cálculo do tamanho de uma lista contendo dois elementos.

Tamanho da lista
01   `int tamanho_lista(Lista* li){`
02   `if(li == NULL || (*li) == NULL)`
03   `return 0;`
04   `int cont = 0;`
05   `Elem* no = *li;`
06   `do{`
07   `cont++;`
08   `no = no->prox;`
09   `}while(no != (*li));`
10   `return cont;`
11   `}`

Figura 5.67

Listas

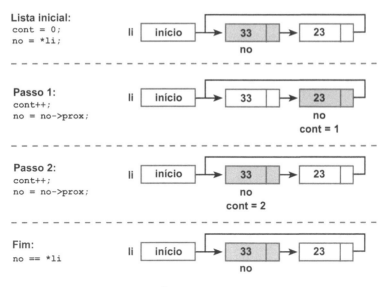

Figura 5.68

Lista cheia

Implementar uma função que retorne se uma **lista dinâmica encadeada circular** está cheia é uma tarefa relativamente simples.

> Uma **lista dinâmica encadeada circular** somente será considerada cheia quando não tivermos mais memória disponível para alocar novos elementos.

A implementação da função que retorna se a lista está cheia é mostrada na Figura 5.69. Como se pode notar, essa função sempre irá retornar o valor ZERO, indicando que a lista não está cheia.

Retornando se a lista está cheia
01   `int lista_cheia(Lista* li){`
02   `    return 0;`
03   `}`

Figura 5.69

Lista vazia

Implementar uma função que retorne se uma **lista dinâmica encadeada circular** está vazia é outra tarefa relativamente simples.

> Uma **lista dinâmica encadeada circular** será considerada vazia sempre que o conteúdo do seu "início" apontar para a constante **NULL**.

A implementação da função que retorna se a lista está vazia é mostrada na Figura 5.70. Note que essa função, em primeiro lugar, verifica se o ponteiro **Lista* li** não é igual a **NULL**. Essa condição seria verdadeira, se tivesse um problema na criação da lista e, nesse caso, não teríamos uma lista válida para trabalhar. Dessa forma, optamos por retornar o valor **1** para indicar uma lista inválida (linha 3). Porém, se a lista foi criada com sucesso, então é possível acessar o conteúdo do seu "início" (***li**) e comparar o seu valor com a constante **NULL**, que é o valor inicial do conteúdo do "início" quando criamos a lista. Se os valores forem iguais (ou seja, nenhum elemento contido dentro da lista), a função irá retornar o valor **1** (linha 5). Caso contrário, irá retornar o valor **0** (linha 6).

```
Retornando se a lista está vazia
01    int lista_vazia(Lista* li){
02        if(li == NULL)
03            return 1;
04        if(*li == NULL)
05            return 1;
06        return 0;
07    }
```

Figura 5.70

Inserindo um elemento na lista

Preparando a inserção na lista

Antes de inserir um elemento em uma **lista dinâmica encadeada circular**, algumas verificações são necessárias. Isso vale para os três tipos de inserção: no início, no final ou no meio da lista, como mostrados nas suas respectivas implementações (Figuras 5.72, 5.74 e 5.76).

Primeiramente, a função verifica se o ponteiro **Lista* li** é igual a **NULL**. Essa condição seria verdadeira, se tivesse um problema na criação da lista e, nesse caso, não teríamos uma lista válida para trabalhar. Dessa forma, optamos por retornar o valor **0** para indicar uma lista inválida (linha 3). Porém, se a lista foi criada com sucesso, podemos tentar alocar memória para um novo elemento (linhas 4 e 5). Caso a alocação de memória não seja possível, a função irá retornar o valor **0** (linhas 6 e 7). Tendo a função **malloc()** retornado um endereço de memória válido, podemos copiar os dados que vamos armazenar para dentro desse elemento (linha 8).

> No caso de uma lista com alocação dinâmica, ela somente será considerada cheia quando não tivermos mais memória disponível no computador para alocar novos elementos. Isso ocorrerá apenas quando a chamada da função **malloc()** retornar **NULL**.

Também existe o caso em que a inserção é feita em uma lista que está vazia, como mostrado na Figura 5.71. Nesse caso, a lista, que inicialmente apontava para **NULL**, passa a apontar para o único elemento inserido até então.

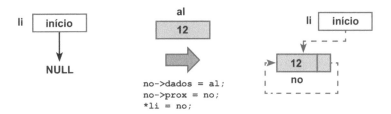

Figura 5.71

Inserindo no início da lista

Inserir um elemento no início de uma **lista dinâmica encadeada circular** é uma tarefa um tanto trabalhosa.

Como na **lista dinâmica encadeada**, a inserção no início de uma **lista dinâmica encadeada circular** não necessita que se mude o lugar dos demais elementos da lista. Porém, como a lista é circular, é preciso percorrer a lista toda para descobrir o último elemento, ou seja, aquele que aponta para o primeiro elemento.

Basicamente, o que temos que fazer é alocar espaço para o novo elemento da lista, encontrar o último da lista e mudar os valores de alguns ponteiros, como mostra a sua implementação na Figura 5.72. Note que as linhas de 2 a 7 verificam se a inserção é possível.

Como se trata de uma inserção no início, temos que considerar que a lista pode ou não estar vazia (linha 8):
- No caso de uma lista vazia, mudamos o conteúdo do "início" da lista (***li**) para que ele passe a ser o nosso elemento **no**, o qual irá apontar para si mesmo (linhas 9 e 10), mantendo assim a circularidade da lista. Esse processo é melhor ilustrado pela Figura 5.71.
- No caso de NÃO ser uma lista vazia, temos que achar o último elemento, pois ele aponta sempre para o primeiro da lista. Assim, devemos guardar em um ponteiro auxiliar (**aux**) o endereço do primeiro elemento da lista (***li**) e percorrer a lista até que o elemento seguinte ao elemento atual (**aux->prox**) seja o início (***li**), o que caracteriza uma volta completa na lista (linhas 12-15). Ao fim desse processo, o elemento **no** passa a ser o elemento seguinte a **aux**, sendo o elemento seguinte a **no** o antigo início da lista, ***li** (linhas 16 e 17). Por fim, mudamos o conteúdo do "início" da lista (***li**) para que ele passe a ser o nosso elemento **no** (linha 18). Esse processo é melhor ilustrado pela Figura 5.73.

Terminado um dos dois processos de inserção, retornamos o valor **1** (linha 20), indicando sucesso na operação de inserção.

Inserindo um elemento no início da lista
01 `int insere_lista_inicio(Lista* li, struct aluno al){`
02 `    if(li == NULL)`
03 `        return 0;`
04 `    Elem *no = (Elem*) malloc(sizeof(Elem));`
05 `    if(no == NULL)`
06 `        return 0;`
07 `    no->dados = al;`
08 `    if((*li) == NULL){//lista vazia: insere início`
09 `        *li = no;`
10 `        no->prox = no;`
11 `    }else{`
12 `        Elem *aux = *li;`
13 `        while(aux->prox != (*li)){`
14 `            aux = aux->prox;`
15 `        }`
16 `        aux->prox = no;`
17 `        no->prox = *li;`
18 `        *li = no;`
19 `    }`
20 `    return 1;`
21 `}`

Figura 5.72

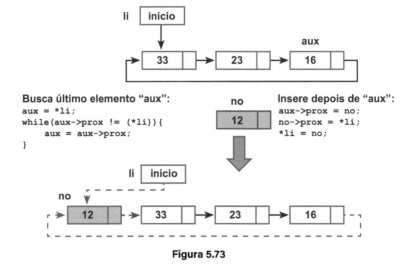

Figura 5.73

Inserindo no final da lista

Inserir um elemento no fim de uma **lista dinâmica encadeada circular** é uma tarefa praticamente igual à inserção no seu início e igualmente trabalhosa. Isso ocorre porque é preciso percorrer a lista toda para descobrir o último elemento, ou seja, aquele que aponta para o primeiro elemento. É entre o primeiro e o último que o novo elemento deverá ficar.

Listas **139**

Basicamente, o que temos que fazer é alocar espaço para o novo elemento da lista, encontrar o último e mudar os valores de alguns ponteiros, como mostra a sua implementação na Figura 5.74. Note que as linhas de 2 a 7 verificam se a inserção é possível.

Como se trata de uma inserção no final, temos que considerar que a lista pode ou não estar vazia (linha 8):

- No caso de ser uma lista vazia, mudamos o conteúdo do "início" da lista (***li**) para que ele passe a ser o nosso elemento **no**, o qual irá apontar para si mesmo (linhas 9 e 10), mantendo assim a circularidade da lista. Esse processo é melhor ilustrado pela Figura 5.71.

- No caso de NÃO ser uma lista vazia, temos que achar o último elemento, pois ele aponta sempre para o primeiro da lista. Assim, devemos guardar em um ponteiro auxiliar (**aux**) o endereço do primeiro elemento da lista (***li**) e percorrer a lista até que o elemento seguinte ao elemento atual (**aux->prox**) seja o início (***li**), o que caracteriza uma volta completa na lista (linhas 12-15). Ao fim desse processo, o elemento **no** passa a ser o elemento seguinte a **aux**, sendo o elemento seguinte a **no** o início da lista, ***li** (linhas 16 e 17). Esse processo é melhor ilustrado pela Figura 5.75.

Terminado um dos dois processos de inserção retornamos o valor **1** (linha 19), indicando sucesso na operação de inserção.

Perceba que o código para inserir um elemento no início (Figura 5.72) e no final (Figura 5.74) difere em apenas uma única linha. Em uma lista circular, inserir no início ou no final equivale a colocar um novo elemento entre o último e o primeiro. A diferença é que temos que mudar o ponteiro que indica o início da lista (***li**) quando inserimos no início, mas não precisamos fazer isso quando inserimos no final.

Inserindo um elemento no final da lista

```
01  int insere_lista_final(Lista* li, struct aluno al){
02      if(li == NULL)
03          return 0;
04      Elem *no = (Elem*) malloc(sizeof(Elem));
05      if(no == NULL)
06          return 0;
07      no->dados = al;
08      if((*li) == NULL){//lista vazia: insere início
09          *li = no;
10          no->prox = no;
11      }else{
12          Elem *aux = *li;
13          while(aux->prox != (*li)){
14              aux = aux->prox;
15          }
16          aux->prox = no;
17          no->prox = *li;
18      }
19      return 1;
20  }
```

Figura 5.74

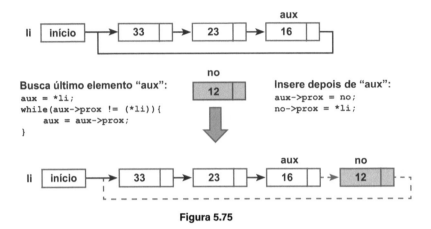

Figura 5.75

Inserindo de forma ordenada na lista

Inserir um elemento de forma ordenada em uma **lista dinâmica encadeada circular** é uma tarefa trabalhosa.

> Isso ocorre porque precisamos procurar o ponto de inserção do elemento na lista, o qual pode ser no início, no meio ou no final da lista. Porém, diferentemente da **lista sequencial estática**, a inserção ordenada em uma **lista dinâmica encadeada circular** não necessita que se mude o lugar dos demais elementos da lista.

Basicamente, o que temos que fazer é procurar em que lugar da lista será inserido o novo elemento (no caso, iremos ordenar pelo campo matrícula), alocar espaço para ele na lista e mudar os valores de alguns ponteiros, como mostra a sua implementação na Figura 5.76. Note que as linhas de 2 a 7 verificam se a inserção é possível.

Antes de fazer a inserção, temos que considerar que a lista pode ou não estar vazia (linha 8):

- No caso de uma lista vazia, mudamos o conteúdo do "início" da lista (*li) para que ele passe a ser o nosso elemento **no**, o qual irá apontar para si mesmo (linhas 9 e 10), mantendo assim a circularidade da lista. Esse processo é melhor ilustrado pela Figura 5.71.
- No caso de NÃO ser uma lista vazia, a inserção pode ser no início ou não (linha 14):
    - Se a inserção for no início, temos que achar o último elemento, pois ele aponta sempre para o primeiro da lista. Assim, devemos guardar em um ponteiro auxiliar (**atual**) o endereço do primeiro elemento da lista (*li) e percorrer a lista até que o elemento seguinte ao elemento atual (**atual->prox**) seja o início (*li), o que caracteriza uma volta completa na lista (linhas 15-17). Ao fim desse processo, o elemento **no** passa a ser o elemento seguinte a **atual**, sendo o elemento seguinte a **no** o início da lista, *li (linhas 18-19). Por fim, mudamos o conteúdo do "início" da lista (*li) para que ele passe a ser o nosso elemento **no** (linha 20). Esse processo é melhor ilustrado pela Figura 5.77.

Listas
141

- Se a inserção for no meio ou no final da lista, temos que percorrer a lista enquanto não chegarmos ao seu final, e enquanto o campo matrícula do elemento **atual** for menor que a matrícula do novo elemento a ser inserido (linhas 23-27). Note que, além do elemento **atual**, também armazenamos o elemento anterior a ele (**ant**), o qual é necessário em uma inserção no meio da lista. Ao fim desse processo, o elemento **ant** irá apontar para o elemento **no**, o qual irá apontar para o elemento **atual**. Esse processo é melhor ilustrado pela Figura 5.77.

Terminado algum dos processos de inserção, retornamos o valor **1**, indicando sucesso na operação de inserção.

Inserindo um elemento de forma ordenada na lista

```
01    int insere_lista_ordenada(Lista* li, struct aluno al){
02        if(li == NULL)
03            return 0;
04        Elem *no = (Elem*) malloc(sizeof(Elem));
05        if(no == NULL)
06            return 0;
07        no->dados = al;
08        if((*li) == NULL){//insere início
09            *li = no;
10            no->prox = no;
11            return 1;
12        }
13        else{
14            if((*li)->dados.matricula > al.matricula){//início
15                Elem *atual = *li;
16                while(atual->prox != (*li))//procura o último
17                    atual = atual->prox;
18                no->prox = *li;
19                atual->prox = no;
20                *li = no;
21                return 1;
22            }
23            Elem *ant = *li, *atual = (*li)->prox;
24            while(atual != (*li) &&
                      atual->dados.matricula < al.matricula){
25                ant = atual;
26                atual = atual->prox;
27            }
28            ant->prox = no;
29            no->prox = atual;
30            return 1;
31        }
32    }
```

Figura 5.76

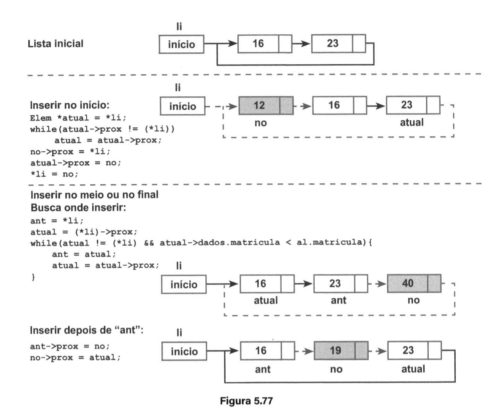

Figura 5.77

Removendo um elemento da lista

Preparando a remoção da lista

Antes de remover um elemento de uma **lista dinâmica encadeada circular**, algumas verificações são necessárias. Isso vale para os três tipos de remoção: do início, do final ou do meio da lista, como mostrados nas suas respectivas implementações (Figuras 5.79, 5.81 e 5.83).

Primeiramente, verificamos se o ponteiro **Lista* li** é igual a **NULL**. Essa condição seria verdadeira, se tivesse um problema na criação da lista e, nesse caso, não teríamos uma lista válida para trabalhar. Dessa forma, optamos por retornar o valor **0** para indicar uma lista inválida (linha 3). Porém, se a lista foi criada com sucesso, precisamos verificar se ela não está vazia, isto é, se existem elementos dentro dela. Caso a lista esteja vazia, a função irá retornar o valor **0** (linhas 4 e 5).

> No caso de uma lista com alocação dinâmica, ela somente será considerada vazia quando o seu início apontar para a constante **NULL**.

Também existe o caso em que a remoção é feita em uma lista que possui um único elemento, como mostrado na Figura 5.78. Nesse caso, a lista fica vazia após a remoção.

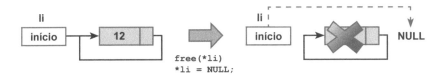

Figura 5.78

Removendo do início da lista

Remover um elemento do início de uma **lista dinâmica encadeada circular** é uma tarefa um tanto trabalhosa.

> Como na **lista dinâmica encadeada**, a remoção no início de uma **lista dinâmica encadeada circular** não necessita que se mude o lugar dos demais elementos da lista. Porém, como é circular, é preciso percorrer a lista toda para descobrir o último elemento, ou seja, aquele que aponta para o primeiro elemento.

Basicamente, o que temos que fazer é verificar se a lista não está vazia e mudar os valores de alguns ponteiros, como mostra a sua implementação na Figura 5.79. Note que as linhas de 2 a 5 verificam se a remoção é possível.

Por ser uma **lista dinâmica encadeada circular**, temos que considerar o caso de o elemento removido ser o único da lista, ou seja, ele aponta para si mesmo (linha 7):

- Caso seja o único elemento da lista, liberamos a memória alocada para o primeiro item e mudamos o conteúdo do "início" da lista (***li**) para que ele passe a apontar para a constante **NULL**, indicando assim uma lista vazia (linhas 8-9). Por fim, retornamos o valor **1** (linha 10), indicando sucesso na operação de remoção.

- Caso existam mais elementos na lista, temos que achar o último elemento, pois ele aponta sempre para o primeiro da lista. Assim, devemos guardar em um ponteiro auxiliar (**atual**) o endereço do primeiro elemento da lista (***li**) e percorrer a lista até que o elemento seguinte ao elemento atual (**atual->prox**) seja o início (***li**), o que caracteriza uma volta completa na lista (linhas 12-14). Ao fim desse processo, o elemento **no** recebe o início da lista (linha 16). Em seguida, o último elemento passa a apontar para o segundo elemento da lista e o início passa a ser o segundo elemento da lista (linhas 17 e 18). Por fim, temos que liberar a memória associada ao antigo "início" da lista (**no**) e retornamos o valor **1** (linhas 19 e 20), indicando sucesso na operação de remoção.

O processo de remoção é melhor ilustrado pela Figura 5.80.

	Removendo um elemento do início da lista
01	`int remove_lista_inicio(Lista* li){`
02	`    if(li == NULL)`
03	`        return 0;`
04	`    if((*li) == NULL)//lista vazia`
05	`        return 0;`
06	
07	`    if((*li) == (*li)->prox){//lista fica vazia`
08	`        free(*li);`
09	`        *li = NULL;`
10	`        return 1;`
11	`    }`
12	`    Elem *atual = *li;`
13	`    while(atual->prox != (*li))//procura o último`
14	`        atual = atual->prox;`
15	
16	`    Elem *no = *li;`
17	`    atual->prox = no->prox;`
18	`    *li = no->prox;`
19	`    free(no);`
20	`    return 1;`
21	`}`

Figura 5.79

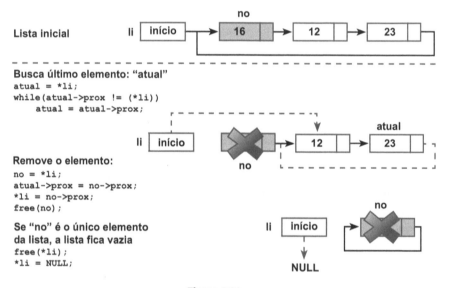

Figura 5.80

Removendo do final da lista

Remover um elemento do final de uma **lista dinâmica encadeada circular** é uma tarefa praticamente igual à remoção no seu início, e igualmente trabalhosa. Isso ocorre porque é preciso percorrer a lista toda para descobrir o último elemento, ou seja, aquele que aponta para o primeiro elemento.

Listas   **145**

Basicamente, o que temos que fazer é verificar se a lista não está vazia e mudar os valores de alguns ponteiros, como mostra a sua implementação na Figura 5.81. Note que as linhas de 2 a 5 verificam se a remoção é possível.

Por ser uma **lista dinâmica encadeada circular**, temos que considerar o caso em que o elemento removido é o único da lista, ou seja, ele aponta para si mesmo (linha 7):

- Caso seja o único elemento da lista, liberamos a memória alocada para o primeiro item e mudamos o conteúdo do "início" da lista (***li**) para que ele passe a apontar para a constante **NULL**, indicando assim uma lista vazia (linhas 8-9). Por fim, retornamos o valor **1** (linha 10), indicando sucesso na operação de remoção.

- Caso existam mais elementos, temos que achar o último elemento, pois ele aponta sempre para o primeiro da lista. Assim, devemos guardar em um ponteiro auxiliar (**no**) o endereço do primeiro elemento da lista (***li**) e percorrê-la até que o elemento seguinte a ele (**no->prox**) seja o início (***li**), o que caracteriza uma volta completa na lista (linhas 12-16). Note que juntamente com o elemento **no**, guardamos também o elemento anterior a ele na lista, **ant**. Ao fim desse processo, o elemento **ant** passa a apontar para o elemento seguinte ao último (**no**), isto é, o início da lista (linha 17). Por fim, temos que liberar a memória associada ao antigo "final" da lista (**no**) e retornamos o valor **1** (linhas 18 e 19), indicando sucesso na operação de remoção.

O processo de remoção é melhor ilustrado pela Figura 5.82.

Removendo um elemento do final da lista

```
01   int remove_lista_final(Lista* li){
02       if(li == NULL)
03           return 0;
04       if((*li) == NULL)//lista vazia
05           return 0;
06
07       if((*li) == (*li)->prox){//lista fica vazia
08           free(*li);
09           *li = NULL;
10           return 1;
11       }
12       Elem *ant, *no = *li;
13       while(no->prox != (*li)){//procura o último
14           ant = no;
15           no = no->prox;
16       }
17       ant->prox = no->prox;
18       free(no);
19       return 1;
20   }
```

Figura 5.81

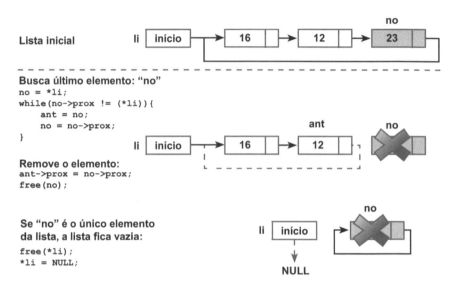

Figura 5.82

Removendo um elemento específico da lista

Remover um elemento específico de uma **lista dinâmica encadeada circular** é uma tarefa bastante trabalhosa.

> Isso ocorre porque, além de precisarmos procurar o elemento a ser removido, esse elemento pode estar no início ou no final da lista, o que nos leva ao problema da remoção do início ou do final da lista visto anteriormente.

Basicamente, o que temos que fazer é procurar esse elemento na lista e mudar os valores de alguns ponteiros, como mostra a sua implementação na Figura 5.83. Note que as linhas de 2 a 5 verificam se a remoção é possível.

No nosso exemplo, vamos remover um elemento de acordo com o campo matrícula. Primeiramente, verificamos se este é o primeiro elemento da lista (linha 7). Em caso afirmativo, tratamos a remoção como se ela fosse uma remoção no início (linhas 7-21).

Caso o elemento procurado não seja o primeiro da lista, temos que percorrer a lista enquanto não chegamos ao seu início (**li**) novamente e enquanto o campo matrícula do elemento **no** for diferente do valor de matrícula procurado (linhas 22-27). Note que, além do elemento **no**, também armazenamos o elemento anterior a ele (**ant**), o qual é necessário em uma remoção no meio da lista. Terminado o processo de busca, verificamos se estamos no início da lista ou não (linha 28).

Listas **147**

Em caso afirmativo, o elemento não existe na lista e a remoção não é possível (linha 29). Caso contrário, basta apenas fazer o elemento **ant** apontar para o elemento seguinte a **no** (linha 31).

Terminado o processo de remoção, temos que liberar a memória associada ao elemento **no** e retornamos o valor **1** (linhas 32 e 33), indicando sucesso na operação de remoção. Esse processo é melhor ilustrado pela Figura 5.84.

Removendo um elemento específico da lista

```
01    int remove_lista(Lista* li, int mat){
02        if(li == NULL)
03            return 0;
04        if((*li) == NULL)//lista vazia
05            return 0;
06        Elem *no = *li;
07        if(no->dados.matricula == mat){//remover do início
08            if(no == no->prox){//lista fica vazia
09                free(no);
10                *li = NULL;
11                return 1;
12            }else{
13                Elem *ult = *li;
14                while(ult->prox != (*li))//procura o último
15                    ult = ult->prox;
16                ult->prox = (*li)->prox;
17                *li = (*li)->prox;
18                free(no);
19                return 1;
20            }
21        }
22        Elem *ant = no;
23        no = no->prox;
24        while(no != (*li) && no->dados.matricula != mat){
25            ant = no;
26            no = no->prox;
27        }
28        if(no == *li)//não encontrado
29            return 0;
30
31        ant->prox = no->prox;
32        free(no);
33        return 1;
34    }
```

Figura 5.83

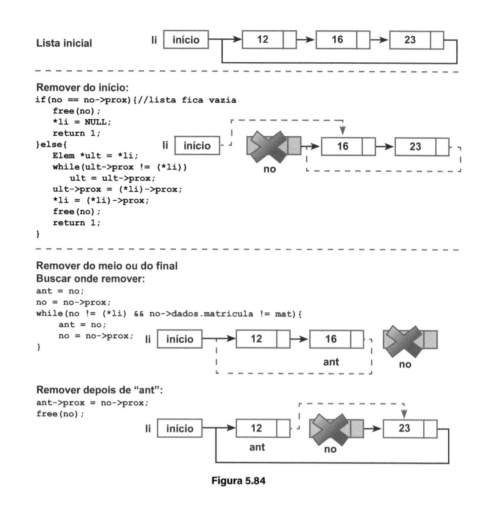

Figura 5.84

Busca por um elemento da lista

A operação de busca consiste em recuperar as informações contidas em determinado elemento da lista.

> De modo geral, a operação de busca pode ser feita de diversas maneiras diferentes, dependendo da necessidade da aplicação.

Por exemplo, podemos buscar as informações:

- do segundo elemento da lista: busca por posição;
- do elemento que possui um certo pedaço de informação conhecida: busca por conteúdo.

Listas **149**

>
> Em uma lista que utilize alocação dinâmica e seja encadeada, a busca sempre envolve a necessidade de percorrer a lista.

A seguir, veremos como esses dois tipos de busca funcionam.

Busca por posição na lista

O código que realiza a busca de um elemento por sua posição em uma **lista dinâmica encadeada circular** é mostrado na Figura 5.85. Em primeiro lugar, a função verifica se a busca é válida. Para tanto, três condições são verificadas: se o ponteiro **Lista* li** é igual a NULL, se o conteúdo do primeiro elemento da lista é **NULL** e se a posição buscada (**pos**) é um valor negativo. Se alguma dessas condições for verdadeira, a busca termina e a função retorna o valor **ZERO** (linha 3). Caso contrário, criamos um elemento auxiliar (**no**) apontado para o primeiro elemento da lista (linha 4) e um contador (**i**) iniciado em **UM** (linha 5). Então, percorremos a lista enquanto o próximo elemento de **no** for igual ao primeiro elemento e o valor do contador for menor do que a posição desejada (linhas 6-9). Terminado o laço, verificamos se o valor do contador é o mesmo da posição desejada (linha 10). Se essa condição for verdadeira, o elemento não foi encontrado na lista. Do contrário, a posição atual (**no**) é copiada para o conteúdo do ponteiro passado por referência (**al**) para a função (linha 13). A Figura 5.86 ilustra os principais pontos dessa busca.

Busca um elemento por posição

```
01    int busca_lista_pos(Lista* li, int pos, struct aluno *al){
02        if(li == NULL || (*li) == NULL || pos <= 0)
03            return 0;
04        Elem *no = *li;
05        int i = 1;
06        while(no->prox != (*li) && i < pos){
07            no = no->prox;
08            i++;
09        }
10        if(i != pos)
11            return 0;
12        else{
13            *al = no->dados;
14            return 1;
15        }
16    }
```

Figura 5.85

Busca pela posição do elemento:
```
no = *li;
int i = 1;
while(no->prox != (*li) && i < pos){
    no = no->prox;
    i++;
}
```

Verifica se a posição foi encontrada e a retorna:
```
if(i != pos) return 0;
else{
    *al = no->dados;
    return 1;
}
```

Figura 5.86

Busca por conteúdo na lista

O código que realiza a busca de um elemento por seu conteúdo em uma **lista dinâmica encadeada circular** é mostrado na Figura 5.87. Nesse caso, estamos procurando um aluno pelo seu número de matrícula. Como se pode notar, o código se parece muito com o da busca por posição mostrado na Figura 5.85. As diferenças são poucas:

- não precisamos verificar se a matrícula é válida, como no caso da posição buscada (linha 2);
- não percorremos mais a lista comparando o valor da posição, mas sim o valor da matrícula (linha 5);
- terminado o laço, verificamos se o valor da matrícula do elemento atual é o que procurávamos (linha 7).

A Figura 5.88 ilustra os principais pontos dessa busca.

Busca um elemento por conteúdo
```
01    int busca_lista_mat(Lista* li, int mat, struct aluno *al){
02        if(li == NULL || (*li) == NULL)
03            return 0;
04        Elem *no = *li;
05        while(no->prox != (*li) && no->dados.matricula != mat)
06            no = no->prox;
07        if(no->dados.matricula != mat)
08            return 0;
09        else{
10            *al = no->dados;
11            return 1;
12        }
13    }
```

Figura 5.87

Listas   **151**

Busca pelo conteúdo do elemento:
```
no = *li;
while(no->prox != (*li) && no->dados.matricula != mat)
    no = no->prox;
```

Verifica se o elemento foi encontrado e o retorna:
```
if(no->dados.matricula != mat)
    return 0;
else{
    *al = no->dados;
    return 1;
}
```

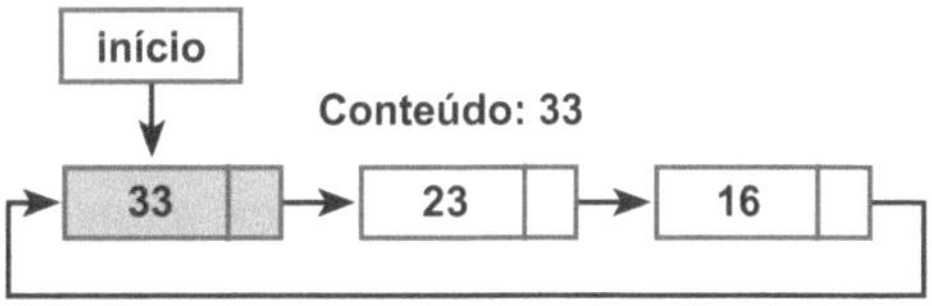

início

Conteúdo: 33

33   23   16

Figura 5.88

Análise de complexidade

Um aspecto importante quando manipulamos listas é com relação aos custos das suas operações. A seguir, são mostradas as complexidades computacionais das principais operações em uma **lista dinâmica encadeada circular** contendo N elementos:

- **Inserção no início**: é preciso percorrer toda a lista até alcançar o seu final, o qual aponta para o início. Desse modo, a sua complexidade é $O(N)$.

- **Inserção no final**: é preciso percorrer toda a lista até alcançar o elemento anterior ao seu final. Desse modo, a sua complexidade é $O(N)$.

- **Inserção ordenada**: nesse caso, é preciso procurar o ponto de inserção, o qual pode ser no início, no meio ou no final. Assim, no pior caso, a sua complexidade é $O(N)$ (inserção no início ou no final).

- **Remoção do início**: como na inserção, é preciso percorrer toda a lista até alcançar o seu final, o qual aponta para o início. Assim, a sua complexidade é $O(N)$.

- **Remoção do final**: como na inserção, é preciso percorrer toda a lista até alcançar o elemento anterior ao seu final. Desse modo, a sua complexidade é $O(N)$.

- **Remoção de um elemento específico**: essa operação envolve a busca pelo elemento a ser removido, o qual pode estar no início, no meio ou no final. Assim, no pior caso, a sua complexidade é $O(N)$ (remoção do final).

- **Consulta**: a operação de consulta envolve a busca de um elemento, o qual pode ser no início, no meio ou no final. Assim, no pior caso, a sua complexidade é $O(N)$ (último elemento).

Aumentando o desempenho de uma lista circular

Como visto até agora, as operações de inserção e remoção na **lista dinâmica encadeada circular** são bastante trabalhosas, principalmente quando realizadas no início ou no final da lista.

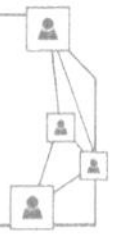

Pelo fato da lista ser circular, é preciso percorrer a lista toda para descobrir o último elemento, ou seja, aquele que aponta para o primeiro elemento.

Isso ocorre porque usamos uma representação de lista circular que guarda sempre a posição de início da lista. Assim, temos que andar a lista toda para encontrar o seu final e, assim, manter a circularidade nas operações que alteram o seu início ou final.

Uma solução bastante simples seria mudar nossa representação da lista circular: em vez de guardar a posição de início da lista em (*li), passamos a guardar a posição de final da lista. Essa alteração em nada modifica o armazenamento de elementos na lista. Trata-se apenas de uma mudança na lógica de operação da lista, como mostrado na Figura 5.89.

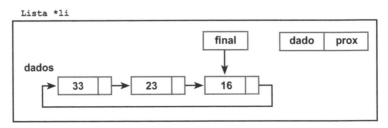

Figura 5.89

> Em uma lista circular, inserir no início ou no final equivale a colocar um novo elemento entre o último e o primeiro.

Imagine que queiramos inserir um novo elemento X em uma das extremidades da lista. Em razão da lista ser circular, inserir um novo elemento em qualquer uma de suas extremidades (início ou final) equivale a sempre colocar esse novo elemento entre o seu **final** e o seu **início**, como mostrado na Figura 5.90. Assim, fazer com que a lista armazene o final dela no ponteiro (*li) não muda o funcionamento da lista, mas evita que se percorra a lista em alguns tipos de inserção e remoção.

> Essa modificação simplifica as operações de inserção no início e no final, e remoção do início da lista. As demais operações não tem seu desempenho modificado, mas podem apresentar algumas pequenas modificações para lidar com a nova posição de final da lista armazenada.

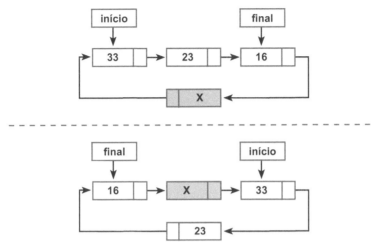

Figura 5.90

Inserindo no início da lista

Basicamente, o que temos que fazer é alocar espaço para o novo elemento da lista e mudar os valores de alguns ponteiros, como mostra a sua implementação na Figura 5.91. Primeiramente, a função verifica se o ponteiro **Lista* li** é igual a NULL. Essa condição seria verdadeira, se tivesse um problema na criação da lista e, nesse caso, não teríamos uma lista válida para trabalhar. Dessa forma, optamos por retornar o valor **0** para indicar uma lista inválida (linha 3). Porém, se a lista foi criada com sucesso, podemos tentar alocar memória para um novo elemento (linha 4). Caso a alocação de memória não seja possível, a função irá retornar o valor **0** (linhas 5 e 6). Tendo a função **malloc()** retornado um endereço de memória válido, podemos copiar os dados que vamos armazenar para dentro desse elemento (linha 7).

Até aqui, o que fizemos foi verificar se podíamos inserir na lista e criamos um novo elemento (**no**) com os dados passados por parâmetro. Falta, obviamente, inserir esse elemento na lista. Como se trata de uma inserção no início, temos que considerar que a lista pode ou não estar vazia (linha 8):

- Caso seja uma lista vazia, mudamos o conteúdo do "final" da lista (***li**) para que ele passe a ser o nosso elemento **no**, o qual irá apontar para si mesmo (linhas 9 e 10), mantendo assim a circularidade da lista.
- Caso NÃO seja uma lista vazia, o elemento **no** irá apontar para o elemento seguinte ao final da lista, (***li**)->**prox**, que nada mais é do que o primeiro elemento da lista (linha 12). Em seguida, o elemento **no** passa a ser o elemento seguinte ao final da lista (linha 13). Esse processo é melhor ilustrado pela Figura 5.92.

Terminado um dos dois processos de inserção retornamos o valor 1 (linha 15), indicando sucesso na operação de inserção.

Inserindo um elemento no início da lista

```
01   int insere_lista_inicio(Lista* li, struct aluno al){
02       if(li == NULL)
03           return 0;
04       Elem *no = (Elem*) malloc(sizeof(Elem));
05       if(no == NULL)
06           return 0;
07       no->dados = al;
08       if((*li) == NULL){//lista vazia: insere início
09           *li = no;
10           no->prox = no;
11       }else{
12           no->prox = (*li)->prox;
13           (*li)->prox = no;
14       }
15       return 1;
16   }
```

Figura 5.91

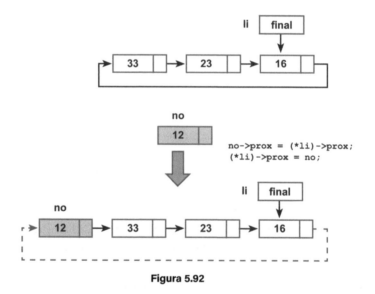

Figura 5.92

Inserindo no final da lista

Basicamente, o que temos que fazer é alocar espaço para o novo elemento da lista e mudar os valores de alguns ponteiros, como mostra a sua implementação na Figura 5.93. Primeiramente, a função verifica se o ponteiro **Lista* li** é igual a NULL. Essa condição seria verdadeira, se tivesse um problema na criação da lista e, nesse caso, não teríamos uma lista válida para trabalhar. Dessa forma, optamos por retornar o valor **0** para indicar uma lista inválida (linha 3). Porém, se a lista foi criada com sucesso, podemos tentar alocar memória para um novo elemento (linha 4). Caso a alocação de memória não seja possível, a função irá retornar o valor **0** (linhas 5 e 6). Tendo a

Listas **155**

função **malloc()** retornado um endereço de memória válido, podemos copiar os dados que vamos armazenar para dentro desse elemento (linha 7).

Até aqui, o que fizemos foi verificar se podíamos inserir na lista e criamos um novo elemento (**no**) com os dados passados por parâmetro. Falta, obviamente, inserir esse elemento na lista. Como se trata de uma inserção no final, temos que considerar que a lista pode ou não estar vazia (linha 8):

- Caso seja uma lista vazia, mudamos o conteúdo do "final" da lista (***li**) para que ele passe a ser o nosso elemento **no**, o qual irá apontar para si mesmo (linhas 9 e 10), mantendo assim a circularidade da lista.

- Caso NÃO seja uma lista vazia, o elemento **no** irá apontar para o elemento seguinte ao final da lista, (***li**)->**prox**, que nada mais é do que o primeiro elemento da lista (linha 12). Em seguida, o elemento **no** passa a ser o elemento seguinte ao final da lista (linha 13). Como estamos mudando o final da lista, o elemento **no** passa a ser o novo final da lista (linha 14). Esse processo é melhor ilustrado pela Figura 5.94.

Terminado um dos dois processos de inserção, retornamos o valor 1 (linha 16), indicando sucesso na operação de inserção.

> Perceba que o código para inserir um elemento no início (Figura 5.91) e no final (Figura 5.93) difere em apenas uma única linha. Em uma lista circular, inserir no início ou no final equivale a colocar um novo elemento entre o último e o primeiro. A diferença é que temos que mudar o ponteiro que indica o final da lista (***li**) quando inserimos no final, mas não precisamos fazer isso quando inserimos no início.

Inserindo um elemento no final da lista

```
01    int insere_lista_final(Lista* li, struct aluno al){
02        if(li == NULL)
03            return 0;
04        Elem *no = (Elem*) malloc(sizeof(Elem));
05        if(no == NULL)
06            return 0;
07        no->dados = al;
08        if((*li) == NULL){//lista vazia: insere início
09            *li = no;
10            no->prox = no;
11        }else{
12            no->prox = (*li)->prox;
13            (*li)->prox = no;
14            *li = no;
15        }
16        return 1;
17    }
```

Figura 5.93

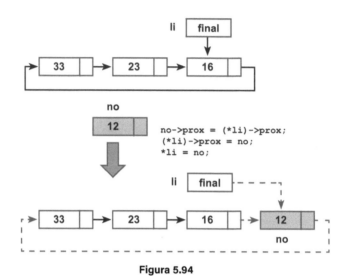

Figura 5.94

Removendo do início da lista

Basicamente, o que temos que fazer é verificar se existem elementos na lista para serem removidos e mudar os valores de alguns ponteiros, como mostra a sua implementação na Figura 5.95. Primeiramente, verificamos se o ponteiro **Lista* li** é igual a **NULL**. Essa condição seria verdadeira, se tivesse um problema na criação da lista e, nesse caso, não teríamos uma lista válida para trabalhar. Dessa forma, optamos por retornar o valor **0** para indicar uma lista inválida (linha 3). Porém, se a lista foi criada com sucesso, precisamos verificar se ela não está vazia, isto é, se existem elementos dentro dela. Caso a lista esteja vazia, a função irá retornar o valor **0** (linhas 4 e 5).

Até aqui, o que fizemos foi verificar se podíamos remover um elemento da lista. Falta, obviamente, remover esse elemento na lista. Por ser uma **lista dinâmica encadeada circular**, temos que considerar o caso em que o elemento removido é o único da lista, ou seja, ele aponta para si mesmo (linha 7):

- Caso seja o único elemento da lista, liberamos a memória alocada para o primeiro item da lista e mudamos o conteúdo do "início" da lista (***li**), para que ele passe a apontar para a constante **NULL**, indicando assim uma lista vazia (linhas 8-9). Por fim, retornamos o valor **1** (linha 10), indicando sucesso na operação de remoção.

- Caso existam mais elementos na lista, criamos um elemento **no** para armazenar o elemento seguinte ao final, (***li**)->**prox**, que nada mais é do que o primeiro elemento da lista (linha 12). Em seguida, o elemento seguinte a **no** passa a ser o elemento seguinte ao final da lista (linha 13). Por fim, temos que liberar a memória associada ao antigo "início" da lista (**no**) e retornamos o valor **1** (linhas 14 e 15), indicando sucesso na operação de remoção. Esse processo é melhor ilustrado pela Figura 5.96.

Listas

|Removendo um elemento do início da lista|
```
01    int remove_lista_inicio(Lista* li){
02        if(li == NULL)
03            return 0;
04        if((*li) == NULL)//lista vazia
05            return 0;
06
07        if((*li) == (*li)->prox){//lista fica vazia
08            free(*li);
09            *li = NULL;
10            return 1;
11        }
12        Elem *no = (*li)->prox;
13        (*li)->prox = no->prox;
14        free(no);
15        return 1;
16    }
```

Figura 5.95

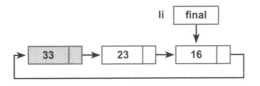

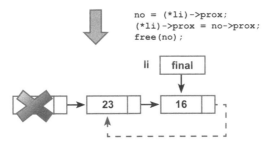

Figura 5.96

Lista dinâmica duplamente encadeada

Uma **lista dinâmica duplamente encadeada** é uma lista definida utilizando alocação dinâmica e acesso encadeado dos elementos. Cada elemento da lista é alocado dinamicamente, à medida que os dados são inseridos dentro da lista, e tem sua memória liberada à medida que é removido.

Diferente da **lista dinâmica encadeada**, esse tipo de lista não possui dois, mas sim três campos de informação dentro de cada elemento: os campos **dado**, **prox** e **ant**.

Como na **lista dinâmica encadeada**, cada elemento da lista nada mais é do que um ponteiro para uma estrutura. No entanto, essa estrutura contém agora **três** campos de informação: um campo de **dado**, utilizado para armazenar a informação inserida na lista, um campo **prox**, utilizado para indicar o próximo elemento na lista e um campo **ant**, idêntico ao campo **prox,** mas utilizado para indicar o elemento anterior na lista.

> É a existência dos campos **prox** e **ant** que garante que a lista é duplamente encadeada.

A presença dos ponteiros **prox** e **ant** garantem que a lista seja encadeada em dois sentidos: no seu sentido normal, aquele usado para percorrer uma lista do seu início até o seu final, e o sentido inverso, quando percorremos a lista de volta ao seu início. Por isso, ela é chamada **duplamente encadeada**: cada elemento aponta para o seu sucessor (**prox**) e antecessor (**ant**) dentro da lista.

> Além da estrutura que define seus elementos, essa lista utiliza um ponteiro para ponteiro para guardar o primeiro elemento da lista.

Como na **lista dinâmica encadeada**, todos os elementos da lista são ponteiros alocados dinamicamente. Para inserir um elemento no início da lista é necessário utilizar um campo que seja fixo, mas que ao mesmo tempo seja capaz de apontar para o novo elemento.

É necessário o uso de um **ponteiro para ponteiro** para guardar o endereço de um **ponteiro**. Utilizando um ponteiro para ponteiro para representar o início da lista fica fácil mudar quem é o primeiro elemento da lista mudando apenas o **conteúdo** do **ponteiro para ponteiro**. Mais detalhes são apresentados na Seção Trabalhando com ponteiro para ponteiro.

> Após o último elemento não existe nenhum novo elemento alocado. Sendo assim, o último elemento da lista aponta o campo **prox** para **NULL**. O mesmo vale para o primeiro elemento da lista: não existe ninguém antes dele. Sendo assim, ele aponta o seu campo **ant** para **NULL**.

Considerando uma implementação em módulos, temos que o usuário tem acesso apenas a um ponteiro do tipo lista (a lista é um **tipo opaco**), como ilustrado na Figura 5.97. Isso impede o usuário de saber como foi realmente implementada a lista, e limita o seu acesso apenas às funções que manipulam a lista.

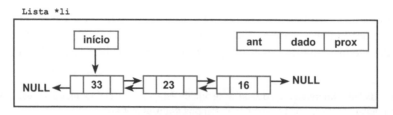

Figura 5.97

Note que a implementação em módulos impede o usuário de saber como a lista foi implementada. Tanto a **lista dinâmica duplamente encadeada** quanto as outras listas vistas até agora são declaradas como sendo do tipo **Lista***.

Essa é a grande vantagem da modularização e da utilização de tipos opacos: mudar a maneira que a lista foi implementada não altera nem interfere no funcionamento do programa que a utiliza.

O uso de alocação dinâmica e acesso encadeado na definição de uma **lista dinâmica duplamente encadeada** tem vantagens e desvantagens que devem ser consideradas para um melhor desempenho da aplicação.

Várias são as vantagens em se definir uma lista utilizando uma abordagem dinâmica e encadeada:
- melhor utilização dos recursos de memória;
- não é preciso definir previamente do tamanho da lista;
- não é preciso movimentar os elementos nas operações de inserção e remoção.

Infelizmente, esse tipo de implementação também tem suas desvantagens:
- acesso indireto aos elementos;
- necessidade de percorrer a lista para acessar determinado elemento.

Considerando suas vantagens e desvantagens, quando devo utilizar uma **lista dinâmica duplamente encadeada**?

Em geral, usamos esse tipo de lista nas seguintes situações:
- não há necessidade de garantir um espaço mínimo para a execução da aplicação;
- inserção e remoção em lista ordenada são as operações mais frequentes;
- tamanho máximo da lista não é definido;
- necessidade de acessar a informação de um elemento antecessor.

Definindo o tipo lista dinâmica duplamente encadeada

Antes de começar a implementar a nossa lista, é preciso definir o tipo de dado que será armazenado nela. Uma lista pode armazenar qualquer tipo de informação. Para tanto, é necessário que especifiquemos isso na sua declaração. Como estamos trabalhando com modularização, precisamos também definir o **tipo opaco** que representa nossa lista. Como estamos trabalhando com alocação dinâmica da lista, esse tipo será um **ponteiro para ponteiro** da estrutura que define a lista. Além disso, também precisamos definir o conjunto de funções que será visível para o programador que utilizar a biblioteca que estamos criando.

> No arquivo **ListaDinEncadDupla.h** iremos declarar tudo aquilo que será visível para o programador.

Vamos começar definindo o arquivo **ListaDinEncadDupla.h,** ilustrado na Figura 5.98. Por se tratar de uma lista dinâmica duplamente encadeada, temos que definir:
- o tipo de dado que será armazenado na lista, *struct* **aluno** (linhas 1-5);
- para fins de padronização, criamos um novo nome para o **ponteiro** do tipo lista (linha 6). Esse é o tipo que será usado sempre que se desejar trabalhar com uma lista;
- as funções disponíveis para se trabalhar com essa lista em especial (linhas 8-19) e que serão implementadas no arquivo **ListaDinEncadDupla.c**.

Nesse exemplo, optamos por armazenar uma estrutura representando um aluno dentro da lista. Esse aluno é representado pelo seu número de matrícula, nome e três notas.

> Por que colocamos um ponteiro no comando **typedef** quando criamos um novo nome para o tipo (linha 6)?

Por estarmos trabalhando com uma lista dinâmica e encadeada, temos que trabalhar com um ponteiro para ponteiro a fim de poder fazer modificações no início da lista. Por questões de modularização e para manter a mesma notação utilizada pela **lista sequencial estática**, podemos esconder um dos ponteiros do usuário. Assim, utilizar uma **lista sequencial estática**, uma **lista dinâmica encadeada**, uma **lista dinâmica encadeada circular**, ou uma **lista dinâmica duplamente encadeada** será indiferente para o programador, pois a sua implementação está escondida dele:
- Lista *li; declaração de uma lista sequencial estática (ponteiro);
- Lista *li; declaração de uma lista dinâmica encadeada (ponteiro para ponteiro);
- Lista *li; declaração de uma lista dinâmica encadeada circular (ponteiro para ponteiro);
- Lista *li; declaração de uma lista dinâmica duplamente encadeada (ponteiro para ponteiro).

> No arquivo **ListaDinEncadDupla.c** iremos definir tudo aquilo que deve ficar oculto do usuário da nossa biblioteca e implementar as funções definidas em **ListaDinEncadDupla.h**.

Basicamente, o arquivo **ListaDinEncadDupla.c** (Figura 5.98) contém apenas:
- as chamadas bibliotecas necessárias para implementação da lista (linhas 1-3);
- a definição do tipo que define cada elemento da lista, *struct* **elemento** (linhas 5-9);
- a definição de um novo nome para a *struct* **elemento** (linha 9). Isso é feito apenas para facilitar certas etapas de codificação;
- as implementações das funções definidas no arquivo **ListaDinEncadDupla.h**. As implementações dessas funções serão vistas nas seções seguintes.

Listas   **161**

Note que a nossa estrutura **elemento** nada mais é do que uma estrutura contendo três campos:

- um ponteiro **ant** que indica o elemento (também do tipo *struct* **elemento**) anterior ao elemento atual dentro da lista;

- um campo **dado** do tipo *struct* **aluno**, que é o tipo de dado a ser armazenado na lista;

- um ponteiro **prox** que indica o elemento (também do tipo *struct* **elemento**) seguinte ao elemento atual dentro da lista.

Por estar definido dentro do arquivo **ListaDinEncadDupla.c**, os campos dessa estrutura não são visíveis pelo usuário da biblioteca no arquivo **main()**, apenas o seu outro nome definido no arquivo **ListaDinEncadDupla.h** (linha 6), que pode apenas declarar um ponteiro para ele da seguinte forma:

Lista *li;

Arquivo ListaDinEncadDupla.h

```
01    struct aluno{
02        int matricula;
03        char nome[30];
04        float n1,n2,n3;
05    };
06    typedef struct elemento* Lista;
07
08    Lista* cria_lista();
09    void libera_lista(Lista* li);
10    int busca_lista_pos(Lista* li, int pos, struct aluno *al);
11    int busca_lista_mat(Lista* li, int mat, struct aluno *al);
12    int insere_lista_final(Lista* li, struct aluno al);
13    int insere_lista_inicio(Lista* li, struct aluno al);
14    int insere_lista_ordenada(Lista* li, struct aluno al);
15    int remove_lista(Lista* li, int mat);
16    int remove_lista_inicio(Lista* li);
17    int remove_lista_final(Lista* li);
18    int tamanho_lista(Lista* li);
19    int lista_vazia(Lista* li);
20    int lista_cheia(Lista* li);
```

Arquivo ListaDinEncadDupla.c

```
01    #include <stdio.h>
02    #include <stdlib.h>
03    #include "ListaDinEncadDupla.h" //inclui os protótipos
04    //Definição do tipo lista
05    struct elemento{
06        struct elemento *ant;
07        struct aluno dados;
08        struct elemento *prox;
09    };
10    typedef struct elemento Elem;
```

Figura 5.98

Criando e destruindo uma lista

Para utilizar uma lista em seu programa, a primeira coisa a fazer é criar uma lista vazia. Essa tarefa é executada pela função descrita na Figura 5.99. Basicamente, o que essa função faz é a alocação de uma área de memória para armazenar o endereço do início da lista (linha 2), o qual é um **ponteiro para ponteiro**. Essa área de memória corresponde à memória necessária para armazenar o endereço de um elemento da lista, **sizeof(Lista)** ou **sizeof(struct elemento*)**. Em seguida, essa função inicializa o conteúdo desse **ponteiro para ponteiro** com a constante **NULL**. Essa constante é utilizada em uma **lista dinâmica encadeada** para indicar que não existe nenhum elemento alocado após o atual. Como o início da lista aponta para essa constante, isso significa que a lista está vazia. A Figura 5.100 indica o conteúdo do nosso ponteiro **Lista* li** após a chamada da função que cria a lista.

> Note que não existe diferença entre criar uma **lista dinâmica encadeada** e uma **lista dinâmica duplamente encadeada**.

```
                    Criando uma lista
01    Lista* cria_lista(){
02        Lista* li = (Lista*) malloc(sizeof(Lista));
03        if(li != NULL)
04            *li = NULL;
05        return li;
06    }
```

Figura 5.99

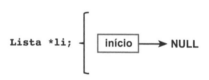

Figura 5.100

Destruir uma lista que utilize alocação dinâmica e seja encadeada não é uma tarefa tão simples quanto destruir uma **lista sequencial estática**.

> Para liberar uma lista que utilize alocação dinâmica e seja encadeada é preciso percorrer toda a lista, liberando a memória alocada para cada elemento inserido na lista.

O código que realiza a destruição da lista é mostrado na Figura 5.101. Inicialmente, verificamos se a lista é válida, ou seja, se a tarefa de criação da lista foi realizada com sucesso (linha 2). Em seguida, percorremos a lista até que o conteúdo do seu início (*li) seja diferente de **NULL**, o final da lista. Enquanto não chegamos ao final da lista, liberamos a memória do elemento que

Listas

se encontra atualmente no início da lista e avançamos para o próximo (linhas 5-7). Terminado esse processo, liberamos a memória alocada para o início da lista (linha 9). Esse processo é melhor ilustrado pela Figura 5.102, que mostra a liberação de uma lista contendo dois elementos.

> Note que não existe diferença entre liberar uma **lista dinâmica encadeada** e uma **lista dinâmica duplamente encadeada**. Isso ocorre porque precisamos percorrer a lista em apenas um sentido para liberá-la, sendo o outro sentido apenas ignorado.

	Destruindo uma lista
01	`void libera_lista(Lista* li){`
02	`    if(li != NULL){`
03	`        Elem* no;`
04	`        while((*li) != NULL){`
05	`            no = *li;`
06	`            *li = (*li)->prox;`
07	`            free(no);`
08	`        }`
09	`        free(li);`
10	`    }`
11	`}`

Figura 5.101

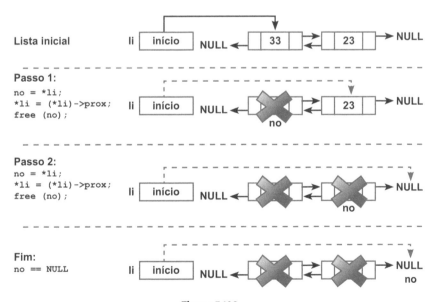

Figura 5.102

Informações básicas sobre a lista

As operações de inserção, remoção e busca são consideradas as principais operações de uma lista. Apesar disso, para realizar essas operações é necessário ter em mãos algumas outras informações mais básicas sobre a lista. Por exemplo, não podemos remover um elemento da lista se a mesma estiver vazia. Sendo assim, é conveniente implementar uma função que retorne esse tipo de informação.

A seguir, veremos como implementar as funções que retornam as três principais informações sobre o *status* atual da lista: seu tamanho, se ela está cheia e se ela está vazia.

Tamanho da lista

Saber o tamanho de uma **lista dinâmica duplamente encadeada** ou de uma **lista dinâmica encadeada** são tarefas idênticas.

> Para saber o tamanho de uma lista que utilize alocação dinâmica e seja encadeada é preciso percorrer toda a lista contando os elementos inseridos nela, até encontrar o seu final.

Não existe diferença entre saber o tamanho de uma **lista dinâmica encadeada** ou de uma **lista dinâmica duplamente encadeada,** porque precisamos percorrer a lista em apenas um sentido para contar os seus elementos, sendo o outro sentido apenas ignorado.

O código que realiza a contagem dos elementos da lista é mostrado na Figura 5.103. Inicialmente, verificamos se a lista é válida, ou seja, se a tarefa de criação da lista foi realizada com sucesso e a lista é ou não igual a **NULL** (linha 2). Caso ela seja nula, não temos o que fazer na função e terminamos ela (linha 3). Em seguida, criamos um contador iniciado em **ZERO** (linha 4) e um elemento auxiliar (**no**) apontado para o primeiro elemento da lista (linha 5). Então, percorremos a lista até que o valor de **no** seja diferente de **NULL**, o final da lista. Enquanto não chegarmos ao final da lista, iremos somar +1 ao contador **cont** e avançar para o próximo elemento da lista (linhas 6 a 9). Terminado esse processo, retornamos o valor da variável **cont** (linha 10). Esse processo é melhor ilustrado pela Figura 5.104, a qual mostra o cálculo do tamanho de uma lista contendo dois elementos.

Tamanho da lista

```
01    int tamanho_lista(Lista* li){
02        if(li == NULL)
03            return 0;
04        int cont = 0;
05        Elem* no = *li;
06        while(no != NULL){
07            cont++;
08            no = no->prox;
09        }
10        return cont;
11    }
```

Figura 5.103

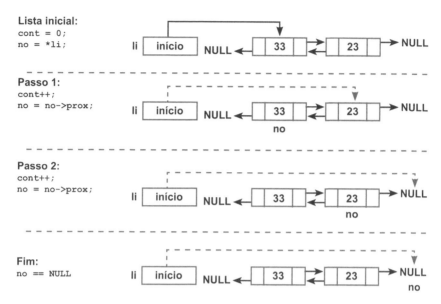

Figura 5.104

Lista cheia

Implementar uma função que retorne se uma **lista dinâmica duplamente encadeada** está cheia é uma tarefa relativamente simples.

> Uma **lista dinâmica duplamente encadeada** somente será considerada cheia quando não tivermos mais memória disponível para alocar novos elementos.

A implementação da função que retorna se a lista está cheia é mostrada na Figura 5.105. Como se pode notar, essa função sempre irá retornar o valor **ZERO**, indicando que a lista não está cheia.

Retornando se a lista está cheia
01 **int** lista_cheia(Lista* li){
02   **return** 0;
03 }

Figura 5.105

Lista vazia

Implementar uma função que retorne se uma **lista dinâmica duplamente encadeada** está vazia é outra tarefa relativamente simples.

> Uma **lista dinâmica duplamente encadeada** será considerada vazia sempre que o conteúdo do seu "início" apontar para a constante **NULL**.

A implementação da função que retorna se a lista está vazia é mostrada na Figura 5.106. Note que essa função, em primeiro lugar, verifica se o ponteiro **Lista* li** não é igual a **NULL**. Essa condição seria verdadeira, se tivesse um problema na criação da lista e, nesse caso, não teríamos uma lista válida para trabalhar. Dessa forma, optamos por retornar o valor **1** para indicar uma lista inválida (linha 3). Porém, se a lista foi criada com sucesso, então é possível acessar o conteúdo do seu "início" (***li**) e comparar o seu valor com a constante **NULL**, que é o valor inicial do conteúdo do "início" quando criamos a lista. Se os valores forem iguais (ou seja, nenhum elemento contido dentro da lista), a função irá retornar o valor **1** (linha 5). Caso contrário, irá retornar o valor **0** (linha 6).

	Retornando se a lista está vazia
01	int lista_vazia(Lista* li){
02	if(li == NULL)
03	return 1;
04	if(*li == NULL)
05	return 1;
06	return 0;
07	}

Figura 5.106

Inserindo um elemento na lista

Preparando a inserção na lista

Antes de inserir um elemento em uma **lista dinâmica duplamente encadeada**, algumas verificações são necessárias. Isso vale para os três tipos de inserção: no início, no final ou no meio da lista, como mostrados nas suas respectivas implementações (Figuras 5.108, 5.110 e 5.112).

Primeiramente, a função verifica se o ponteiro **Lista* li** é igual a **NULL**. Essa condição seria verdadeira, se tivesse um problema na criação da lista e, nesse caso, não teríamos uma lista válida para trabalhar. Dessa forma, optamos por retornar o valor **0** para indicar uma lista inválida (linha 3). Porém, se a lista foi criada com sucesso, podemos tentar alocar memória para um novo elemento (linhas 4 e 5). Caso a alocação de memória não seja possível, a função irá retornar o valor **0** (linhas 6-7). Tendo a função **malloc()** retornado um endereço de memória válido, podemos copiar os dados que vamos armazenar para dentro desse elemento (linha 8).

No caso de uma lista com alocação dinâmica, ela somente será considerada cheia quando não tivermos mais memória disponível no computador para alocar novos elementos. Isso ocorrerá apenas quando a chamada da função **malloc()** retornar **NULL**.

Listas   **167**

Também existe o caso em que a inserção é feita em uma lista que está vazia, como mostrado na Figura 5.107. Nesse caso, a lista, que inicialmente apontava para **NULL**, passa a apontar para o único elemento inserido até então.

Figura 5.107

Inserindo no início da lista

Inserir um elemento no início de uma **lista dinâmica duplamente encadeada** é uma tarefa bastante simples.

De fato, essa inserção é semelhante à inserção no início de uma **lista dinâmica encadeada**. Porém, temos agora que lidar com o ponteiro que aponta para o elemento anterior da lista.

Basicamente, o que temos que fazer é alocar espaço para o novo elemento da lista e mudar os valores de alguns ponteiros, como mostra a sua implementação na Figura 5.108. Note que as linhas de 2 a 8 verificam se a inserção é possível.

Como se trata de uma inserção no início, temos que fazer nosso elemento apontar para o início da lista, ***li** (linha 9). Assim, o elemento **no** passa a ser o início da lista enquanto o antigo início passa a ser o próximo elemento da lista. Sendo o elemento **no** o início, não existe nenhum elemento antes dele (linha 10).

Como agora existe o ponteiro para o elemento anterior e se trata de uma inserção no início, temos que considerar que a lista pode não estar vazia (linha 12). Nesse caso, o elemento anterior do antigo início da lista, **(*li)->ant**, passa a ser o elemento **no** (linha 13). Note que se a lista for vazia, o campo **no->prox** já irá valer **NULL** (linha 9). Por fim, mudamos o conteúdo do "início" da lista (***li**) para que ele passe a ser o nosso elemento no (linha 14) e retornamos o valor **1** (linha 15), indicando sucesso na operação de inserção. Esse processo é melhor ilustrado pela Figura 5.109.

Inserindo um elemento no início da lista
01 `int insere_lista_inicio(Lista* li, struct aluno al){`
02 `    if(li == NULL)`
03 `        return 0;`
04 `    Elem* no;`
05 `    no = (Elem*) malloc(sizeof(Elem));`
06 `    if(no == NULL)`
07 `        return 0;`
08 `    no->dados = al;`
09 `    no->prox = (*li);`
10 `    no->ant = NULL;`
11 `    //lista não vazia: apontar para o anterior!`
12 `    if(*li != NULL)`
13 `        (*li)->ant = no;`
14 `    *li = no;`
15 `    return 1;`
16 `}`

Figura 5.108

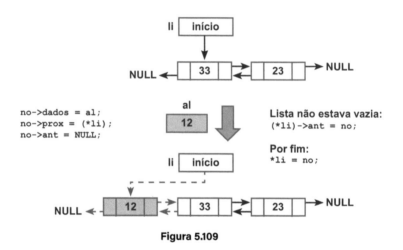

Figura 5.109

Inserindo no final da lista

Inserir um elemento no final de uma **lista dinâmica duplamente encadeada** é uma tarefa um tanto trabalhosa.

Como na inserção do início, a inserção no final de uma **lista dinâmica duplamente encadeada** não necessita que se mude o lugar dos demais elementos da lista. Porém, é preciso percorrer a lista toda para descobrir o último elemento e, assim, fazer a inserção depois dele.

Listas   **169**

Basicamente, o que temos que fazer é alocar espaço para o novo elemento da lista, encontrar o último e mudar os valores de alguns ponteiros, como mostra a sua implementação na Figura 5.110. Note que as linhas de 2 a 8 verificam se a inserção é possível.

Como se trata de uma inserção no final, temos que considerar que a lista pode ou não estar vazia (linha 10):

- No caso de uma lista vazia, o elemento anterior ao elemento **no** passa a ser a constante **NULL** (linha 11), pois ele é agora o primeiro da lista, e mudamos o conteúdo do "início" da lista (***li**) para que ele passe a ser o nosso elemento no (linha 12). Esse processo é melhor ilustrado pela Figura 5.107.

- Caso NÃO seja uma lista vazia, temos que achar o último elemento, pois ele aponta sempre para a constante **NULL**. Assim, devemos guardar em um ponteiro auxiliar (**aux**) o endereço do primeiro elemento da lista (*li) e percorrer a lista até que o elemento seguinte ao elemento atual (**aux->prox**) seja a constante **NULL** (linhas 14-17). Ao fim desse processo, o elemento **no** passa a ser o elemento seguinte a **aux**, enquanto **aux** passa a ser o elemento anterior a **no** (linhas 18 e 19). Esse processo é melhor ilustrado pela Figura 5.111.

Terminado um dos dois processos de inserção, retornamos o valor **1** (linha 21), indicando sucesso na operação de inserção.

Inserindo um elemento no final da lista

```
01    int insere_lista_final(Lista* li, struct aluno al){
02        if(li == NULL)
03            return 0;
04        Elem *no;
05        no = (Elem*) malloc(sizeof(Elem));
06        if(no == NULL)
07            return 0;
08        no->dados = al;
09        no->prox = NULL;
10        if((*li) == NULL){//lista vazia: insere início
11            no->ant = NULL;
12            *li = no;
13        }else{
14            Elem *aux = *li;
15            while(aux->prox != NULL){
16                aux = aux->prox;
17            }
18            aux->prox = no;
19            no->ant = aux;
20        }
21        return 1;
22    }
```

Figura 5.110

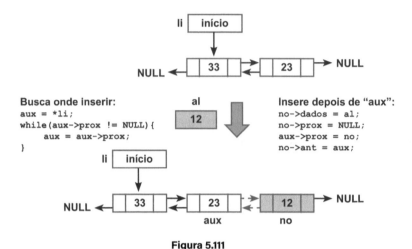

Figura 5.111

Inserindo de forma ordenada na lista

Inserir um elemento de forma ordenada em uma **lista dinâmica duplamente encadeada** é uma tarefa trabalhosa.

> Isso ocorre porque precisamos procurar o ponto de inserção do elemento na lista, o qual pode ser no início, no meio ou no final da lista. Felizmente, como na **lista dinâmica encadeada**, não é preciso que se mude o lugar dos demais elementos da lista.

Basicamente, o que temos que fazer é procurar em que lugar da lista será inserido o novo elemento (no caso, iremos ordenar pelo campo matrícula), alocar espaço para ele na lista e mudar os valores de alguns ponteiros, como mostra a sua implementação na Figura 5.112. Note que as linhas de 2 a 8 verificam se a inserção é possível.

Antes de fazer a inserção, temos que considerar que a lista pode ou não estar vazia (linha 9):

- No caso de uma lista vazia, mudamos o conteúdo do "início" da lista (***li**) para que ele passe a ser o nosso elemento **no**, o qual terá a constante **NULL** como elemento anterior e seguinte a ele, com o valor **1** retornado para indicar sucesso na operação de inserção (linhas 10-13). Esse processo é melhor ilustrado pela Figura 5.107.

- Caso NÃO seja uma lista vazia, temos que percorrê-la enquanto não chegarmos ao seu final e enquanto o campo matrícula do elemento **atual** for menor do que a matrícula do novo elemento a ser inserido (linhas 16-20). Note que, além do elemento **atual**, também armazenamos o elemento anterior a ele (**ante**), o qual é necessário em uma inserção no meio da lista. Ao fim desse processo, temos duas possibilidades de acordo com o valor de **atual**: inserção no início da lista (linhas 22-25) ou inserção entre os elementos **ante** e **atual** (linhas 27-31).

Listas   **171**

Note que se **atual** for diferente de **NULL**, a inserção é no meio da lista e, portanto, devemos indicar que o elemento anterior ao atual é o novo elemento (linhas 30-31). Ao fim desse processo, retornamos o valor **1** para indicar sucesso na operação de inserção (linha 33). Esse processo é melhor ilustrado pela Figura 5.113.

Inserindo um elemento de forma ordenada na lista

```
01    int insere_lista_ordenada(Lista* li, struct aluno al){
02        if(li == NULL)
03            return 0;
04        Elem *no;
05        no = (Elem*) malloc(sizeof(Elem));
06        if(no == NULL)
07            return 0;
08        no->dados = al;
09        if((*li) == NULL){//lista vazia: insere início
10            no->prox = NULL;
11            no->ant = NULL;
12            *li = no;
13            return 1;
14        }
15        else{
16            Elem *ante, *atual = *li;
17            while(atual != NULL &&
                      atual->dados.matricula < al.matricula){
18                ante = atual;
19                atual = atual->prox;
20            }
21            if(atual == *li){//insere início
22                no->ant = NULL;
23                (*li)->ant = no;
24                no->prox = (*li);
25                *li = no;
26            }else{
27                no->prox = ante->prox;
28                no->ant = ante;
29                ante->prox = no;
30                if(atual != NULL)
31                    atual->ant = no;
32            }
33            return 1;
34        }
35    }
```

Figura 5.112

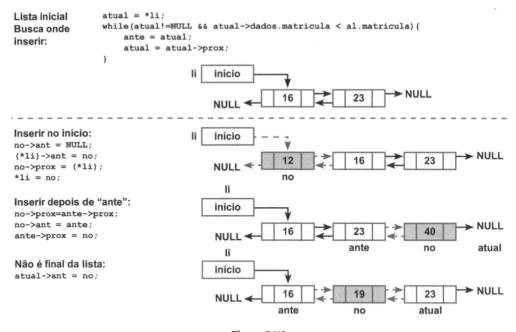

Figura 5.113

Removendo um elemento da lista

Preparando a remoção da lista

Antes de remover um elemento de uma **lista dinâmica duplamente encadeada**, algumas verificações são necessárias. Isso vale para os três tipos de remoção: do início, do final ou do meio da lista, como mostrados nas suas respectivas implementações (Figuras 5.115, 5.17 e 5.19).

Primeiramente, verificamos se o ponteiro **Lista* li** é igual a **NULL**. Essa condição seria verdadeira, se tivesse um problema na criação da lista e, nesse caso, não teríamos uma lista válida para trabalhar. Dessa forma, optamos por retornar o valor **0** para indicar uma lista inválida (linha 3). Porém, se a lista foi criada com sucesso, precisamos verificar se ela não está vazia, isto é, se existem elementos dentro dela. Caso a lista esteja vazia, a função irá retornar o valor **0** (linhas 4-5).

> No caso de uma lista com alocação dinâmica, ela somente será considerada vazia quando o seu início apontar para a constante **NULL**.

Também existe o caso em que a remoção é feita em uma lista que possui um único elemento, como mostrado na Figura 5.114. Nesse caso, a lista fica vazia após a remoção.

Listas 173

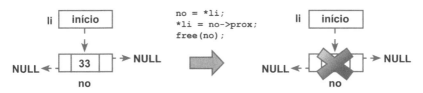

Figura 5.114

Removendo do início da lista

Remover um elemento do início de uma **lista dinâmica duplamente encadeada** é uma tarefa bastante simples.

De fato, essa remoção é semelhante à remoção do início de uma **lista dinâmica encadeada**. Porém, temos agora que lidar com o ponteiro que aponta para o elemento anterior da lista.

Basicamente, o que temos que fazer é verificar se a lista não está vazia, e mudar os valores de alguns ponteiros, como mostra a sua implementação na Figura 5.115. Note que as linhas de 2 a 5 verificam se a remoção é possível.

Primeiramente, criamos um elemento auxiliar (**no**) para armazenar o início da lista e fazemos o início da lista (***li**) apontar para o elemento seguinte a ele (linhas 7 e 8). Como se trata de uma remoção do início, verificamos se existe um elemento seguinte ao início da lista (linha 9). Caso esse elemento exista, ele será o novo início da lista e, portanto, seu anterior deverá ser a constante **NULL** (linha 10). Do contrário, a lista ficará vazia.

Por fim, temos que liberar a memória associada ao antigo "início" da lista (**no**) e retornamos o valor **1** (linhas 12 e 13), indicando sucesso na operação de remoção. Esse processo é melhor ilustrado pela Figura 5.116.

```
                Removendo um elemento do início da lista
01     int remove_lista_inicio(Lista* li){
02         if(li == NULL)
03             return 0;
04         if((*li) == NULL)//lista vazia
05             return 0;
06
07         Elem *no = *li;
08         *li = no->prox;
09         if(no->prox != NULL)
10             no->prox->ant = NULL;
11
12         free(no);
13         return 1;
14     }
```

Figura 5.115

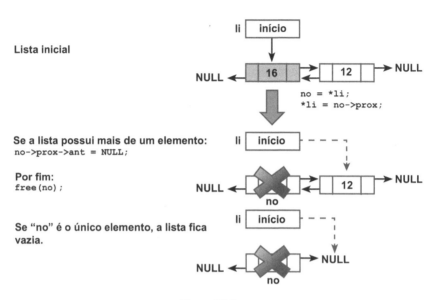

Figura 5.116

Removendo do final da lista

Remover um elemento do final de uma **lista dinâmica duplamente encadeada** é uma tarefa um tanto trabalhosa.

> Como na remoção do início, a remoção no final de uma **lista dinâmica duplamente encadeada** não necessita que se mude o lugar dos demais elementos da lista. Porém, é preciso percorrer a lista toda para descobrir o último elemento, e assim removê-lo.

Basicamente, o que temos que fazer é verificar se a lista não está vazia e mudar os valores de alguns ponteiros, como mostra a sua implementação na Figura 5.117. Note que as linhas de 2 a 5 verificam se a remoção é possível.

Como se trata de uma remoção do final, temos que achar o último elemento da lista, ou seja, aquele que aponta para a constante **NULL**. Assim, devemos guardar em um ponteiro auxiliar (**no**) o endereço do primeiro elemento da lista (***li**) e percorrer a lista até que o elemento seguinte ao elemento atual (**no->prox**) seja a constante **NULL** (linhas 7-9). Ao fim desse processo, temos que considerar que o último elemento da lista talvez seja o primeiro e único (linha 11):

- Se **no** também é o início da lista, então o início deverá apontar para a posição seguinte a ele, que nesse caso é a constante **NULL**, ficando assim a lista vazia (linha 12).

- Caso contrário, o elemento anterior ao final da lista (**no->ant**) irá ter como próximo elemento (**no->ant->prox**) a constante **NULL** (linha 14).

Terminado um dos dois processos de remoção, temos que liberar a memória associada ao antigo "final" da lista (**no**) e retornamos o valor **1** (linhas 16-17), indicando sucesso na operação de remoção. Esse processo é melhor ilustrado pela Figura 5.118.

	Removendo um elemento do final da lista

```
01    int remove_lista_final(Lista* li){
02        if(li == NULL)
03            return 0;
04        if((*li) == NULL)//lista vazia
05            return 0;
06
07        Elem *no = *li;
08        while(no->prox != NULL)
09            no = no->prox;
10
11        if(no->ant == NULL)//remover o primeiro e único
12            *li = no->prox;
13        else
14            no->ant->prox = NULL;
15
16        free(no);
17        return 1;
18    }
```

Figura 5.117

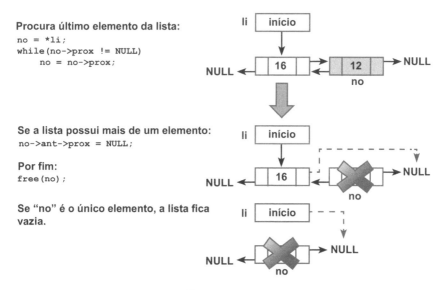

Figura 5.118

Removendo um elemento específico da lista

Remover um elemento específico de uma **lista dinâmica duplamente encadeada** é similar a remoção de uma **lista dinâmica encadeada**. A diferença é que temos agora que lidar com o ponteiro que aponta para o elemento anterior da lista. Assim, o que temos que fazer nessa remoção é procurar o elemento a ser removido na lista e mudar os valores de alguns ponteiros, como mostra a sua implementação na Figura 5.119. Note que as linhas de 2 a 5 verificam se a remoção é possível.

No nosso exemplo, vamos remover um elemento de acordo com o campo matrícula. Assim, temos que percorrer a lista enquanto não chegarmos ao seu final e enquanto o campo matrícula do elemento **no** for diferente do valor de matrícula procurado (linhas 6-9). Note que não precisamos mais armazenar o elemento anterior, como era feito com a **lista dinâmica encadeada**. Terminado o processo de busca, verificamos se estamos no final da lista ou não (linha 10). Em caso afirmativo, o elemento não existe na lista e a remoção não é possível (linha 11). Caso contrário, a remoção pode ser no início da lista e, portanto, temos que mudar o valor de **li** (linhas 13-14), ou a remoção é no meio ou no final da lista (linha 16). Nesse caso, basta apenas fazer o elemento anterior a **no** apontar para o elemento seguinte a **no**. Temos também que verificar se o elemento removido não é o último. Assim, fazemos com que o elemento seguinte ao elemento **no** tenha como elemento anterior o elemento anterior ao elemento **no** (linhas 18-19).

Terminado o processo de remoção, temos que liberar a memória associada ao elemento **no** e retornamos o valor **1** (linhas 21-22), indicando sucesso na operação de remoção. Esse processo é melhor ilustrado pela Figura 5.120.

Removendo um elemento específico da lista

```
01    int remove_lista(Lista* li, int mat){
02        if(li == NULL)
03            return 0;
04        if((*li) == NULL)//lista vazia
05            return 0;
06        Elem *no = *li;
07        while(no != NULL && no->dados.matricula != mat){
08            no = no->prox;
09        }
10        if(no == NULL)//não encontrado
11            return 0;
12
13        if(no->ant == NULL)//remover o primeiro
14            *li = no->prox;
15        else
16            no->ant->prox = no->prox;
17
18        if(no->prox != NULL)//não é o último
19            no->prox->ant = no->ant;
20
21        free(no);
22        return 1;
23    }
```

Figura 5.119

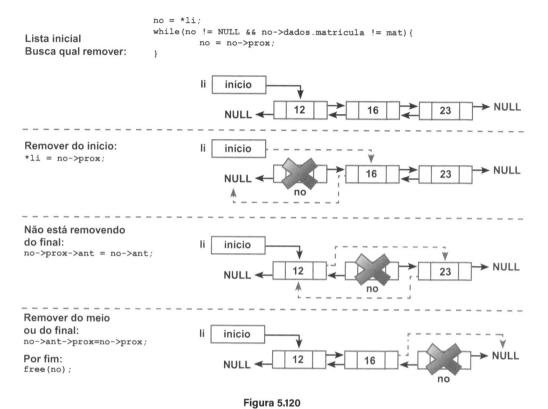

Figura 5.120

Busca por um elemento da lista

A operação de busca consiste em recuperar as informações contidas em determinado elemento da lista.

> De modo geral, a operação de busca pode ser feita de diversas maneiras diferentes, dependendo da necessidade da aplicação.

Por exemplo, podemos buscar as informações:
- do segundo elemento da lista: busca por posição;
- do elemento que possui um certo pedaço de informação conhecida: busca por conteúdo.

> Em uma lista que utilize alocação dinâmica e seja encadeada, a busca sempre envolve a necessidade de percorrer a lista.

A seguir, veremos como esses dois tipos de busca funcionam.

Busca por posição na lista

O código que realiza a busca de um elemento por sua posição em uma **lista dinâmica duplamente encadeada** é mostrado na Figura 5.121. Em primeiro lugar, a função verifica se a busca é válida. Para tanto, duas condições são verificadas: se o ponteiro **Lista* li** é igual a **NULL** e se a posição buscada (**pos**) é um valor negativo. Se alguma dessas condições for verdadeira, a busca termina e a função retorna o valor **ZERO** (linha 3). Caso contrário, criamos um elemento auxiliar (**no**) apontado para o primeiro elemento da lista (linha 4) e um contador *i* iniciado em **UM** (linha 5). Então, percorremos a lista enquanto o valor de **no** for diferente de **NULL** e o valor do contador for menor do que a posição desejada (linhas 6-9). Terminado o laço, verificamos se estamos no final da lista (linha 10). Se essa condição for verdadeira, o elemento não foi encontrado na lista. Do contrário, a posição atual (**no**) é copiada para o conteúdo do ponteiro passado por referência (**al**) para a função (linha 13). A Figura 5.122 ilustra os principais pontos dessa busca.

```
                     Busca um elemento por posição
01    int busca_lista_pos(Lista* li, int pos, struct aluno *al){
02        if(li == NULL || pos <= 0)
03            return 0;
04        Elem *no = *li;
05        int i = 1;
06        while(no != NULL && i < pos){
07            no = no->prox;
08            i++;
09        }
10        if(no == NULL)
11            return 0;
12        else{
13            *al = no->dados;
14            return 1;
15        }
16    }
```

Figura 5.121

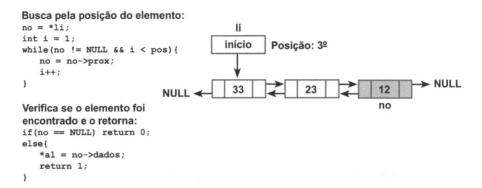

Figura 5.122

Listas **179**

Busca por conteúdo na lista

O código que realiza a busca de um elemento por seu conteúdo em uma **lista dinâmica duplamente encadeada** é mostrado na Figura 5.123. Nesse caso, estamos procurando um aluno pelo seu número de matrícula. Como se pode notar, o código é praticamente igual ao da busca por posição mostrado na Figura 5.121. A única diferença é que agora não percorremos mais a lista comparando o valor da posição, mas sim o valor da matrícula (linha 5). Além disso, não precisamos mais de um contador ao percorrer a lista. A Figura 5.124 ilustra os principais pontos dessa busca.

Busca um elemento por conteúdo

```
01   int busca_lista_mat(Lista* li, int mat, struct aluno *al){
02       if(li == NULL)
03           return 0;
04       Elem *no = *li;
05       while(no != NULL && no->dados.matricula != mat){
06           no = no->prox;
07       }
08       if(no == NULL)
09           return 0;
10       else{
11           *al = no->dados;
12           return 1;
13       }
14   }
```

Figura 5.123

Busca pelo conteúdo do elemento
```
no = *li;
while(no != NULL && no->dados.matricula != mat)
    no = no->prox;
```

Verifica se o elemento foi encontrado e o retorna
```
if(no == NULL)
    return 0;
else{
    *al = no->dados;
    return 1;
}
```

Figura 5.124

Análise de complexidade

Um aspecto importante quando manipulamos listas é com relação aos custos das suas operações. A seguir, são mostradas as complexidades computacionais das principais operações em uma **lista dinâmica duplamente encadeada** contendo N elementos:

- **Inserção no início**: essa operação envolve apenas a manipulação de alguns ponteiros, de modo que a sua complexidade é $O(1)$.

- **Inserção no final**: é preciso percorrer toda a lista até alcançar o seu final. Desse modo, a sua complexidade é $O(N)$.
- **Inserção ordenada**: nesse caso, é preciso procurar o ponto de inserção, o qual pode ser no início, no meio ou no final. Assim, no pior caso, a sua complexidade é $O(N)$ (inserção no final).
- **Remoção do início**: é uma operação que envolve apenas a manipulação de alguns ponteiros, de modo que a sua complexidade é $O(1)$.
- **Remoção do final**: é preciso percorrer toda a lista até alcançar o seu final. Desse modo, a sua complexidade é $O(N)$.
- **Remoção de um elemento específico**: essa operação envolve a busca pelo elemento a ser removido, o qual pode estar no início, no meio ou no final. Assim, no pior caso, a sua complexidade é $O(N)$ (remoção do final).
- **Consulta**: a operação de consulta envolve a busca de um elemento, o qual pode ser no início, no meio ou no final. Assim, no pior caso, a sua complexidade é $O(N)$ (último elemento).

Lista dinâmica encadeada com nó descritor

Sempre que trabalhamos com uma lista dinâmica e encadeada (seja ela simples, circular ou duplamente encadeada), utilizamos um **ponteiro para ponteiro** para guardar o início da lista. Optamos por essa abordagem, pois, utilizando um **ponteiro para ponteiro** para representar o início da lista, fica fácil mudar quem é o primeiro elemento da lista mudando apenas o conteúdo do ponteiro para ponteiro. Uma outra abordagem que substitui o **ponteiro para ponteiro** é utilizar um **nó descritor**.

> Um **nó descritor** é uma estrutura especial que possui um campo que aponta para o primeiro elemento da lista (seja ela simples, circular ou duplamente encadeada), além de armazenar outras informações sobre a lista que o programador julgar necessário.

Podemos entender que o **nó descritor** é um elemento especial da lista. Dentro dele, podemos armazenar qualquer informação que julgarmos necessária. De modo geral, optamos por armazenar dentro dessa estrutura informações que facilitem a manipulação da lista como, por exemplo, o seu início, o seu final e a quantidade de elementos, como mostrado na Figura 5.125.

Considerando uma implementação em módulos, temos que o usuário tem acesso apenas a um ponteiro do tipo lista (a lista é um **tipo opaco**), como ilustrado na Figura 5.125. Isso impede o usuário de saber como foi realmente implementada a lista, e limita o seu acesso apenas às funções que manipulam a lista. Além disso, essa implementação em módulos impede o usuário de saber como a lista foi implementada. Note que qualquer uma das listas definidas até o momento são sempre declaradas como sendo do tipo **Lista***.

Listas

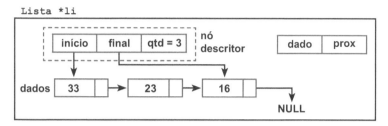

Figura 5.125

Definindo o tipo lista com nó descritor

Antes de começar a implementar a nossa lista com **nó descritor**, é preciso definir o tipo de dado que será armazenado nela. Uma lista pode armazenar qualquer tipo de informação. Para tanto, é necessário que especifiquemos isso na sua declaração. Como estamos trabalhando com modularização, precisamos também definir o **tipo opaco** que representa nossa lista, nesse caso, nosso **nó descritor**. Além disso, também precisamos definir o conjunto de funções que será visível para o programador que utilizar a biblioteca que estamos criando.

No arquivo **ListaDinEncadDesc.h** iremos declarar tudo aquilo que será visível para o programador.

Vamos começar definindo o arquivo **ListaDinEncadDesc.h**, ilustrado na Figura 5.126. Por se tratar de uma lista dinâmica encadeada, temos que definir:

- O tipo de dado que será armazenado na lista, *struct* **aluno** (linhas 1-5).
- Para fins de padronização, criamos um novo nome para a *struct* **descritor** (linha 6). Esse é o tipo que será usado sempre que se desejar trabalhar com uma lista.
- As funções disponíveis para se trabalhar com essa lista em especial (linhas 8-17) e que serão implementadas no arquivo **ListaDinEncadDesc.c**.

Nesse exemplo, optamos por armazenar uma estrutura representando um aluno dentro da lista. Esse aluno é representado pelo seu número de matrícula, nome e três notas.

No arquivo **ListaDinEncadDesc.c** iremos definir tudo aquilo que deve ficar oculto do usuário da nossa biblioteca, e implementar as funções definidas em **ListaDinEncadDesc.h**.

Basicamente, o arquivo **ListaDinEncadDesc.c** (Figura 5.126) contém apenas:

- as chamadas bibliotecas necessárias para implementação da lista (linhas 1-3);
- a definição do tipo de cada elemento da lista, *struct* **elemento** (linhas 5-8);

- a definição de um novo nome para a *struct* **elemento** (linha 9). Isso é feito apenas para facilitar certas etapas de codificação;
- a definição do tipo que define o **nó descritor**, *struct* **descritor** (linhas 12-16);
- as implementações das funções definidas no arquivo **ListaDinEncadDesc.h**. As implementações dessas funções serão vistas nas seções seguintes.

Note que a *struct* **elemento** nada mais é do que uma estrutura contendo dois campos:

- um ponteiro **prox** que indica o próximo elemento (também do tipo *struct* **elemento**) dentro da lista. Isso porque estamos definindo uma **lista dinâmica encadeada** e não uma **lista dinâmica duplamente encadeada**;
- um campo dado do tipo *struct* **aluno**, que é o tipo de **dado** a ser armazenado na lista.

Note também que a *struct* **descritor** nada mais é do que uma estrutura contendo três campos:

- um ponteiro **inicio** que indica o primeiro elemento da lista (do tipo *struct* **elemento**);
- um ponteiro **final** que indica o último elemento da lista (também do tipo *struct* **elemento**);
- um campo **tamanho** do tipo **int**, que armazena o número de elementos dentro da lista.

Por estar definido dentro do arquivo **ListaDinEncadDesc.c**, os campos dessa estrutura não são visíveis pelo usuário da biblioteca no arquivo **main()**, apenas o seu outro nome definido no arquivo **ListaDinEncadDesc.h** (linha 6), que pode apenas declarar um ponteiro para ele da seguinte forma:

Lista *li;

Arquivo ListaDinEncadDesc.h

```
01    struct aluno{
02        int matricula;
03        char nome[30];
04        float n1,n2,n3;
05    };
06    typedef struct descritor Lista;
07
08    Lista* cria_lista();
09    void libera_lista(Lista* li);
10    int insere_lista_final(Lista* li, struct aluno al);
11    int insere_lista_inicio(Lista* li, struct aluno al);
12    int remove_lista_inicio(Lista* li);
13    int remove_lista_final(Lista* li);
14    int tamanho_lista(Lista* li);
15    int lista_vazia(Lista* li);
16    int lista_cheia(Lista* li);
17    int busca_lista_mat(Lista* li, int mat, struct aluno *al);
18    int busca_lista_pos(Lista* li, int pos, struct aluno *al);
```

Listas   **183**

Arquivo ListaDinEncadDesc.c

```
01   #include <stdio.h>
02   #include <stdlib.h>
03   #include "ListaDinEncadDesc.h" //inclui os protótipos
04   //Definição do tipo lista
05   struct elemento{
06       struct aluno dados;
07       struct elemento *prox;
08   };
09   typedef struct elemento Elem;
10
11   //Definição do Nó Descritor
12   struct descritor{
13       struct elemento *inicio;
14       struct elemento *final;
15       int tamanho;
16   };
```

Figura 5.126

Criando e destruindo uma lista

Para utilizar uma lista com nó descritor em seu programa, a primeira coisa a fazer é criar uma lista vazia. Essa tarefa é executada pela função descrita na Figura 5.127. Basicamente, o que essa função faz é a alocação de uma área de memória para a lista (linha 2). Essa área corresponde à memória necessária para armazenar a estrutura que define a lista, **struct descritor**. Em seguida, essa função inicializa os três campos da lista como descrito a seguir:

- **inicio** (que aponta para o elemento que está no início da lista) recebe **NULL**;
- **final** (que aponta para o elemento que está no final da lista) recebe **NULL**;
- **qtd** (que indica a quantidade de elementos na lista) recebe **ZERO** (ou seja, nenhum elemento na lista).

A Figura 5.128 indica o conteúdo do nosso ponteiro **Lista* li** após a chamada da função que cria a lista.

Criando uma lista

```
01   Lista* cria_lista(){
02       Lista* li = (Lista*) malloc(sizeof(Lista));
03       if(li != NULL){
04           li->inicio = NULL;
05           li->final = NULL;
06           li->tamanho = 0;
07       }
08       return li;
09   }
```

Figura 5.127

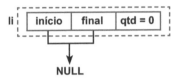

Figura 5.128

Destruir uma lista dinâmica que utilize **nó descritor** é uma tarefa semelhante a destruir uma **lista dinâmica encadeada**.

> Para liberar uma lista dinâmica que utilize nó descritor é preciso percorrer toda a lista liberando a memória alocada para cada elemento inserido na lista.

O código que realiza a destruição da lista é mostrado na Figura 5.129. Inicialmente, verificamos se a lista é válida, ou seja, se a tarefa de criação da lista foi realizada com sucesso (linha 2). Em seguida, percorremos a lista até que o conteúdo do seu início seja diferente de **NULL**, o final da lista (linha 4). Enquanto não chegamos ao final da lista, liberamos a memória do elemento que se encontra atualmente no início da lista e avançamos para o próximo (linhas 5-7). Terminado esse processo, liberamos a memória alocada para o nó descritor que representa o início da lista (linha 9). Esse processo é melhor ilustrado pela Figura 5.130, que mostra a liberação de uma lista contendo dois elementos.

Destruindo uma lista
01 `void libera_lista(Lista* li){`
02   `if(li != NULL){`
03   `Elem* no;`
04   `while((li->inicio) != NULL){`
05   `no = li->inicio;`
06   `li->inicio = li->inicio->prox;`
07   `free(no);`
08   `}`
09   `free(li);`
10   `}`
11 `}`

Figura 5.129

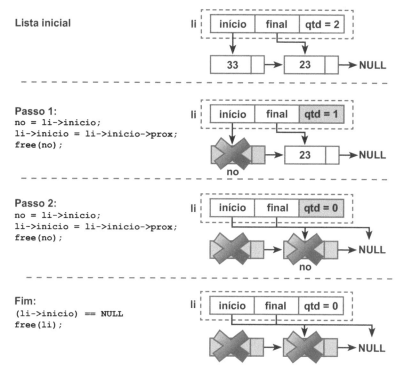

Figura 5.130

Informações básicas sobre a lista

Saber o tamanho de uma lista dinâmica com nó descritor é uma tarefa relativamente simples. Isso ocorre porque seu **nó descritor** possui um campo inteiro **qtd** que indica a quantidade de elementos inseridos na lista, como mostra a Figura 5.131.

> Basicamente, retornar o tamanho de uma **lista dinâmica com nó descritor** consiste em retornar o valor do seu campo **qtd**.

A implementação da função que retorna o tamanho da lista é mostrada na Figura 5.132. Note que essa função, em primeiro lugar, verifica se o ponteiro **Lista* li** é igual a **NULL**. Essa condição seria verdadeira, se tivesse um problema na criação da lista e, nesse caso, não teríamos uma lista válida para trabalhar. Porém, se a lista foi criada com sucesso, então é possível acessar o seu campo **qtd** e retornar o seu valor, que nada mais é do que o tamanho da lista.

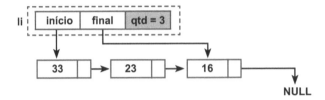

Figura 5.131

Tamanho da lista
01   `int tamanho_lista(Lista* li){`
02   `if(li == NULL)`
03   `return 0;`
04   `return li->tamanho;`
05   `}`

Figura 5.132

As operações de lista cheia e lista vazia em uma **lista dinâmica com nó descritor** são praticamente iguais às de uma **lista dinâmica encadeada**.

Inserindo um elemento na lista

A inserção em uma **lista dinâmica com nó descritor** se assemelha muito à inserção em uma **lista dinâmica encadeada**.

Como na **lista dinâmica encadeada**, é preciso verificar se a lista é válida, se está vazia ou cheia. Essas operações não apresentam grandes diferenças pelo fato de estarmos agora em uma **lista dinâmica com nó descritor**.

A maior diferença é na inserção de um elemento em uma lista vazia, como mostrado na Figura 5.133. Como estamos usando um nó descritor para representar a lista, temos que considerar os campos que apontam para o primeiro e o último elemento quando inserimos o primeiro elemento da lista. Nesse caso, o primeiro elemento da lista também é o último.

Listas

Figura 5.133

Inserindo no início da Lista

Inserir um elemento no início de uma **lista dinâmica com nó descritor** é muito parecido com uma **lista dinâmica encadeada**. Basicamente, temos que alocar espaço para o novo elemento da lista e mudar os valores de alguns ponteiros, como mostra a sua implementação na Figura 5.134. Note que as linhas de 2 a 8 verificam se a inserção é possível.

Como se trata de uma inserção no início, temos que fazer nosso elemento apontar para o início da lista, **li->início** (linha 9). Caso o valor do início seja **NULL** (linha 10), se trata da inserção do primeiro elemento da lista e devemos defini-lo também como o último (linha 11), como mostrado na Figura 5.133. Em seguida, mudamos o conteúdo do "início" da lista (**li->início**) para que ele passe a ser o nosso elemento **no**, incrementamos o valor do tamanho da lista e retornamos o valor **1** (linhas 12-14), indicando sucesso na operação de inserção. Esse processo é melhor ilustrado pela Figura 5.135.

	Inserindo um elemento no início da lista
01	`int insere_lista_inicio(Lista* li, struct aluno al){`
02	`    if(li == NULL)`
03	`        return 0;`
04	`    Elem* no;`
05	`    no = (Elem*) malloc(sizeof(Elem));`
06	`    if(no == NULL)`
07	`        return 0;`
08	`    no->dados = al;`
09	`    no->prox = li->inicio;`
10	`    if(li->inicio == NULL)`
11	`        li->final = no;`
12	`    li->inicio = no;`
13	`    li->tamanho++;`
14	`    return 1;`
15	`}`

Figura 5.134

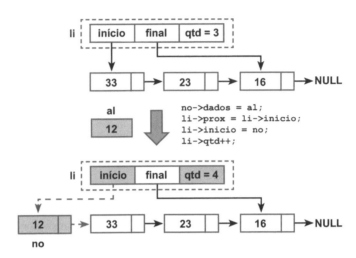

Figura 5.135

Inserindo no final da lista

Inserir um elemento no final de uma **lista dinâmica com nó descritor** é muito parecido com inserir um elemento no início de uma **lista dinâmica encadeada**.

> Diferente da inserção no final de uma **lista dinâmica encadeada**, aqui não precisamos percorrer a lista até chegar ao seu final, pois temos um ponteiro no descritor para isso.

Basicamente, temos que alocar espaço para o novo elemento da lista e mudar os valores de alguns ponteiros, como mostra a sua implementação na Figura 5.136. Note que as linhas de 2 a 8 verificam se a inserção é possível.

Como se trata de uma inserção no final, o elemento a ser inserido obrigatoriamente irá apontar para a constante **NULL** (linha 9). Também temos que considerar que a lista pode ou não estar vazia (linha 10):

- No caso, uma lista vazia, mudamos o conteúdo do "início" da lista (**li->inicio**) para que ele passe a ser o nosso elemento **no** (linha 11).
- Caso NÃO seja uma lista vazia, o elemento do final da lista deverá apontar para o novo elemento (linha 13).

Em seguida, mudamos o conteúdo do "final" da lista (**li->final**) para que ele passe a ser o nosso elemento **no**, incrementamos o valor do tamanho da lista e retornamos o valor **1** (linhas 15-17), indicando sucesso na operação de inserção. Esse processo é melhor ilustrado pela Figura 5.137.

Inserindo um elemento no final da lista
| ```
01    int insere_lista_final(Lista* li, struct aluno al){
02        if(li == NULL)
03            return 0;
04        Elem *no;
05        no = (Elem*) malloc(sizeof(Elem));
06        if(no == NULL)
07            return 0;
08        no->dados = al;
09        no->prox = NULL;
10        if(li->inicio == NULL)//lista vazia: insere início
11            li->inicio = no;
12        else
13            li->final->prox = no;
14
15        li->final = no;
16        li->tamanho++;
17        return 1;
18    }
``` |

Figura 5.136

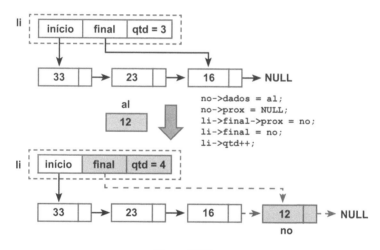

Figura 5.137

Removendo um elemento da lista

A remoção de um elemento de uma **lista dinâmica com nó descritor** não difere muito da remoção na **lista dinâmica encadeada**. O uso de um nó descritor não facilita muito as coisas nesse caso e, portanto, não representa um ganho de performance. A maior diferença é na remoção do último elemento da lista, como mostrado na Figura 5.138. Como estamos usando um nó descritor para representar a lista, temos que considerar os campos que apontam para o primeiro e o último elemento da lista quando removemos o único elemento. Nesse caso, ambos os ponteiros terão de apontar para **NULL**.
```

Figura 5.138

A Figura 5.139 mostra a implementação da remoção do início da lista. Como na remoção na **lista dinâmica encadeada**, aqui também temos que verificar se a lista não está vazia e mudar os valores de alguns ponteiros. Note que as linhas de 2 a 5 verificam se a remoção é possível.

Como se trata de uma remoção do início, temos que fazer o início da lista (**li- > início**) apontar para o elemento seguinte a ele (linhas 7 e 8). Em seguida, temos que liberar a memória associada ao antigo "início" da lista (**no**) (linha 9). Como estamos trabalhando com um nó descritor, temos que considerar que a lista pode ficar vazia após a remoção. Nesse caso, é necessário mudar o valor do seu final (linhas 10-11). Por fim, diminuímos o valor do tamanho da lista e retornamos o valor **1** (linhas 12-13), indicando sucesso na operação de remoção. Esse processo é melhor ilustrado pela Figura 5.140.

Removendo um elemento do início da lista

```
01    int remove_lista_inicio(Lista* li){
02        if(li == NULL)
03            return 0;
04        if(li->inicio == NULL)//lista vazia
05            return 0;
06        Elem *no = li->inicio;
07        li->inicio = no->prox;
08        free(no);
09        if(li->inicio == NULL)
10            li->final = NULL;
11        li->tamanho--;
12        return 1;
13    }
14
```

Figura 5.139

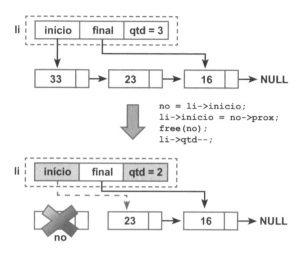

Figura 5.140

Análise de complexidade

Um aspecto importante quando manipulamos listas é com relação aos custos das suas operações. A seguir, são mostradas as complexidades computacionais das principais operações em uma **lista dinâmica com nó descritor** contendo N elementos:

- **Inserção no início**: essa operação envolve apenas a manipulação de alguns ponteiros, de modo que a sua complexidade é $O(1)$.
- **Inserção no final**: essa operação envolve apenas a manipulação de alguns ponteiros, de modo que a sua complexidade é $O(1)$.
- **Inserção ordenada**: nesse caso, é preciso procurar o ponto de inserção, que pode ser no início, no meio ou no final. Assim, no pior caso, a sua complexidade é $O(N)$ (inserção antes do último elemento).
- **Remoção do início**: é uma operação que envolve apenas a manipulação de alguns ponteiros, de modo que a sua complexidade é $O(1)$.
- **Remoção do final**: é preciso percorrer toda a lista até alcançar o anterior ao seu final. A sua complexidade é $O(N)$.
- **Remoção de um elemento específico**: essa operação envolve a busca pelo elemento a ser removido, o qual pode estar no início, no meio ou no final. Assim, no pior caso, a sua complexidade é $O(N)$ (remoção do final).
- **Consulta**: a operação de consulta envolve a busca de um elemento, que pode ser no início, no meio ou no final. Assim, no pior caso a sua complexidade é $O(N)$ (último elemento).

Exercícios

1) Explique o que é a alocação sequencial de memória para um conjunto de elementos.

2) Descreva a diferença entre alocação sequencial e alocação encadeada.

3) Enumere as vantagens e desvantagens de se utilizar alocação encadeada para um conjunto de elementos.

4) Descreva a diferença entre alocação estática e alocação dinâmica.

5) Escreva uma função que receba duas listas e retorne uma terceira contendo as duas primeiras concatenadas. Faça a função para todos os tipos de listas: estática e dinâmica (encadeada, circular e duplamente encadeada).

6) Faça uma função para remover os *n* primeiros elementos de uma lista. A função deve retornar se a operação foi possível ou não. Faça a função para todos os tipos de listas: estática e dinâmica (encadeada, circular e duplamente encadeada).

7) Faça uma função para remover os *n* últimos elementos de uma lista. A função deve retornar se a operação foi possível ou não. Faça a função para todos os tipos de listas: estática e dinâmica (encadeada, circular e duplamente encadeada).

8) Dada uma lista que armazena a *struct* produto abaixo, escreva a função que busca o produto de menor preço. Faça a função para a lista sequencial estática e dinâmica encadeada.

```
struct produto{
    int codido;
    char nome[30];
    float preco;
    int qtd;
};
```

9) Escreva uma função que receba a posição de dois elementos da lista e os troque de lugar. A função deve retornar se a operação foi possível ou não. Faça a função para todos os tipos de listas: estática e dinâmica (encadeada, circular e duplamente encadeada).

10) Dada uma lista contendo números inteiros positivos, escreva uma função que calcule
   - quantos números pares existem;
   - a média da lista;
   - o maior valor;
   - o menor valor;
   - a posição do maior valor;
   - a posição do menor valor;
   - o número de nós com valor maior do que *x*;
   - a soma da lista;
   - o número de nós da lista que possuem um número primo.

11) Escreva uma função que, dada uma lista L1, crie uma cópia dela em L2.

Listas   **193**

12) Escreva uma função que, dada uma lista L1, crie uma cópia dela em L2, eliminando os valores repetidos.

13) Escreva uma função que, dada uma lista L1, inverta a lista e a armazene em L2.

14) Dada duas listas ordenadas, L1 e L2, escreva uma função que faça o *merge* delas em uma terceira lista.

15) Escreva uma função para verificar se uma lista de inteiros está ordenada ou não. A ordenação pode ser crescente ou decrescente.

16) Escreva uma função para verificar se duas listas de inteiros são iguais.

17) Dada duas listas ordenadas, L1 e L2, escreva uma função que faça a UNIÃO delas em uma terceira lista.

18) Dada duas listas ordenadas, L1 e L2, escreva uma função que faça a INTERSEÇÃO delas em uma terceira lista.

19) Dada uma lista contendo números inteiros positivos, implemente uma função que receba como parâmetro uma lista e um valor *n*. Em seguida, a função divide a lista em duas, de modo que a segunda lista contenha os elementos que vêm depois de *n*. A função deverá retornar à segunda lista.

20) Considere uma lista dinâmica contendo elementos repetidos. Escreva uma função para eliminar os elementos repetidos. Faça isso para todos os tipos de lista dinâmica (encadeada, duplamente encadeada e circular).

21) Considere uma lista dinâmica contendo elementos repetidos. Escreva uma função para eliminar todas as ocorrências de um valor *x*. Faça isso para todos os tipos de lista dinâmica (encadeada, duplamente encadeada e circular).

22) Escreva uma função recursiva para calcular o tamanho de uma lista dinâmica encadeada.

23) Escreva uma função recursiva para imprimir uma lista dinâmica encadeada.

24) Modifique o algoritmo de ordenação selection sort para que o mesmo possa ser utilizado para armazenar uma lista dinâmica encadeada contendo números inteiros. Faça o mesmo para uma lista duplamente encadeada.

25) Implemente o TAD lista circular duplamente encadeada. Implemente as funções necessárias para o gerenciamento desse TAD.

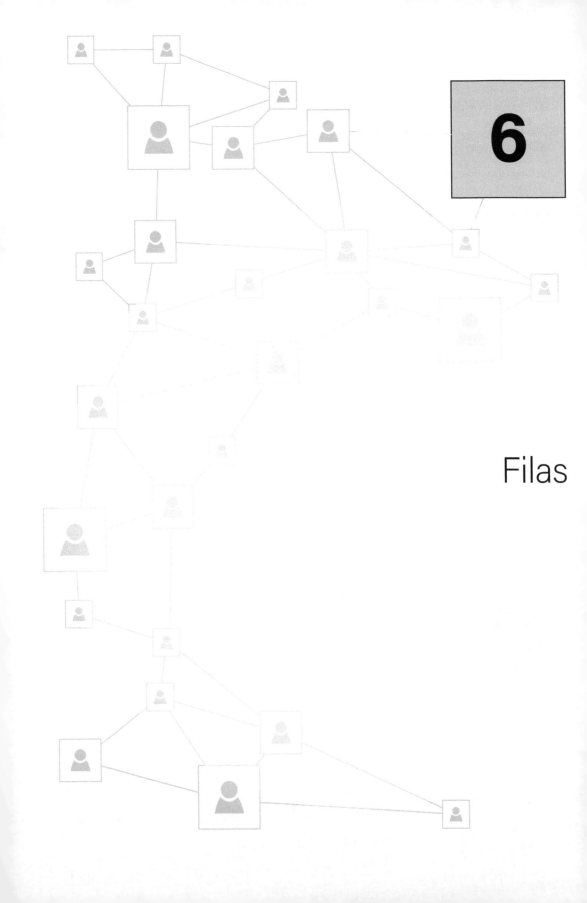

6

Filas

Filas **195**

Definição

O conceito de **fila**, ou **fila de espera**, é algo bastante comum para as pessoas. Afinal, somos obrigados a enfrentar uma fila sempre que vamos ao banco, ao cinema etc. Na computação, uma fila nada mais é do que um conjunto finito de itens (de um mesmo tipo) esperando por um serviço ou processamento. Trata-se de um controle de fluxo muito comum na computação.

> Um exemplo bastante comum da aplicação de filas é o gerenciamento de documentos enviados para a impressora.

Como você deve imaginar, uma fila, assim como uma lista, é uma sequência de elementos. Mas, diferentemente das listas, os itens de uma fila obedecem a uma ordem de entrada e saída. Um item somente pode ser retirado da fila depois que todos os itens a sua frente também forem retirados.

> As filas são implementadas e se comportam de modo muito similar às listas, consideradas, muitas vezes, como um tipo especial de lista em que a inserção e a remoção são realizadas sempre em extremidades distintas.

Nesse caso, a inserção de um item é feita de um lado da fila enquanto a retirada dele é feita do outro lado. Desse modo, se quisermos acessar um determinado elemento da fila, devemos remover todos os que estiverem à frente dele. Por esse motivo, as filas são conhecidas como estruturas do tipo "**primeiro a entrar, primeiro a sair**" ou **FIFO** (*First In First Out*): os elementos são removidos da fila na mesma ordem em que foram inseridos.

Em ciência da computação, fila é uma estrutura de dados linear utilizada para armazenar e controlar o fluxo de dados em um computador. Uma estrutura do tipo fila é uma sequência de elementos do mesmo tipo, como ilustrado na Figura 6.1. Seus elementos possuem estrutura interna abstraída, ou seja, sua complexidade é arbitrária e não afeta o seu funcionamento. Além disso, uma fila pode possuir elementos repetidos, dependendo da aplicação. Uma estrutura do tipo fila pode possuir N ($N \geq 0$) elementos ou itens. Se $N = 0$, dizemos que a fila está vazia.

Tipos de filas

Basicamente, existem dois tipos de implementações principais para uma fila.

> Essas implementações diferem entre si com relação ao tipo de alocação de memória usada e tipo de acesso aos elementos.

Uma fila pode ser implementada usando **alocação estática com acesso sequencial** ou **alocação dinâmica com acesso encadeado**, como descrito a seguir:

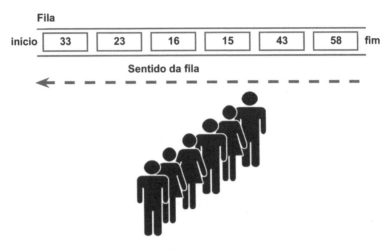

Figura 6.1

- **Alocação estática com acesso sequencial**: o espaço de memória é alocada no momento da compilação do programa, ou seja, é necessário definir o número máximo de elementos que a fila irá possuir. Desse modo, os elementos são armazenados de forma consecutiva na memória (como em um *array* ou vetor) e a posição de um elemento pode ser facilmente obtida a partir do início da fila.
- **Alocação dinâmica com acesso encadeado**: o espaço de memória é alocado em tempo de execução, ou seja, a fila cresce à medida que novos elementos são armazenados, e diminui à medida que elementos são removidos. Nessa implementação, cada elemento pode estar em uma área distinta da memória, não necessariamente consecutivas. É necessário então que cada elemento da fila armazene, além da sua informação, o endereço de memória onde se encontra o próximo elemento. Para acessar um elemento, é preciso percorrer todos os seus antecessores na fila.

Nas próximas seções serão apresentadas as diferentes implementações de fila com relação à alocação e acesso aos elementos.

Operações básicas de uma fila

Independentemente do tipo de alocação e acesso usado na implementação de uma fila, as seguintes operações básicas são sempre possíveis:

- criação da fila;
- inserção de um elemento no final da fila;
- remoção de um elemento no início da fila;
- acesso ao elemento no início da fila;
- destruição da fila;
- além de informações como tamanho, se a fila está cheia ou vazia.

Fila sequencial estática

Uma **fila sequencial estática** é uma fila definida utilizando alocação estática e acesso sequencial dos elementos. Trata-se do tipo mais simples de fila possível. Essa fila é definida utilizando um *array*, de modo que o sucessor de um elemento ocupa a posição física seguinte do mesmo.

Além do *array*, essa fila utiliza três campos adicionais para guardar o início, o final e a quantidade de elementos (dados) inseridos na fila.

Considerando uma implementação em módulos, temos que o usuário tem acesso apenas a um ponteiro do tipo fila (a fila é um **tipo opaco**), como ilustrado na Figura 6.2. Isso impede o usuário de saber como foi realmente implementada a fila, e limita o seu acesso apenas às funções que manipulam o início e o final da fila.

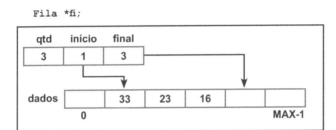

Figura 6.2

A principal vantagem de se utilizar um *array* na definição de uma **fila sequencial estática** é a facilidade de criar e destruir essa fila. Já a sua principal desvantagem é a necessidade de definir previamente o tamanho do *array* e, consequentemente, da fila.

Considerando suas vantagens e desvantagens, o ideal é utilizar uma **fila sequencial estática** em filas pequenas ou quando o tamanho máximo da fila é bem definido.

Definindo o tipo fila sequencial estática

Antes de começar a implementar a nossa fila, é preciso definir o tipo de dado que será armazenado nela. Uma fila pode armazenar qualquer tipo de informação. Para tanto, é necessário que especifiquemos isso na sua declaração. Como estamos trabalhando com modularização, precisamos também definir o **tipo opaco** que representa nossa fila. Esse tipo será um ponteiro para a estrutura que define a fila. Além disso, também precisamos definir o conjunto de funções que será visível para o programador que utilizar a biblioteca que estamos criando.

No arquivo **FilaEstatica.h**, iremos declarar tudo aquilo que será visível para o programador.

Vamos começar definindo o arquivo **FilaEstatica.h**, ilustrado na Figura 6.3. Por se tratar de uma fila estática, temos que definir:
- o tamanho máximo do *array* utilizado na fila, representado pela constante **MAX** (linha 1);
- o tipo de dado que será armazenado na fila, **struct aluno** (linhas 2-6);
- para fins de padronização, criamos um novo nome para o tipo fila (linha 7). Esse é o tipo que será usado sempre que se desejar trabalhar com uma fila;
- as funções disponíveis para se trabalhar com essa fila em especial (linhas 9-16) e que serão implementadas no arquivo **FilaEstatica.c**.

Nesse exemplo, optamos por armazenar uma estrutura representando um aluno dentro da fila. Esse aluno é representado pelo seu número de matrícula, nome e três notas.

No arquivo **FilaEstatica.c** iremos definir tudo aquilo que deve ficar oculto do usuário da nossa biblioteca e implementar as funções definidas em **FilaEstatica.h**.

Basicamente, o arquivo **FilaEstatica.c** (Figura 6.3) contém apenas:
- as chamadas às bibliotecas necessárias à implementação da fila (linhas 1-3);
- a definição do tipo que define o funcionamento da fila, **struct fila** (linhas 5-8);
- as implementações das funções definidas no arquivo **FilaEstatica.h**. As implementações dessas funções serão vistas nas seções seguintes.

Note que o nosso tipo fila nada mais é do que uma estrutura contendo quatro campos:
- um inteiro **inicio** que indica a posição no *array* do elemento que está no início da fila;
- um inteiro **final** que indica a posição no *array* que é o final da fila. Essa é a posição disponível para inserir um novo elemento;
- um inteiro **qtd** que indica o quanto do *array* já está ocupado pelos elementos inseridos na fila;
- um *array* do tipo **struct aluno**, que é o tipo de dado a ser armazenado na fila.

Por estar definido dentro do arquivo **FilaEstatica.c**, os campos dessa estrutura **struct aluno** não são visíveis pelo usuário da biblioteca no arquivo **main**(), apenas o seu outro nome definido no arquivo **FilaEstatica.h** (linha 7), que pode apenas declarar um ponteiro para ele da seguinte forma:

Fila *fi;

Note que a implementação de uma fila sequencial estática é praticamente igual à implementação de uma lista sequencial estática. A diferença é que uma fila possui uma regra para inserção e outra para remoção.

Filas   **199**

Arquivo FilaEstatica.h

```
01    #define MAX 100
02    struct aluno{
03        int matricula;
04        char nome[30];
05        float n1,n2,n3;
06    };
07    typedef struct fila Fila;
08
09    Fila* cria_Fila();
10    void libera_Fila(Fila* fi);
11    int consulta_Fila(Fila* fi, struct aluno *al);
12    int insere_Fila(Fila* fi, struct aluno al);
13    int remove_Fila(Fila* fi);
14    int tamanho_Fila(Fila* fi);
15    int Fila_vazia(Fila* fi);
16    int Fila_cheia(Fila* fi);
```

Arquivo FilaEstatica.c

```
01    #include <stdio.h>
02    #include <stdlib.h>
03    #include "FilaEstatica.h" //inclui os protótipos
04    //Definição do tipo Fila
05    struct fila{
06        int inicio, final, qtd;
07        struct aluno dados[MAX];
08    };
```

Figura 6.3

Criando e destruindo uma fila

Para utilizar uma fila em seu programa, a primeira coisa a fazer é criar uma fila vazia. Essa tarefa é executada pela função descrita na Figura 6.4. Basicamente, o que essa função faz é a alocação de uma área de memória para a fila (linha 3). Essa área de memória corresponde à memória necessária para armazenar a estrutura que define a fila, **struct fila**. Em seguida, essa função inicializa os três campos da fila com o valor **0**: **inicio** (que indica a posição no *array* do elemento que está no início da fila), **final** (que indica a posição no *array* que é o final da fila e que está disponível para inserir um novo elemento) e **qtd** (que indica o quanto do *array* já está ocupado, ou seja, nenhum). A Figura 6.5 indica o conteúdo do nosso ponteiro **Fila* fi** após a chamada da função que cria a fila.

Criando uma fila
| ```
01    Fila* cria_Fila(){
02        Fila *fi;
03        fi = (Fila*) malloc(sizeof(struct fila));
04        if(fi != NULL){
05            fi->inicio = 0;
06            fi->final = 0;
07            fi->qtd = 0;
08        }
09        return fi;
10    }
``` |

Figura 6.4

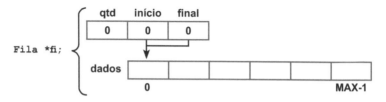

Figura 6.5

Destruir uma fila estática é bastante simples, como mostra o código contido na Figura 6.6. Basicamente, o que temos que fazer é liberar a memória alocada para a estrutura que representa a fila. Isso é feito utilizando apenas uma chamada da função **free()**.

> Por que criar uma função para destruir a fila sendo que tudo que precisamos fazer é chamar a função **free()**?

Por questões de modularização. Destruir uma fila estática é bastante simples, porém destruir uma fila alocada dinamicamente é uma tarefa mais complicada. Ao criar essa função, estamos escondendo a implementação dessa tarefa do usuário, ao mesmo tempo em que mantemos a mesma notação utilizada por uma fila com alocação **estática** ou **dinâmica**. Desse modo, utilizar uma fila estática ou dinâmica será indiferente para o programador.

Destruindo uma fila
| ```
01    void libera_Fila(Fila* fi){
02        free(fi);
03    }
``` |

Figura 6.6

Filas

Informações básicas sobre a fila

As operações de inserção, remoção e consulta são consideradas as principais operações de uma fila. Apesar disso, para realizar essas operações é necessário ter em mãos algumas outras informações mais básicas sobre a fila. Por exemplo, não podemos remover um elemento da fila se a mesma estiver vazia. Sendo assim, é conveniente implementar uma função que retorne esse tipo de informação.

A seguir, veremos como implementar as funções que retornam as três principais informações sobre o *status* atual da fila: seu tamanho, se ela está cheia e se ela está vazia.

Tamanho da fila

Saber o tamanho de uma **fila sequencial estática** é uma tarefa relativamente simples. Isso ocorre porque essa fila possui um campo inteiro **qtd** que indica o quanto do *array* já está ocupado pelos elementos inseridos na fila, como mostra a Figura 6.7.

Basicamente, definir o tamanho de uma **fila sequencial estática** consiste em retornar o valor do seu campo **qtd**.

A implementação da função que retorna o tamanho da fila é mostrada na Figura 6.8. Note que essa função, em primeiro lugar, verifica se o ponteiro **Fila* fi** é igual a **NULL**. Essa condição seria verdadeira, se tivesse um problema na criação da fila e, nesse caso, não teríamos uma fila válida para trabalhar. Porém, se a fila foi criada com sucesso, então é possível acessar o seu campo **qtd** e retornar o seu valor, que nada mais é do que o tamanho da fila.

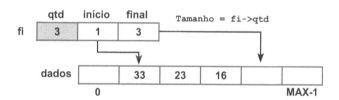

Figura 6.7

Tamanho da fila
01 `int tamanho_Fila(Fila* fi){`
02   `if(fi == NULL)`
03   `return -1;`
04   `return fi->qtd;`
05 `}`

Figura 6.8

Fila cheia

Saber se uma **fila sequencial estática** está cheia é outra tarefa relativamente simples. Novamente, isso ocorre porque essa fila possui um campo inteiro **qtd** que indica o quanto do *array* já está ocupado pelos elementos inseridos na fila, como mostra a Figura 6.9.

> Basicamente, definir se uma **fila sequencial estática** está cheia consiste em verificar se o valor do seu campo **qtd** é igual a **MAX**.

A implementação da função que retorna se a fila está cheia é mostrada na Figura 6.10. Note que essa função, em primeiro lugar, verifica se o ponteiro **Fila* fi** é igual a **NULL**. Essa condição seria verdadeira, se tivesse um problema na criação da fila e, nesse caso, não teríamos uma fila válida para trabalhar. Dessa forma, optamos por retornar o valor −1 para indicar uma fila inválida. Porém, se a fila foi criada com sucesso, então é possível acessar o seu campo **qtd** e comparar o seu valor com o tamanho máximo definido para o seu *array* (vetor) de elementos: **MAX**. Se os valores forem iguais (ou seja, fila cheia), iremos retornar o valor **1** (linha 5). Caso contrário, a função irá retornar o valor **0**.

> Note que apenas o valor do campo **qtd** é relevante para saber se a fila está cheia. Os campos **início** e **final** poderão ter qualquer valor, desde que seja o mesmo.

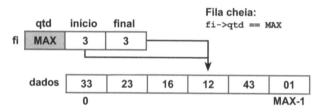

Figura 6.9

Retornando se a fila está cheia
01 `int Fila_cheia(Fila* fi){`
02 `    if(fi == NULL)`
03 `        return -1;`
04 `    if (fi->qtd == MAX)`
05 `        return 1;`
06 `    else`
07 `        return 0;`
08 `}`

Figura 6.10

Fila vazia

Saber se uma **fila sequencial estática** está vazia é outra tarefa bastante simples. Como no caso do tamanho da fila e da fila cheia, isso ocorre porque esse tipo de fila possui um campo inteiro **qtd** que indica o quanto do *array* já está ocupado pelos elementos inseridos na fila, como mostra a Figura 6.11.

> Basicamente, definir se uma **fila sequencial estática** está vazia consiste em verificar se o valor do seu campo **qtd** é igual a **ZERO**.

Filas

A implementação da função que retorna se a fila está vazia é mostrada na Figura 6.12. Note que essa função, em primeiro lugar, verifica se o ponteiro **Fila* fi** é igual a **NULL**. Essa condição seria verdadeira, se houvesse um problema na criação da fila e, nesse caso, não teríamos uma fila válida para trabalhar. Dessa forma, optamos por retornar o valor **−1** para indicar uma fila inválida. Porém, se a fila foi criada com sucesso, então é possível acessar o seu campo **qtd** e comparar o seu valor com o valor **ZERO**, que é o valor inicial do campo quando criamos uma fila. Se os valores forem iguais (ou seja, fila vazia), iremos retornar o valor **1** (linha 5). Caso contrário, a função irá retornar o valor **0**.

Note que apenas o valor do campo **qtd** é relevante para saber se a fila está vazia. Os campos **início** e **final** poderão ter qualquer valor, desde que seja o mesmo.

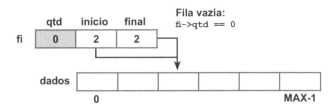

Figura 6.11

Retornando se a fila está vazia
01   int Fila_vazia(Fila* fi){
02   if(fi == NULL)
03   return -1;
04   if (fi->qtd == 0)
05   return 1;
06   else
07   return 0;
08   }

Figura 6.12

Inserindo um elemento na fila

Inserir um elemento em uma **fila sequencial estática** é uma tarefa simples e bastante semelhante à inserção no final de uma **lista sequencial estática**, como mostra a sua implementação na Figura 6.13.

Primeiramente, verificamos se o ponteiro **Fila* fi** é igual a **NULL** (linha 2). Essa condição seria verdadeira, se tivesse um problema na criação da fila e, nesse caso, não teríamos uma fila válida para trabalhar. Dessa forma, optamos por retornar o valor **0** para indicar uma fila inválida (linha 3). Porém, se a fila foi criada com sucesso, precisamos verificar se ela não está cheia, isto é, se existe espaço para um novo elemento. Caso a fila esteja cheia, a função irá retornar o valor **0** (linhas 4-5).

A inserção em uma fila ocorre sempre no seu final. Sendo assim, copiamos os dados a serem inseridos para a posição apontada pelo campo **final** da fila (linha 6). Em seguida, devemos incrementar o valor do campo final, indicando assim a próxima posição vaga na fila (linha 7).

> Note que utilizamos a operação de resto da divisão no cálculo do novo final da fila. Fazemos isso para simular uma fila circular. Assim, ao chegar na posição **MAX** (que não existe no *array*), o final da fila será colocado na posição **ZERO**, de modo que as posições no começo do *array* que ficarem vagas à medida que inserimos e removemos elementos da fila poderão ser usadas pelo final da fila.

Por fim, devemos incrementar a quantidade (**fi->qtd**) de elementos armazenados na fila e retornamos o valor **1** (linhas 8-9), indicando sucesso na operação de inserção. Esse processo é melhor ilustrado pela Figura 6.14.

	Inserindo um elemento na fila
01	`int insere_Fila(Fila* fi, struct aluno al){`
02	`    if(fi == NULL)`
03	`        return 0;`
04	`    if(fi->qtd == MAX)`
05	`        return 0;`
06	`    fi->dados[fi->final] = al;`
07	`    fi->final = (fi->final+1)%MAX;`
08	`    fi->qtd++;`
09	`    return 1;`
10	`}`

Figura 6.13

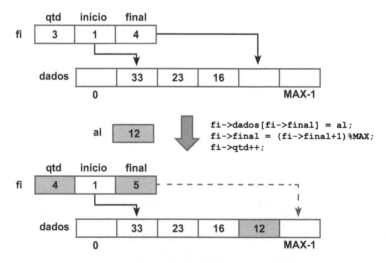

Figura 6.14

Removendo um elemento da fila

Remover um elemento de uma **fila sequencial estática** é uma tarefa simples e bastante semelhante à remoção do final de uma **lista sequencial estática**, como mostra a sua implementação na Figura 6.15.

Primeiramente, verificamos se o ponteiro **Fila* fi** é igual a **NULL** ou se a fila está vazia (linha 2). Essas condições garantem que temos uma fila válida para trabalhar (ou seja, não houve problemas na criação da fila) e que existem elementos que podem ser removidos da fila. Nesse caso, optamos por retornar o valor **0** para indicar que uma das condições é falsa (linha 3). Como a remoção é feita no início da fila, basta incrementar em uma unidade o seu valor (linha 4).

> Note que utilizamos a operação de resto da divisão no cálculo do novo início da fila. Fazemos isso para simular uma fila circular. Assim, ao chegar na posição **MAX** (que não existe no *array*) o início da fila será colocado na posição **ZERO**, de modo que as posições no começo do *array* que ficarem vagas à medida que inserimos e removemos elementos da fila poderão ser usadas pelo início da fila.

Por fim, devemos diminuir a quantidade (**fi->qtd**) de elementos armazenados na fila e retornamos o valor **1** (linhas 5-6), indicando sucesso na operação de remoção. Esse processo é melhor ilustrado pela Figura 6.16.

```
                Removendo um elemento da fila
01    int remove_Fila(Fila* fi){
02        if(fi == NULL || fi->qtd == 0)
03            return 0;
04        fi->inicio = (fi->inicio+1)%MAX;
05        fi->qtd--;
06        return 1;
07    }
```

Figura 6.15

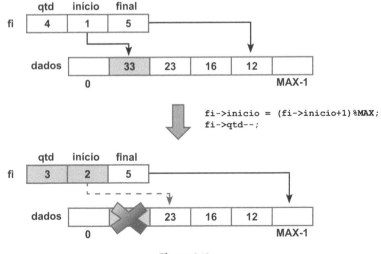

Figura 6.16

Consultando o elemento no início da fila

Apesar de possuir uma implementação quase idêntica à da **lista sequencial estática**, o acesso a um elemento de uma **fila sequencial estática** é um pouco diferente.

> Em uma lista pode-se acessar e recuperar as informações contidas em qualquer um dos seus elementos. Já numa fila, podemos acessar as informações apenas do elemento no **início** da fila.

Acessar um elemento que se encontra no início de uma **fila sequencial estática** é uma tarefa quase imediata, como mostra a sua implementação na Figura 6.17. Em primeiro lugar, a função verifica se a consulta é válida. Para tanto, duas condições são verificadas: se o ponteiro **Fila* fi** é igual a **NULL** e se a fila está vazia (quantidade de elementos na fila é diferente de zero). Se alguma dessas condições for verdadeira, a busca termina e a função retorna o valor **ZERO** (linha 3). Caso contrário, a posição equivalente ao "início" da fila é copiada para o conteúdo do ponteiro passado por referência (**al**) para a função (linha 4). Como se nota, esse tipo de consulta consiste em um simples acesso ao item a mais tempo inserido no *array* que representa a fila (Figura 6.18).

Consultando a fila
01   `int consulta_Fila(Fila* fi, struct aluno *al){`
02   `if(fi == NULL || Fila_vazia(fi))`
03   `return 0;`
04   `*al = fi->dados[fi->inicio];`
05   `return 1;`
06   `}`

Figura 6.17

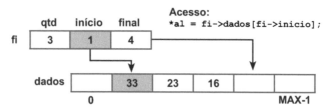

Figura 6.18

Análise de complexidade

Um aspecto importante quando manipulamos filas é com relação aos custos das suas operações. Em uma **fila sequencial estática** as operações de inserção, remoção e consulta envolvem apenas a manipulação de alguns índices, independente do número de elementos na fila. Desse modo, a complexidade dessas operações é $O(1)$.

Fila dinâmica encadeada

Uma **fila dinâmica encadeada** é uma fila definida utilizando alocação dinâmica e acesso encadeado dos elementos. Cada elemento da fila é alocado dinamicamente, à medida que os dados são inseridos dentro da fila, e tem sua memória liberada à medida que é removido. Esse elemento nada mais é do que um ponteiro para uma estrutura contendo dois campos de informação: um campo de **dado**, utilizado para armazenar a informação inserida na fila, e um campo **prox**, que é um ponteiro que indica o próximo elemento na fila.

> Além da estrutura que define seus elementos, essa fila utiliza um nó descritor para guardar o início, o final e a quantidade de elementos (dados) inseridos na fila.

Como visto na Seção Lista dinâmica encadeada com nó descritor, um **nó descritor** é um elemento especial da fila. Dentro dele, podemos armazenar qualquer informação que julgarmos necessária. De modo geral, optamos por armazenar dentro dessa estrutura informações que facilitem a manipulação da fila como, por exemplo, o seu início, o seu final e a quantidade de elementos, como mostrado na Figura 6.19.

Considerando uma implementação em módulos, temos que o usuário tem acesso apenas a um ponteiro do tipo fila (a fila é um **tipo opaco**), como ilustrado na Figura 6.19. Isso impede o usuário de saber como foi realmente implementada a fila, e limita o seu acesso apenas às funções que manipulam o início e o final da fila.

> Note que a implementação em módulos impede o usuário de saber como a fila foi implementada. Tanto a **fila dinâmica encadeada** quanto a **fila sequencial estática** são declaradas como sendo do tipo **Fila***.

Essa é a grande vantagem da modularização e da utilização de tipos opacos: mudar a maneira como a fila foi implementada não altera nem interfere no funcionamento do programa que a utiliza.

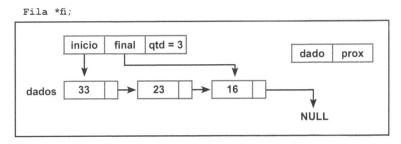

Figura 6.19

> A principal vantagem de se utilizar uma abordagem dinâmica e encadeada na definição da fila é a melhor utilização dos recursos de memória, retirando a necessidade de definir previamente o tamanho da fila. Já a sua principal desvantagem é a necessidade de percorrer toda a fila para destruí-la.

Considerando suas vantagens e desvantagens, o ideal é utilizar uma **fila dinâmica encadeada** quando não há necessidade de garantir um espaço mínimo para a execução da aplicação ou quando o tamanho máximo da fila não é bem definido.

Definindo o tipo fila dinâmica encadeada

Antes de começar a implementar a nossa fila, é preciso definir o tipo de dado que será armazenado nela. Uma fila pode armazenar qualquer tipo de informação. Para tanto, é necessário que especifiquemos isso na sua declaração. Como estamos trabalhando com modularização, precisamos também definir o **tipo opaco** que representa nossa fila, nesse caso, nosso **nó descritor**. Esse tipo será um ponteiro para a estrutura que define a fila. Além disso, também precisamos definir o conjunto de funções que será visível para o programador que utilizar a biblioteca que estamos criando.

> No arquivo **FilaDin.h**, iremos declarar tudo aquilo que será visível para o programador.

Vamos começar definindo o arquivo **FilaDin.h**, ilustrado na Figura 6.20. Por se tratar de uma fila dinâmica encadeada, temos que definir:

- o tipo de dado que será armazenado na fila, **struct aluno** (linhas 1-5);
- para fins de padronização, criamos um novo nome para a **struct fila** (linha 6). Esse é o tipo que será usado sempre que se desejar trabalhar com uma fila;
- as funções disponíveis para se trabalhar com essa fila em especial (linhas 8-15) e que serão implementadas no arquivo **FilaDin.c**.

Nesse exemplo, optamos por armazenar uma estrutura representando um aluno dentro da fila. Esse aluno é representado pelo seu número de matrícula, nome, e três notas.

> No arquivo **FilaDin.c**, iremos definir tudo aquilo que deve ficar oculto do usuário da nossa biblioteca e implementar as funções definidas em **FilaDin.h**.

Basicamente, o arquivo **FilaDin.c** (Figura 6.20) contém apenas:

- as chamadas às bibliotecas necessárias a implementação da fila (linhas 1-3);
- a definição do tipo que define cada elemento da fila, **struct elemento** (linhas 5-8);
- a definição de um novo nome para a **struct elemento** (linha 9). Isso é feito apenas para facilitar certas etapas de codificação;
- a definição do tipo que define o **nó descritor** da fila, **struct fila** (linhas 11-15);
- as implementações das funções definidas no arquivo **FilaDin.h**. As implementações dessas funções serão vistas nas seções seguintes.

Note que a **struct elemento** nada mais é do que uma estrutura contendo dois campos:

- um ponteiro **prox** que indica o próximo elemento (também do tipo **struct elemento**) dentro da fila;
- um campo **dado** do tipo **struct aluno**, que é o tipo de dado a ser armazenado na fila.

Note também que a **struct descritor** nada mais é do que uma estrutura contendo três campos:

- um ponteiro **inicio** que indica o primeiro elemento da fila;
- um ponteiro **final** que indica o último elemento da fila;

- um campo **tamanho** do tipo **int**, que armazena o número de elementos dentro da fila.

Por estar definido dentro do arquivo **FilaDin.c**, os campos dessa estrutura **struct aluno** não são visíveis pelo usuário da biblioteca no arquivo **main()**, apenas o seu outro nome definido no arquivo **FilaDin.h** (linha 6), que pode apenas declarar um ponteiro para ele da seguinte forma:

Fila *fi;

Note que a implementação de uma **fila dinâmica escadeada** é praticamente igual à implementação de uma **lista dinâmica escadeada com nó descritor**. A diferença é que uma fila possui uma regra para inserção e outra para remoção.

	Arquivo FilaDin.h
01	`struct aluno{`
02	`    int matricula;`
03	`    char nome[30];`
04	`    float n1,n2,n3;`
05	`};`
06	`typedef struct fila Fila;`
07	
08	`Fila* cria_Fila();`
09	`void libera_Fila(Fila* fi);`
10	`int consulta_Fila(Fila* fi, struct aluno *al);`
11	`int insere_Fila(Fila* fi, struct aluno al);`
12	`int remove_Fila(Fila* fi);`
13	`int tamanho_Fila(Fila* fi);`
14	`int Fila_vazia(Fila* fi);`
15	`int Fila_cheia(Fila* fi);`
	Arquivo FilaDin.c
01	`#include <stdio.h>`
02	`#include <stdlib.h>`
03	`#include "FilaDin.h" //inclui os protótipos`
04	`//definição do tipo Fila`
05	`struct elemento{`
06	`    struct aluno dados;`
07	`    struct elemento *prox;`
08	`};`
09	`typedef struct elemento Elem;`
10	`//definição do nó descritor da fila`
11	`struct fila{`
12	`    struct elemento *inicio;`
13	`    struct elemento *final;`
14	`    int qtd;`
15	`};`

Figura 6.20

Criando e destruindo uma fila

Para utilizar uma fila em seu programa, a primeira coisa a fazer é criar uma fila vazia. Essa tarefa é executada pela função descrita na Figura 6.21. Basicamente, o que essa função faz é a alocação de uma área de memória para a fila (linha 2). Essa área de memória corresponde à memória necessária para armazenar a estrutura que define a fila, **struct fila**. Em seguida, essa função inicializa os três campos da fila como descrito a seguir:

- **inicio** (que aponta para o elemento que está no início da fila) recebe **NULL**;
- **final** (que aponta para o elemento que está no final da fila) recebe **NULL**;
- **qtd** (que indica a quantidade de elementos na fila) recebe **ZERO** (ou seja, nenhum elemento na fila).

A Figura 6.22 indica o conteúdo do nosso ponteiro **Fila* fi** após a chamada da função que cria a fila.

Criando uma fila
| ```
01  Fila* cria_Fila(){
02      Fila* fi = (Fila*) malloc(sizeof(struct fila));
03      if(fi != NULL){
04          fi->final = NULL;
05          fi->inicio = NULL;
06          fi->qtd = 0;
07      }
08      return fi;
09  }
``` |

Figura 6.21

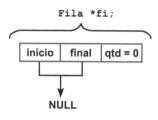

Figura 6.22

Destruir uma fila que utilize alocação dinâmica e seja encadeada não é uma tarefa tão simples quanto destruir uma **fila sequencial estática**.

> Para liberar uma fila que utilize alocação dinâmica e seja encadeada é preciso percorrer toda a fila, liberando a memória alocada para cada elemento inserido na fila.

O código que realiza a destruição da fila é mostrado na Figura 6.23. Inicialmente, verificamos se a fila é válida, ou seja, se a tarefa de criação da fila foi realizada com sucesso (linha 2). Em seguida, percorremos a fila até que o conteúdo do seu início seja diferente de **NULL**, o final da fila (linha 4).
```

Filas

Enquanto não chegamos ao final da fila, liberamos a memória do elemento que se encontra atualmente no início da fila e avançamos para o próximo (linhas 5-7). Terminado esse processo, liberamos a memória alocada para o nó descritor que representa a fila (linha 9). Esse processo é melhor ilustrado pela Figura 6.24, que mostra a liberação de uma fila contendo dois elementos.

Destruindo uma fila

```
01   void libera_Fila(Fila* fi){
02       if(fi != NULL){
03           Elem* no;
04           while(fi->inicio != NULL){
05               no = fi->inicio;
06               fi->inicio = fi->inicio->prox;
07               free(no);
08           }
09           free(fi);
10       }
11   }
```

Figura 6.23

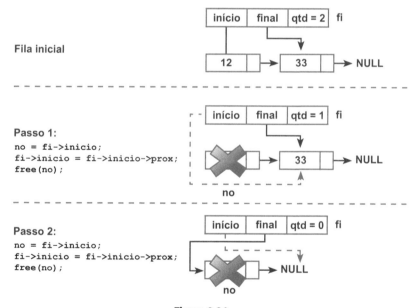

Figura 6.24

Informações básicas sobre a fila

As operações de inserção, remoção e consulta são consideradas as principais operações de uma fila. Apesar disso, para realizar essas operações é necessário ter em mãos algumas outras informações mais básicas sobre a fila. Por exemplo, não podemos remover um elemento da fila se a mesma estiver vazia. Assim, é conveniente implementar uma função que retorne esse tipo de informação.

A seguir, veremos como implementar as funções que retornam as três principais informações sobre o *status* atual da fila: seu tamanho, se ela está cheia e se ela está vazia.

Tamanho da fila

Saber o tamanho de uma **fila dinâmica encadeada** é uma tarefa relativamente simples. Isso porque estamos trabalhando com um **nó descritor** e ele possui um campo inteiro **qtd** que indica a quantidade de elementos inseridos na fila, como mostra a Figura 6.25.

> Basicamente, retornar o tamanho de uma **fila dinâmica encadeada** consiste em retornar o valor do seu campo **qtd**.

A implementação da função que retorna o tamanho da fila é mostrada na Figura 6.26. Note que essa função, em primeiro lugar, verifica se o ponteiro **Fila* fi** é igual a **NULL**. Essa condição seria verdadeira se tivesse um problema na criação da fila e, nesse caso, não teríamos uma fila válida para trabalhar. Porém, se a fila foi criada com sucesso, então é possível acessar o seu campo **qtd** e retornar o seu valor, que nada mais é do que o tamanho da fila.

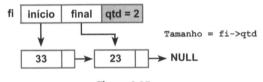

Figura 6.25

Tamanho da fila
01   `int tamanho_Fila(Fila* fi){`
02   `if(fi == NULL)`
03   `return 0;`
04   `return fi->qtd;`
05   `}`

Figura 6.26

Fila cheia

Implementar uma função que retorne se uma **fila dinâmica encadeada** está cheia é uma tarefa relativamente simples.

> Uma **fila dinâmica encadeada** somente será considerada cheia quando não tivermos mais memória disponível para alocar novos elementos.

A implementação da função que retorna se a fila está cheia é mostrada na Figura 6.27. Como se pode notar, essa função sempre irá retornar o valor **ZERO**, indicando que a fila não está cheia.

Retornando se a fila está cheia
01 `int Fila_cheia(Fila* fi){`
02 `    return 0;`
03 `}`

Figura 6.27

Fila vazia

Saber se uma **fila dinâmica encadeada** está vazia é outra tarefa bastante simples. Como nos casos do tamanho da fila e da fila cheia, isso ocorre porque temos um **nó descritor**, o qual possui um campo **inicio**. Esse campo aponta para o primeiro elemento da fila, como mostra a Figura 6.28.

Basicamente, retornar se uma **fila dinâmica encadeada** está vazia consiste em verificar se o valor do seu campo **inicio** é igual a **NULL**.

A implementação da função que retorna se a fila está vazia é mostrada na Figura 6.29. Note que essa função, em primeiro lugar, verifica se o ponteiro **Fila* fi** é igual a NULL. Essa condição seria verdadeira, se tivesse um problema na criação da fila e, nesse caso, não teríamos uma fila válida para trabalhar. Dessa forma, optamos por retornar o valor −1 para indicar uma fila inválida. Porém, se a fila foi criada com sucesso, então é possível acessar o seu campo **inicio** e comparar o seu valor com o valor NULL, que é o valor inicial do campo quando criamos uma fila. Se os valores forem iguais (ou seja, fila vazia), iremos retornar o valor **1** (linha 5). Caso contrário, a função irá retornar o valor **0**.

Outra maneira de saber se uma fila está vazia é verificando se o valor do campo **qtd** é igual a **ZERO**.

Nesse caso, **ZERO** é o valor inicial do campo **qtd** quando criamos uma fila.

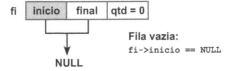

Figura 6.28

Retornando se a fila está vazia
01 `int Fila_vazia(Fila* fi){`
02 `    if(fi == NULL)`
03 `        return -1;`
04 `    if(fi->inicio == NULL)`
05 `        return 1;`
06 `    return 0;`
07 `}`

Figura 6.29

Inserindo um elemento na fila

Inserir um elemento em uma **fila dinâmica encadeada** é uma tarefa simples e bastante semelhante à inserção no final de uma **lista dinâmica com nó descritor**. Basicamente, temos que alocar espaço para o novo elemento da fila e mudar os valores de alguns ponteiros, como mostra a sua implementação na Figura 6.30.

Primeiramente, verificamos se o ponteiro **Fila* fi** é igual a **NULL** (linha 2). Essa condição seria verdadeira, se tivesse um problema na criação da fila e, nesse caso, não teríamos uma fila válida para trabalhar. Dessa forma, optamos por retornar o valor **0** para indicar uma fila inválida (linha 3). Porém, se a fila foi criada com sucesso, podemos tentar alocar memória para um novo elemento (linha 4). Caso a alocação de memória não seja possível, a função irá retornar o valor **0** (linhas 5-6). Tendo a função **malloc()** retornado um endereço de memória válido, podemos copiar os dados que vamos armazenar para dentro desse elemento (linha 7).

Como se trata de uma inserção no final da fila, o elemento a ser inserido obrigatoriamente irá apontar para a constante **NULL** (linha 8). Também temos que considerar que a fila pode ou não estar vazia (linha 9):

- no caso de uma fila vazia, mudamos o conteúdo do "**início**" da fila (**fi->inicio**) para que ele passe a ser o nosso elemento **no** (linha 10);
- caso NÃO seja uma fila vazia, o elemento do final da fila deverá apontar para o novo elemento (linha 12).

Em seguida, mudamos o conteúdo do "**final**" da fila (**fi->final**) para que ele passe a ser o nosso elemento **no**, incrementamos o valor do tamanho da fila e retornamos o valor **1** (linhas 13-15), indicando sucesso na operação de inserção. Esse processo é melhor ilustrado pela Figura 6.31, em que podemos ver um elemento sendo inserido em uma fila que está vazia ou que já contém um elemento.

Inserindo um elemento na fila

```
01    int insere_Fila(Fila* fi, struct aluno al){
02        if(fi == NULL)
03            return 0;
04        Elem *no = (Elem*) malloc(sizeof(Elem));
05        if(no == NULL)
06            return 0;
07        no->dados = al;
08        no->prox = NULL;
09        if(fi->final == NULL)//fila vazia
10            fi->inicio = no;
11        else
12            fi->final->prox = no;
13        fi->final = no;
14        fi->qtd++;
15        return 1;
16    }
```

Figura 6.30

Filas

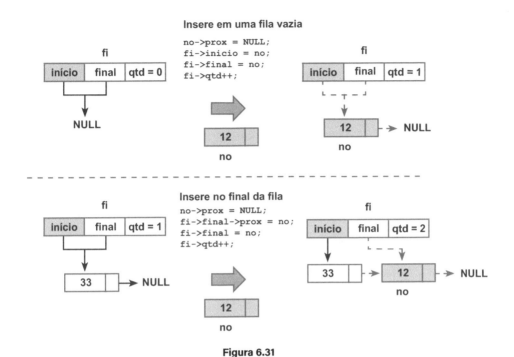

Figura 6.31

Removendo um elemento da fila

Remover um elemento de uma **fila dinâmica encadeada** é uma tarefa simples e bastante semelhante à remoção do início de uma **lista dinâmica com nó descritor**. Basicamente, o que temos que fazer é verificar se a fila não está vazia e mudar os valores de alguns ponteiros, como mostra a sua implementação na Figura 6.32.

Primeiramente, verificamos se o ponteiro **Fila* fi** é igual a **NULL** (linha 2). Essa condição seria verdadeira, se tivesse um problema na criação da fila e, nesse caso, não teríamos uma fila válida para trabalhar. Dessa forma, optamos por retornar o valor **0** para indicar uma fila inválida (linha 3). Porém, se a fila foi criada com sucesso, precisamos verificar se ela não está vazia, isto é, se existem elementos dentro dela. Caso a fila esteja vazia, a função irá retornar o valor **0** (linhas 4-5).

Como se trata de uma remoção do início da fila, criamos uma cópia do início em um elemento auxiliar (**no**) e fazemos com que o início da fila (**fi->inicio**) aponte para o elemento seguinte a ele (linhas 6-7). Em seguida, temos que liberar a memória associada ao antigo "**inicio**" da fila (**no**) (linha 8). Como estamos trabalhando com um nó descritor, temos que considerar que a fila pode ficar vazia após a remoção. Nesse caso, é necessário mudar o valor do seu final (linhas 9-10). Por fim, diminuímos o valor do tamanho da fila e retornamos o valor **1** (linhas 11-12), indicando sucesso na operação de remoção. Esse processo é melhor ilustrado pela Figura 6.33.

Removendo um elemento da fila
| ```
01   int remove_Fila(Fila* fi){
02       if(fi == NULL)
03           return 0;
04       if(fi->inicio == NULL)//fila vazia
05           return 0;
06       Elem *no = fi->inicio;
07       fi->inicio = fi->inicio->prox;
08       free(no);
09       if(fi->inicio == NULL)//fila ficou vazia
10           fi->final = NULL;
11       fi->qtd--;
12       return 1;
13   }
``` |

Figura 6.32

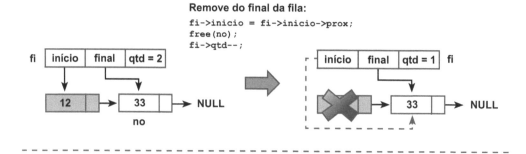

Figura 6.33

Consultando o elemento no início da fila

Apesar de possuir uma implementação quase idêntica à da **lista dinâmica encadeada com nó descritor**, o acesso a um elemento de uma **fila dinâmica encadeada** é um pouco diferente.

> Em uma lista pode-se acessar e recuperar as informações contidas em qualquer um dos seus elementos. Já numa fila, podemos acessar as informações apenas do elemento no **início** da fila.
```

Acessar um elemento que se encontra no início de uma **fila dinâmica encadeada** é uma tarefa quase imediata, como mostra a sua implementação na Figura 6.34. Em primeiro lugar, a função verifica se a consulta é válida. Para tanto, a função verifica se o ponteiro **Fila* fi** é igual a **NULL**, ou seja, se houve erro na criação da fila. Em caso afirmativo, a função retorna o valor **ZERO** e a busca termina. Em seguida, a função verifica se a fila está vazia. Isso é feito verificando se o seu campo **inicio** é igual a **NULL**. Novamente, a função retorna o valor **ZERO** se essa condição for verdadeira e a busca termina. Caso contrário, os dados contidos no campo "início" da fila são copiados para o conteúdo do ponteiro passado por referência (**al**) para a função (linha 6). Como se nota, esse tipo de consulta consiste em um simples acesso ao item a mais tempo alocado e inserido na fila (Figura 6.35).

```
                    Consultando a fila
01    int consulta_Fila(Fila* fi, struct aluno *al){
02        if(fi == NULL)
03            return 0;
04        if(fi->inicio == NULL)//fila vazia
05            return 0;
06        *al = fi->inicio->dados;
07        return 1;
08    }
```

Figura 6.34

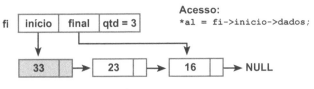

Figura 6.35

Análise de complexidade

Um aspecto importante quando manipulamos filas é com relação aos custos das suas operações. Em uma **fila dinâmica encadeada**, as operações de inserção, remoção e consulta envolvem apenas a manipulação de alguns ponteiros, independente do número de elementos na fila. Desse modo, a complexidade dessas operações é $O(1)$.

Criando uma fila usando uma lista

Já vimos que as filas são implementadas e se comportam de modo muito similar ao das listas.

> As filas são consideradas como um tipo especial de lista em que a inserção e a remoção são realizadas sempre em extremidades distintas.

Podemos concluir, então, que uma fila nada mais é do que uma lista sujeita a uma ordem de entrada e saída. Sendo assim, podemos implementar uma fila utilizando uma lista, como mostram as Figuras 6.36 e 6.37. Nesse caso, estamos implementando uma fila dinâmica usando uma lista dinâmica.

Vamos começar definindo o arquivo **FilaUsandoListaDinEncad.h**, ilustrado na Figura 6.36. Nele, temos que definir:

- a biblioteca da lista usada para representar a fila (linha 1);
- para fins de padronização, criamos um novo nome para a **Lista** (linha 3). Esse é o tipo que será usado sempre que se desejar trabalhar com uma fila;
- as funções disponíveis para se trabalhar com essa fila (linhas 5-12) e que serão implementadas no arquivo **FilaUsandoListaDinEncad.c**.

No arquivo **FilaUsandoListaDinEncad.c**, ilustrado na Figura 6.37, iremos definir tudo aquilo que deve ficar oculto do usuário da nossa biblioteca e implementar as funções definidas em **FilaUsandoListaDinEncad.h**. Nesse caso, as funções definidas para a fila irão apenas encapsular as funções já definidas para a lista. O mais importante nessa implementação é a criação da regra de inserção e remoção da fila, assim como a consulta a um elemento:

- consulta na fila: sempre o primeiro elemento da lista (linhas 9-11);
- inserção na fila: sempre no final da lista (linhas 12-14);
- remoção da fila: sempre no início da lista (linhas 15-17);

Arquivo FilaUsandoListaDinEncad.h
01 `#include "ListaDinEncad.h"`
02
03 `typedef Lista Fila;`
04
05 `Fila* cria_Fila();`
06 `void libera_Fila(Fila* fi);`
07 `int consulta_Fila(Fila* fi, struct aluno *al);`
08 `int insere_Fila(Fila* fi, struct aluno al);`
09 `int remove_Fila(Fila* fi);`
10 `int tamanho_Fila(Fila* fi);`
11 `int Fila_vazia(Fila* fi);`
12 `int Fila_cheia(Fila* fi);`

Figura 6.36

Filas   219

Arquivo FilaUsandoListaDinEncad.c

```
01    //inclui os Protótipos
02    #include "FilaUsandoListaDinEncad.h"
03    Fila* cria_Fila(){
04        return cria_lista();
05    }
06    void libera_Fila(Fila* fi){
07        libera_lista(fi);
08    }
09    int consulta_Fila(Fila* fi, struct aluno *al){
10        return consulta_lista_pos(fi,1,al);
11    }
12    int insere_Fila(Fila* fi, struct aluno al){
13        return insere_lista_final(fi,al);
14    }
15    int remove_Fila(Fila* fi){
16        return remove_lista_inicio(fi);
17    }
18    int tamanho_Fila(Fila* fi){
19        return tamanho_lista(fi);
20    }
21    int Fila_vazia(Fila* fi){
22        return lista_vazia(fi);
23    }
24    int Fila_cheia(Fila* fi){
25        return lista_cheia(fi);
26    }
```

Figura 6.37

Exercícios

1) Defina, usando as suas palavras, o que é uma estrutura do tipo fila.

2) Defina, usando as suas palavras, a diferença da fila sequencial estática para a fila dinâmica encadeada.

3) Liste as situações em que uma fila pode ser utilizada. Em quais seria mais conveniente usar a implementação estática? E a dinâmica?

4) Implemente uma função que receba uma fila e a inverta. Faça a função para ambos os tipos de fila: estática e dinâmica.

5) Considere uma fila que armazena números inteiros. Faça uma função que receba uma fila e exclua todos os números negativos. A ordem dos outros elementos não deve ser alterada. Faça a função para ambos os tipos de fila: estática e dinâmica.

6) Crie uma função que imprima os elementos de uma fila.

7) Crie um TAD que utilize uma lista dinâmica duplamente encadeada para funcionar como uma fila. Implemente as operações desse TAD.

8) Implemente uma função que receba duas filas (F1 e F2) e as concatene. O resultado da concatenação deve ser colocado em F1. A fila F2 deve ficar vazia. Faça a função para ambos os tipos de fila: estática e dinâmica.

9) Implemente uma função para intercalar filas: a função recebe duas filas (F1 e F2) e o resultado da intercalação deve ser colocado em F1. A fila F2 deve ficar vazia. Faça a função para ambos os tipos de fila: estática e dinâmica.

10) Implemente uma função para unir filas: a função recebe duas filas (F1 e F2) e o resultado da união deve ser colocado em F1, sem repetições. A fila F2 deve ficar vazia. Faça a função para ambos os tipos de fila: estática e dinâmica.

11) Implemente uma função que copie os elementos de uma fila F1 para uma fila F2.

12) Modifique a TAD fila para que a mesma funcione como um deque. Um deque é um tipo especial de fila que permite inserções e remoções tanto no início quanto no final. Implemente as funções desse TAD.

Filas de Prioridade

Definição

Uma **fila de prioridade** é um tipo especial de fila que generaliza a ideia de **ordenação**. Nesse tipo de fila, os elementos inseridos na fila possuem um dado extra associados a eles: a sua **prioridade**. É o valor associado a essa **prioridade** que determina a posição de um elemento na fila, assim como quem deve ser o primeiro a ser removido da fila, quando necessário.

> Dois elementos podem ter a mesma prioridade na fila. O elemento inserido primeiro fica à frente do que foi inserido posteriormente, se as prioridades forem iguais.

Várias são as aplicações existentes das filas de prioridades. Basicamente, qualquer problema em que seja preciso estabelecer uma prioridade de acesso aos elementos pode ser representado com uma fila de prioridade. Um exemplo disso é a fila de prioridade do processador. Nela, os processos com maior prioridade são executados antes dos outros. Outros exemplos:

- uma fila de pacientes esperando transplante de fígado;
- busca em grafos (algoritmo de Dijkstra);
- compressão de dados (código de Huffman);
- sistemas operacionais (manipulação de interrupções);
- fila de pouso de aviões em um aeroporto (prioridade por combustível disponível).

Operações básicas de uma fila

Independente do tipo de implementação utilizada para representar a fila de prioridades, as seguintes operações básicas são sempre possíveis:

- criação da fila;
- inserção de um elemento na fila com prioridade;
- remoção do elemento da fila com maior prioridade;
- acesso ao elemento do início da fila (maior prioridade);
- destruição da fila;
- além de informações com tamanho, se a fila está cheia ou vazia.

Implementação da fila de prioridades

Ao se modelar um problema utilizando uma fila de prioridades, surge a questão: como implementar essa fila no computador? Existem diversas maneiras de implementar uma fila no computador. São elas:

- lista dinâmica encadeada;
- *array* desordenado;
- *array* ordenado;
- *heap* binária.

Filas de Prioridade

Qual implementação devemos usar para a fila de prioridades?

A implementação escolhida para uma fila de prioridades depende da sua aplicação. Não existe uma implementação que seja melhor que a outra em todos os casos. Algumas implementações são eficientes na operação de inserção, outras na de remoção. Há também implementações que são eficientes nas duas operações, como mostra a Tabela 7.1.

Implementação	Inserção	Remoção
lista dinâmica encadeada	$O(N)$	$O(1)$
array desordenado	$O(1)$	$O(N)$
array ordenado	$O(N)$	$O(1)$
heap binária	$O(\log N)$	$O(\log N)$

Tabela 7.1

A seguir, veremos como implementar uma **fila de prioridades estática** usando a mesma estrutura da **lista sequencial estática**, como mostrado na Figura 7.1. Como visto anteriormente na Seção Lista sequencial estática, esse tipo de implementação utiliza um *array* para armazenar os elementos e tem a desvantagem de necessitar que se defina o tamanho do *array* previamente, o que limita o número de elementos que podemos armazenar. Porém, o fato de utilizarmos um *array* permite que utilizemos a mesma estrutura da fila para duas implementações distintas: ***array* ordenado** e ***heap* binária**. Para tanto, basta modificar as funções de inserção, remoção e consulta, como veremos a seguir.

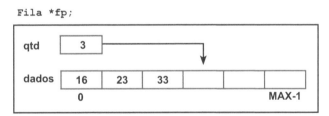

Figura 7.1

Definindo o tipo fila de prioridades

Antes de começar a implementar a nossa fila de prioridades, é preciso definir o tipo de dado que será armazenado nela. Uma fila pode armazenar qualquer tipo de informação. Para tanto, é necessário que especifiquemos isso na sua declaração. Como estamos trabalhando com modularização, precisamos também definir o **tipo opaco** que representa nossa fila. Esse tipo será um ponteiro para a estrutura que define a fila de prioridades. Além disso, também precisamos definir o conjunto de funções que será visível para o programador que utilizar a biblioteca que estamos criando.

> No arquivo **FilaPrioridade.h**, iremos declarar tudo aquilo que será visível para o programador.

Vamos começar definindo o arquivo **FilaPrioridade.h**, ilustrado na Figura 7.2. Por se tratar de uma fila de prioridades estática, temos que definir:
- o tamanho máximo do *array* utilizado na fila de prioridades, representado pela constante **MAX** (linha 1);
- para fins de padronização, criamos um novo nome para o tipo fila (linha 3). Esse é o tipo que será usado sempre que se desejar trabalhar com uma fila de prioridades;
- as funções disponíveis para se trabalhar com essa fila em especial (linhas 5-12) e que serão implementadas no arquivo **FilaPrioridade.c**.

Nesse exemplo, a fila de prioridades irá armazenar o **nome** e a **prioridade** de pacientes esperando por atendimento em um pronto-socorro. Quanto maior a prioridade, mais no início da fila estará aquele paciente.

> No arquivo **FilaPrioridade.c**, iremos definir tudo aquilo que deve ficar oculto do usuário da nossa biblioteca e implementar as funções definidas em **FilaPrioridade.h**.

Basicamente, o arquivo **FilaPrioridade.c** (Figura 7.2) contém apenas:
- as chamadas às bibliotecas necessárias à implementação da fila (linhas 1-4);
- o tipo de dado que será armazenado na fila, **struct paciente** (linhas 6-9);
- a definição do tipo que define o funcionamento da fila de prioridades, **struct fila_prioridade** (linhas 11-14);
- as implementações das funções definidas no arquivo **FilaPrioridade.h**. As implementações dessas funções serão vistas nas seções seguintes.

Note que o nosso tipo de fila nada mais é do que uma estrutura contendo dois campos: um inteiro **qtd** que indica o quanto do *array* já está ocupado pelos elementos inseridos na fila, e o nosso *array* do tipo **struct paciente**, que é o tipo de dado a ser armazenado na fila de prioridades. Por estar definido dentro do arquivo **FilaPrioridade.c**, os campos dessa estrutura não são visíveis pelo usuário da biblioteca no arquivo **main()**, apenas o seu outro nome definido no arquivo **FilaPrioridade.h** (linha 3), que pode apenas declarar um ponteiro para ele da seguinte forma:

Filas de Prioridade   **225**

FilaPrio *fp;

Arquivo FilaPrioridade.h

```
01    #define MAX 100
02
03    typedef struct fila_prioridade FilaPrio;
04
05    FilaPrio* cria_FilaPrio();
06    void libera_FilaPrio(FilaPrio* fp);
07    int consulta_FilaPrio(FilaPrio* fp, char* nome);
08    int insere_FilaPrio(FilaPrio* fp, colocar char* nome, int prio);
09    int remove_FilaPrio(FilaPrio* fp);
10    int tamanho_FilaPrio(FilaPrio* fp);
11    int estaCheia_FilaPrio(FilaPrio* fp);
12    int estaVazia_FilaPrio(FilaPrio* fp);
```

Arquivo FilaPrioridade.h

```
01    #include <stdio.h>
02    #include <stdlib.h>
03    #include <string.h>
04    #include "FilaPrioridade.h" //inclui os protótipos
05
06    struct paciente{
07        char nome[30];
08        int prio;
09    };
10    //Definição do tipo fila de prioridade
11    struct fila_prioridade{
12        int qtd;
13        struct paciente dados[MAX];
14    };
```

Figura 7.2

Criando e destruindo uma fila

Para utilizar uma fila de prioridades em seu programa a primeira coisa a fazer é criar uma fila vazia. Essa tarefa é executada pela função descrita na Figura 7.3. Basicamente, o que essa função faz é a alocação de uma área de memória para a fila (linha 3). Essa área de memória corresponde à memória necessária para armazenar a estrutura que define a fila, **struct fila_prioridade**. Em seguida, essa função inicializa o campo **qtd** com o valor **0**. Esse campo indica o quanto do *array* já está ocupado pelos elementos inseridos na fila de prioridades, que no caso indica que nenhum elemento foi inserido ainda. A Figura 7.4 indica o conteúdo do nosso ponteiro **FilaPrio* fp** após a chamada da função que cria a fila de prioridades.

Criando uma fila de prioridade
01   FilaPrio* cria_FilaPrio(){   02   FilaPrio *fp;   03   fp = (FilaPrio*) malloc(**sizeof**(**struct** fila_prioridade));   04   **if**(fp != NULL)   05   fp->qtd = 0;   06   **return** fp;   07   }

Figura 7.3

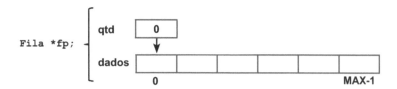

Figura 7.4

Destruir uma fila de prioridades estática é bastante simples, como mostra o código contido na Figura 7.5. Basicamente, o que temos que fazer é liberar a memória alocada para a estrutura que representa a fila de prioridades. Isso é feito utilizando apenas uma chamada da função **free()**.

Por que criar uma função para destruir a fila de prioridades, uma vez que que tudo que precisamos fazer é chamar a função **free()**?

Por questões de modularização. Destruir uma fila de prioridades estática é bastante simples, porém destruir uma fila alocada dinamicamente é uma tarefa mais complicada. Ao criar essa função, estamos escondendo a implementação dessa tarefa do usuário, ao mesmo tempo em que mantemos a mesma notação utilizada por uma fila de prioridades que fosse implementada utilizando alocação **estática** ou **dinâmica**. Desse modo, utilizar uma fila de prioridades **estática** ou **dinâmica** será indiferente para o programador.

Destruindo uma fila de prioridade
01   **void** libera_FilaPrio(FilaPrio* fp){   02   free(fp);   03   }

Figura 7.5

Informações básicas sobre a fila

Tamanho da fila

Saber o tamanho de uma **fila de prioridades estática** é uma tarefa relativamente simples. Isso ocorre porque essa fila possui um campo inteiro **qtd** que indica o quanto do *array* já está ocupado pelos elementos inseridos na fila de prioridades, como mostra a Figura 7.6.

> Basicamente, definir o tamanho de uma **fila de prioridades estática** consiste em retornar o valor do seu campo **qtd**.

A implementação da função que retorna o tamanho da fila de prioridades é mostrada na Figura 7.7. Note que essa função, em primeiro lugar, verifica se o ponteiro **FilaPrio* fp** é igual a **NULL**. Essa condição seria verdadeira, se tivesse um problema na criação da fila de prioridades e, nesse caso, não teríamos uma fila válida para trabalhar. Porém, se a fila foi criada com sucesso, então é possível acessar o seu campo **qtd** e retornar o seu valor, que nada mais é do que o tamanho da fila de prioridades.

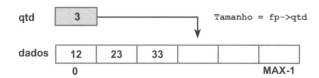

Figura 7.6

Tamanho da fila de prioridade
01 `int tamanho_FilaPrio(FilaPrio* fp){`
02 `    if(fp == NULL)`
03 `        return -1;`
04 `    else`
05 `        return fp->qtd;`
06 `}`

Figura 7.7

Fila cheia

Saber se uma **fila de prioridades estática** está cheia é outra tarefa relativamente simples. Novamente, isso ocorre porque essa fila possui um campo inteiro **qtd** que indica o quanto do *array* já está ocupado pelos elementos inseridos na fila, como mostra a Figura 7.8.

> Basicamente, retornar se uma **fila de prioridades estática** está cheia consiste em verificar se o valor do seu campo **qtd** é igual a **MAX**.

A implementação da função que retorna se a fila de prioridades está cheia é mostrada na Figura 7.9. Note que essa função, em primeiro lugar, verifica se o ponteiro **FilaPrio* fp** é igual a **NULL**. Essa condição seria verdadeira, se tivesse um problema na criação da fila de prioridades e, nesse caso, não teríamos uma fila válida para trabalhar. Dessa forma, optamos por retornar o valor −1 para indicar uma fila inválida. Porém, se a fila foi criada com sucesso, então é possível acessar o seu campo **qtd** e comparar o seu valor com o tamanho máximo definido para o seu *array* (vetor) de elementos: **MAX**. Se os valores forem iguais (ou seja, fila cheia), a expressão da linha 4 irá retornar o valor **1**. Caso contrário, irá retornar o valor **0**.

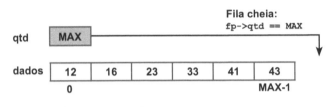

Figura 7.8

Retornando se a fila de prioridade está cheia
01   `int estaCheia_FilaPrio(FilaPrio* fp){`
02   `if(fp == NULL)`
03   `return -1;`
04   `return (fp->qtd == MAX);`
05   `}`

Figura 7.9

Fila vazia

Saber se uma **fila de prioridades estática** está vazia é outra tarefa bastante simples. Como no caso do tamanho da fila e da fila cheia, isso ocorre porque esse tipo de fila possui um campo inteiro **qtd** que indica o quanto do *array* já está ocupado pelos elementos inseridos na fila de prioridades, como mostra a Figura 7.10.

> Basicamente, retornar se uma **fila de prioridades estática** está vazia consiste em verificar se o valor do seu campo **qtd** é igual a **ZERO**.

A implementação da função que retorna se a fila de prioridades está cheia é mostrada na Figura 7.11. Note que essa função, em primeiro lugar, verifica se o ponteiro **FilaPrio* fp** é igual a **NULL**. Essa condição seria verdadeira, se tivesse um problema na criação da fila de prioridades e, nesse caso, não teríamos uma fila válida para trabalhar. Dessa forma, optamos por retornar o valor −1 para indicar uma fila inválida. Porém, se a fila foi criada com sucesso, então é possível acessar o seu campo **qtd** e comparar o seu valor com o valor **ZERO**, que é o valor inicial do campo quando criamos uma fila de prioridades. Se os valores forem iguais (ou seja, nenhum elemento contido dentro da fila), a expressão da linha 4 irá retornar o valor **1**. Caso contrário, irá retornar o valor **0**.

Filas de Prioridade

Figura 7.10

Retornando se a fila de prioridade está vazia
01   `int estaVazia_FilaPrio(FilaPrio* fp){`
02   `if(fp == NULL)`
03   `return -1;`
04   `return (fp->qtd == 0);`
05   `}`

Figura 7.11

Fila de prioridades usando um *array* ordenado

Na implementação usando ***array* ordenado**, os elementos na fila de prioridades são ordenados de forma crescente dentro do *array*. Desse modo, o elemento de maior prioridade estará sempre no final do *array* (início da fila), enquanto o de menor prioridade estará na primeira posição do *array* (final da fila). Isso resulta em um custo $O(N)$ para inserção (precisamos procurar o ponto de inserção no *array*), com a remoção efetuada em tempo constante, $O(1)$.

Inserindo um elemento na fila de prioridades

Inserir um elemento em uma fila de prioridades implementada usando um ***array* ordenado** é uma tarefa simples, mas trabalhosa.

Isso ocorre porque precisamos procurar o ponto de inserção do elemento na fila de acordo com a sua prioridade, o qual pode ser no início, no meio ou no final do *array*. Nos dois primeiros casos (início ou meio) é preciso mudar o lugar dos demais elementos do *array*.

Basicamente, o que temos que fazer é procurar em que lugar da fila será inserido o novo elemento (lembre-se, estamos ordenando pelo campo **prio**) e, dependendo do lugar, movimentar todos os elementos a partir daquele ponto da fila uma posição para a frente dentro do *array*. Isso deixa aquela posição livre para inserir um novo elemento, como mostra a sua implementação na Figura 7.12. Note que as linhas 2 a 5 verificam se a inserção é possível: se a fila foi criada com sucesso e se ela não está cheia (existe espaço para um novo elemento).

Começamos percorrendo a fila partindo do final do *array*, em direção ao seu começo. Enquanto não tivermos chegado ao início do *array*, ou a prioridade do elemento atual for maior ou igual a prioridade do elemento a ser inserido, realizamos a cópia desse elemento da fila uma posição para a frente no *array* (linhas 7-11). Em seguida, podemos copiar os dados que vamos armazenar para dentro da posição atual (*i+1*) do *array* que representa a fila (linhas 13-14). Por fim, devemos incrementar a quantidade (**fp->qtd**) de elemento armazenados na fila de prioridades e retornamos o valor **1** (linhas 15-16), indicando sucesso na operação de inserção. Esse processo é melhor ilustrado pela Figura 7.13.

```
Inserindo um elemento na fila de prioridade (array ordenado)
01   int insere_FilaPrio(FilaPrio* fp, char* nome, int prio){
02       if(fp == NULL)
03           return 0;
04       if(fp->qtd == MAX)//fila cheia
05           return 0;
06
07       int i = fp->qtd-1;
08       while(i >= 0 && fp->dados[i].prio >= prio){
09           fp->dados[i+1] = fp->dados[i];
10           i--;
11       }
12
13       strcpy(fp->dados[i+1].nome,nome);
14       fp->dados[i+1].prio = prio;
15       fp->qtd++;
16       return 1;
17   }
```

Figura 7.12

Fila inicial

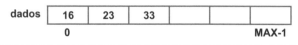

```
Busca posição na fila deslocando os elementos (se necessário)
i = fp->qtd-1;
while(i >= 0 && fp->dados[i].prio >= prioridade){
    fp->dados[i+1] = fp->dados[i];
    i--;
}
```

dados	12	16	23	33		
0						MAX-1

dados	16	19	23	33		
0						MAX-1

Inserir elemento
```
strcpy (fp->dados[i+1].nome,nome);
fp->dados[i+1].prio = prioridade;
fp->qtd++;
```

dados	16	23	33	40		
0						MAX-1

Figura 7.13

Removendo um elemento da fila de prioridades

Remover um elemento de uma fila de prioridades implementada usando um *array* **ordenado** é uma tarefa extremamente simples. Basicamente, temos apenas que alterar a quantidade de elementos na fila.

A Figura 7.14 mostra a implementação da função de remoção. Note que as linhas de 2 a 5 verificam se a remoção é possível: se a fila foi criada com sucesso e se ela não está vazia (existe pelo menos um elemento para ser removido). Como a remoção ocorre sempre no final do *array*, basta diminuir em uma unidade a quantidade (**fp->qtd**) de elementos armazenados na fila de prioridades (linha 6). Em seguida, retornamos o valor **1** (linha 7) para indicar sucesso na operação de remoção. Esse processo é melhor ilustrado pela Figura 7.15.

Note que o elemento removido continua no final da fila de prioridades. Isso não é um problema, já que aquela posição é considerada como não ocupada por elementos da fila.

Lembre-se, o campo **qtd** indica a próxima posição vaga no final do *array* que representa a fila de prioridades.

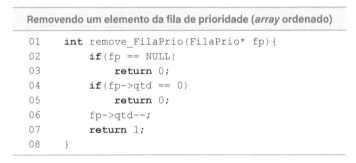

Removendo um elemento da fila de prioridade (*array* ordenado)

```
01    int remove_FilaPrio(FilaPrio* fp){
02        if(fp == NULL)
03            return 0;
04        if(fp->qtd == 0)
05            return 0;
06        fp->qtd--;
07        return 1;
08    }
```

Figura 7.14

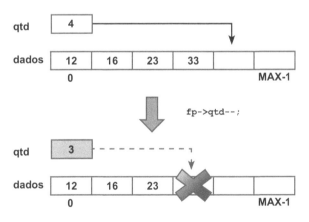

Figura 7.15

Consultando o elemento no início da fila de prioridades

Apesar de possuir uma implementação quase idêntica a da **lista sequencial estática**, o acesso a um elemento de uma **fila de prioridades estática** é um pouco diferente.

Apesar da implementação parecer com a de uma lista, uma fila de prioridades continua sendo uma fila. Isso significa que podemos acessar as informações apenas do elemento no **início** da fila.

Acessar um elemento que se encontra no início de uma **fila de prioridades estática** é uma tarefa quase imediata, como mostra a sua implementação na Figura 7.16. Em primeiro lugar, a função verifica se a consulta é válida. Para tanto, duas condições são verificadas: se o ponteiro **FilaPrio* fp** é igual a **NULL** e se a fila de prioridades está vazia (quantidade de elementos na fila é diferente de zero). Se alguma dessas condições for verdadeira, a busca termina e a função retorna o valor **ZERO** (linha 3). Caso contrário, a posição equivalente ao "início" da fila é copiada para a *string* passada por referência (**nome**) para a função (linha 4). Como se nota, esse tipo de consulta consiste em um simples acesso à última posição do *array* que representa a fila de prioridades (Figura 7.17).

Em uma fila de prioridades implementada utilizando um *array* ordenado, o início da fila é a última posição do *array*. Já na implementação usando uma *heap* binária, o início da fila é a primeira posição do *array*.

Retorna o elemento com maior prioridade na fila (*array* ordenado)
01   **int** consulta_FilaPrio(FilaPrio* fp, **char*** nome){   02   **if**(fp == NULL || fp->qtd == 0)   03   **return** 0;   04   strcpy(nome,fp->dados[fp->qtd-1].nome);   05   **return** 1;   06   }

Figura 7.16

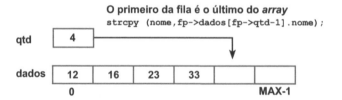

Figura 7.17

Fila de prioridades usando uma *heap* binária

Nesse tipo de implementação, utilizamos um *array* como uma estrutura de dados do tipo *heap*. Uma *heap* permite simular uma árvore binária completa ou **quase completa** (a exceção é o seu último nível).

O uso de um *array* como uma *heap* faz com que cada posição do *array* passe a ser considerado o pai de duas outras posições, chamadas filhos. Assim, a posição (i) do *array* passa a ser o pai das posições $2i+1$ (filho da esquerda) e $2i+2$ (filho da direita). Assim, os elementos na fila de prioridades são dispostos na *heap* de forma que um nó pai tem sempre uma prioridade maior ou igual à prioridade de seus filhos. Desse modo, o elemento de maior prioridade estará sempre no início do *array* (início da fila), enquanto o de menor prioridade estará na última posição do *array* (final da fila). A Figura 7.18 mostra uma fila de prioridades representada na forma de uma *heap* binária.

Além disso, a *heap* binária permite a recuperação e remoção eficiente dos elementos do *array*, o que resulta em um custo $O(\log n)$ tanto para a inserção quanto para a remoção.

> Tanto na inserção quanto na remoção de elementos da fila, precisamos verificar e corrigir violações de propriedades da *heap* para garantir que a prioridade do nó pai seja sempre maior ou igual a de seus filhos.

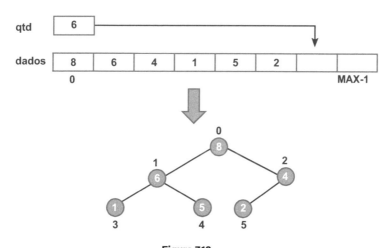

Figura 7.18

Inserindo um elemento na fila de prioridades

Inserir um elemento em uma fila de prioridades implementada usando uma ***heap*** **binária** é uma tarefa simples, mas trabalhosa.

> De fato, a inserção é extremamente simples. Porém, terminada a inserção, precisamos verificar e corrigir violações de propriedades da *heap* para garantir que a prioridade do nó pai seja sempre maior ou igual a de seus filhos.

A Figura 7.19 mostra a implementação da função de inserção. Perceba que a inserção trabalha com duas funções: a função **insere_FilaPrio**, responsável por gerenciar a inserção (linhas 16-26) e a função **promoverElemento**, que verifica e corrige as violações na *heap* (linhas 1-15).

Basicamente, a função **insere_FilaPrio** insere o novo elemento na primeira posição vaga do *array*, ou seja, no final do *array* (linhas 21-22). Isso significa que o elemento é inserido como um nó folha na *heap*. Em seguida, chamamos a função **promoverElemento**, a qual se encarregará de levar o elemento inserido para a sua respectiva posição na *heap* de acordo com a sua prioridade (linha 23). Por fim, devemos incrementar a quantidade (**fp->qtd**) de elementos armazenados na fila de prioridades e retornamos o valor **1** (linhas 24-25), indicando sucesso na operação de inserção. Note que as linhas de 2 a 5 verificam se a inserção é possível: se a fila foi criada com sucesso e se ela não está cheia (existe espaço para um novo elemento).

A função **promoverElemento** recebe como parâmetros a fila de prioridades e a posição do último elemento inserido, filho. Então, a função calcula a posição do **pai** desse elemento (linha 4) e começa a subir a *heap* verificando se existe alguma violação. Perceba que esse processo de verificação é feito enquanto o valor do **filho** for maior do que **ZERO** (o que significa que ele possui um pai) e a prioridade do **pai** for maior que a do **filho** (linhas 5-6). Se as duas condições forem verdadeiras, os elementos nas posições **pai** e **filho** são trocados de lugar (linhas 8-10). Em seguida, o **pai** será considerado um **filho** e o valor do seu **pai** será calculado para dar continuidade ao processo de subida e verificação da *heap* (linhas 12-13). Esse processo de inserção e promoção dos elementos dentro da *heap* pode ser melhor entendido com a Figura 7.20.

Inserindo um elemento na fila de prioridade (*heap* binária)

```
01    void promoverElemento(FilaPrio* fp, int filho){
02        int pai;
03        struct paciente temp;
04        pai = (filho - 1) / 2;
05        while((filho > 0) &&
06               (fp->dados[pai].prio <= fp->dados[filho].prio)){
07
08            temp = fp->dados[filho];
09            fp->dados[filho] = fp->dados[pai];
10            fp->dados[pai] = temp;
11
12            filho = pai;
13            pai = (pai - 1) / 2;
14        }
15    }
16    int insere_FilaPrio(FilaPrio* fp, char* nome, int prio){
17        if(fp == NULL)
18            return 0;
19        if(fp->qtd == MAX)//fila cheia
20            return 0;
21        strcpy(fp->dados[fp->qtd].nome,nome);
22        fp->dados[fp->qtd].prio = prio;
23        promoverElemento(fp,fp->qtd);
24        fp->qtd++;
25        return 1;
26    }
```

Figura 7.19

Filas de Prioridade

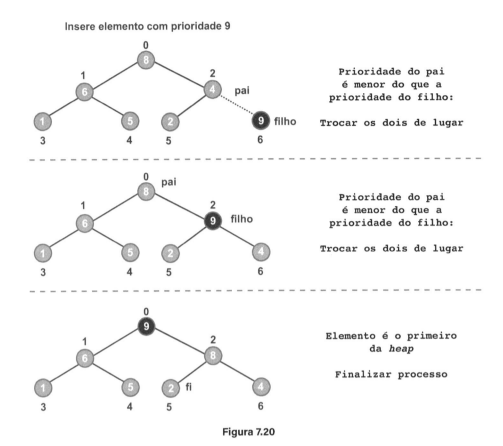

Figura 7.20

Removendo um elemento da fila de prioridades

Como a inserção, a remoção de um elemento de uma fila de prioridades implementada usando uma *heap* **binária** é uma tarefa simples, mas trabalhosa.

> Como na inserção, na remoção também precisamos verificar e corrigir violações de propriedades da *heap* para garantir que a prioridade do nó pai seja sempre maior ou igual a de seus filhos.

A Figura 7.21 mostra a implementação da função de remoção. Perceba que a remoção trabalha com duas funções: a função **remove_FilaPrio**, responsável por gerenciar a remoção (linhas 21-31) e a função **rebaixarElemento**, que verifica e corrige as violações na *heap* (linhas 1-19).

Basicamente, a função **remove_FilaPrio** remove o elemento que está no topo da *heap*, ou seja, o início do *array*. Isso é feito diminuindo a quantidade (**fp->qtd**) de elementos no *array* e copiando o elemento do final para o início do *array* (linhas 27-28). Em seguida, chamamos a função **rebaixarElemento**, a qual se encarregará de levar o elemento que foi colocado no topo da *heap* para a sua respectiva posição de acordo com a sua prioridade (linha 29). Por fim, retornamos o valor 1 (linha 30), indicando sucesso na operação de remoção. Note que as linhas de 2 a 5 verificam se a remoção é possível: se a fila foi criada com sucesso e se ela não está vazia (existe pelo menos um elemento para ser removido).

Removendo um elemento da fila de prioridade (*heap* binária)

```
01    void rebaixarElemento(FilaPrio* fp, int pai){
02      struct paciente temp;
03      int filho = 2 * pai + 1;
04      while(filho < fp->qtd){
05        if(filho < fp->qtd-1)
06          if(fp->dados[filho].prio < fp->dados[filho+1].prio)
07            filho++;
08
09        if(fp->dados[pai].prio >= fp->dados[filho].prio)
10          break;
11
12        temp = fp->dados[pai];
13        fp->dados[pai] = fp->dados[filho];
14        fp->dados[filho] = temp;
15
16        pai = filho;
17        filho = 2 * pai + 1;
18      }
19    }
20
21    int remove_FilaPrio(FilaPrio* fp){
22      if(fp == NULL)
23        return 0;
24      if(fp->qtd == 0)
25        return 0;
26
27      fp->qtd--;
28      fp->dados[0] = fp->dados[fp->qtd];
29      rebaixarElemento(fp,0);
30      return 1;
31    }
```

Figura 7.21

A função **rebaixarElemento** recebe como parâmetros a fila de prioridades e a posição do elemento que está no topo da *heap*, **pai**. Note que, inicialmente, o valor de **pai** é igual a **ZERO**. Então, a função calcula o seu primeiro **filho** (linha 3) e verifica se a posição do **filho** está no *array* (linha 4). Em caso afirmativo, a função verifica se existe o segundo **filho** (linha 5). Se o segundo filho existir, é necessário selecionar o maior deles (linhas 6-7). Do contrário, o primeiro será considerado o maior. Selecionado o maior **filho**, é necessário comparar as prioridades do **pai** e do **filho** (linha 9). Se a prioridade do **pai** é maior ou igual a do filho, isso significa que a *heap* está correta e o processo termina (linha 10). Do contrário, os elementos nas posições **pai** e **filho** são trocados

Filas de Prioridade

de lugar (linhas 12-14). Em seguida, o **filho** será considerado um **pai** e o valor do seu filho será calculado para dar continuidade ao processo de descida e verificação da *heap* (linhas 16-17). Esse processo de remoção e rebaixamento dos elementos dentro da *heap* pode ser melhor entendido com a Figura 7.22.

> Note que o elemento removido continua no final da fila de prioridades. Isso não é um problema, já que aquela posição é considerada como não ocupada por elementos da fila.

Lembre-se, o campo **qtd** indica a próxima posição vaga no final do *array* que representa a fila de prioridades.

Figura 7.22

Consultando o elemento no início da fila de prioridades

Apesar de possuir uma implementação quase idêntica à da **lista sequencial estática**, o acesso a um elemento de uma **fila de prioridades estática** é um pouco diferente.

> Apesar da implementação parecer com a de uma lista, uma fila de prioridades continua sendo uma fila. Isso significa que podemos acessar as informações apenas do elemento no **início** da fila.

Acessar um elemento que se encontra no início de uma **fila de prioridades estática** é uma tarefa quase imediata, como mostra a sua implementação na Figura 7.23. Em primeiro lugar, a função verifica se a consulta é válida. Para tanto, duas condições são verificadas: se o ponteiro **FilaPrio* fp** é igual a **NULL** e se a fila de prioridades está vazia (quantidade de elementos na fila é diferente de zero). Se alguma dessas condições for verdadeira, a busca termina e a função retorna o valor **ZERO** (linha 3). Caso contrário, a posição equivalente ao "**início**" da fila é copiada para a *string* passada por referência (**nome**) para a função (linha 4). Como se nota, esse tipo de consulta consiste em um simples acesso à primeira posição do *array* que representa a fila de prioridades (Figura 7.24).

> Em uma fila de prioridades implementada utilizando um *array* **ordenado**, o **início** da fila é a última posição do *array*. Já na implementação usando uma *heap* **binária**, o **início** da fila é a **primeira** posição do *array*.

Retorna o elemento com maior prioridade na fila (*heap* binária)
01 `int consulta_FilaPrio(FilaPrio* fp, char* nome){`   02   `if(fp == NULL || fp->qtd == 0)`   03   `return 0;`   04   `strcpy(nome,fp->dados[0].nome);`   05   `return 1;`   06 `}`

Figura 7.23

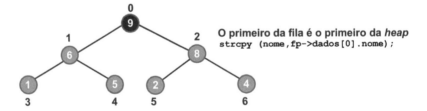

Figura 7.24

Filas de Prioridade   **239**

Exercícios

1) Defina, usando as suas palavras, a diferença entre fila e fila de prioridades.

2) Defina, usando as suas palavras, o que é uma estrutura do tipo fila de prioridades.

3) Defina, usando as suas palavras, a diferença da fila de prioridades usando *array* ordenado e *heap* binária.

4) Liste as situações em que uma fila de prioridades pode ser utilizada.

5) Implemente uma função que receba uma fila de prioridades e a inverta (o elemento de maior prioridade passa a ter a menor). Faça isso para os dois tipos de implementação: *array* ordenado e *heap* binária.

6) Escreva uma função para achar o valor de maior prioridade da fila. Faça isso para os dois tipos de implementação: *array* ordenado e *heap* binária.

7) Implemente uma função que receba duas filas (F1 e F2) e as concatene. O resultado da concatenação deve ser colocado em F1. A fila F2 deve ficar vazia. Faça a função para ambos os tipos de fila: estática e dinâmica.

8) Implemente uma função para unir filas de prioridade: a função recebe duas filas (F1 e F2) e o resultado da união deve ser colocado em F1, sem repetições. A fila F2 deve ficar vazia. Faça a função para ambos os tipos de fila: estática e dinâmica.

9) Implemente uma função que copie os elementos de uma fila de prioridades F1 para uma fila F2.

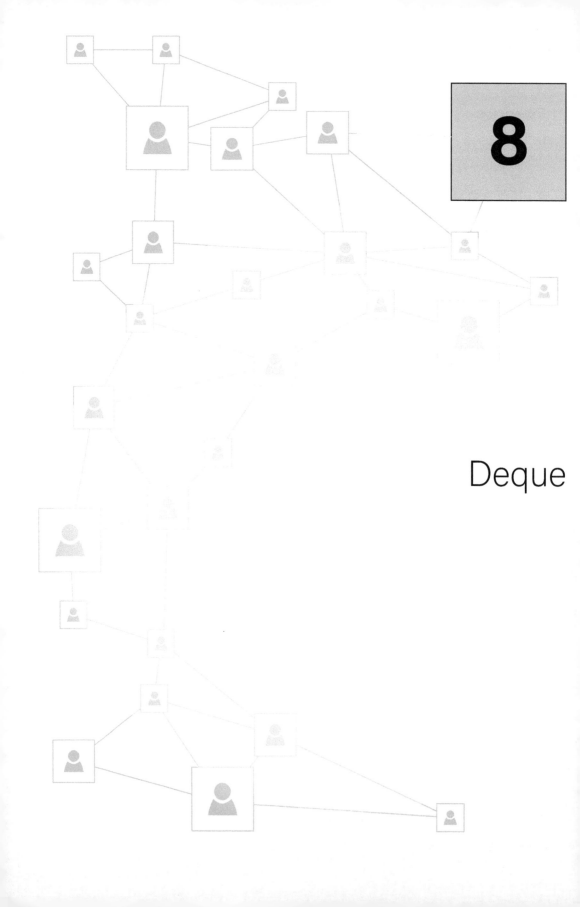

8

Deque

Definição

Basicamente, a estrutura de dados deque é um tipo especial de fila. Porém, enquanto na fila a inserção de um item é feita de um lado e a sua retirada ocorre pelo outro, um deque permite a inserção e a remoção em ambas extremidades da estrutura. Por esse motivo, os deques também são conhecidos como *Double Ended QUEue*, isto é, fila com duas saídas.

Apesar da semelhança direta com as filas, a estrutura deque generaliza a ideia de fila e pilha, podendo ser utilizado como substituto de ambos:

- deque como pilha: inserção e remoção na mesma extremidade;
- deque como fila: inserção e remoção em extremidades opostas.

Em ciência da computação, um deque, assim como a fila, é uma estrutura de dados linear utilizada para armazenar e controlar o fluxo de dados em um computador. Uma estrutura do tipo deque é uma sequência de elementos do mesmo tipo, como ilustrado na Figura 8.1. Seus elementos possuem estrutura interna abstraída, ou seja, sua complexidade é arbitrária e não afeta o seu funcionamento. Além disso, um deque pode possuir elementos repetidos, dependendo da aplicação. Uma estrutura do tipo deque pode possuir N ($N \geq 0$) elementos ou itens. Se $N = 0$, dizemos que o deque está vazio.

Dentre as aplicações do deque, podemos listar:

- controle de um canal marítimo;
- algoritmo de escalonamento de processos *A-Steal*;
- verificação de palíndromos;
- operação desfazer/refazer em *softwares*.

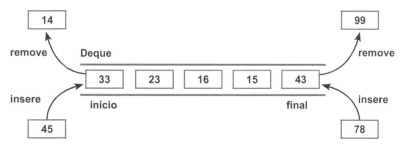

Figura 8.1

Tipos de deques

Basicamente, existem quatro tipos de implementações principais para um deque.

> Essas implementações diferem entre si com relação ao tipo de alocação de memória usada e tipo de acesso aos elementos.

Um deque pode ser implementado usando **alocação estática com acesso sequencial** ou **alocação dinâmica com acesso encadeado**, como descrito a seguir:

- Alocação estática com acesso sequencial: o espaço de memória é alocado no momento da compilação do programa, ou seja, é necessário definir o número máximo de elementos que o deque irá possuir. Desse modo, os elementos são armazenados de forma consecutiva na memória (como em um *array* ou vetor) e a posição de um elemento pode ser facilmente obtida a partir do início do deque. Nesse tipo de alocação, podemos considerar duas abordagens:
  - com *array* não circular: um *array* representa o deque de modo que operações de inserção e remoção no início envolvam o deslocamento de todo o conteúdo do *array*;
  - com *array* circular: as posições de início e final do deque são tratadas de forma a simular uma lista circular, evitando deslocamentos desnecessários de elementos;
- alocação dinâmica com acesso encadeado: o espaço de memória é alocado em tempo de execução, ou seja, o deque cresce à medida que novos elementos são armazenados, e diminui à medida que elementos são removidos. Nessa implementação, cada elemento pode estar em áreas distintas da memória, não necessariamente consecutivas. É necessário então que cada elemento do deque armazene, além da sua informação, o endereço de memória onde se encontra o próximo elemento. Para acessar um elemento, é preciso percorrer todos os seus antecessores no deque. Nesse tipo de alocação, podemos considerar duas abordagens:
  - com encadeamento simples: cada elemento do deque aponta apenas para o próximo, de modo que, para remover o elemento do final é preciso percorrer todos os demais;
  - com encadeamento duplo: cada elemento do deque aponta para o elemento anterior e seguinte a ele. Desse modo, não é necessário percorrer todos os elementos do deque para remover o último.

Nas próximas seções serão apresentadas duas implementações de deque. São elas:
- **deque estático**: alocação estática com acesso sequencial usando um *array* circular;
- **deque dinâmico**: alocação dinâmica com acesso duplamente encadeado.

Operações básicas de um deque

Independentemente do tipo de alocação e acesso usado na implementação de um deque, as seguintes operações básicas são sempre possíveis:
- criação do deque;
- inserção de um elemento no início do deque;
- inserção de um elemento no final do deque;
- remoção de um elemento do início do deque;
- remoção de um elemento do final do deque;
- acesso ao elemento do início do deque;
- acesso ao elemento do final do deque;
- destruição do deque;
- além de informações com tamanho, se o deque está cheio ou vazio.

Deque estático

Um **deque estático** é um deque definido utilizando alocação estática e acesso sequencial dos elementos. Trata-se do tipo mais simples de deque possível. Esse deque é definido utilizando um *array*, de modo que o sucessor de um elemento ocupa a posição física seguinte do mesmo.

Além do *array*, esse deque utiliza três campos adicionais para guardar o **início**, o **final** e a quantidade de elementos (dados) inseridos no deque.

Considerando uma implementação em módulos, temos que o usuário tem acesso apenas a um ponteiro do tipo deque (o deque é um **tipo opaco**), como ilustrado na Figura 8.2. Isso impede o usuário de saber como foi realmente implementado o deque, e limita o seu acesso apenas às funções que manipulam o início e o final do deque.

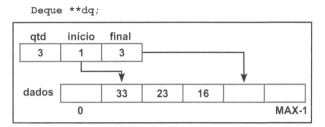

Figura 8.2

A principal vantagem de se utilizar um *array* na definição de um **deque estático** é a facilidade de criar e destruir esse deque. Já a sua principal desvantagem é a necessidade de definir previamente o tamanho do *array* e, consequentemente, do deque.

Considerando suas vantagens e desvantagens, o ideal é utilizar um **deque estático** em deques pequenos ou quando o tamanho máximo do deque é bem definido.

Definindo o tipo deque estático

Antes de começar a implementar o nosso deque, é preciso definir o tipo de dado que será armazenado nele. Um deque pode armazenar qualquer tipo de informação. Para tanto, é necessário que especifiquemos isso na sua declaração. Como estamos trabalhando com modularização, precisamos também definir o **tipo opaco** que representa nosso deque. Esse tipo será um ponteiro para a estrutura que define o deque. Além disso, também precisamos definir o conjunto de funções que será visível para o programador que utilizar a biblioteca que estamos criando.

No arquivo **DequeEstatico.h** iremos declarar tudo aquilo que será visível para o programador.

Vamos começar definindo o arquivo **DequeEstatico.h,** ilustrado na Figura 8.3. Por se tratar de um deque estático, temos que definir:

- o tamanho máximo do *array* utilizado no deque, representada pela constante **MAX** (linha 1);
- o tipo de dado que será armazenado no deque, **struct aluno** (linhas 2-6);
- para fins de padronização, criamos um novo nome para o tipo deque (linha 7). Esse é o tipo que será usado sempre que se desejar trabalhar com um deque;
- as funções disponíveis para se trabalhar com esse deque em especial (linhas 9-19) e que serão implementadas no arquivo **DequeEstatico.c**.

Nesse exemplo, optamos por armazenar uma estrutura representando um aluno dentro do deque. Esse aluno é representado pelo seu número de matrícula, nome e três notas.

No arquivo **DequeEstatico.c** iremos definir tudo aquilo que deve ficar oculto do usuário da nossa biblioteca e implementar as funções definidas em **DequeEstatico.h**.

Basicamente, o arquivo **DequeEstatico.c** (Figura 8.3) contém apenas:

- as chamadas às bibliotecas necessárias à implementação do deque (linhas 1-3);
- a definição do tipo de funcionamento do deque, **struct deque** (linhas 5-8);
- as implementações das funções definidas no arquivo **DequeEstatico.h**. As implementações dessas funções serão vistas nas seções seguintes.

Note que o nosso tipo deque nada mais é do que uma estrutura contendo quatro campos:

- um inteiro **inicio** que indica a posição no *array* do elemento que está no início do deque;
- um inteiro **final** que indica a posição no *array* do elemento que está no final do deque;
- um inteiro **qtd** que indica o quanto do *array* já está ocupado pelos elementos inseridos no deque;
- um *array* do tipo **struct aluno**, que é o tipo de dado a ser armazenado no deque.

Por estar definido dentro do arquivo **DequeEstatico.c**, os campos dessa estrutura **struct aluno** não são visíveis pelo usuário da biblioteca no arquivo **main()**, apenas o seu outro nome definido no arquivo **DequeEstatico.h** (linha 7), que pode apenas declarar um ponteiro para ele da seguinte forma:

Deque *dq;

Note que a implementação de um **deque estático** é praticamente igual à implementação de uma **fila sequencial estática**. A diferença é que o deque permite inserção e remoção em ambas as extremidades da estrutura.

Deque   **245**

Arquivo DequeEstatico.h

```
01   #define MAX 10
02   struct aluno{
03       int matricula;
04       char nome[30];
05       float n1,n2,n3;
06   };
07   typedef struct deque Deque;
08
09   Deque* cria_Deque();
10   void libera_Deque(Deque* dq);
11   int consultaInicio_Deque(Deque* dq, struct aluno *al);
12   int consultaFinal_Deque(Deque* dq, struct aluno *al);
13   int insereFinal_Deque(Deque* dq, struct aluno al);
14   int insereInicio_Deque(Deque* dq, struct aluno al);
15   int removeInicio_Deque(Deque* dq);
16   int removeFinal_Deque(Deque* dq);
17   int tamanho_Deque(Deque* dq);
18   int Deque_vazio(Deque* dq);
19   int Deque_cheio(Deque* dq);
```

Arquivo DequeEstatico.c

```
01   #include <stdio.h>
02   #include <stdlib.h>
03   #include "DequeEstatico.h" //inclui os protótipos
04   //Definição do tipo Deque
05   struct deque{
06       int inicio, final, qtd;
07       struct aluno dados[MAX];
08   };
```

Figura 8.3

Criando e destruindo um deque

Para utilizar um deque em seu programa, a primeira coisa a fazer é criar um deque vazio. Essa tarefa é executada pela função descrita na Figura 8.4. Basicamente, o que essa função faz é a alocação de uma área de memória para o deque (linha 3). Essa área corresponde à memória necessária para armazenar a estrutura que define o deque, **struct deque**. Em seguida, essa função inicializa os três campos do deque com o valor **0**: **inicio** (que indica a posição no *array* do elemento que está no início do deque), **final** (que indica a posição no *array* que é o final do deque) e **qtd** (que indica o quanto do *array* já está ocupado, ou seja, nenhuma posição). A Figura 8.5 indica o conteúdo do nosso ponteiro **Deque* dq** após a chamada da função que cria o deque.

Criando um deque
| ```
01    Deque* cria_Deque(){
02        Deque *dq;
03        dq = (Deque*) malloc(sizeof(struct deque));
04        if(dq != NULL){
05            dq->inicio = 0;
06            dq->final = 0;
07            dq->qtd = 0;
08        }
09        return dq;
10    }
``` |

Figura 8.4

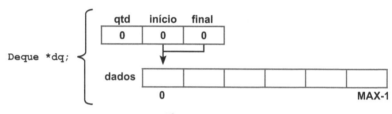

Figura 8.5

Destruir um deque estático é bastante simples, como mostra o código contido na Figura 8.6. Basicamente, o que temos que fazer é liberar a memória alocada para a estrutura que representa o deque. Isso é feito utilizando apenas uma chamada da função **free()**.

> Por que criar uma função para destruir o deque sendo que tudo que precisamos fazer é chamar a função **free()**?

Por questões de modularização. Destruir um deque estático é bastante simples, porém destruir um deque alocado dinamicamente é uma tarefa mais complicada. Ao criar essa função, estamos escondendo a implementação dessa tarefa do usuário, ao mesmo tempo em que mantemos a mesma notação utilizada para um deque com alocação **estática** ou **dinâmica**. Desse modo, utilizar um deque **estático** ou **dinâmico** será indiferente para o programador.

Destruindo um deque
| ```
01    void libera_Deque(Deque* dq){
02        free(dq);
03    }
``` |

Figura 8.6

Informações básicas sobre o deque

As operações de inserção, remoção e consulta são consideradas as principais operações de um deque. Apesar disso, para realizar essas operações é necessário ter em mãos algumas outras informações mais básicas sobre o deque. Por exemplo, não podemos remover um elemento do deque se o mesmo estiver vazio. Sendo assim, é conveniente implementar uma função que retorne esse tipo de informação.

A seguir, veremos como implementar as funções que retornam as três principais informações sobre o *status* atual do deque: seu tamanho, se ele está cheio e se ele está vazio.

Tamanho do deque

Saber o tamanho de um deque estático é uma tarefa relativamente simples. Isso ocorre porque nosso deque possui um campo inteiro **qtd** que indica o quanto do *array* já está ocupado pelos elementos inseridos no deque, como mostra a Figura 8.7.

Basicamente, retornar o tamanho de um **deque estático** consiste em retornar o valor do seu campo **qtd**.

A implementação da função que retorna o tamanho do deque é mostrada na Figura 8.8. Note que essa função, em primeiro lugar, verifica se o ponteiro **Deque* dq** é igual a **NULL**. Essa condição seria verdadeira caso houvesse um problema na criação do deque, e, nesse caso, não teríamos um deque válido para trabalhar. Porém, se o deque foi criado com sucesso, então é possível acessar o seu campo **qtd** e retornar o seu valor, que nada mais é do que o tamanho do deque.

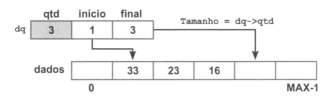

Figura 8.7

Tamanho do deque
01 `int tamanho_Deque(Deque* dq) {`
02   `if(dq == NULL)`
03   `return -1;`
04   `return dq->qtd;`
05 `}`

Figura 8.8

Deque cheio

Saber se um **deque estático** está cheio é outra tarefa relativamente simples. Novamente, isso ocorre porque esse deque possui um campo inteiro **qtd** que indica o quanto do *array* já está ocupado pelos elementos inseridos no deque, como mostra a Figura 8.9.

Basicamente, retornar se um **deque estático** está cheio consiste em verificar se o valor do seu campo **qtd** é igual a **MAX**.

A implementação da função que retorna se o deque está cheio é mostrada na Figura 8.10. Note que essa função, em primeiro lugar, verifica se o ponteiro **Deque* dq** é igual a **NULL**. Essa condição seria verdadeira, se tivesse um problema na criação do deque e, nesse caso, não teríamos um deque válido para trabalhar. Dessa forma, optamos por retornar o valor **−1** para indicar um deque inválido. Porém, se o deque foi criado com sucesso, então é possível acessar o seu campo **qtd** e comparar o seu valor com o tamanho máximo definido para o seu *array* (vetor) de elementos: **MAX**. Se os valores forem iguais (ou seja, deque cheio), iremos retornar o valor **1** (linha 5). Caso contrário, a função irá retornar o valor **0**.

Note que apenas o valor do campo **qtd** é relevante para saber se o deque está cheio. Os campos **início** e **final** poderão ter qualquer valor, desde que seja o mesmo.

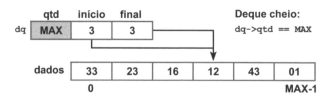

Figura 8.9

```
01    int Deque_cheio(Deque* dq){
02        if(dq == NULL)
03            return -1;
04        if (dq->qtd == MAX)
05            return 1;
06        else
07            return 0;
08    }
```

Figura 8.10

Deque vazio

Saber se um **deque estático** está vazio é outra tarefa bastante simples. Como no caso do tamanho do deque e do deque cheio, isso ocorre porque esse tipo de deque possui um campo inteiro **qtd** que indica o quanto do *array* já está ocupado pelos elementos inseridos no deque, como mostra a Figura 8.11.

Basicamente, retornar se um **deque estático** está vazio consiste em verificar se o valor do seu campo **qtd** é igual a **ZERO**.

A implementação da função que retorna se o deque está vazio é mostrada na Figura 8.12. Note que essa função, em primeiro lugar, verifica se o ponteiro **Deque* dq** é igual a **NULL**. Essa condição seria verdadeira, se tivesse um problema na criação do deque e, nesse caso, não teríamos um deque válido para trabalhar. Dessa forma, optamos por retornar o valor **−1** para indicar um deque inválido. Porém, se o deque foi criado com sucesso, então é possível acessar o seu campo **qtd** e comparar o seu valor com o valor **ZERO**, que é o valor inicial do campo quando criamos um deque. Se os valores forem iguais (ou seja, deque vazio), iremos retornar o valor **1** (linha 5). Caso contrário, a função irá retornar o valor **0**.

Note que apenas o valor do campo **qtd** é relevante para saber se o deque está vazio. Os campos **início** e **final** poderão ter qualquer valor, desde que seja o mesmo.

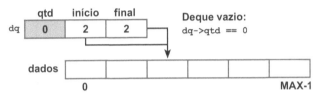

Figura 8.11

	Retornando se o deque está vazio
01	`int Deque_vazio(Deque* dq){`
02	`    if(dq == NULL)`
03	`        return -1;`
04	`    if (dq->qtd == 0)`
05	`        return 1;`
06	`    else`
07	`        return 0;`
08	`}`

Figura 8.12

Inserindo um elemento no deque
Inserindo no início do deque

Inserir um elemento no início de um **deque estático** é uma tarefa simples. Na verdade, essa tarefa é similar à de se inserir no final de uma **fila sequencial estática**, como mostra a sua implementação na Figura 8.13.

Primeiramente, verificamos duas condições para saber se a inserção é válida (linha 2): se o ponteiro **Deque* dq** é igual a **NULL** e se o deque está cheio (quantidade de elementos no deque é igual a **MAX**). Se alguma dessas condições for verdadeira, a inserção não é possível e a função retorna o valor **ZERO** (linha 3). Como estamos realizando a inserção no início do deque, devemos, primeiramente, calcular a próxima posição de inserção. Diferente da inserção no final, a posição de início do deque já está ocupada. Portanto, devemos calcular a posição anterior a ela no *array* (linha 4). Em seguida, verificamos se essa operação não resultou em um valor de posição negativa (linha 5). Em caso afirmativo, essa posição de início (que não existe no *array*) será modificada para a posição **MAX-1** (ou seja, a última posição do *array*), garantindo, assim, seu comportamento circular (linha 6).

Por fim, os dados são copiados para a posição apontada pelo campo **início** do deque (linha 7). Devemos também incrementar a quantidade (**dq -> qtd**) de elementos armazenados no deque e retornamos o valor **1** (linhas 8-9), indicando sucesso na operação de inserção. Esse processo é melhor ilustrado pela Figura 8.14.

Inserindo um elemento no início do deque
01 `int insereInicio_Deque(Deque* dq, struct aluno al){`
02   `if(dq == NULL || dq->qtd == MAX)`
03   `return 0;`
04   `dq->inicio--;`
05   `if(dq->inicio < 0)`
06   `dq->inicio = MAX-1;`
07   `dq->dados[dq->inicio] = al;`
08   `dq->qtd++;`
09   `return 1;`
10 `}`

Figura 8.13

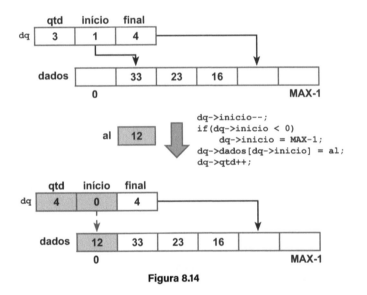

Figura 8.14

Inserindo no final do deque

Inserir um elemento no final de um **deque estático** é uma tarefa simples. Na verdade, trata-se da mesma tarefa de inserir um elemento no final de uma **fila sequencial estática**, como mostra a sua implementação na Figura 8.15.

Primeiramente, verificamos duas condições para saber se a inserção é válida (linha 2): se o ponteiro **Deque* dq** é igual a **NULL** e se o deque está cheio (quantidade de elementos no deque é igual a **MAX**). Se alguma dessas condições for verdadeira, a inserção não é possível e a função retorna o valor **ZERO** (linha 3). Como estamos realizando a inserção no final do deque, temos que copiar os dados a serem inseridos para a posição apontada pelo campo final do deque (linha 4). Em seguida, devemos incrementar o valor do campo **final**, indicando, assim, a próxima posição vaga no deque (linha 5).

Deque

Note que utilizamos a operação de resto da divisão no cálculo do novo final do deque. Fazemos isso para simular um deque circular. Assim, ao chegar na posição **MAX** (que não existe no *array*) o final do deque será colocado na posição **ZERO**, de modo que as posições no começo do *array* que ficarem vagas à medida que inserimos e removemos elementos, poderão ser usadas pelo final do deque.

Por fim, devemos incrementar a quantidade (**dq -> qtd**) de elementos armazenados no deque e retornamos o valor **1** (linhas 6-7), indicando sucesso na operação de inserção. Esse processo é melhor ilustrado pela Figura 8.16.

```
Inserindo um elemento no final do deque
01   int insereFinal_Deque(Deque* dq, struct aluno al){
02       if(dq == NULL || dq->qtd == MAX)
03           return 0;
04       dq->dados[dq->final] = al;
05       dq->final = (dq->final+1)%MAX;
06       dq->qtd++;
07       return 1;
08   }
```

Figura 8.15

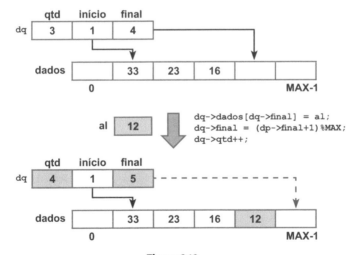

Figura 8.16

Removendo um elemento do deque
Removendo do início do deque

Remover um elemento do início de um **deque estático** é uma tarefa simples. Na verdade, trata-se da mesma tarefa de remover um elemento do início de uma **fila sequencial estática**, como mostra a sua implementação na Figura 8.17.

Primeiramente, verificamos se o ponteiro **Deque* dq** é igual a **NULL** ou se o deque está vazio (linha 2). Essas condições garantem que temos um deque válido para trabalhar (ou seja, não houve problemas na criação do deque) e que existem elementos que podem ser removidos do deque. Nesse caso, optamos por retornar o valor **0** para indicar que uma das condições é falsa (linha 3). Como a remoção está sendo feita no início do deque, basta incrementar em uma unidade o seu valor de início (linha 4).

Note que utilizamos a operação de resto da divisão no cálculo do novo início do deque. Fazemos isso para simular um deque circular. Assim, ao chegar na posição **MAX** (que não existe no *array*) o início do deque será colocado na posição **ZERO**, de modo que as posições no começo do *array* que ficarem vagas à medida que inserimos e removemos elementos do deque poderão ser usadas pelo início do deque.

Por fim, devemos diminuir a quantidade (**dq->qtd**) de elementos armazenados no deque e retornamos o valor **1** (linhas 5 e 6), indicando sucesso na operação de remoção. Esse processo é melhor ilustrado pela Figura 8.18.

```
01    int removeInicio_Deque(Deque* dq){
02        if(dq == NULL || dq->qtd == 0)
03            return 0;
04        dq->inicio = (dq->inicio+1)%MAX;
05        dq->qtd--;
06        return 1;
07    }
```

Removendo um elemento do início do deque

Figura 8.17

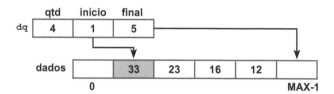

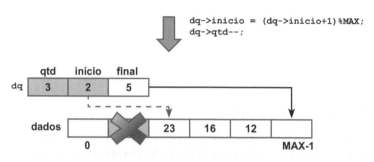

Figura 8.18

Removendo do final do deque

Remover um elemento do final de um **deque estático** é uma tarefa simples. Na verdade, essa tarefa é similar à de se remover do início de uma **fila sequencial estática**, como mostra a sua implementação na Figura 8.19.

Primeiramente, verificamos se o ponteiro **Deque* dq** é igual a **NULL** ou se o deque está vazio (linha 2). Essas condições garantem que temos um deque válido para trabalhar (ou seja, não houve problemas na criação do deque) e que existem elementos que podem ser removidos do deque. Nesse caso, optamos por retornar o valor **0** para indicar que uma das condições é falsa (linha 3).

Como estamos realizando a remoção do final do deque devemos, primeiramente, calcular a posição anterior a posição **final** no *array* (linha 4). Em seguida, verificamos se essa operação não resultou em um valor de posição negativa (linha 5). Em caso afirmativo, essa posição de final (que não existe no *array*) será modificada para a posição **MAX-1** (ou seja, a última posição do *array*), garantindo, assim, o seu comportamento circular (linha 6).

Por fim, devemos diminuir a quantidade (**dq -> qtd**) de elementos armazenados no deque e retornamos o valor **1** (linhas 7-8), indicando sucesso na operação de remoção. Esse processo é melhor ilustrado pela Figura 8.20.

```
Removendo um elemento do final do deque
01    int removeFinal_Deque(Deque* dq){
02        if(dq == NULL || dq->qtd == 0)
03            return 0;
04        dq->final--;
05        if(dq->final < 0)
06            dq->final = MAX-1;
07        dq->qtd--;
08        return 1;
09    }
```

Figura 8.19

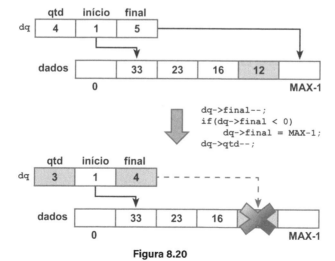

Figura 8.20

Consultando o deque

Apesar de possuir uma implementação quase idêntica à da **fila sequencial estática**, o acesso a um elemento de um **deque estático** é um pouco diferente.

> Em uma fila pode-se acessar e recuperar as informações contidas apenas no **início** da fila. Já em um deque, podemos acessar as informações tanto do **início** quanto do **final** do deque.

Portanto, temos duas formas de acessar o deque: pelo **início** e pelo **final**. Acessar um elemento que se encontra no início de um **deque estático** é uma tarefa quase imediata, como mostra a sua implementação na Figura 8.21. Em primeiro lugar, a função verifica se a consulta é válida. Para tanto, duas condições são verificadas: se o ponteiro **Deque* dq** é igual a **NULL** e se o deque está vazio (quantidade de elementos no deque é igual a zero). Se alguma dessas condições for verdadeira, a busca termina e a função retorna o valor **ZERO** (linha 3). Caso contrário, a posição equivalente ao "início" do deque é copiada para o conteúdo do ponteiro passado por referência (**al**) para a função (linha 4). A Figura 8.23 exemplifica esta operação.

	Consultando o início do deque
01	`int consultaInicio_Deque(Deque* dq, struct aluno *al){`
02	`    if(dq == NULL || dq->qtd == 0)`
03	`        return 0;`
04	`    *al = dq->dados[dq->inicio];`
05	`    return 1;`
06	`}`

Figura 8.21

O acesso ao elemento contido no **final** do deque é igualmente simples, como mostra a sua implementação na Figura 8.22. A diferença consiste no fato de que a posição do "**final**" do deque não é realmente o seu final, mas sim a próxima posição de inserção válida. Sendo assim, após as verificações de validade do ponteiro **Deque* dq** e de deque vazio (linhas 2-3), devemos calcular a posição anterior ao final (linha 4). Caso essa posição seja um valor negativo, assume o valor da última posição válida do *array*, garantindo assim o caráter circular do deque. Por fim, o conteúdo dessa posição do deque é copiado para o conteúdo do ponteiro passado por referência (**al**) para a função (linha 7). A Figura 8.23 exemplifica esta operação.

	Consultando o final do deque
01	`int consultaFinal_Deque(Deque* dq, struct aluno *al){`
02	`    if(dq == NULL || dq->qtd == 0)`
03	`        return 0;`
04	`    int pos = dq->final-1;`
05	`    if(pos < 0)`
06	`        pos = MAX-1;`
07	`    *al = dq->dados[pos];`
08	`    return 1;`
09	`}`

Figura 8.22

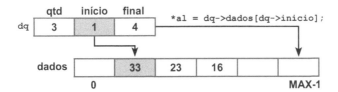

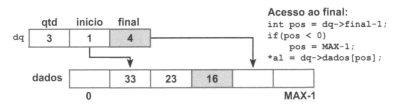

Figura 8.23

Deque dinâmico

Um **deque dinâmico** é um deque definido utilizando alocação dinâmica e acesso encadeado dos elementos. Cada elemento do deque é alocado dinamicamente, à medida que os dados são inseridos dentro do deque, e tem sua memória liberada à medida que é removido. Esse elemento nada mais é do que um ponteiro para uma estrutura contendo três campos de informação: um campo de **dado**, utilizado para armazenar a informação inserida no deque, e dois ponteiros **ant** e **prox** indicam, respectivamente, o elemento anterior e o próximo no deque. Note que optamos por fazer um encadeamento duplo dos elementos do deque (ponteiros **ant** e pr**ox**). Apesar de termos agora um custo extra de mais um ponteiro dentro de cada elemento, o uso de duplo encadeamento simplifica as operações de inserção e remoção no final do deque. Nesse tipo de implementação, não é preciso mais percorrer os elementos do deque para manipular o seu final.

> Além da estrutura que define seus elementos, esse deque utiliza um **nó descritor** para guardar o **início**, o **final** e a quantidade de elementos (**dados**) inseridos no deque.

Como visto na Seção Lista dinâmica encadeada com nó descritor, um **nó descritor** é um elemento especial do deque. Dentro dele podemos armazenar qualquer informação que julgarmos necessária. De modo geral, optamos por armazenar dentro dessa estrutura informações que facilitem a manipulação do deque como, por exemplo, o seu início, o seu final e a quantidade de elementos, como mostrado na Figura 8.24.

Considerando uma implementação em módulos, temos que o usuário tem acesso apenas a um ponteiro do tipo deque (o deque é um **tipo opaco**), como ilustrado na Figura 8.24. Isso impede o usuário de saber como foi realmente implementado o deque, e limita o seu acesso apenas às funções que manipulam o início e o final do deque.

> Note que a implementação em módulos impede o usuário de saber como o deque foi implementado. Tanto o **deque dinâmico** quanto o **deque estático** são declarados como sendo do tipo **Deque ***.

Essa é a grande vantagem da modularização e da utilização de tipos opacos: mudar a maneira que o deque foi implementado não altera nem interfere no funcionamento do programa que a utiliza.

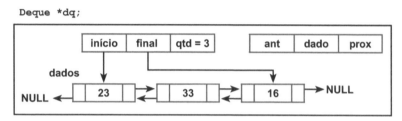

Figura 8.24

> A principal vantagem de se utilizar uma abordagem dinâmica e encadeada na definição do deque é a melhor utilização dos recursos de memória, sendo não mais necessário definir previamente o tamanho do deque. Já a sua principal desvantagem é a necessidade de percorrer todo o deque para destruí-lo.

Considerando suas vantagens e desvantagens, o ideal é utilizar um **deque dinâmico** quando não há necessidade de garantir um espaço mínimo para a execução da aplicação ou quando o tamanho máximo do deque não é bem definido.

Definindo o tipo deque dinâmico

Antes de começar a implementar o nosso deque, é preciso definir o tipo de dado que será armazenado nele. Um deque pode armazenar qualquer tipo de informação. Para tanto, é necessário que especifiquemos isso na sua declaração. Como estamos trabalhando com modularização, precisamos também definir o **tipo opaco** que representa nosso deque, nesse caso, nosso **nó descritor**. Esse tipo será um ponteiro para a estrutura que define o deque. Além disso, também precisamos definir o conjunto de funções que será visível para o programador que utilizar a biblioteca que estamos criando.

> No arquivo **DequeDinamico.h**, iremos declarar tudo aquilo que será visível para o programador.

Vamos começar definindo o arquivo **DequeDinamico.h**, ilustrado na Figura 8.25. Por se tratar de um deque dinâmico encadeado, temos que definir:

- o tipo de dado que será armazenado no deque, **struct aluno** (linhas 1-5);

- para fins de padronização, criamos um novo nome para a **struct deque** (linha 6). Esse é o tipo que será usado sempre que se desejar trabalhar com um deque;
- as funções disponíveis para se trabalhar com esse deque em especial (linhas 8-18) e que serão implementadas no arquivo **DequeDinamico.c**.

Nesse exemplo, optamos por armazenar uma estrutura representando um aluno dentro do deque. Esse aluno é representado pelo seu número de matrícula, nome e três notas.

No arquivo **DequeDinamico.c**, iremos definir tudo aquilo que deve ficar oculto do usuário da nossa biblioteca e implementar as funções definidas em **DequeDinamico.h**.

Basicamente, o arquivo **DequeDinamico.c** (Figura 8.25) contém apenas:
- as chamadas às bibliotecas necessárias à implementação do deque (linhas 1-3);
- a definição do tipo que define cada elemento do deque, **struct elemento** (linhas 5-9);
- a definição de um novo nome para a **struct elemento** (linha 10). Isso é feito apenas para facilitar certas etapas de codificação;
- a definição do tipo que define o **nó descritor** do deque, **struct deque** (linhas 12-16);
- as implementações das funções definidas no arquivo **DequeDinamico.h**. As implementações dessas funções serão vistas nas seções seguintes.

Note que a **struct elemento** nada mais é do que uma estrutura contendo três campos:
- um ponteiro **ant** que indica o elemento anterior (também do tipo **struct elemento**) dentro do deque;
- um campo **dado** do tipo **struct aluno**, que é o tipo de dado a ser armazenado no deque.
- um ponteiro **prox** que indica o próximo elemento (também do tipo **struct elemento**) dentro do deque.

Note também que a **struct deque** nada mais é do que uma estrutura contendo três campos:
- um ponteiro **início** que indica o primeiro elemento do deque;
- um ponteiro **final** que indica o último elemento do deque;
- um campo **tamanho** do tipo **int**, que armazena o número de elementos dentro do deque.

Por estar definido dentro do arquivo **DequeDinamico.c**, os campos dessa estrutura **struct aluno** não são visíveis pelo usuário da biblioteca no arquivo **main()**, apenas o seu outro nome definido no arquivo **DequeDinamico.h** (linha 6), que pode apenas declarar um ponteiro para ele da seguinte forma:

Deque *dq;

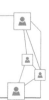

Note que a implementação de um **deque dinâmico** utiliza a estrutura similar à de uma **fila dinâmica encadeada**. A diferença é que enquanto a fila utiliza a estrutura de uma **lista dinâmica encadeada** como base, o deque é baseado na **lista dinâmica duplamente encadeada** para facilitar as operações de inserção e remoção.

Algoritmos e Estruturas de Dados em Linguagem C

Arquivo DequeDinamico.h

```
01    struct aluno{
02        int matricula;
03        char nome[30];
04        float n1,n2,n3;
05    };
06    typedef struct deque Deque;
07
08    Deque* cria_Deque();
09    void libera_Deque(Deque* dq);
10    int consultaInicio_Deque(Deque* dq, struct aluno *al);
11    int consultaFinal_Deque(Deque* dq, struct aluno *al);
12    int insereFinal_Deque(Deque* dq, struct aluno al);
13    int insereInicio_Deque(Deque* dq, struct aluno al);
14    int removeInicio_Deque(Deque* dq);
15    int removeFinal_Deque(Deque* dq);
16    int tamanho_Deque(Deque* dq);
17    int Deque_vazio(Deque* dq);
18    int Deque_cheio(Deque* dq);
```

Arquivo DequeDinamico.c

```
01    #include <stdio.h>
02    #include <stdlib.h>
03    #include "DequeDinamico.h" //inclui os protótipos
04    //Definição do tipo Deque
05    struct elemento{
06        struct elemento *ant;
07        struct aluno dados;
08        struct elemento *prox;
09    };
10    typedef struct elemento Elem;
11    //Definição do Nó Descritor do Deque
12    struct deque{
13        struct elemento *inicio;
14        struct elemento *final;
15        int qtd;
16    };
```

Figura 8.25

Criando e destruindo um deque

Para utilizar um deque em seu programa, a primeira coisa a fazer é criar um deque vazio. Essa tarefa é executada pela função descrita na Figura 8.26. Basicamente, o que essa função faz é a alocação de uma área de memória para o deque (linha 2). Essa área corresponde à memória necessária para armazenar a estrutura que define o deque, **struct deque**. Em seguida, essa função inicializa os três campos do deque, como descrito a seguir:

- **início** (que aponta para o elemento que está no início do deque) recebe **NULL**;
- **final** (que aponta para o elemento que está no final do deque) recebe **NULL**;

- **qtd** (que indica a quantidade de elementos no deque) recebe **ZERO** (ou seja, nenhum elemento no deque).

A Figura 8.27 indica o conteúdo do nosso ponteiro **Deque* dq** após a chamada da função que cria o deque.

```
                    Criando um deque
01    Deque* cria_Deque(){
02        Deque* dq = (Deque*) malloc(sizeof(struct deque));
03        if(dq != NULL){
04            dq->final = NULL;
05            dq->inicio = NULL;
06            dq->qtd = 0;
07        }
08        return dq;
09    }
```

Figura 8.26

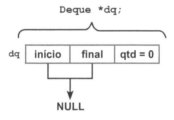

Figura 8.27

Destruir um deque que utilize alocação dinâmica e seja encadeado não é uma tarefa tão simples quanto destruir um **deque estático**.

Para liberar um deque que utilize alocação dinâmica e seja encadeado é preciso percorrer todo o deque liberando a memória alocada para cada elemento inserido nele.

O código que realiza a destruição do deque é mostrado na Figura 8.28. Inicialmente, verificamos se o deque é válido, ou seja, se a tarefa de criação do deque foi realizada com sucesso (linha 2). Em seguida, percorremos o deque até que o conteúdo do seu início seja diferente de **NULL**, o final do deque (linha 4). Enquanto não chegarmos ao final do deque, iremos liberar a memória do elemento que se encontra atualmente no início do deque e avançar para o próximo (linhas 5-7). Terminado esse processo, liberamos a memória alocada para o nó descritor que representa o deque (linha 9). Esse processo é melhor ilustrado pela Figura 8.29, a qual mostra a liberação de um deque contendo dois elementos.

Destruindo um deque
01 `void libera_Deque(Deque* dq){`
02   `if(dq != NULL){`
03   `Elem* no;`
04   `while(dq->inicio != NULL){`
05   `no = dq->inicio;`
06   `dq->inicio = dq->inicio->prox;`
07   `free(no);`
08   `}`
09   `free(dq);`
10   `}`
11 `}`

Figura 8.28

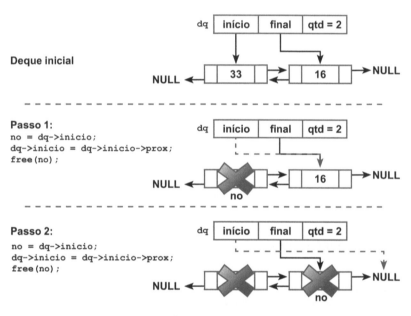

Figura 8.29

Informações básicas sobre o deque

As operações de inserção, remoção e consulta são consideradas as principais operações de um deque. Apesar disso, para realizar essas operações é necessário ter em mãos algumas outras informações mais básicas sobre o deque. Por exemplo, não podemos remover um elemento do deque se o mesmo estiver vazio. Sendo assim, é conveniente implementar uma função que retorne esse tipo de informação.

Deque

A seguir, veremos como implementar as funções que retornam as três principais informações sobre o *status* atual do deque: seu tamanho, se ele está cheio e se ele está vazio.

Tamanho do deque

Saber o tamanho de um **deque dinâmico** é uma tarefa relativamente simples. Isso ocorre porque estamos trabalhando com um **nó descritor** e ele possui um campo inteiro **qtd** que indica a quantidade de elementos inseridos no deque, como mostra a Figura 8.30.

> Basicamente, definir o tamanho de um deque dinâmico consiste em retornar o valor do seu campo **qtd**.

A implementação da função que retorna o tamanho do deque é mostrada na Figura 8.31. Note que essa função, em primeiro lugar, verifica se o ponteiro **Deque* dq** é igual a **NULL**. Essa condição seria verdadeira, se tivesse um problema na criação do deque e, nesse caso, não teríamos um deque válido para trabalhar. Porém, se o deque foi criado com sucesso, então é possível acessar o seu campo **qtd** e retornar o seu valor, que nada mais é do que o tamanho do deque.

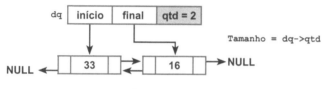

Figura 8.30

```
01    int tamanho_Deque(Deque* dq){
02        if(dq == NULL)
03            return 0;
04        return dq->qtd;
05    }
```

Tamanho do deque

Figura 8.31

Deque cheio

Implementar uma função que retorne se um **deque dinâmico** está cheio é uma tarefa relativamente simples.

> Um **deque dinâmico** somente será considerado cheio quando não tivermos mais memória disponível para alocar novos elementos.

A implementação da função que retorna se o deque está cheio é mostrada na Figura 8.32. Como se pode notar, essa função sempre irá retornar o valor **ZERO**, indicando que o deque não está cheio.

Retornando se o deque está cheio
01   `int Deque_cheio(Deque* dq){` 02   `return 0;` 03   `}`

Figura 8.32

Deque vazio

Saber se um **deque dinâmico** está vazio é outra tarefa bastante simples. Como no caso do tamanho do deque e do deque cheio, isso ocorre porque temos um **nó descritor**, o qual possui um campo **início**. Esse campo aponta para o primeiro elemento do deque, como mostra a Figura 8.33.

Basicamente, retornar se um **deque dinâmico** está vazio consiste em verificar se o valor do seu campo **início** é igual a **NULL**.

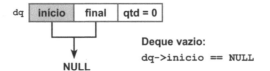

Figura 8.33

A implementação da função que retorna se o deque está vazio é mostrada na Figura 8.34. Note que essa função, em primeiro lugar, verifica se o ponteiro **Deque* dq** é igual a **NULL**. Essa condição seria verdadeira, se tivesse um problema na criação do deque e, nesse caso, não teríamos um deque válido para trabalhar. Dessa forma, optamos por retornar o valor –1 para indicar um deque inválido. Porém, se o deque foi criado com sucesso, então é possível acessar o seu campo **início** e comparar o seu valor com o valor **NULL**, que é o valor inicial do campo quando criamos um deque. Se os valores forem iguais (ou seja, deque vazio), iremos retornar o valor 1 (linha 5). Caso contrário, a função irá retornar o valor 0.

Outra maneira de saber se um deque está vazio é verificando se o valor do campo **qtd** é igual a **ZERO**.

Nesse caso, **ZERO** é o valor inicial do campo **qtd** quando criamos um deque.

Retornando se o deque está vazio

```
01    int Deque_vazio(Deque* dq){
02        if(dq == NULL)
03            return -1;
04        if(dq->inicio == NULL)
05            return 1;
06        return 0;
07    }
```

Figura 8.34

Inserindo um elemento no deque

Inserindo no início do deque

Inserir um elemento no início de um **deque dinâmico** é uma tarefa simples e bastante semelhante à inserção no início de uma **lista dinâmica com nó descritor**. Basicamente, temos que alocar espaço para o novo elemento do deque e mudar os valores de alguns ponteiros, como mostra a sua implementação na Figura 8.35.

Primeiramente, verificamos se o ponteiro **Deque* dq** é igual a **NULL** (linha 2). Essa condição seria verdadeira, se tivesse um problema na criação do deque e, nesse caso, não teríamos um deque válido para trabalhar. Dessa forma, optamos por retornar o valor **0** para indicar um deque inválido (linha 3). Porém, se o deque foi criado com sucesso, podemos tentar alocar memória para um novo elemento (linha 4). Caso a alocação de memória não seja possível, a função irá retornar o valor **0** (linhas 5-6). Como a função **malloc()** retorna um endereço de memória válido, podemos copiar os dados que vamos armazenar para dentro desse elemento (linha 7).

Como se trata de uma inserção no início do deque, o elemento a ser inserido obrigatoriamente terá o "início" do deque como elemento seguinte e a constante **NULL** como elemento anterior a ele (linhas 8-9). Também temos que considerar que o deque pode ou não estar vazio (linha 10):

- No caso de um deque vazio, mudamos o conteúdo do "final" do deque (**fi->final**) para que ele passe a ser o nosso elemento **no** (linha 11).

- Caso NÃO seja um deque vazio, o elemento anterior ao "**início**" do que deverá apontar para o novo elemento (linha 13).

Em seguida, mudamos o conteúdo do "início" do deque (**fi->inicio**) para que ele passe a ser o nosso elemento **no**, incrementamos o valor do tamanho do deque e retornamos o valor **1** (linhas 14-16), indicando sucesso na operação de inserção. Esse processo é melhor ilustrado pela Figura 8.36, em que podemos ver um elemento sendo inserido no início de um deque que está vazio ou que já contém um elemento.

Inserindo um elemento no início do deque
| ```
01  int insereInicio_Deque(Deque* dq, struct aluno al){
02      if(dq == NULL)
03          return 0;
04      Elem *no = (Elem*) malloc(sizeof(Elem));
05      if(no == NULL)
06          return 0;
07      no->dados = al;
08      no->prox = dq->inicio;
09      no->ant = NULL;
10      if(dq->inicio == NULL)
11          dq->final = no;
12      else//Deque não vazio: apontar para o anterior!
13          dq->inicio->ant = no;
14      dq->inicio = no;
15      dq->qtd++;
16      return 1;
17  }
``` |

Figura 8.35

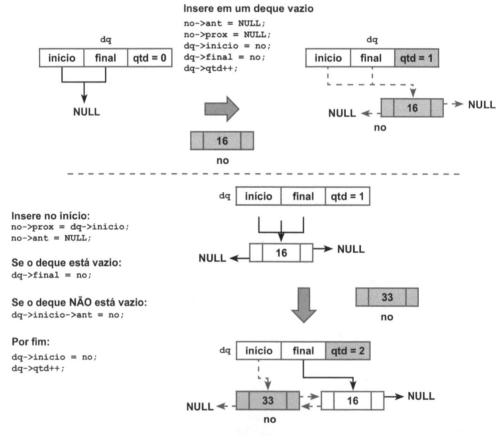

Figura 8.36
```

Inserindo no final do deque

Inserir um elemento no final de um **deque dinâmico** é uma tarefa simples e bastante semelhante à inserção no final de uma **lista dinâmica com nó descritor**. Basicamente, temos que alocar espaço para o novo elemento do deque e mudar os valores de alguns ponteiros, como mostra a sua implementação na Figura 8.37.

Como na inserção no início, primeiramente, verificamos se o deque é válido. Isso é feito verificando se o ponteiro **Deque* dq** é igual a **NULL** e, em caso afirmativo, a função termina retornando o valor **0** (linhas 2-3). Caso tenhamos um deque válido, podemos tentar alocar memória para um novo elemento (linha 4). Caso a alocação de memória não seja possível, a função irá retornar o valor **0** (linhas 5-6). Se a função **malloc()** retornar um endereço de memória válido, podemos copiar os dados que vamos armazenar para dentro desse elemento (linha 7).

Como se trata de uma inserção no final do deque, o elemento a ser inserido obrigatoriamente irá ter a constante **NULL** como elemento seguinte a ele (linha 8). Também temos que considerar que o deque pode ou não estar vazio (linha 9):

- no caso de um deque vazio, o elemento anterior do novo elemento deverá ser a constante NULL. Também mudamos o conteúdo do "**início**" do deque (**dq->inicio**) para que ele passe a ser o nosso elemento **no** (linhas 10-11);

- caso o deque NÃO esteja vazio, o elemento anterior ao novo elemento deverá ser o elemento do "**final**" do deque. Além disso, o elemento do final do deque deverá apontar para o novo elemento (linhas 14-15).

Em seguida, mudamos o conteúdo do "**final**" do deque (**dq->final**) para que ele passe a ser o nosso elemento **no**, incrementamos o valor do tamanho do deque e retornamos o valor **1** (linhas 17-19), indicando sucesso na operação de inserção. Esse processo é melhor ilustrado pela Figura 8.38, em que podemos ver um elemento sendo inserido no final de um deque, que está vazio ou que já contém um elemento.

Inserindo um elemento no final do deque

```
01    int insereFinal_Deque(Deque* dq, struct aluno al){
02        if(dq == NULL)
03            return 0;
04        Elem *no = (Elem*) malloc(sizeof(Elem));
05        if(no == NULL)
06            return 0;
07        no->dados = al;
08        no->prox = NULL;
09        if(dq->final == NULL){//Deque vazio
10            no->ant = NULL;
11            dq->inicio = no;
12        }
13        else{
14            no->ant = dq->final;
15            dq->final->prox = no;
16        }
17        dq->final = no;
18        dq->qtd++;
19        return 1;
20    }
```

Figura 8.37

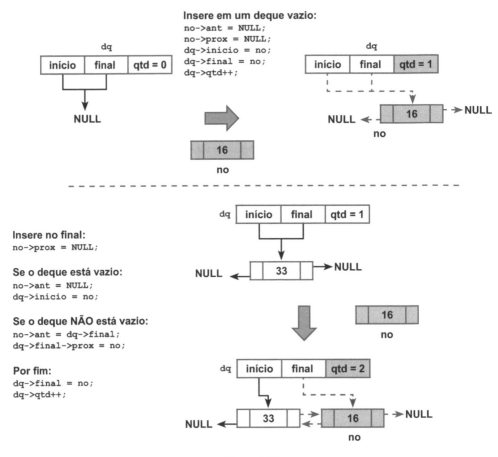

Figura 8.38

Removendo um elemento do deque

Removendo do início do deque

Como na inserção, remover um elemento do início de um **deque dinâmico** é uma tarefa semelhante à remoção do início de uma **lista dinâmica com nó descritor**. Basicamente, o que temos que fazer é verificar se o deque não está vazio e mudar os valores de alguns ponteiros, como mostra a sua implementação na Figura 8.39.

Primeiramente, verificamos a validade do deque, isto é, se o mesmo foi criado com sucesso (linha 2). Caso tenha ocorrido um problema na criação do deque, optamos por retornar o valor **0** para indicar um deque inválido (linha 3). Porém, se o deque foi criado com sucesso, precisamos verificar se ele não está vazio, isto é, se existem elementos dentro dele. Caso o deque esteja vazio, a função irá retornar o valor **0**, indicando falha na operação de remoção (linhas 4-5).

Como se trata de uma remoção do início do deque, primeiramente devemos criar uma cópia do início do deque em um elemento auxiliar (**no**) e fazemos com que o início do deque (**fi->inicio**) aponte para o elemento seguinte a ele (linhas 6-7). Em seguida, devemos verificar se essa operação resultou em um deque vazio, isto é, o elemento a ser removido é o único (linha 8). Caso o deque tenha ficado vazio, é necessário mudar o valor do seu final para a constante **NULL** (linha 9). Do contrário, temos que definir o elemento anterior ao novo início para a constante **NULL** (linha 11). Por fim, liberamos a memória associada ao antigo "**início**" do deque (**no**), diminuímos o valor do tamanho do deque e retornamos o valor **1**, indicando sucesso na operação de remoção (linhas 12-14). Esse processo é melhor ilustrado pela Figura 8.40.

```
                 Removendo um elemento do início do deque
01    int removeInicio_Deque(Deque* dq){
02        if(dq == NULL)
03            return 0;
04        if(dq->inicio == NULL)//Deque vazio
05            return 0;
06        Elem *no = dq->inicio;
07        dq->inicio = dq->inicio->prox;
08        if(dq->inicio == NULL)//Deque ficou vazio
09            dq->final = NULL;
10        else
11            dq->inicio->ant = NULL;
12        free(no);
13        dq->qtd--;
14        return 1;
15    }
```

Figura 8.39

Remoção do início:
no = dq->inicio;
dq->inicio = dq->inicio->prox

Se o deque ficou vazio:
dq->final = NULL;

Se o deque NÃO ficou vazio:
dq->inicio->ant = NULL;

Por fim:
free(no);
dq->qtd--;

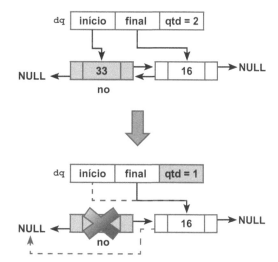

Figura 8.40

Removendo do final do deque

Remover um elemento do final de um **deque dinâmico** é uma tarefa simples e direta, como a remoção do início. Basicamente, temos que verificar se o deque não está vazio e mudar os valores de alguns ponteiros, como mostra a sua implementação na Figura 8.41.

Como na remoção do início, temos que verificar a validade do deque (se foi criado com sucesso) e se ele não está vazio. Se houve problema na criação ou se o deque está vazio, optamos por retornar o valor **0** para indicar falha na operação de remoção (linhas 2-5).

Para executar a remoção, inicialmente criamos uma cópia do final do deque em um elemento auxiliar (**no**) (linha 6). Em seguida, precisamos verificar se essa remoção irá resultar em um deque vazio. Isso irá ocorrer se o elemento auxiliar (**no**) for igual ao início do deque (linha 8). Nesse caso, o início e o final do deque irão receber a constante **NULL** (linhas 9-10). Caso contrário, o **elemento anterior ao final (no->ant)** deverá ter como elemento seguinte a ele a constante **NULL**, sendo o elemento anterior ao final (**no->ant**) agora o novo final do deque (linhas 12-13). Por fim, liberamos a memória associada ao antigo "**final**" do deque (**no**), diminuímos o valor do tamanho do deque e retornamos o valor **1**, indicando sucesso na operação de remoção (linhas 15-17). Esse processo é melhor ilustrado pela Figura 8.42.

Removendo um elemento do final do deque

```
01    int removeFinal_Deque(Deque* dq){
02        if(dq == NULL)
03            return 0;
04        if(dq->inicio == NULL)//Deque vazio
05            return 0;
06        Elem *no = dq->final;
07
08        if(no == dq->inicio){//remover o primeiro?
09            dq->inicio = NULL;
10            dq->final = NULL;
11        }else{
12            no->ant->prox = NULL;
13            dq->final = no->ant;
14        }
15        free(no);
16        dq->qtd--;
17        return 1;
18    }
```

Figura 8.41

Remoção do final:
```
no = dq->final;
```

Se "no" é o primeiro:
```
dq->inicio = NULL;
dq->final = NULL;
```

Se "no" NÃO é o primeiro:
```
no->ant->prox = NULL;
dq->final = no->ant;
```

Por fim:
```
free(no);
dq->qtd--;
```

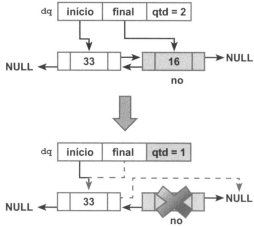

Figura 8.42

Consultando o deque

Nosso **deque dinâmico** utiliza a mesma estrutura de uma **fila dinâmica encadeada**, com a diferença de ser **duplamente encadeada**. Por se tratar de um deque, o acesso a um elemento é um pouco diferente.

> Em uma fila pode-se acessar e recuperar as informações contidas apenas no **início** da fila. Já em um deque, podemos acessar as informações tanto do **início** quanto do **final** do deque.

Portanto, temos duas formas de acessar o deque: pelo **início** e pelo **final**. Acessar um elemento que se encontra no início de um **deque dinâmico** é uma tarefa quase imediata, como mostra a sua implementação na Figura 8.43. Em primeiro lugar, a função verifica se a consulta é válida. Para tanto, a função verifica se o ponteiro **Deque* dq** é igual a NULL, ou seja, se houve erro na criação do deque. Em caso afirmativo, a função retorna o valor **ZERO** e a busca termina. Em seguida, a função verifica se o deque está vazio. Isso é feito verificando se o seu campo inicio é igual a NULL. Novamente, a função retorna o valor **ZERO** se essa condição for verdadeira e a busca termina. Caso contrário, os dados contidos no campo "**início**" do deque são copiados para o conteúdo do ponteiro passado por referência (**al**) para a função (linha 6). A Figura 8.45 exemplifica essa operação.

Consultando o início do deque
| ```
01   int consultaInicio_Deque(Deque* dq, struct aluno *al){
02       if(dq == NULL)
03           return 0;
04       if(dq->inicio == NULL)//Deque vazio
05           return 0;
06       *al = dq->inicio->dados;
07       return 1;
08   }
``` |

Figura 8.43
```

O acesso ao elemento contido no **final** do deque é igualmente simples, como mostra a sua implementação na Figura 8.44. A diferença é que, após as verificações de validade do ponteiro **Deque* dq** e de deque vazio (linhas 2-5), os dados contidos no campo "**final**" do deque são copiados para o conteúdo do ponteiro passado por referência (**al**) para a função (linha 6). A Figura 8.45 exemplifica essa operação.

	Consultando o final do deque
01	`int consultaFinal_Deque(Deque* dq, struct aluno *al){`
02	`    if(dq == NULL)`
03	`        return 0;`
04	`    if(dq->final == NULL)//Deque vazio`
05	`        return 0;`
06	`    *al = dq->final->dados;`
07	`    return 1;`
08	`}`

Figura 8.44

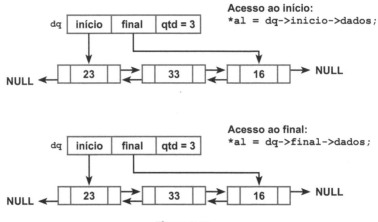

Figura 8.45

Exercícios

1) Utilizando um deque, escreva uma função para verificar se uma palavra é um palíndromo.

2) Quais são as características que definem um deque?

3) Considere um deque capaz de armazenar caracteres. Implemente uma função que retorne se as duas metades do deque são simétricas. Exemplos:

A B A A B A -> verdadeiro

A B C X Y A -> falso

X Y Z Y X -> verdadeiro

4) Explique como implementar uma fila utilizando um deque.

5) Explique como implementar uma pilha utilizando um deque.

6) Implemente uma função que receba um deque e a inverta. Faça a função para os tipos de fila: estática e dinâmica.

7) Considere um deque que armazena números inteiros. Faça uma função que receba um deque e exclua todos os números negativos. A ordem dos outros elementos não deve ser alterada.

8) Crie uma função que imprima os elementos de um deque.

9) Crie um TAD que utilize uma lista dinâmica duplamente encadeada para funcionar como um deque. Implemente as operações desse TAD.

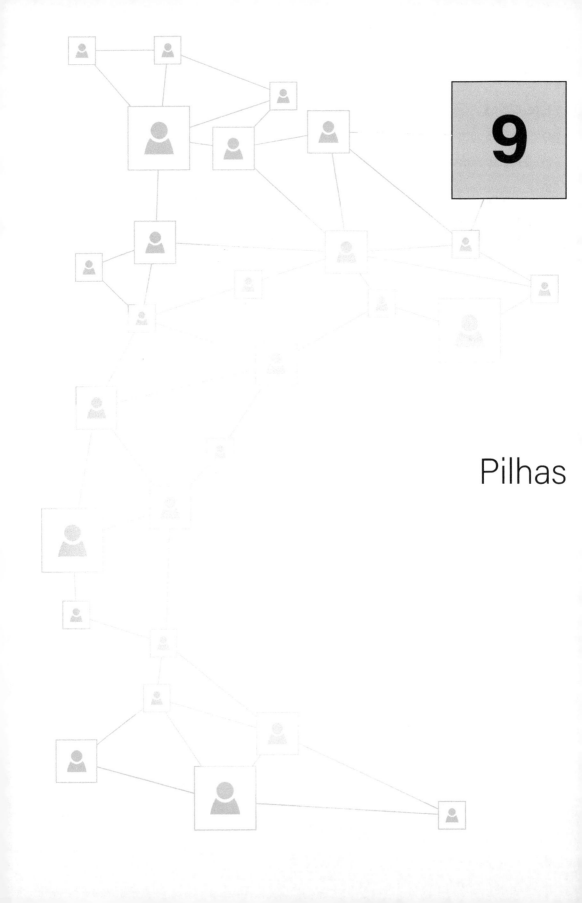

9

Pilhas

Definição

O conceito de pilha é algo bastante comum para as pessoas. Trata-se de um conjunto finito de itens sobre um mesmo tema. Mas, diferente das listas, os itens de uma pilha se encontram dispostos uns sobre os outros. Assim, somente podemos inserir um novo item na pilha se colocarmos ele acima dos demais e somente poderemos remover o item que está no topo da pilha.

As pilhas são implementadas e se comportam de modo muito similar às listas, e são muitas vezes consideradas como um tipo especial de lista em que a inserção e a remoção são realizadas sempre na mesma extremidade.

Desse modo, se quisermos acessar determinado elemento da pilha, devemos remover todos os que estiverem sobre ele. Por esse motivo, as pilhas são conhecidas como estruturas do tipo **último a entrar, primeiro a sair** ou **LIFO** (*Last In First Out*): os elementos são removidos da pilha na ordem inversa daquela em que foram inseridos. Vários são os exemplos possíveis de pilhas no dia a dia: pilha de livros, pilhas de documentos sobre uma mesa, pilha de pratos etc.

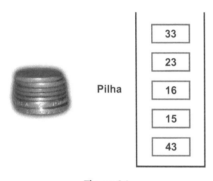

Figura 9.1

Em ciência da computação, uma pilha é uma estrutura de dados linear utilizada para armazenar e organizar dados em um computador. Uma estrutura do tipo pilha é uma sequência de elementos do mesmo tipo, como ilustrado na Figura 9.1. Seus elementos possuem estrutura interna abstraída, ou seja, sua complexidade é arbitrária e não afeta o seu funcionamento. Além disso, uma pilha pode possuir elementos repetidos, dependendo da aplicação. Uma estrutura do tipo pilha pode possuir N ($N \geq 0$) elementos ou itens. Se $N = 0$, dizemos que a pilha está vazia.

Tipos de pilhas

Basicamente, existem dois tipos de implementações principais para uma pilha.

Essas implementações se diferenciam no tipo de alocação de memória usada e no tipo de acesso aos elementos.

Uma pilha pode ser implementada usando **alocação estática com acesso sequencial** ou **alocação dinâmica com acesso encadeado**, como descrito a seguir:

- Alocação estática com acesso sequencial: o espaço de memória é alocada no momento da compilação do programa, ou seja, é necessário definir o número máximo de elementos que a pilha irá possuir. Desse modo, os elementos são armazenados de forma consecutiva na memória (como em um *array* ou vetor) e a posição de um elemento pode ser facilmente obtida a partir do início da pilha.

- Alocação dinâmica com acesso encadeado: o espaço de memória é alocado em tempo de execução, ou seja, a pilha cresce à medida que novos elementos são armazenados, e diminui à medida que elementos são removidos. Nessa implementação, cada elemento pode estar em uma área distinta da memória, não necessariamente consecutivas. É necessário então que cada elemento da pilha armazene, além da sua informação, o endereço de memória onde se encontra o próximo elemento. Para acessar um elemento, é preciso percorrer todos os seus antecessores na pilha.

Nas próximas seções serão apresentadas as diferentes implementações de pilhas com relação à alocação e acesso aos elementos.

Operações básicas de uma pilha

Independentemente do tipo de alocação e acesso usado na implementação de uma pilha, as seguintes operações básicas são sempre possíveis:

- criação da pilha;
- inserção de um elemento no topo da pilha;
- remoção de um elemento do topo da pilha;
- acesso ao elemento do topo da pilha;
- destruição da pilha;
- além de informações como tamanho, se a pilha está cheia ou vazia.

Pilha sequencial estática

Uma **pilha sequencial estática** ou **pilha linear estática** é uma pilha definida utilizando alocação estática e acesso sequencial dos elementos. Trata-se do tipo mais simples de pilha possível. Essa pilha é definida utilizando um *array*, de modo que o sucessor de um elemento ocupa a posição física seguinte do mesmo.

Além do *array*, essa pilha utiliza um campo adicional (**qtd**) que serve para indicar o quanto do *array* já está ocupado pelos elementos (dados) inseridos na pilha.

Considerando uma implementação em módulos, temos que o usuário tem acesso apenas a um ponteiro do tipo pilha (a pilha é um **tipo opaco**), como ilustrado na Figura 9.2. Isso impede o usuário de saber como foi realmente implementada a pilha, e limita o seu acesso apenas às funções que manipulam o topo da pilha.

```
Pilha *pi;
```

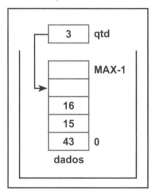

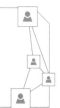

A principal vantagem de se utilizar um *array* na definição de uma **pilha sequencial estática** é a facilidade de criar e destruir essa pilha. Já a sua principal desvantagem é a necessidade de definir previamente o tamanho do *array* e, consequentemente, da pilha.

Considerando suas vantagens e desvantagens, o ideal é utilizar uma **pilha sequencial estática** em pilhas pequenas ou quando o tamanho máximo da pilha é bem definido.

Figura 9.2

Definindo o tipo pilha sequencial estática

Antes de começar a implementar nossa pilha, é preciso definir o tipo de dado que será armazenado nela. Uma pilha pode armazenar qualquer tipo de informação. Para tanto, é necessário que especifiquemos isso na sua declaração. Como estamos trabalhando com modularização, precisamos também definir o **tipo opaco** que representa nossa pilha. Esse tipo será um ponteiro para a estrutura que define a pilha. Além disso, também precisamos definir o conjunto de funções que será visível para o programador que utilizar a biblioteca que estamos criando.

No arquivo **PilhaSequencial.h**, iremos declarar tudo aquilo que será visível para o programador.

Vamos começar definindo o arquivo **PilhaSequencial.h**, ilustrado na Figura 9.3. Por se tratar de uma pilha estática, temos que definir:

- o tamanho máximo do *array* utilizado na pilha, representada pela constante **MAX** (linha 1);
- o tipo de dado que será armazenado na pilha, **struct aluno** (linhas 2-6);
- para fins de padronização, criamos um novo nome para o tipo pilha (linha 7). Esse é o tipo que será usado sempre que se desejar trabalhar com uma pilha;
- as funções disponíveis para se trabalhar com essa pilha em especial (linhas 9-16) e que serão implementadas no arquivo **PilhaSequencial.c**.

Nesse exemplo, optamos por armazenar uma estrutura representando um aluno dentro da pilha. Esse aluno é representado pelo seu número de matrícula, nome e três notas.

No arquivo **PilhaSequencial.c**, iremos definir tudo aquilo que deve ficar oculto do usuário da nossa biblioteca e implementar as funções definidas em **PilhaSequencial.h**.

Basicamente, o arquivo **PilhaSequencial.c** (Figura 9.3) contém apenas:

- as chamadas às bibliotecas necessárias à implementação da pilha (linhas 1-3);

- a definição do tipo de funcionamento da pilha, **struct pilha** (linhas 5-8);
- as implementações das funções definidas no arquivo **PilhaSequencial.h**. As implementações dessas funções serão vistas nas seções seguintes.

Note que o nosso tipo pilha nada mais é do que uma estrutura contendo dois campos: um inteiro **qtd** que indica o quanto do *array* já está ocupado pelos elementos inseridos na pilha, e o nosso *array* do tipo **struct aluno**, que é o tipo de dado a ser armazenado na pilha. Por estar definido dentro do arquivo **PilhaSequencial.c**, os campos dessa estrutura não são visíveis pelo usuário da biblioteca no arquivo **main**(), apenas o seu outro nome definido no arquivo **PilhaSequencial.h** (linha 7), que pode apenas declarar um ponteiro para ele da seguinte forma:

Pilha* pi;

> Note que a implementação de uma **pilha sequencial estática** é exatamente igual à implementação de uma **lista sequencial estática**. A diferença é que uma pilha apenas permite um único tipo de inserção e remoção.

Arquivo PilhaSequencial.h

```
01   #define MAX 100
02   struct aluno{
03       int matricula;
04       char nome[30];
05       float n1,n2,n3;
06   };
07   typedef struct pilha Pilha;
08
09   Pilha* cria_Pilha();
10   void libera_Pilha(Pilha* pi);
11   int acessa_topo_Pilha(Pilha* pi, struct aluno *al);
12   int insere_Pilha(Pilha* pi, struct aluno al);
13   int remove_Pilha(Pilha* pi);
14   int tamanho_Pilha(Pilha* pi);
15   int Pilha_vazia(Pilha* pi);
16   int Pilha_cheia(Pilha* pi);
```

Arquivo PilhaSequencial.c

```
01   #include <stdio.h>
02   #include <stdlib.h>
03   #include "PilhaSequencial.h" //inclui os protótipos
04   //Definição do tipo Pilha
05   struct pilha{
06       int qtd;
07       struct aluno dados[MAX];
08   };
```

Figura 9.3

Criando e destruindo uma pilha

Para utilizar uma pilha em seu programa, a primeira coisa a fazer é criar uma pilha vazia. Essa tarefa é executada pela função descrita na Figura 9.4. Basicamente, o que essa função faz é a alocação de uma área de memória para a pilha (linha 3). Essa área de memória corresponde à memória necessária para armazenar a estrutura que define a pilha, **struct pilha**. Em seguida, essa função inicializa o campo **qtd** com o valor **0**. Esse campo indica o quanto do *array* já está ocupado pelos elementos inseridos na pilha, que no caso indica que nenhum elemento foi inserido ainda. A Figura 9.5 indica o conteúdo do nosso ponteiro **Pilha* pi** após a chamada da função que cria a pilha.

	Criando uma pilha
01	`Pilha* cria_Pilha(){`
02	`    Pilha* pi;`
03	`    pi = (Pilha*) malloc(sizeof(struct pilha));`
04	`    if(pi != NULL)`
05	`        pi->qtd = 0;`
06	`    return pi;`
07	`}`

Figura 9.4

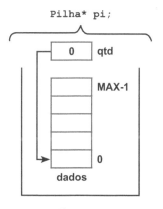

Figura 9.5

Destruir uma pilha estática é bastante simples, como mostra o código contido na Figura 9.6. Basicamente, o que temos que fazer é liberar a memória alocada para a estrutura que representa a pilha. Isso é feito utilizando apenas uma chamada da função **free()**.

Por que criar uma função para destruir a pilha sendo que tudo que precisamos fazer é chamar a função **free()**?

Por questões de modularização. Destruir uma pilha estática é bastante simples, porém destruir uma pilha alocada dinamicamente é uma tarefa mais complicada. Ao criar essa função, estamos escondendo a implementação dessa tarefa do usuário, ao mesmo tempo em que mantemos a mesma notação utilizada por uma pilha com alocação **estática** ou **dinâmica**. Desse modo, utilizar uma pilha **estática** ou **dinâmica** será indiferente para o programador.

	Destruindo uma pilha
01	`void libera_Pilha(Pilha* pi){`
02	`    free(pi);`
03	`}`

Figura 9.6

Informações básicas sobre a pilha

As operações de inserção, remoção e acesso ao topo são consideradas as principais operações de uma pilha. Apesar disso, para realizar essas operações é necessário ter em mãos algumas outras informações mais básicas sobre a pilha. Por exemplo, não podemos remover um elemento da pilha se a mesma estiver vazia. Sendo assim, é conveniente implementar uma função que retorne esse tipo de informação.

A seguir, veremos como implementar as funções que retornam as três principais informações sobre o *status* atual da pilha: seu tamanho, se ela está cheia e se ela está vazia.

Tamanho da pilha

Saber o tamanho de uma **pilha sequencial estática** é uma tarefa relativamente simples. Isso ocorre porque essa pilha possui um campo inteiro **qtd** que indica o quanto do *array* já está ocupado pelos elementos inseridos na pilha, como mostra a Figura 9.7.

> Basicamente, retornar o tamanho de uma **pilha sequencial estática** consiste em retornar o valor do seu campo **qtd**.

A implementação da função que retorna o tamanho da pilha é mostrada na Figura 9.8. Note que essa função, em primeiro lugar, verifica se o ponteiro **Pilha* pi** é igual a **NULL**. Essa condição seria verdadeira se tivesse um problema na criação da pilha e, nesse caso, não teríamos uma pilha válida para trabalhar. Porém, se a pilha foi criada com sucesso, então é possível acessar o seu campo **qtd** e retornar o seu valor, que nada mais é do que o tamanho da pilha.

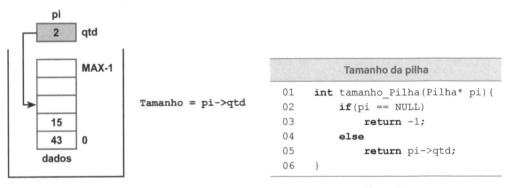

Figura 9.7   Figura 9.8

Pilha cheia

Saber se uma pilha sequencial estática está cheia é outra tarefa relativamente simples. Novamente, isso ocorre porque essa pilha possui um campo inteiro **qtd** que indica o quanto do *array* já está ocupado pelos elementos inseridos na pilha, como mostra a Figura 9.9.

Pilhas

> Basicamente, retornar se uma pilha sequencial estática está cheia consiste em verificar se o valor do seu campo **qtd** é igual a **MAX**.

A implementação da função que retorna se a pilha está cheia é mostrada na Figura 9.10. Note que essa função, em primeiro lugar, verifica se o ponteiro **Pilha* pi** é igual a NULL. Essa condição seria verdadeira se tivesse um problema na criação da pilha e, nesse caso, não teríamos uma pilha válida para trabalhar. Dessa forma, optamos por retornar o valor −1 para indicar uma pilha inválida. Porém, se a pilha foi criada com sucesso, então é possível acessar o seu campo **qtd** e comparar o seu valor com o tamanho máximo definido para o seu *array* (vetor) de elementos: **MAX**. Se os valores forem iguais (ou seja, pilha cheia), a expressão da linha 4 irá retornar o valor **1**. Caso contrário, irá retornar o valor **0**.

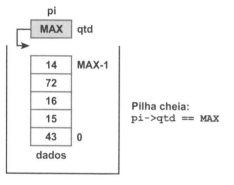

```
01   int Pilha_cheia(Pilha* pi){
02       if(pi == NULL)
03           return -1;
04       return (pi->qtd == MAX);
05   }
```

Figura 9.9   Figura 9.10

Pilha vazia

Saber se uma **pilha sequencial estática** está vazia é outra tarefa bastante simples. Como no caso do tamanho da pilha e da pilha cheia, isso ocorre porque esse tipo de pilha possui um campo inteiro **qtd** que indica o quanto do *array* já está ocupado pelos elementos inseridos na pilha, como mostra a Figura 9.11.

> Basicamente, retornar se uma pilha sequencial estática está vazia consiste em verificar se o valor do seu campo **qtd** é igual a **ZERO**.

A implementação da função que retorna se a pilha está cheia é mostrada na Figura 9.12. Note que essa função, em primeiro lugar, verifica se o ponteiro **Pilha* pi** é igual a NULL. Essa condição seria verdadeira se tivesse um problema na criação da pilha e, nesse caso, não teríamos uma pilha válida para trabalhar. Dessa forma, optamos por retornar o valor −1 para indicar uma pilha inválida. Porém, se a pilha foi criada com sucesso, então é possível acessar o seu campo **qtd** e comparar o seu valor com o valor **ZERO**, que é o valor inicial do campo quando criamos uma pilha. Se os valores forem iguais (ou seja, nenhum elemento contido dentro da pilha), a expressão da linha 4 irá retornar o valor **1**. Caso contrário, irá retornar o valor **0**.

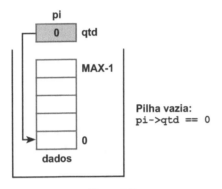

Figura 9.11

```
Retornando se a pilha está vazia
01    int Pilha_vazia(Pilha* pi){
02        if(pi == NULL)
03            return -1;
04        return (pi->qtd == 0);
05    }
```

Figura 9.12

Inserindo um elemento na pilha

Inserir um elemento no topo de uma **pilha sequencial estática** é uma tarefa extremamente simples, como mostra a sua implementação na Figura 9.13. Primeiramente, a função verifica se o ponteiro **Pilha* pi** é igual a NULL. Essa condição seria verdadeira se tivesse um problema na criação da pilha e, nesse caso, não teríamos uma pilha válida para trabalhar. Dessa forma, optamos por retornar o valor **0** para indicar uma pilha inválida (linha 3). Porém, se a pilha foi criada com sucesso, precisamos verificar se ela não está cheia, isto é, se existe espaço para um novo elemento. Caso a pilha esteja cheia, a função irá retornar o valor **0** (linhas 4-5).

Até aqui, o que fizemos foi verificar se podíamos inserir na pilha. Falta, obviamente, inserir esse elemento na pilha. Para tanto, basta copiar os dados que vamos armazenar para dentro da posição **pi->qtd** do *array* que representa a pilha (linha 6). Por fim, devemos incrementar a quantidade (**pi->qtd**) de elementos armazenados na pilha e retornamos o valor **1** (linhas 7-8), indicando sucesso na operação de inserção. Esse processo é melhor ilustrado pela Figura 9.14.

Note que a inserção no topo de uma **pilha sequencial estática** é equivalente à inserção no final de uma **lista sequencial estática**.

```
Inserindo um elemento na pilha
01    int insere_Pilha(Pilha* pi, struct aluno al){
02        if(pi == NULL)
03            return 0;
04        if(pi->qtd == MAX)//pilha cheia
05            return 0;
06        pi->dados[pi->qtd] = al;
07        pi->qtd++;
08        return 1;
09    }
```

Figura 9.13

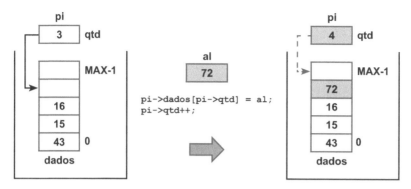

Figura 9.14

Removendo um elemento da pilha

Remover um elemento do topo de uma **pilha sequencial estática** é uma tarefa extremamente simples, como mostra a sua implementação na Figura 9.15. Primeiramente, a função verifica se o ponteiro **Pilha* pi** é igual a **NULL** ou se a pilha está vazia (linha 2). Essas condições garantem que temos uma pilha válida para trabalhar (ou seja, não houve problemas na criação da pilha) e que existem elementos que podem ser removidos da pilha. Nesse caso, optamos por retornar o valor **0** para indicar que uma das condições é falsa (linha 3). Como a remoção é feita no topo da pilha, basta diminuir em uma unidade o valor do campo quantidade (linha 4). Por fim, retornamos o valor **1** (linha 5) indicando sucesso na operação de remoção. Esse processo é melhor ilustrado pela Figura 9.16.

> Note que a remoção do topo de uma **pilha sequencial estática** é equivalente à remoção do final de uma **lista sequencial estática**.

	Removendo um elemento da pilha
01	`int remove_Pilha(Pilha* pi){`
02	`    if(pi == NULL || pi->qtd == 0)`
03	`        return 0;`
04	`    pi->qtd--;`
05	`    return 1;`
06	`}`

Figura 9.15

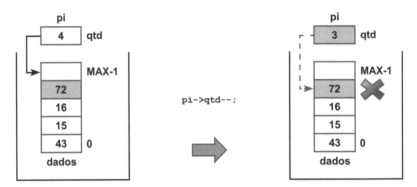

Figura 9.16

Acessando o elemento no topo da pilha

Apesar de possuir uma implementação quase idêntica à da **lista sequencial estática**, o acesso a um elemento de uma **pilha sequencial estática** é um pouco diferente.

Em uma lista pode-se acessar e recuperar as informações contidas em qualquer um dos seus elementos. Já em uma pilha, podemos acessar as informações apenas do elemento no **topo** da pilha.

Acessar um elemento que se encontra no topo de uma **pilha sequencial estática** é uma tarefa quase imediata, como mostra a sua implementação na Figura 9.17. Em primeiro lugar, a função verifica se a consulta é válida. Para tanto, duas condições são verificadas: se o ponteiro **Pilha* pi** é igual a **NULL** e se a pilha está vazia (quantidade de elementos na pilha é diferente de zero). Se alguma dessas condições for verdadeira, a busca termina e a função retorna o valor **ZERO** (linha 3). Caso contrário, a posição equivalente ao "topo" da pilha é copiada para o conteúdo do ponteiro passado por referência (**al**) para a função (linha 4). Como se nota, esse tipo de consulta consiste em um simples acesso à última posição inserida no *array* que representa a pilha (Figura 9.18).

Acessando o topo da pilha
01   `int acessa_topo_Pilha(Pilha* pi, struct aluno *al){` 02   `if(pi == NULL || pi->qtd == 0)` 03   `return 0;` 04   `*al = pi->dados[pi->qtd-1];` 05   `return 1;` 06   `}`

Figura 9.17

Figura 9.18

Análise de complexidade

Um aspecto importante quando manipulamos pilhas é com relação ao custos das suas operações. Em uma **pilha sequencial estática** as operações de inserção, remoção e consulta envolvem apenas a manipulação de alguns índices, independentemente do número de elementos na pilha. Desse modo, a complexidade dessas operações é $O(1)$.

Pilha dinâmica encadeada

Uma **pilha dinâmica encadeada** é uma pilha definida utilizando alocação dinâmica e acesso encadeado dos elementos. Cada elemento da pilha é alocado dinamicamente, à medida que os dados são inseridos no topo da pilha, e tem sua memória liberada à medida que são removidos. Esse elemento nada mais é do que um ponteiro para uma estrutura contendo dois campos de informação: um campo de **dado**, utilizado para armazenar a informação inserida na pilha, e um campo **prox**, que nada mais é do que um ponteiro que indica o próximo elemento na pilha.

> Além da estrutura que define seus elementos, essa pilha utiliza um **ponteiro para ponteiro** para guardar o primeiro elemento ou **"topo"** da pilha.

Temos em uma **pilha dinâmica encadeada** que todos os seus elementos são ponteiros alocados dinamicamente. Para inserir um elemento no topo ou início da pilha é necessário utilizar um campo que seja fixo, mas que ao mesmo tempo seja capaz de apontar para o novo elemento.

É necessário o uso de um **ponteiro para ponteiro** para guardar o endereço de um ponteiro. Utilizando um **ponteiro para ponteiro** para representar o topo da pilha fica fácil mudar quem é o primeiro elemento da pilha mudando apenas o conteúdo do **ponteiro para ponteiro**. Mais detalhes são apresentados na Seção Trabalhando com ponteiro para ponteiro.

Após o último elemento não existe nenhum novo elemento alocado. Sendo assim, o último elemento da pilha aponta para **NULL**.

Considerando uma implementação em módulos, temos que o usuário tem acesso apenas a um ponteiro do tipo pilha (a pilha é um **tipo opaco**), como ilustrado na Figura 9.19. Isso impede o usuário de saber como foi realmente implementada a pilha, e limita o seu acesso apenas às funções que manipulam a pilha.

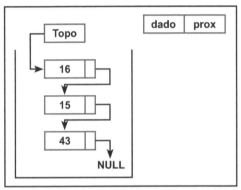

Figura 9.19

Note que a implementação em módulos impede o usuário de saber como a pilha foi implementada. Tanto a **pilha dinâmica encadeada** quanto a **pilha sequencial estática** são declaradas como sendo do tipo **Pilha***.

Essa é a grande vantagem da modularização e da utilização de tipos opacos: mudar a maneira que a pilha foi implementada não altera nem interfere no funcionamento do programa que a utiliza.

A principal vantagem de se utilizar uma abordagem dinâmica e encadeada na definição da pilha é a melhor utilização dos recursos de memória, uma vez que não é mais necessário definir previamente o tamanho da pilha. Já a sua principal desvantagem é a necessidade de percorrer toda a pilha para destruí-la.

Considerando suas vantagens e desvantagens, o ideal é utilizar uma **pilha dinâmica encadeada** quando não há necessidade de garantir um espaço mínimo para a execução da aplicação ou quando o tamanho máximo da pilha não é bem definido.

Definindo o tipo pilha dinâmica encadeada

Antes de começar a implementar a nossa pilha, é preciso definir o tipo de dado que será armazenado nela. Uma pilha pode armazenar qualquer tipo de informação. Para tanto, é necessário que especifiquemos isso na sua declaração. Como estamos trabalhando com modularização, precisamos também definir o **tipo opaco** que representa nossa pilha. Como estamos trabalhando com alocação dinâmica da pilha, esse tipo será um **ponteiro para ponteiro** da estrutura que define a pilha. Além disso, também precisamos definir o conjunto de funções que será visível para o programador que utilizar a biblioteca que estamos criando.

> No arquivo **PilhaDin.h**, declararemos tudo aquilo que será visível para o programador.

Vamos começar definindo o arquivo **PilhaDin.h**, ilustrado na Figura 9.20. Por se tratar de uma pilha dinâmica encadeada, temos que definir:
- o tipo de dado que será armazenado na pilha, **struct aluno** (linhas 1-5);
- para fins de padronização, criamos um novo nome para o **ponteiro** do tipo pilha (linha 6). Esse é o tipo que será usado sempre que se desejar trabalhar com uma pilha;
- as funções disponíveis para se trabalhar com essa pilha em especial (linhas 8-15) e que serão implementadas no arquivo **PilhaDin.c**.

Nesse exemplo, optamos por armazenar uma estrutura representando um aluno dentro da pilha. Esse aluno é representado pelo seu número de matrícula, nome e três notas.

> Por que colocamos um ponteiro no comando **typedef** quando criamos um novo nome para o tipo (linha 6)?

Por estarmos trabalhando com uma pilha dinâmica e encadeada, temos que trabalhar com um **ponteiro para ponteiro** a fim de poder fazer modificações no topo da pilha. Por questões de modularização e para manter a mesma notação utilizada pela pilha sequencial estática, podemos esconder um dos ponteiros do usuário. Assim, utilizar uma **pilha sequencial estática** ou uma **pilha dinâmica encadeada** será indiferente para o programador, pois a sua implementação está escondida dele:
- **Pilha* pi;** Declaração de uma pilha sequencial estática (**ponteiro**);
- **Pilha* pi;** Declaração de uma pilha dinâmica encadeada (**ponteiro para ponteiro**).

> No arquivo **PilhaDin.c**, definiremos tudo aquilo que deve ficar oculto do usuário da nossa biblioteca e implementar as funções definidas em **PilhaDin.h**.

Basicamente, o arquivo **PilhaDin.c** (Figura 9.20) contém apenas:
- as chamadas às bibliotecas necessárias à implementação da pilha (linhas 1-3);

- a definição do tipo que define cada elemento da pilha, **struct elemento** (linhas 5-8);
- a definição de um novo nome para a **struct elemento** (linha 9). Isso é feito apenas para facilitar certas etapas de codificação;
- as implementações das funções definidas no arquivo **PilhaDin.h**. As implementações dessas funções serão vistas nas seções seguintes.

Note que a estrutura **elemento** nada mais é do que uma estrutura contendo dois campos: um ponteiro **prox** que indica o próximo elemento (também do tipo **struct elemento**) dentro da pilha, e um campo dados do tipo **struct aluno**, que é o tipo de dado a ser armazenado na pilha. Por estar definido dentro do arquivo **PilhaDin.c**, os campos dessa estrutura não são visíveis pelo usuário da biblioteca no arquivo **main()**, apenas o seu outro nome definido no arquivo **PilhaDin.h** (linha 6), que pode apenas declarar um ponteiro para ele da seguinte forma:

Pilha* pi;

Note que a implementação de uma **pilha dinâmica encadeada** é exatamente igual à implementação de uma **lista dinâmica encadeada**. A diferença é que uma pilha permite apenas um único tipo de inserção e remoção.

Arquivo PilhaDin.h
01　**struct** aluno{
02　　　**int** matricula;
03　　　**char** nome[30];
04　　　**float** n1,n2,n3;
05　};
06　**typedef struct** elemento* Pilha;
07
08　Pilha* cria_Pilha();
09　**void** libera_Pilha(Pilha* pi);
10　**int** acessa_topo_Pilha(Pilha* pi, **struct** aluno *al);
11　**int** insere_Pilha(Pilha* pi, **struct** aluno al);
12　**int** remove_Pilha(Pilha* pi);
13　**int** tamanho_Pilha(Pilha* pi);
14　**int** Pilha_vazia(Pilha* pi);
15　**int** Pilha_cheia(Pilha* pi);

Arquivo PilhaDin.c
01　**#include** <stdio.h>
02　**#include** <stdlib.h>
03　**#include** "PilhaDin.h" //inclui os protótipos
04　//Definição do tipo Pilha
05　**struct** elemento{
06　　　**struct** aluno dados;
07　　　**struct** elemento *prox;
08　};
09　**typedef struct** elemento Elem;

Figura 9.20

Criando e destruindo uma pilha

Para utilizar uma pilha em seu programa, a primeira coisa a fazer é criar uma pilha vazia. Essa tarefa é executada pela função descrita na Figura 9.21. Basicamente, o que essa função faz é a alocação de uma área de memória para armazenar o endereço do início da pilha (linha 2), o qual é um **ponteiro para ponteiro**. Essa área de memória corresponde à memória necessária para armazenar o endereço de um elemento da pilha, **sizeof(Pilha)** ou **sizeof(struct elemento*)**. Em seguida, essa função inicializa o conteúdo desse **ponteiro para ponteiro** com a constante **NULL**. Essa constante é utilizada em uma pilha dinâmica encadeada para indicar que não existe nenhum elemento alocado após o atual. Como o início da pilha aponta para essa constante, isso significa que a pilha está vazia. A Figura 9.22 indica o conteúdo do nosso ponteiro **Pilha* pi** após a chamada da função que cria a pilha.

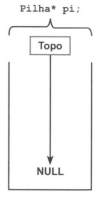

Criando uma pilha
01   Pilha* cria_Pilha(){
02   Pilha* pi = (Pilha*) malloc(**sizeof**(Pilha));
03   **if**(pi != NULL)
04   *pi = NULL;
05   **return** pi;
06   }

Figura 9.21

Figura 9.22

Destruir uma pilha que utilize alocação dinâmica e seja encadeada não é uma tarefa tão simples quanto destruir uma **pilha sequencial estática**.

> Para liberar uma pilha que utilize alocação dinâmica e seja encadeada é preciso percorrer toda a pilha liberando a memória alocada para cada elemento inserido na pilha.

O código que realiza a destruição da pilha é mostrado na Figura 9.23. Inicialmente, verificamos se a pilha é válida, ou seja, se a tarefa de criação da pilha foi realizada com sucesso (linha 2). Em seguida, percorremos a pilha até que o conteúdo do seu topo (***pi**) seja diferente de **NULL**, o final da pilha. Enquanto não chegamos ao final da pilha, liberamos a memória do elemento que se encontra atualmente no topo da pilha e avançamos para o próximo (linhas 5-7). Terminado esse processo, liberamos a memória alocada para o topo da pilha (linha 9). Esse processo é melhor ilustrado pela Figura 9.24, que mostra a liberação de uma pilha contendo dois elementos.

Destruindo uma pilha

```
01   void libera_Pilha(Pilha* pi){
02      if(pi != NULL){
03         Elem* no;
04         while((*pi) != NULL){
05            no = *pi;
06            *pi = (*pi)->prox;
07            free(no);
08         }
09         free(pi);
10      }
11   }
```

Figura 9.23

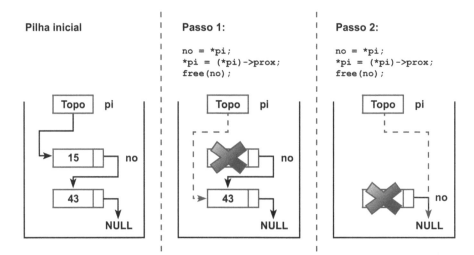

Figura 9.24

Informações básicas sobre a pilha

As operações de inserção, remoção e busca são consideradas as principais operações de uma pilha. Apesar disso, para realizar essas operações é necessário ter em mãos algumas outras informações mais básicas sobre a pilha. Por exemplo, não podemos remover um elemento da pilha se a mesma estiver vazia. Assim, é conveniente implementar uma função que retorne esse tipo de informação.

A seguir, veremos como implementar as funções que retornam as três principais informações sobre o *status* atual da pilha: seu tamanho, se ela está cheia e se ela está vazia.

Tamanho da pilha

Saber o tamanho de uma **pilha dinâmica encadeada** não é uma tarefa tão simples como na **pilha sequencial estática**. Isso ocorre porque agora não possuímos mais um campo armazenando a quantidade de elementos inseridos dentro da pilha.

Pilhas

Para saber o tamanho de uma pilha que utilize alocação dinâmica e seja encadeada é preciso percorrer toda a pilha, contando os elementos inseridos nela, até encontrar o seu final.

O código que realiza a contagem dos elementos da pilha é mostrado na Figura 9.25. Inicialmente, verificamos se a pilha é válida, ou seja, se a tarefa de criação da pilha foi realizada com sucesso e a pilha é ou não igual a **NULL** (linha 2). Caso ela seja nula, não temos o que fazer na função e terminamos ela (linha 3). Em seguida, criamos um contador iniciado em **ZERO** (linha 4) e um elemento auxiliar (**no**) apontado para o topo da pilha (linha 5). Então, percorremos a pilha até que o valor de **no** seja diferente de **NULL**, o final da pilha. Enquanto não chegamos ao final da pilha, somamos **+1** ao contador **cont** e avançamos para o próximo elemento da pilha (linhas 6-9). Terminado esse processo, retornamos o valor da variável **cont** (linha 10). Esse processo é melhor ilustrado pela Figura 9.26, que mostra o cálculo do tamanho de uma pilha contendo dois elementos.

	Tamanho da pilha
01	`int tamanho_Pilha(Pilha* pi){`
02	`    if(pi == NULL)`
03	`        return 0;`
04	`    int cont = 0;`
05	`    Elem* no = *pi;`
06	`    while(no != NULL){`
07	`        cont++;`
08	`        no = no->prox;`
09	`    }`
10	`    return cont;`
11	`}`

Figura 9.25

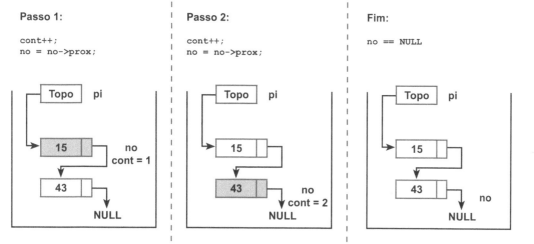

Figura 9.26

Pilha cheia

Implementar uma função que retorne se uma **pilha dinâmica encadeada** está cheia é uma tarefa relativamente simples.

> Uma **pilha dinâmica encadeada** somente será considerada cheia quando não tivermos mais memória disponível para alocar novos elementos.

A implementação da função que retorna se a pilha está cheia é mostrada na Figura 9.27. Como se pode notar, essa função sempre irá retornar o valor **ZERO**, indicando que a pilha não está cheia.

Retornando se a pilha está cheia
01   `int Pilha_cheia(Pilha* pi){`
02   `return 0;`
03   `}`

Figura 9.27

Pilha vazia

Implementar uma função que retorne se uma **pilha dinâmica encadeada** está vazia é outra tarefa relativamente simples.

> Uma **pilha dinâmica encadeada** será considerada vazia sempre que o conteúdo do seu **"topo"** apontar para a constante **NULL**.

A implementação da função que retorna se a pilha está vazia é mostrada na Figura 9.28. Note que essa função, em primeiro lugar, verifica se o ponteiro **Pilha* pi** é igual a **NULL**. Essa condição seria verdadeira se tivesse um problema na criação da pilha e, nesse caso, não teríamos uma pilha válida para trabalhar. Dessa forma, optamos por retornar o valor **1** para indicar uma pilha inválida (linha 3). Porém, se a pilha foi criada com sucesso, então é possível acessar o conteúdo do seu **"topo"** (***pi**) e comparar o seu valor com a constante **NULL**, que é o valor inicial do conteúdo do **"topo"** quando criamos a pilha. Se os valores forem iguais (ou seja, nenhum elemento contido dentro da pilha), a função irá retornar o valor **1** (linha 5). Caso contrário, irá retornar o valor **0** (linha 6).

Pilhas

	Retornando se a pilha está vazia
01	`int Pilha_vazia(Pilha* pi){`
02	`   if(pi == NULL)`
03	`      return 1;`
04	`   if(*pi == NULL)`
05	`      return 1;`
06	`   return 0;`
07	`}`

Figura 9.28

Inserindo um elemento na pilha

Uma vez criada a pilha, podemos começar a guardar elementos no topo dela. E é disso que se trata a operação de inserção.

A operação de inserção envolve o teste de estouro da pilha, ou seja, precisamos verificar se é possível inserir um novo elemento no topo da pilha (a pilha ainda não está cheia).

No caso de uma pilha com alocação dinâmica, ela somente será considerada cheia quando não tivermos mais memória disponível no computador para alocar novos elementos. Isso ocorrerá apenas quando a chamada da função **malloc()** retornar NULL.

Também existe o caso em que a inserção é feita em uma pilha que está vazia. Nesse caso, a pilha, que inicialmente apontava para **NULL**, passa a apontar para o único elemento inserido até então.

Basicamente, o que temos que fazer para inserir um elemento no topo de uma pilha é alocar espaço para ele e mudar os valores de alguns ponteiros, como mostra a sua implementação na Figura 9.29. Primeiramente, a função verifica se o ponteiro **Pilha* pi** é igual a NULL. Essa condição seria verdadeira se tivesse um problema na criação da pilha e, nesse caso, não teríamos uma pilha válida para trabalhar. Dessa forma, optamos por retornar o valor **0** para indicar uma lista inválida (linha 3). Porém, se a pilha foi criada com sucesso, podemos tentar alocar memória para um novo elemento (linhas 4-5). Caso a alocação de memória não seja possível, a função irá retornar o valor **0** (linhas 6-7). Se a função **malloc()** retornar um endereço de memória válido, podemos copiar os dados que vamos armazenar para dentro desse elemento (linha 8).

Até aqui, o que fizemos foi verificar se podemos inserir na pilha e criamos um novo elemento (**no**) com os dados passados por parâmetro. Falta, obviamente, inserir esse elemento no topo da pilha lista. Então, temos que fazer nosso elemento apontar para o topo da pilha, ***pi** (linha 9). Assim, o elemento **no** passa a ser o novo topo da pilha enquanto o antigo topo passa a ser o próximo elemento da pilha. Por fim, mudamos o conteúdo do "**topo**" da pilha (***pi**) para que ele passe a ser o nosso elemento **no** e retornamos o valor **1** (linhas 10-11), indicando sucesso na operação de inserção. Esse processo é melhor ilustrado pela Figura 9.30.

> Note que a inserção no topo de uma **pilha dinâmica encadeada** é equivalente à inserção no início de uma **lista dinâmica encadeada**.

	Inserindo um elemento na pilha
01	`int insere_Pilha(Pilha* pi, struct aluno al){`
02	`    if(pi == NULL)`
03	`        return 0;`
04	`    Elem* no;`
05	`    no = (Elem*) malloc(sizeof(Elem));`
06	`    if(no == NULL)`
07	`        return 0;`
08	`    no->dados = al;`
09	`    no->prox = (*pi);`
10	`    *pi = no;`
11	`    return 1;`
12	`}`

Figura 9.29

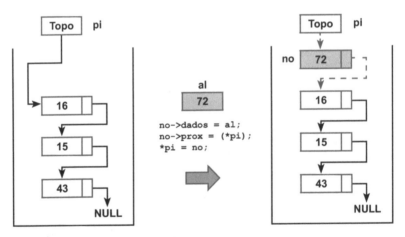

Figura 9.30

Removendo um elemento da pilha

Remover um elemento do topo de uma **pilha dinâmica encadeada** é uma tarefa relativamente simples, como mostra a sua implementação na Figura 9.31. Primeiramente, verificamos se o ponteiro **Pilha* pi** é igual a **NULL**. Essa condição seria verdadeira se tivesse um problema na criação da pilha e, nesse caso, não teríamos uma pilha válida para trabalhar. Dessa forma, optamos por retornar o valor **0** para indicar uma pilha inválida (linha 3). Porém, se a pilha foi criada com sucesso, precisamos verificar se ela não está vazia, isto é, se existem elementos dentro dela. Caso a pilha esteja vazia, a função irá retornar o valor **0** (linhas 4-5).

Como se trata-se de uma remoção, temos que fazer o topo da pilha (***pi**) apontar para o elemento seguinte a ele (linhas 6-7). Por fim, temos que liberar a memória associada ao antigo "**topo**" da pilha (**no**) e retornamos o valor **1** (linhas 8-9), indicando sucesso na operação de remoção. Esse processo é melhor ilustrado pela Figura 9.32.

Note que a remoção do topo de uma **pilha dinâmica encadeada** é equivalente à remoção do início de uma **lista dinâmica encadeada**.

```
Removendo um elemento da pilha
01    int remove_Pilha(Pilha* pi){
02        if(pi == NULL)
03            return 0;
04        if((*pi) == NULL)
05            return 0;
06        Elem *no = *pi;
07        *pi = no->prox;
08        free(no);
09        return 1;
10    }
```

Figura 9.31

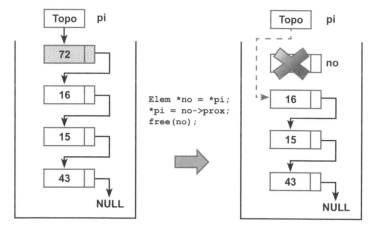

Figura 9.32

Acessando o elemento no topo da pilha

Apesar de possuir uma implementação quase idêntica à da **lista dinâmica encadeada**, o acesso a um elemento de uma **pilha dinâmica encadeada** é um pouco diferente.

> Em uma lista, pode-se acessar e recuperar as informações contidas em qualquer um dos seus elementos. Já em uma pilha, podemos acessar as informações apenas do elemento no **topo** da pilha.

Acessar um elemento que se encontra no topo de uma **pilha dinâmica encadeada** é uma tarefa quase imediata, como mostra a sua implementação na Figura 9.33. Em primeiro lugar, a função verifica se a busca é válida. Para tanto, verificamos se o ponteiro **Pilha* pi** é igual a NULL. Se essa condição for verdadeira, a busca termina e a função retorna o valor ZERO (linha 3). Em seguida, a função verifica se a pilha é vazia, ou seja, se o conteúdo do topo é igual a NULL. Novamente temos que, se essa condição for verdadeira, a busca termina e a função retorna o valor ZERO (linha 5). Caso contrário, a posição equivalente ao "**topo**" da pilha é copiada para o conteúdo do ponteiro passado por referência (**al**) para a função (linha 6). Como se nota, esse tipo de busca consiste em um simples acesso ao conteúdo do primeiro elemento da pilha (Figura 9.34).

Acessando o topo da pilha
01   `int acessa_topo_Pilha(Pilha* pi, struct aluno *al){`
02   `if(pi == NULL)`
03   `return 0;`
04   `if((*pi) == NULL)`
05   `return 0;`
06   `*al = (*pi)->dados;`
07   `return 1;`
08   `}`

Figura 9.33

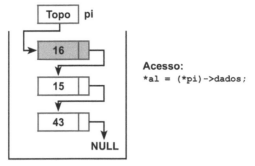

Figura 9.34

Análise de complexidade

Um aspecto importante quando manipulamos pilhas é com relação ao custos das suas operações. Em uma **pilha dinâmica encadeada**, as operações de inserção, remoção e consulta envolvem apenas a manipulação de alguns ponteiros, independentemente do número de elementos na pilha. Desse modo, a complexidade dessas operações é $O(1)$.

Criando uma pilha usando uma lista

Ao longo dessa seção vimos que as pilhas são implementadas e se comportam de modo muito similar às listas.

> As pilhas são consideradas como um tipo especial de lista em que a inserção e a remoção são realizadas sempre na mesma extremidade da lista.

Podemos concluir então que uma pilha nada mais é do que uma lista sujeita a uma ordem de entrada e saída. Assim, podemos implementar uma pilha utilizando uma lista, como mostram as Figuras 9.35 e 9.36. Nesse caso, estamos implementando uma pilha dinâmica usando uma lista dinâmica.

Vamos começar definindo o arquivo **PilhaUsandoListaDinEncad.h,** ilustrado na Figura 9.35. Nele, temos que definir:

- a biblioteca da lista usada para representar a pilha (linha 1);
- para fins de padronização, criamos um novo nome para a **Lista** (linha 3). Esse é o tipo que será usado sempre que se desejar trabalhar com uma pilha;
- as funções disponíveis para se trabalhar com essa pilha (linhas 5-12) e que serão implementadas no arquivo **PilhaUsandoListaDinEncad.c**.

No arquivo **PilhaUsandoListaDinEncad.c,** ilustrado na Figura 9.36, iremos definir tudo aquilo que deve ficar oculto do usuário da nossa biblioteca e implementar as funções definidas em **PilhaUsandoListaDinEncad.h**. Nesse caso, as funções definidas para a pilha irão apenas encapsular as funções já definidas para a lista. O mais importante nessa implementação é a criação da regra de inserção e remoção da pilha, assim como a consulta a um elemento:

- consulta na pilha: sempre o **primeiro** elemento da lista (linhas 9-11);
- inserção na pilha: sempre no **início** da lista (linhas 12-14);
- remoção da pilha: sempre no **início** da lista (linhas 15-17).

Arquivo PilhaUsandoListaDinEncad.h
01 `#include "ListaDinEncad.h"`
02
03 `typedef Lista Pilha;`
04
05 `Pilha* cria_Pilha();`
06 `void libera_Pilha(Pilha* pi);`
07 `int consulta_topo_Pilha(Pilha* pi, struct aluno *al);`
08 `int insere_Pilha(Pilha* pi, struct aluno al);`
09 `int remove_Pilha(Pilha* pi);`
10 `int tamanho_Pilha(Pilha* pi);`
11 `int Pilha_vazia(Pilha* pi);`
12 `int Pilha_cheia(Pilha* pi);`

Figura 9.35

Arquivo PilhaUsandoListaDinEncad.c

```
01    //inclui os Protótipos
02    #include "PilhaUsandoListaDinEncad.h"
03    Pilha* cria_Pilha(){
04        return cria_lista();
05    }
06    void libera_Pilha(Pilha* pi){
07        libera_lista(pi);
08    }
09    int consulta_topo_Pilha(Pilha* pi, struct aluno *al){
10        return consulta_lista_pos(pi,1,al);
11    }
12    int insere_Pilha(Pilha* pi, struct aluno al){
13        return insere_lista_inicio(pi,al);
14    }
15    int remove_Pilha(Pilha* pi){
16        return remove_lista_inicio(pi);
17    }
18    int tamanho_Pilha(Pilha* pi){
19        return tamanho_lista(pi);
20    }
21    int Pilha_vazia(Pilha* pi){
22        return lista_vazia(pi);
23    }
24    int Pilha_cheia(Pilha* pi){
25        return lista_cheia(pi);
26    }
```

Figura 9.36

Exercícios

1) Defina, usando as suas palavras, o que é uma estrutura do tipo pilha.

2) Defina, usando as suas palavras, a diferença da pilha sequencial estática para a pilha dinâmica encadeada.

3) Considere uma pilha com 4 valores inteiros na seguinte ordem: 1, 2, 3 e 4. Qual a sequência de inserções (I) e remoções (R) que devemos executar para obter os valores na ordem 2 4 3 1?

4) Uma sequência de inserções (I) e remoções (R) é considerada validada se ela tem igual número de Is e Rs. Além disso, todas as operações devem ser possíveis, isto é, a remoção só pode ocorrer se houver elementos na pilha. Crie um algoritmo para determinar se uma sequência (ex: IRIIRR) é ou não válida.

5) Dada uma pilha que armazena caracteres, crie uma função que verifique se uma palavra é um palíndromo.

6) Escreva uma função que receba uma *string* contendo uma expressão aritmética e retorne se a

Pilhas

mesma está com a parentização correta. A função deverá verificar se cada "abre parênteses" tem um "fecha parênteses" correspondente. Ex.:

- Correto: (( )) -- (( )( )) -- ( ) ( )
- Incorreto:)(-- (( ) (--)) ((

7) Implemente uma função para inverter a posição dos elementos de uma pilha. Faça a função para as pilhas estáticas e dinâmicas.

8) Implemente uma função para testar se duas pilhas contendo números inteiros são iguais, isto é, se possuem o mesmo conteúdo e na mesma ordem. Faça a função para as pilhas estáticas e dinâmicas.

9) Implemente uma função que copie os elementos de uma pilha P1 para uma pilha P2.

10) Escreva um programa que armazene *n* valores da sequência de Fibonacci em uma pilha.

11) Considerando as operações de inserção (I) e remoção (R) em pilha, escreva a configuração da pilha após a seguinte sequência de operações: I(11), I(34), R, R, I(23), I(45), R, I(121), I(22), R, R.

12) Escreva um programa que faça a conversão numérica da base 10 para a base escolhida usando uma pilha:

- Decimal para Binário.
- Decimal para Octal.
- Decimal para Hexadecimal.

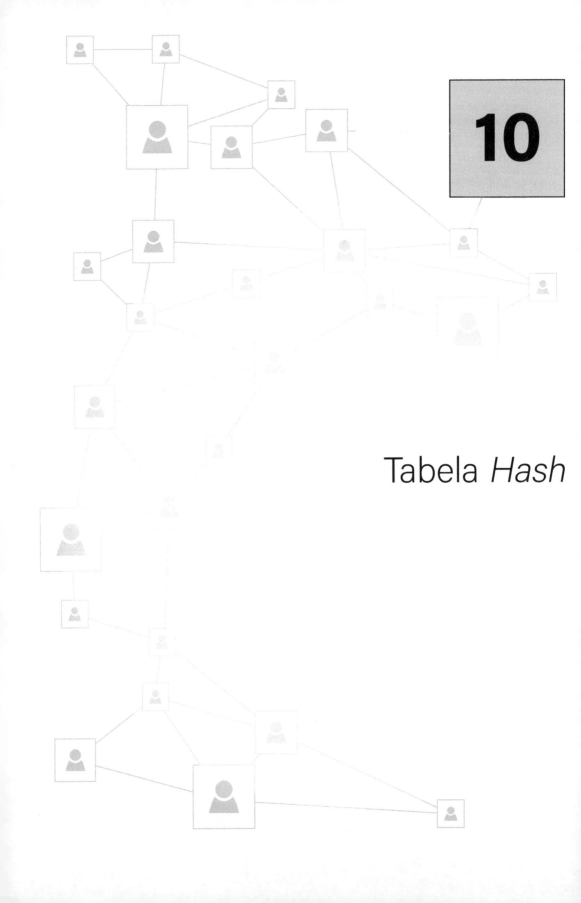

10

Tabela *Hash*

Definição

Uma grande variedade de métodos de busca funciona segundo o mesmo princípio: procurar a informação desejada com base na comparação de suas chaves, isto é, com base em algum valor que a compõe. Um dos problemas disso é que, para obtermos algoritmos eficientes, os elementos devem ser armazenados de forma ordenada. Desconsiderando o custo da ordenação, que no melhor caso é $O(n \log n)$, temos que os algoritmos mais eficientes de busca possuem complexidade $O(n \log n)$.

Uma operação de busca ideal seria aquela que permitisse o acesso direto ao elemento procurado, sem nenhuma etapa de comparação de chaves. Nesse caso, teríamos um custo $O(1)$.

Arrays são estruturas que utilizam índices para armazenar informações. Por meio do índice, podemos acessar uma determinada posição do *array* com custo $O(1)$. Infelizmente, os *arrays* não possuem nenhum mecanismo que permita calcular a posição em que uma informação está armazenada, de modo que a operação de busca em um *array* não é $O(1)$.

O acesso direto a um elemento de um *array* com base em parte de sua informação (chave) é possível através do uso de **tabelas Hash**.

Também conhecidas como tabelas de indexação ou de espalhamento, a tabela *Hash* é uma generalização da ideia de *array*. Sua ideia central é utilizar uma função, chamada **função de *hashing***, para espalhar os elementos que queremos armazenar na tabela. Esse espalhamento faz com que os elementos fiquem dispersos de forma não ordenada dentro do *array* que define a tabela, como mostra a Figura 10.1.

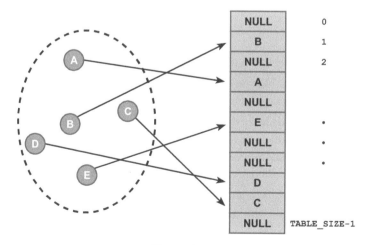

Figura 10.1

> Por que espalhar os elementos de forma não ordenada pode melhorar a busca?

A tabela *Hash* é uma estrutura de dados especial que permite a associação de valores a chaves. A chave é uma parte da informação que compõe o elemento a ser inserido ou buscado na tabela, sendo o valor retornado pela função a posição (índice) em que o elemento se encontra no *array* que define a tabela. Assim, a partir de uma chave podemos acessar de forma rápida uma determinada posição do *array*. Na média, essa operação tem custo $O(1)$.

Várias são as vantagens em se utilizar uma tabela *Hash*:
- alta eficiência na operação de busca: caso médio é $O(1)$ enquanto o da busca linear é $O(n)$ e da busca binária é $O(\log_2 n)$;
- tempo de busca é praticamente independente do número de chaves armazenadas na tabela;
- implementação simples.

Infelizmente, esse tipo de implementação também tem suas desvantagens:
- alto custo para recuperar os elementos da tabela ordenados pela chave. Nesse caso, é preciso ordenar a tabela;
- o pior caso é $O(n)$, em que n é o tamanho da tabela: alto número de colisões.

> Uma **colisão** é a ocorrência de duas ou mais chaves na tabela *Hash* com o mesmo valor de posição.

Ou seja, uma colisão ocorre quando duas (ou mais) chaves **diferentes** tentam ocupar a mesma posição na tabela *Hash*. A colisão de chaves não é algo exatamente ruim, é apenas algo indesejável, pois diminui o desempenho do sistema.

Aplicações

Existem várias aplicações que fazem uso de tabelas *Hash*. Elas podem ser utilizadas para:
- Busca de elementos em base de dados: estruturas de dados em memória, bancos de dados e mecanismos de busca na Internet.
- Verificação de integridade de dados e autenticação de mensagens: os dados são enviados juntamente com o resultado da função de *hashing*. Quem receber os dados recalcula a função de *hashing* usando os dados recebidos e compara o resultado obtido com o que ele recebeu. Se os resultados forem diferentes, houve erro de transmissão.
- Armazenamento de senhas com segurança: a senha não é armazenada no servidor, mas sim o resultado da função de *hashing*.
- Implementação da tabela de símbolos dos compiladores.
- Criptografia: MD5 e família SHA (*Secure Hash Algorithm*).

Criando o TAD tabela *Hash*

Definindo o tipo tabela *Hash*

Antes de começar a implementar a nossa tabela *Hash*, é preciso definir o tipo de dado que será armazenado nela. Uma tabela *Hash* pode armazenar qualquer tipo de informação. Para tanto, é necessário que especifiquemos isso na sua declaração. Como estamos trabalhando com modularização, precisamos também definir o **tipo opaco** que representa nossa tabela. Esse tipo será um ponteiro para a estrutura que define a tabela. Além disso, também precisamos definir o conjunto de funções que será visível para o programador que utilizar a biblioteca que estamos criando.

> No arquivo **TabelaHash.h**, iremos declarar tudo aquilo que será visível para o programador.

Vamos começar definindo o arquivo **TabelaHash.h**, ilustrado na Figura 10.2. Nele, iremos definir:
- o tipo de dado que será armazenado na tabela, **struct aluno** (linhas 1-5);
- para fins de padronização, criamos um novo nome para o tipo *hash* (linha 6). Esse é o tipo que será usado sempre que se desejar trabalhar com uma tabela *Hash*;
- as funções disponíveis para se trabalhar com essa tabela *Hash* (linhas 8-14) e que serão implementadas no arquivo **TabelaHash.c**.

Nesse exemplo, optamos por armazenar uma estrutura representando um aluno dentro da tabela. Esse aluno é representado pelo seu número de matrícula, nome e três notas.

> No arquivo **TabelaHash.c**, iremos definir tudo aquilo que deve ficar oculto do usuário da nossa biblioteca e implementar as funções definidas em **TabelaHash.h**.

Basicamente, o arquivo **TabelaHash.c** (Figura 10.2) contém:
- as chamadas às bibliotecas necessárias à implementação da tabela *Hash* (linhas 1-3);
- a definição do tipo de funcionamento da tabela *Hash*, **struct hash** (linhas 5-8);
- as implementações das funções definidas no arquivo **TabelaHash.h**. As implementações dessas funções serão vistas nas seções seguintes.

Note que o nosso tipo *hash* nada mais é do que uma estrutura contendo três campos: um inteiro **TABLE_SIZE** que indica o tamanho da tabela *Hash*, um inteiro **qtd** que indica a quantidade de elementos armazenados e um ponteiro para ponteiro **itens**. A ideia aqui é alocar um *array* de ponteiros de tamanho **TABLE_SIZE** no campo itens para armazenar os elementos inseridos na tabela.

> Por questões de desempenho, nossa tabela *Hash* irá armazenar apenas o endereço para a estrutura que contém os dados do aluno e não os dados em si.

Esse tipo de abordagem tem como objetivo evitar o gasto excessivo de memória. Em uma tabela *Hash*, os elementos ficam dispersos, ou seja, várias posições do *array* podem não possuir nenhum dado. Assim, se o *array* armazenasse a **struct aluno**, teríamos uma grande quantidade de memória desperdiçada. Para evitar isso, utilizamos um *array* de ponteiros (que ocupa muito menos memória do que a **struct**) e, à medida que os elementos são inseridos na tabela, realizamos a alocação daquele único elemento.

Por fim, por estar definido dentro do arquivo **TabelaHash.c**, os campos da **struct** *hash* não são visíveis pelo usuário da biblioteca no arquivo **main()**, apenas o seu outro nome definido no arquivo **TabelaHash.h** (linha 6), que pode apenas declarar um ponteiro para ele da seguinte forma:

Hash *ha;

Arquivo TabelaHash.h

```
01    struct aluno{
02        int matricula;
03        char nome[30];
04        float n1,n2,n3;
05    };
06    typedef struct hash Hash;
07
08    Hash* criaHash(int tamanho);
09    void liberaHash(Hash* ha);
10    int valorString(char *str);
11    int insereHash_SemColisao(Hash* ha, struct aluno al);
12    int buscaHash_SemColisao(Hash* ha, int mat,
                              struct aluno* al);
13    int insereHash_EnderAberto(Hash* ha, struct aluno al);
14    int buscaHash_EnderAberto(Hash* ha, int mat,
                              struct aluno* al);
```

Arquivo TabelaHash.c

```
01    #include <stdlib.h>
02    #include <string.h>
03    #include "TabelaHash.h" //inclui os Protótipos
04    //Definição do tipo Hash
05    struct hash{
06        int qtd, TABLE_SIZE;
07        struct aluno **itens;
08    };
```

Figura 10.2

Criando e destruindo uma tabela *Hash*

Para utilizar uma tabela *Hash* em seu programa a primeira coisa a fazer é criar uma tabela vazia. Essa tarefa é executada pela função descrita na Figura 10.3. Basicamente, o que essa função faz é a alocação de uma área de memória para a tabela *Hash* (linha 2). Essa área corresponde à memória necessária para armazenar a estrutura que define a tabela, **struct hash**. Em seguida, essa função inicializa o campo **TABLE_SIZE** com o tamanho de tabela informado pelo usuário (linha 5). Esse valor será também utilizado para alocar o *array* de ponteiros no campo **itens** (linha 6), o qual terá inicializado cada posição com o valor **NULL**, indicando que essa posição está vaga na tabela (linhas 12-13). Também inicializamos o campo **qtd** com o valor **ZERO** (linha 11), indicando que nenhum elemento foi inserido na tabela (tabela vazia).

A Figura 10.4 indica o conteúdo do nosso ponteiro **Hash* ha** após a chamada da função que cria a tabela *Hash*.

> Ao escolher o tamanho da tabela *Hash*, o ideal é escolher um número primo e evitar valores que sejam uma potência de dois.

A escolha de um número primo para o tamanho da tabela *Hash* reduz a probabilidade de colisões, mesmo que a função de *hashing* utilizada não seja muito eficaz. Usar uma potência de dois como o tamanho da tabela melhora a velocidade, mas pode aumentar os problemas de colisão se estivermos utilizando uma função de *hashing* mais simples.

Criando uma Tabela *Hash*

```
01   Hash* criaHash(int TABLE_SIZE){
02       Hash* ha = (Hash*) malloc(sizeof(Hash));
03       if(ha != NULL){
04           int i;
05           ha->TABLE_SIZE = TABLE_SIZE;
06           ha->itens = (struct aluno**) malloc(
                         TABLE_SIZE * sizeof(struct aluno*));
07           if(ha->itens == NULL){
08               free(ha);
09               return NULL;
10           }
11           ha->qtd = 0;
12           for(i=0; i < ha->TABLE_SIZE; i++)
13               ha->itens[i] = NULL;
14       }
15       return ha;
16   }
```

Figura 10.3

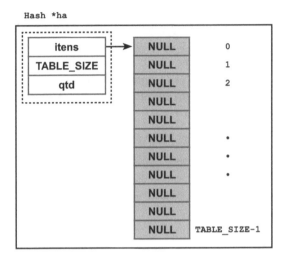

Figura 10.4

Destruir uma tabela *Hash* é uma tarefa muito simples, como mostra o código contido na Figura 10.5. Basicamente, precisamos percorrer todo o *array* que define a tabela procurando por elementos que tenham sido armazenados nela (ou seja, que possuem um endereço de memória diferente de **NULL**) e os liberamos com a função **free()** (linhas 4-7). Ao final desse processo, temos que liberar a memória alocada para o *array* de ponteiros e para a estrutura que representa a tabela. Isso é feito utilizando apenas uma chamada da **free()** para cada (linhas 8-9).

	Destruindo uma Tabela *Hash*
01	`void liberaHash(Hash* ha){`
02	`    if(ha != NULL){`
03	`        int i;`
04	`        for(i=0; i < ha->MAX; i++){`
05	`            if(ha->itens[i] != NULL)`
06	`                free(ha->itens[i]);`
07	`        }`
08	`        free(ha->itens);`
09	`        free(ha);`
10	`    }`
11	`}`

Figura 10.5

Calculando a posição da chave: função de *hashing*

Tanto na operação de inserção quanto na de busca na tabela *Hash*, é necessário calcular a posição dos dados dentro da tabela. Para tanto, utilizamos uma **função de *hashing*** para calcular essa posição a partir de uma **chave** escolhida entre os dados manipulados.

> A função de *hashing* é extremamente importante para o bom desempenho da tabela. Ela é responsável por distribuir as informações de forma equilibrada pela tabela *Hash*.

Ou seja, a função de *hashing* calcula, a partir do valor do dado, a posição dele na tabela, como mostra a Figura 10.6. Para tanto, essa função deve satisfazer as seguintes condições:

- ser simples e barata de se calcular;
- garantir que valores diferentes produzam posições diferentes;
- gerar uma distribuição equilibrada dos dados na tabela, ou seja, cada posição da tabela tem a mesma chance de receber uma chave (máximo espalhamento).

A implementação da função de *hashing* depende do conhecimento prévio da natureza e domínio da chave a ser utilizada. Por exemplo, utilizar apenas três dígitos do número de telefone de uma pessoa para armazená-lo na tabela. Nesse caso, seria melhor usar os três últimos dígitos do que os três primeiros, pois os primeiros costumam se repetir com maior frequência e iriam gerar posições iguais na tabela. Assim, o ideal é usar um cálculo diferente de *hash* para cada tipo de chave.

A seguir, são mostrados alguns exemplos de função de *hashing* bastante utilizadas.

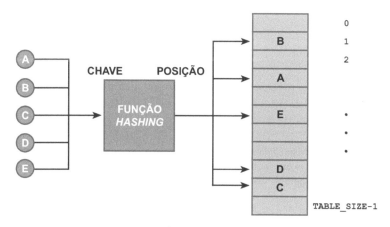

Figura 10.6

Método da divisão

A função de *hashing* que utiliza o método da divisão (ou método da congruência linear) para espalhar os elementos é bastante simples e direta.

> Basicamente, o método da divisão consiste em calcular o resto da divisão do valor inteiro que representa o elemento pelo tamanho da tabela, **TABLE_SIZE**.

Ou seja, a posição é calculada utilizando uma simples operação de módulos, como mostra a Figura 10.7. Note que antes da operação de módulo realizamos uma operação de **E bit-a-bit (&)** com o valor **0x7FFFFFFF**. Isso é feito apenas para eliminar o *bit* de sinal do valor da chave, o que nos evita o risco de ocorrer um *overflow* e obtermos um número negativo.

	Chave: Método da Divisão
01	`int chaveDivisao(int chave, int TABLE_SIZE){`
02	`    return (chave & 0x7FFFFFFF) % TABLE_SIZE;`
03	`}`

Figura 10.7

Apesar de simples, o método da divisão apresenta alguns problemas.

> Como trabalhamos com o resto da divisão, valores diferentes podem resultar na mesma posição.

Por exemplo, o resto da divisão de 11 por 10 e de 21 por 10 são o mesmo valor de posição: um. Uma maneira de reduzir esse tipo de problema é utilizar como tamanho da tabela, **TABLE_SIZE**, um número primo.

Método da multiplicação

A função *hash* que utiliza o método da multiplicação (ou método da congruência linear multiplicativo) para espalhar os elementos é outra bastante simples e direta.

> Basicamente, o método da multiplicação usa uma constante fracionária A, $0 < A < 1$, para multiplicar o valor da chave que representa o elemento. Em seguida, a parte fracionária resultante é multiplicada pelo tamanho da tabela para calcular a posição do elemento.

Para entender esse processo, considere que queremos calcular a posição da chave 123456, usando a constante fracionária $A = 0,618$ e que o tamanho da tabela seja 1.024:

```
posição = ParteInteira(TABLE_SIZE * ParteFracionária(chave * A))
posição = ParteInteira(1024 * ParteFracionária(123456 * 0,618))
posição = ParteInteira(1024 * ParteFracionária(762950,808))
```

Tabela *Hash*

```
posição = ParteInteira(1024 * 0,808)
posição = ParteInteira(827,392)
posição = 827
```

Como se pode ver, a posição é calculada utilizando uma sequência de operações simples, como mostra a sua implementação na Figura 10.8.

Chave: Método da Multiplicação
01   `int chaveMultiplicacao(int chave, int TABLE_SIZE){`
02   `float A = 0.6180339887; // constante: 0 < A < 1`
03   `float val = chave * A;`
04   `val = val - (int) val;`
05   `return (int) (TABLE_SIZE * val);`
06   `}`

Figura 10.8

Método da sobra

Diferentes dos outros métodos para espalhar os elementos na tabela, o método da dobra utiliza um esquema de dobrar e somar os dígitos do valor para calcular a sua posição.

O método da dobra considera o valor inteiro que representa o elemento como uma sequência de dígitos escritos em um pedaço de papel. Enquanto esse valor for maior que o tamanho da tabela, o papel é dobrado e os dígitos sobrepostos são somados, desconsiderando-se as dezenas.

Esse processo de dobrar e somar os dígitos sobrepostos é melhor explicado na Figura 10.9. Note que esse processo deve ser repetido enquanto os dígitos formarem um número maior que o tamanho da tabela.

O método da dobra também pode ser usado com valores binários. Nesse caso, em vez da soma, devemos utilizar a operação de "ou exclusivo". Não se usa as operações de "e" e "ou" binário, pois produzem resultados menores e maiores, respectivamente, que os operandos.

No caso de valores binários, a dobra é realizada de k em k bits, o que resulta em um valor de posição entre zero e $2^k + 1$. Para entender esse processo, considere que queremos calcular a posição do valor 71 (0001000111 em binário), usando $k = 5$:

```
posição = 00010 "ou exclusivo" 00111
posição = 00101
posição = 5
```

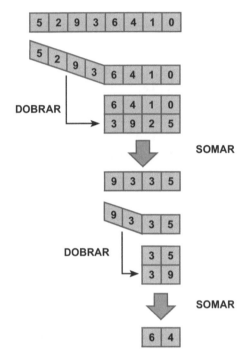

Figura 10.9

A Figura 10.10 mostra a implementação do método da dobra para valores binários.

Chave: Método da Dobra
| ```
01    int chaveDobra(int chave, int TABLE_SIZE){
02        int num_bits = 10;
03        int parte1 = chave >> num_bits;
04        int parte2 = chave & (TABLE_SIZE-1);
05        return (parte1 ^ parte2);
06    }
``` |

Figura 10.10

Tratando uma *string* como chave

Sempre que desejamos inserir ou buscar um elemento da tabela *Hash*, utilizamos parte desse elemento com chave para calcular a sua posição na tabela. No caso da **struct aluno** anteriormente definida, podemos utilizar o seu número de matrícula como a chave para calcular a posição.

> E se meus dados fossem compostos apenas de **strings** e eu não tivesse um valor numérico disponível?
```

No caso dos elementos serem constituídos unicamente de *strings*, podemos optar por calcular um valor numérico a partir dessa *string*. Esse valor pode ser facilmente calculado somando os valores ASCII dos caracteres que compõem a *string*, como mostra a Figura 10.11. O resultado dessa função pode então ser utilizado como parâmetro para uma função de *hashing*.

	Calculando o valor da *string*
01	`int valorString(char *str){`
02	`    int i, valor = 7;`
03	`    int tam = strlen(str);`
04	`    for(i=0; i < tam; i++)`
05	`        valor = 31 * valor + (int) str[i];`
06	`    return valor;`
07	`}`

Figura 10.11

Por que não devemos simplesmente somar os valores ASCII dos caracteres da *string*?

Quando trabalhamos com *strings*, não é bom simplesmente somar os valores ASCII dos caracteres porque palavras com letras trocadas irão produzir o mesmo valor e, consequentemente, uma colisão:

```
cama: 99 + 97 + 109 + 97 = 402
maca: 109 + 97 + 99 + 97 = 402
```

Assim, para *strings* é importante considerar a posição da letra, como feito na função **valorString()**. Nela, cada novo caractere é somado ao produto da soma dos caracteres anteriores pelo número 31. Desse modo, a posição dos caracteres terá influência no valor produzido. A escolha do número 31 se deve ao fato dele ser um número primo, o que reduz a probabilidade de produzir valores iguais.

Inserção e busca sem colisão

Tanto a inserção quanto a busca são tarefas muito simples e diretas de se realizar em uma tabela *Hash*.

Basicamente, tanto na inserção quanto na busca, o que temos que fazer é calcular a posição dos dados no *array* a partir de parte dos dados (**chave**) a serem inseridos ou buscados.

Comecemos pela inserção, como mostra a sua implementação na Figura 10.12. Primeiramente, verificamos se o ponteiro **Hash* ha** é igual a **NULL** ou se a quantidade de elementos na tabela é igual ao tamanho da tabela (linha 2). Essa condição seria verdadeira, se tivesse um problema na criação da tabela e, nesse caso, não teríamos uma tabela válida para trabalhar, ou a tabela está cheia e não podemos inserir um novo elemento nela. Dessa forma, optamos por retornar o valor 0 para indicar erro na inserção. Porém, se a tabela foi criada com sucesso e existe espaço vago dentro dela, podemos calcular a posição em que os dados serão inseridos.

Para calcular a posição do elemento, vamos considerar que a matrícula é sua chave (linha 5). Perceba que o mesmo poderia ser feito com o nome (linha 6), sendo apenas necessário converter a *string* para um valor inteiro. Em seguida, calculamos a posição dessa chave utilizando o método da divisão (linha 8). Note que a posição poderia ser calculada com qualquer função de *hashing*. Em seguida, tentamos alocar memória para um novo elemento (linhas 9-10). Caso a alocação de memória não seja possível, a função irá retornar o valor 0 (linhas 11-12). Tendo a função **malloc()** retornado um endereço de memória válido, podemos copiar os dados que vamos armazenar para dentro desse elemento (linha 13). Uma vez copiado os dados, basta armazenar o ponteiro do novo elemento nessa posição do *array* **itens** que foi calculada com a função de *hashing* e incrementar a quantidade de elementos na tabela (linhas 14-15). Por fim, retornamos o valor 1 (linha 16), indicando sucesso na operação de inserção.

Inserindo um elemento na Tabela *Hash*

```
01    int insereHash_SemColisao(Hash* ha, struct aluno al){
02        if(ha == NULL || ha->qtd == ha->TABLE_SIZE)
03            return 0;
04
05        int chave = al.matricula;
06        //int chave = valorString(al.nome);
07
08        int pos = chaveDivisao(chave,ha->TABLE_SIZE);
09        struct aluno* novo;
10        novo = (struct aluno*) malloc(sizeof(struct aluno));
11        if(novo == NULL)
12            return 0;
13        *novo = al;
14        ha->itens[pos] = novo;
15        ha->qtd++;
16        return 1;
17    }
```

Figura 10.12

Já a operação de busca, mostrada na Figura 10.13, é uma tarefa quase imediata. Como na operação de inserção, precisamos verificar se o ponteiro **Hash* ha** é igual a **NULL**, ou seja, se temos uma tabela válida. Caso essa condição seja verdadeira, optamos por retornar o valor 0 para indicar erro na busca (linhas 2-3). Porém, se essa é uma tabela válida, utilizamos o número de matrícula passado por parâmetro para calcular a posição em que se encontra o aluno buscado (linha 5).

Note que a posição do elemento procurado poderia ser calculada com qualquer função de *hashing*. É necessário apenas que a função de *hashing* usada na busca seja a mesma usada na inserção.

Caso o valor armazenado na posição calculada pela função de *hashing* seja igual a **NULL**, a função retorna **0**, pois trata-se de uma posição em que nenhum dado de aluno está armazenado (linhas 6-7). No entanto, se a posição for válida, seu conteúdo é copiado para o ponteiro passado por referência (**al**) para a função e retornamos o valor **1** (linhas 8-9), indicando sucesso na operação de busca.

Buscando um elemento da Tabela *Hash*

```
01    int buscaHash_SemColisao(Hash* ha, int mat,
                                struct aluno* al){
02        if(ha == NULL)
03            return 0;
04        int pos = chaveDivisao(mat,ha->TABLE_SIZE);
05        if(ha->itens[pos] == NULL)
06            return 0;
07        *al = *(ha->itens[pos]);
08        return 1;
09    }
```

Figura 10.13

Hashing universal

É importante lembrar que uma função de *hashing* está sujeita ao problema de gerar posições iguais para chaves diferentes. Por se tratar de uma função determinística, ela pode ser manipulada de forma indesejada. Conhecendo a função de *hashing*, pode-se escolher as chaves de entrada de modo que todas colidam, diminuindo o desempenho da tabela na busca para $O(n)$.

O ***hashing* universal** é uma estratégia que busca minimizar esse problema de colisões. Basicamente, a proposta do ***hashing* universal** é escolher aleatoriamente (em tempo de execução) a função de *hashing* que será utilizada a partir de um conjunto de funções de *hashing* previamente definido.

Existem várias maneiras diferentes de se construir um conjunto (ou família) de funções de *hashing*. Uma família de funções pode ser facilmente obtida da seguinte forma:

- Escolha um número primo p de tal modo que o valor de qualquer chave k a ser inserida na tabela seja menor que p e maior ou igual a zero, $0 \le k < p$. Note que valor de p será obrigatoriamente maior que o tamanho da tabela, **TABLE_SIZE**.
- Escolha, aleatoriamente, dois números inteiros, a e b, de modo que a seja maior que zero e menor ou igual a p, $0 < a \le p$, e b seja maior ou igual a zero e menor ou igual a p, $0 \le b \le p$.

Dados os valores p, a e b, definimos a função de *hashing* universal como

$$h(k)_{(a,b)} = ((ak + b) \% p) \% \text{TABLE\_SIZE}$$

Esse tipo de função de *hashing* universal permite que o tamanho da tabela, **TABLE_SIZE**, não seja necessariamente primo. Além disso, como existem $p - 1$ valores diferentes para a e p valores possíveis para b, é possível gerar $p(p - 1)$ funções de *hashing* diferentes.

Hashing perfeito e imperfeito

A depender do tamanho da tabela, **TABLE_SIZE**, e dos valores inseridos nela, podemos classificar uma função de *hashing* como **imperfeita** ou **perfeita**.

> Uma função de *hashing* é dita **imperfeita** se para duas chaves **diferentes** a saída da função é a mesma posição na tabela.

Ou seja, no *hashing* imperfeito podem ocorrer colisões das chaves armazenadas. A colisão de chaves na tabela não é algo exatamente ruim, é apenas algo indesejável, pois diminui o desempenho do sistema. De modo geral, muitas tabelas *Hash* fazem uso de alguma outra estrutura de dados para lidar com o problema da colisão, como veremos adiante.

> Uma função de *hashing* é dita **perfeita** se nunca ocorre colisão.

Em outras palavras, o *hashing* **perfeito** garante que não haverá colisão das chaves dentro da tabela, ou seja, chaves **diferentes** irão sempre produzir posições **diferentes** na tabela. Desse modo, no pior caso, as operações de busca e inserção são sempre executadas em tempo constante, $O(1)$. Esse tipo de *hashing* é utilizado nos casos em que a colisão não é tolerável. Trata-se de um tipo de aplicação muito específica, por exemplo, o conjunto de palavras reservadas de uma linguagem de programação. Nesse caso, conhecemos previamente o conteúdo a ser armazenado na tabela.

Tratamento de colisões

Num mundo ideal, uma função de *hashing* irá sempre fornecer posições diferentes para cada uma das chaves inseridas, obtendo assim o **hashing perfeito**. Infelizmente, independente da função de *hashing* utilizada, ela vai retornar a mesma posição para duas chaves **diferentes**. A esse fenômeno se dá o nome de colisão.

> Uma colisão é a ocorrência de duas ou mais chaves na tabela *Hash* com o mesmo valor de posição.

Desse modo, a criação de uma tabela *Hash* consiste em duas coisas: uma função de *hashing* e uma abordagem para o tratamento de colisões.

> Uma escolha adequada da função de *hashing* e do tamanho da tabela podem minimizar as colisões.

Um dos motivos das colisões ocorrerem é porque temos mais chaves para armazenar do que o tamanho da tabela suporta. Como não há espaço suficiente para todas as chaves na tabela, colisões irão ocorrer. Com relação à função de *hashing*, a escolha de uma função que produza um espalhamento uniforme das chaves pode reduzir o número de colisões. Infelizmente, não se pode garantir que as funções de *hashing* possuam um bom potencial de distribuição (espalhamento) porque as colisões também são uniformemente distribuídas. Assim, independente da função, algumas colisões sempre irão ocorrer.

> Colisões são teoricamente inevitáveis. Por isso, devemos sempre ter uma abordagem para tratá-las.

Independentemente da qualidade de nossa função de *hashing*, devemos ter um método para resolver o problema das colisões quando elas ocorrerem. Existem diversas formas de se tratar a colisão nas tabelas *Hash*. Nas próximas seções veremos duas técnicas bastante comuns: **endereçamento aberto** e **encadeamento separado**.

Endereçamento aberto

A ideia do **endereçamento aberto** (também conhecido como *open addressing* ou *rehash*) é que todos os elementos sejam armazenados na própria tabela *Hash*, evitando assim o uso de listas encadeadas. Quando uma colisão ocorre, essa estratégia irá procurar por posições vagas (valor **NULL**) dentro do *array* que define a tabela *Hash* até encontrar um lugar em que aquele elemento poderá ser inserido.

> Basicamente, a ideia da estratégia de endereçamento aberto é, no caso de uma colisão, percorrer (sondar) a tabela *Hash* buscando por uma posição ainda não ocupada.

Essa abordagem para o tratamento de colisões tem uma série de vantagens:
- Maior número de posições na tabela para a mesma quantidade de memória usada no encadeamento separado: a memória utilizada para armazenar os ponteiros da lista encadeada no

encadeamento separado pode ser aqui usada para aumentar o tamanho da tabela, diminuindo o número de colisões.
- A busca é realizada dentro da própria tabela, o que permite a recuperação mais rápida de elementos.
- É voltada para aplicações com restrições de memória.
- Em vez de acessarmos ponteiros, calculamos a sequência de posições a serem armazenadas.

> Uma desvantagem importante no tratamento de colisões por endereçamento aberto é o maior esforço de processamento no cálculo das posições.

Esse maior esforço de processamento se deve ao fato de que, quando uma colisão ocorre, devemos calcular uma nova posição da tabela. Porém, se essa nova posição também estiver ocupada, devemos calcular uma nova posição, e assim por diante. Ou seja, o cálculo da posição é refeito até que uma posição vaga seja encontrada. No pior caso, o custo da inserção se torna $O(n)$ quando todos elementos inseridos colidem.

Para a realização desse cálculo, existem três estratégias muito utilizadas, como veremos a seguir.

Sondagem linear

Na estratégia de sondagem linear (também conhecida como tentativa linear, espalhamento linear ou *rehash* linear), o algoritmo tenta espalhar os elementos de forma sequencial a partir da posição calculada utilizando a função de *hashing*, como mostra a sua implementação na Figura 10.14. Assim, o primeiro elemento ($i = 0$) é colocado na posição obtida pela função de *hashing* (**pos**), o segundo (no caso de uma colisão) é colocado na posição **pos+1** (se possível), e assim por diante. Note que a nova posição é calculada utilizando uma simples operação de soma e módulo, e que antes da operação de módulo realizamos uma operação de **E bit-a-bit (&)** com o valor **0x7FFFFFFF** para eliminar o *bit* de sinal do valor da chave. Isso evita o risco de ocorrer um *overflow* e obtermos um número negativo. A Figura 10.15 mostra um exemplo de tratamento de colisão usando sondagem linear.

Sondagem linear
01 `int sondagemLinear(int pos, int i, int TABLE_SIZE){`
02 `    return ((pos + i) & 0x7FFFFFFF) % TABLE_SIZE;`
03 `}`

Figura 10.14

> Apesar de simples, essa abordagem de espalhamento apresenta um problema conhecido como **agrupamento primário**: à medida que a tabela *Hash* fica cheia, o tempo para incluir ou buscar um elemento aumenta.

Tabela *Hash* **315**

À medida que os elementos são inseridos na tabela *Hash* usando a técnica de sondagem linear, começam a surgir longas sequências de posições ocupadas. A ocorrência desses agrupamentos aumenta o tempo de pesquisa na tabela, diminuindo o seu desempenho. Além disso, quanto maior for o agrupamento primário, maior a probabilidade de aumentá-lo ainda mais com a inserção de um novo elemento.

		CHAVE	POSIÇÃO	INSERÇÃO		
NULL	0	A	2	Posição 2 vazia. Insere elemento	E	0
NULL	1	B	6	Posição 6 vazia. Insere elemento	NULL	1
NULL	2				A	2
NULL	3	C	2	Posição 2 ocupada, procura na próxima posição: 3 Posição 3 vazia. Insere elemento	C	3
NULL	4				NULL	4
NULL	5	D	10	Posição 10 vazia. Insere elemento	NULL	5
NULL	6				B	6
NULL	7	E	10	Posição 10 ocupada, procura na próxima posição. Como a posição 10 é a última, volta para o início: 0 Posição 0 vazia. Insere elemento	NULL	7
NULL	8				NULL	8
NULL	9				NULL	9
NULL	10				D	10

Figura 10.15

Sondagem quadrática

Na estratégia de sondagem quadrática (também conhecida como tentativa quadrática, espalhamento quadrático ou *rehash* quadrático), o algoritmo tenta espalhar os elementos utilizando uma equação do segundo grau de forma $pos+(c_1{}^*i)+(c_2{}^*i^2)$, em que **pos** é a posição obtida pela função de *hashing*, *i* é a tentativa atual e c_1 e c_2 são os coeficientes da equação.

A Figura 10.16 mostra a implementação dessa estratégia de tratamento de colisão. Nela, o primeiro elemento ($i = 0$) é colocado na posição obtida pela função de *hashing* (**pos**), o segundo (no caso de uma colisão) é colocado na posição $pos+(c_1{}^*1)+(c_2{}^*1^2)$ (se possível), o terceiro (no caso de uma nova colisão) é colocado na posição $pos+(c_1{}^*2)+(c_2{}^*2^2)$ (se possível), e assim por diante.

Sondagem quadrática
```
01   int sondagemQuadratica(int pos, int i, int TABLE_SIZE){
02       pos = pos + 2*i + 5*i*i;
03       return (pos & 0x7FFFFFFF) % TABLE_SIZE;
04   }
```

Figura 10.16

> A sondagem quadrática resolve o problema de **agrupamento primário**. Porém, ela gera outro problema conhecido como **agrupamento secundário**.

O problema do **agrupamento secundário** ocorre porque todas as chaves que produzem a mesma posição inicial na tabela *Hash* também produzem as mesmas posições na sondagem quadrática. Felizmente, a degradação produzida na tabela *Hash* pelos agrupamentos secundários ainda é menor que a produzida pelos agrupamentos primários. A Figura 10.17 compara as abordagens de sondagem linear e quadrática.

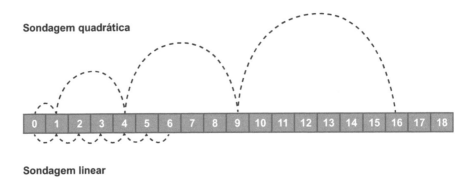

Figura 10.17

Duplo *hash*

Na estratégia de **duplo *hash*** (também conhecida como espalhamento duplo) o algoritmo tenta espalhar os elementos utilizando duas funções de *hashing*:

- a primeira função de *hashing*, **H1**, é utilizada para calcular a posição inicial do elemento;
- a segunda função de *hashing*, **H2**, é utilizada para calcular os **deslocamentos** em relação a posição inicial (no caso de uma colisão).

Desse modo, a posição de um novo elemento na tabela *Hash* é obtida a partir de **H1+i*H2**, em que *i* é tentativa atual de inserção do elemento. A Figura 10.18 mostra a implementação dessa estratégia de tratamento de colisão. Nela, o primeiro elemento ($i = 0$) é colocado na posição obtida pela primeira função de *hashing* (**H1**), o segundo (no caso de uma colisão) é colocado na posição H1+1*H2 (se possível), o terceiro (no caso de uma nova colisão) é colocado na posição H1+2*H2 (se possível), e assim por diante. Esse tipo de estratégia diminui a ocorrência de agrupamentos, o que faz dele um dos melhores métodos para tratamento de colisões em endereçamento aberto.

	Duplo *hash*
01	`int duploHash(int H1, int chave, int i, int TABLE_SIZE){`
02	`    int H2 = chaveDivisao(chave,TABLE_SIZE-1) + 1;`
03	`    return ((H1 + i*H2) & 0x7FFFFFFF) % TABLE_SIZE;`
04	`}`

Figura 10.18

Para o duplo *hash* funcionar corretamente, é necessário que as duas funções de *hashing* sejam diferentes. Além disso, a segunda função de *hashing* não pode resultar em um valor igual a **ZERO** pois, nesse caso, não haveria deslocamento.

Na nossa implementação, a segunda função de *hashing* é calculada usando o método da divisão com um tamanho de tabela um pouco menor (é muito comum utilizar **TABLE_SIZE-1** ou **TABLE_SIZE-2**). Além disso, somamos **+1** ao valor da posição para garantir que a posição retornada não seja **ZERO**.

Inserção e busca com tratamento de colisão

Vimos, anteriormente, que a inserção e a busca são tarefas muito simples e diretas de se realizar em uma tabela *Hash*. O mesmo vale para quando temos que tratar a colisão de dados.

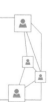

Basicamente, tanto na inserção quanto na busca, o que temos que fazer é calcular a posição dos dados no *array* a partir de parte dos dados (**chave**) a serem inseridos ou buscados. Caso ocorra uma colisão, devemos calcular a nova posição de acordo com alguma estratégia de tratamento de colisão.

Comecemos pela inserção, como mostra a sua implementação na Figura 10.19. Primeiramente, verificamos se o ponteiro **Hash* ha** é igual a **NULL** ou se a quantidade de elementos na tabela é igual ao tamanho da tabela (linha 2). Essa condição seria verdadeira, se tivesse um problema na criação da tabela e, nesse caso, não teríamos uma tabela válida para trabalhar ou a tabela está cheia e não podemos inserir um novo elemento nela. Dessa forma, optamos por retornar o valor **0** para indicar erro na inserção. Porém, se a tabela foi criada com sucesso e existe espaço vago dentro dela, podemos calcular a posição em que os dados serão inseridos.

Para calcular a posição do elemento, vamos considerar que a matrícula é sua chave (linha 5). Perceba que o mesmo poderia ser feito com o nome (linha 6), assim, apenas é necessário converter a *string* para um valor inteiro. Em seguida, calculamos a posição dessa chave utilizando o método da divisão (linha 9). Note que a posição poderia ser calculada com qualquer função de *hashing*. Como estamos prevendo que uma colisão poderá acontecer, vamos considerar um certo número de tentativas antes de desistir de inserir esse elemento. Isso é feito usando um comando de repetição, o qual será executado um número de vezes igual ao tamanho da tabela (linha 10).

Se esse comando de repetição chegar a ser concluído, iremos retornar o valor **0** (linha 25), indicando falha na operação de inserção.

Dentro do comando de repetição, vamos calcular a nova posição do elemento com base em uma estratégia de tratamento de colisão. Vamos usar a sondagem linear (linha 11), mas a sondagem quadrática ou duplo *hash* também poderiam ser utilizadas (linhas 12-13). Perceba, que na primeira tentativa ($i = 0$), essas funções irão retornar o valor obtido pela função de *hashing* (linha 9). Em seguida, verificamos se a posição obtida está vazia (**NULL**). Se essa afirmação for falsa, o algoritmo irá realizar uma nova tentativa de achar um lugar para esse elemento. Do contrário, tentamos alocar memória para um novo elemento (linhas 15-16). Caso a alocação de memória não seja possível, a função irá retornar o valor **0** (linhas 17-18). Se a função **malloc()** retornar um endereço de memória válido, podemos copiar os dados que vamos armazenar para dentro desse elemento (linha 19). Uma vez copiados os dados, basta armazenar o ponteiro do novo elemento nessa posição do *array* **itens** que foi calculada com a função de *hashing* e incrementar a quantidade de elementos na tabela (linhas 20-21). Por fim, retornamos o valor **1** (linha 22), indicando sucesso na operação de inserção.

Inserindo um elemento na Tabela *Hash*

```
01    int insereHash_EnderAberto(Hash* ha, struct aluno al){
02        if(ha == NULL || ha->qtd == ha->TABLE_SIZE)
03            return 0;
04
05        int chave = al.matricula;
06        //int chave = valorString(al.nome);
07
08        int i, pos, newPos;
09        pos = chaveDivisao(chave,ha->TABLE_SIZE);
10        for(i=0; i < ha->TABLE_SIZE; i++){
11            newPos = sondagemLinear(pos,i,ha->TABLE_SIZE);
12            //newPos = sondagemQuadratica(pos,i,
                                        ha->TABLE_SIZE);
13            //newPos = duploHash(pos,chave,i,ha->TABLE_SIZE);
14            if(ha->itens[newPos] == NULL){
15                struct aluno* novo;
16                novo = (struct aluno*) malloc(
                        sizeof(struct aluno));
17                if(novo == NULL)
18                    return 0;
19                *novo = al;
20                ha->itens[newPos] = novo;
21                ha->qtd++;
22                return 1;
23            }
24        }
25        return 0;
26    }
```

Figura 10.19

Tabela Hash

Assim como a operação de inserção, a de busca, mostrada na Figura 10.20, exige que tratemos a colisão. Nesse caso, quando ocorre uma colisão não procuramos por uma posição vazia, mas por uma que contenha a porção dos dados que foi usada no cálculo da chave.

Primeiramente, precisamos verificar se o ponteiro **Hash* ha** é igual a **NULL**, ou seja, se temos uma tabela válida. Caso essa condição seja verdadeira, optamos por retornar o valor **0** para indicar erro na busca (linhas 2-3). Porém, se essa é uma tabela válida, utilizamos o número de matrícula passado por parâmetro para calcular a posição em que se encontra o aluno buscado (linha 6).

Note que a posição do elemento procurado poderia ser calculada com qualquer função de *hashing*. É necessário apenas que a função de *hashing* usada na busca seja a mesma usada na inserção.

Como estamos prevendo que uma colisão poderá acontecer, vamos considerar um certo número de tentativas antes de desistir de buscar esse elemento. Isso é feito usando um comando de repetição, o qual será executado um número de vezes igual ao tamanho da tabela (linha 7). Se esse comando de repetição chegar a ser concluído, iremos retornar o valor **0** (linha 19), indicando falha na operação de busca.

Dentro do comando de repetição, vamos calcular a nova posição do elemento com base em uma estratégia de tratamento de colisão. Vamos usar a sondagem linear (linha 8), mas a sondagem quadrática ou duplo *hash* também poderiam ser utilizadas (linhas 9-10). Perceba que na primeira tentativa (i = 0) essas funções irão retorna o valor obtido pela função de *hashing* (linha 6). Caso o valor armazenado na posição calculada pela estratégia de tratamento de colisão seja igual a **NULL**, a função retorna **0**, pois trata-se de uma posição em que nenhum dado de aluno está armazenado (linhas 11-12). No entanto, se existe algum elemento armazenado naquela posição, então comparamos o campo matrícula dele com o informado no parâmetro da função. Se os valores forem diferentes, o algoritmo irá realizar uma nova tentativa de busca em outra posição da tabela. Do contrário, o conteúdo dessa posição é copiado para o conteúdo do ponteiro passado por referência (**al**) e retornamos o valor **1** (linhas 15-16), indicando sucesso na operação de busca.

Buscando um elemento da Tabela *Hash*

```
01    int buscaHash_EnderAberto(Hash* ha, int mat,
                                struct aluno* al){
02        if(ha == NULL)
03            return 0;
04
05        int i, pos, newPos;
06        pos = chaveDivisao(mat,ha->TABLE_SIZE);
07        for(i=0; i < ha->TABLE_SIZE; i++){
08            newPos = sondagemLinear(pos,i,ha->TABLE_SIZE);
              //newPos = sondagemQuadratica(pos,i,
09                                          ha->TABLE_SIZE);
10            //newPos = duploHash(pos,mat,i,ha->TABLE_SIZE);
11            if(ha->itens[newPos] == NULL)
12                return 0;
13
14            if(ha->itens[newPos]->matricula == mat){
15                *al = *(ha->itens[newPos]);
16                return 1;
17            }
18        }
19        return 0;
20    }
```

Figura 10.20

Encadeamento separado

O **encadeamento separado** (ou *separate chaining*) é uma maneira um pouco diferente de se tratar a colisão em uma tabela *Hash*. Em vez de procurar por posições vagas (valor **NULL**) dentro do *array* que define a tabela, esse tipo de tratamento de colisões armazena dentro de cada posição do *array* o início de uma **lista dinâmica encadeada**. É dentro dessa lista que serão armazenadas as colisões (elementos com chaves iguais) para aquela posição do *array*, como mostra a Figura 10.21.

Tabela *Hash*

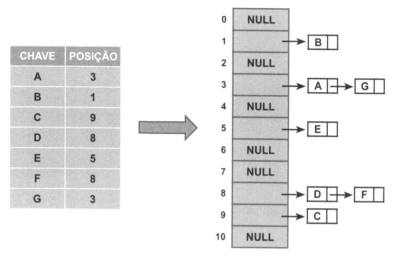

Figura 10.21

A **lista dinâmica encadeada** mantida em cada posição da tabela pode ser ordenada ou não. Ao usarmos uma lista não ordenada, é fácil perceber que essa estratégia de tratamento de colisão tem complexidade $O(1)$ no pior caso: basta acessar a posição da tabela correspondente à chave daquele elemento e inseri-lo no início da lista. Já a busca leva um tempo proporcional ao número de elementos dentro da lista armazenada naquela posição da tabela, ou seja, é preciso percorrer a lista procurando por aquele elemento.

> Uma desvantagem importante desse tipo de tratamento de colisão diz respeito à quantidade de memória consumida: gastamos mais memória para manter os ponteiros que ligam os diferentes elementos dentro de cada lista.

Exercícios

1) Defina, usando as suas palavras, o que é uma tabela *Hash* e como ela funciona.
   Cite duas características desejáveis para o bom funcionamento de uma função *Hash*.

2) O paradoxo do aniversário afirma que em uma sala contendo mais de 23 pessoas, a chance de duas pessoas fazerem aniversário no mesmo dia é maior que 50 %.

3) Explique por que esse paradoxo é um exemplo do maior problema das tabelas *Hash*.

4) Descreva de que forma podemos detectar que todas as posições possíveis vagas da tabela *Hash* foram acessadas durante o re-espalhamento.

5) Descreva, usando as suas palavras, o que é *hashing* universal.

6) Durante a inserção e a busca em tabelas *Hash* pode ocorrer colisão. Explique o que é uma colisão.

7) Descreva de que forma podemos tratar a colisão em tabelas *Hash*.

8) Descreva, usando as suas palavras, como funciona o método de divisão. Cite um possível problema desse método.

9) Descreva as vantagens e desvantagens do método de endereçamento aberto.

10) Considere um conjunto de n chaves, x, formado pelos n primeiros múltiplos do número sete. Quantas colisões seriam obtidas para cada função *hashing* abaixo?
- $h(x) = x\%7$
- $h(x) = x\%14$
- $h(x) = v\%5$

11) Dada uma tabela *Hash* de tamanho $v = 9$, função *hash* $v(k) = k\%m$ com encadeamento separado, mostre a tabela após a inserção das chaves 4, 23, 29, 15, 21, 43, 11, 5 e 10. Mostre também como ficaria a tabela após as inserções se o tamanho fosse $m = 11$.

12) Dada uma tabela *Hash* de tamanho $m = 11$, função *hash* $v(k) = (2k + 5)\%m$ com encadeamento separado, mostre a tabela após a inserção das chaves 12, 44, 13, 88, 23, 94, 11, 39, 20, 16 e 5.

13) Dada uma tabela *Hash* de tamanho $m = 10$ com endereçamento aberto, mostre a tabela após a inserção das chaves 371, 121, 173, 203, 11, 24, para as seguintes funções de *hash*:
- Sondagem linear, função *hash*: $h(k) = k\%m + i$
- Sondagem quadrática, função *hash*: $h(k) = k\%m + i^2$
- Sondagem quadrática, função *hash*: $h(k) = k\%m + 2i + i^2$
- *Hash* duplo, função *hash*: $h1(k) = k\%m$; função *hash* 2: $h2(k) = 7 - (k\%7)$

14) Insira a seguinte tabela de 12 chaves em uma tabela *Hash* com 3 cadeias de encadeamento. Considere uma busca pela chave *J*, cuja *hash* é dois. Qual é a sequência de chaves que é comparada com *J*?

chave	hash
D	2
Q	0
B	0
I	1
M	2
H	0
G	2
U	1
A	2
C	1
R	1
S	2

11

Grafos

Definição

Diversos tipos de aplicações necessitam da representação de um conjunto de objetos e as suas relações. Nesses casos, é interessante fazer uso de estruturas chamadas **grafos**.

> Grafo é um modelo matemático que representa as relações entre objetos de um determinado conjunto.

Um grafo $G(V, A)$ é definido em termos de dois conjuntos, como mostra a Figura 11.1.

- um conjunto V de vértices, que são os itens representados em um grafo;
- um conjunto A de arestas, que são utilizadas para conectar qualquer par de vértices. Nesse caso, dois vértices são conectados segundo critério previamente estabelecido.

> A Teoria dos Grafos fornece um extenso conjunto de ferramentas para a modelagem de um problema na forma de um grafo, de modo que essa modelagem se torna totalmente dependente da natureza do problema e dos objetivos que se pretende alcançar.

Praticamente qualquer objeto (seja ele um *pixel* de uma imagem, uma pessoa de um grupo de amigos ou mesmo uma cidade em um mapa) pode ser representado como um vértice em um grafo. Consequentemente, as ligações entre os vértices, isto é, as arestas do grafo, podem ser estabelecidas de acordo com alguma medida que represente adequadamente o relacionamento existente entre os pares de vértices. A grande flexibilidade dos grafos permite, por exemplo, a construção de grafos com diferentes tipos de vértices e arestas, isto é, vértices que representem entidades diferentes e arestas ligando uma mesma classe ou classes diferentes, como mostra a Figura 11.2.

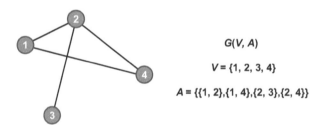

Figura 11.1

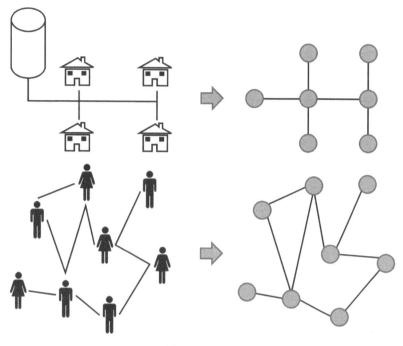

Figura 11.2

Conceitos básicos

Vértice

Um vértice é cada uma das entidades representadas em um grafo. O seu significado dentro do grafo depende da aplicação na qual o grafo é usado, ou seja, depende da natureza do problema modelado. Podem ser:

- pessoas;
- uma tarefa em um projeto;
- lugares em um mapa;
- etc.

Um exemplo de vértice é mostrado na Figura 11.3.

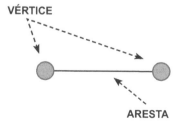

Figura 11.3

Arestas: conectando os vértices

Uma aresta (também chamada **arco**) está sempre associada a dois vértices. Ela é responsável por fazer a ligação entre esses dois vértices, ou seja, diz qual a relação que existe entre eles.

> Dois vértices são considerados **adjacentes** se existir uma aresta ligando-os.

O significado da aresta dentro do grafo depende da aplicação na qual o grafo é usado, ou seja, depende da natureza do problema modelado. Pode ser, em um grafo:
- de pessoas: parentesco entre elas ou amizade;
- de tarefas de um projeto: pré-requisito entre as tarefas;
- de lugares de um mapa: estradas que existem ligando os lugares;
- etc.

Um exemplo de aresta é mostrado na Figura 11.3.

Direção das arestas: grafos e digrafos

Dependendo da aplicação na qual um grafo é usado, as arestas podem ou não ter uma direção associada a cada uma delas. Em um **grafo direcionado** ou **digrafo**, existe uma orientação quanto ao sentido da aresta, ou seja, se uma aresta liga os vértices *A* a *B*, isso significa que podemos ir de *A* para *B*, mas não o contrário. Já em um **grafo não direcionado** (ou, simplesmente, **grafo**), não existe nenhuma orientação quanto ao sentido da aresta, ou seja, se uma aresta liga os vértices *A* e *B*, isso significa que podemos ir de *A* para *B* ou de *B* para *A*. Exemplos de um grafo não direcionado e um grafo direcionado são mostrados na Figura 11.4.

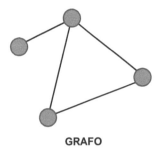

GRAFO   DIGRAFO

Figura 11.4

Grau de um vértice

O grau de um vértice corresponde ao número de arestas que conectam aquele vértice a outro vértice do grafo. Em outras palavras, trata-se do número de vizinhos que aquele vértice possui no grafo. No caso dos digrafos, temos dois tipos de grau:

- **grau de entrada**: corresponde ao número de arestas que chegam ao vértice partindo de outro;
- **grau de saída**: corresponde ao número de arestas que partem do vértice em direção a outro.

A Figura 11.5 mostra o grau de cada vértice para um grafo e um digrafo.

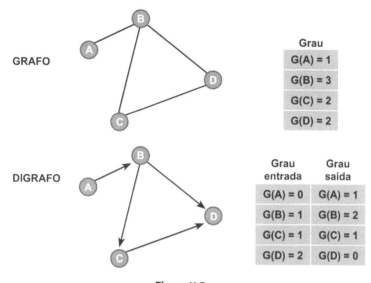

Figura 11.5

Laços

Uma aresta é chamada **laço** se seu vértice de partida é o mesmo que o de chegada, ou seja, a aresta conecta o vértice a ele mesmo. A Figura 11.6 mostra um exemplo de laço em um grafo.

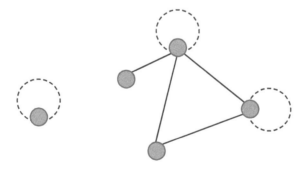

Figura 11.6

Caminhos e ciclos

É comum em grafos que, dados dois vértices, v_1 e v_5, não exista uma aresta conectando-os, isto é, eles não são adjacentes. De fato, a maioria dos grafos são esparsos, ou seja, apresentam apenas uma pequena fração de todas as arestas possíveis. Isso significa que um vértice se conecta com poucos vértices vizinhos. No entanto, dois vértices que não são adjacentes podem ser conectados por uma sequência de arestas como, por exemplo, (v_1, v_2), (v_2, v_3), (v_3, v_4), (v_4, v_5).

> Um **caminho** entre dois vértices é uma sequência de vértices onde cada vértice está conectado ao vértice seguinte por meio de uma aresta. Nesse caso, o número de vértices que precisamos percorrer de um vértice até o outro é denominado **comprimento do caminho**.

Desse modo, podemos dizer que o primeiro vértice (chamado **vértice inicial**) está conectado ao último vértice da sequência (chamado **vértice final**) se existe ao menos um caminho conectando-os. A Figura 11.7 mostra dois exemplos de caminhos em um grafo.

> Um **caminho** é chamado **caminho simples** se nenhum dos vértices se repetir ao longo do caminho.

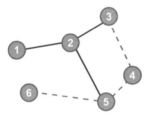 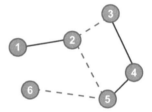

CAMINHO: 3-4-5-6   CAMINHO: 3-2-5-6

Figura 11.7

> Um **ciclo** é um caminho em que o vértice inicial e o final são o mesmo. Nesse caso, o **comprimento do ciclo** é o número de vértices que precisamos percorrer do vértice inicial até o final, em que o vértice final não é contado, pois já foi contado como inicial.

Note que um **ciclo** é um **caminho fechado** sem vértices repetidos e que a escolha do vértice inicial em um ciclo é uma tarefa arbitrária. Note também que um laço é um ciclo de comprimento **1**. A Figura 11.8 mostra dois exemplos de ciclos em um grafo.

> Um **grafo acíclico** é um grafo que não contém ciclos simples. Um ciclo é dito simples se cada vértice aparece apenas uma vez no ciclo.

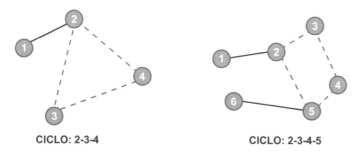

CICLO: 2-3-4   CICLO: 2-3-4-5

Figura 11.8

Arestas múltiplas e multigrafo

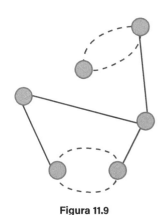

Um grafo que possua arestas múltiplas é chamado **multigrafo**. Trata-se de um tipo de grafo especial que permite mais de uma aresta conectando o mesmo par de vértices. Nesse caso, as arestas são ditas paralelas. A Figura 11.9 mostra um exemplo de **multigrafo**.

> Para entender o conceito de arestas múltiplas, considere duas pessoas representadas por vértices em um grafo. No caso desses vértices estarem conectados por duas arestas, temos que uma aresta pode indicar uma relação de amizade entre as pessoas, enquanto uma segunda aresta poderia indicar uma relação de hierarquia dentro de uma empresa (por exemplo, fulano é chefe de beltrano).

Figura 11.9

Representação de grafos

Ao se modelar um problema utilizando um grafo, surge a questão: como representar esse grafo no computador? Existem duas abordagens muito utilizadas para representar um grafo no computador. São elas:

- matriz de adjacência;
- lista de adjacência.

> E qual é a representação que deve ser utilizada?

A representação escolhida para um grafo depende da aplicação. Não existe uma representação que seja melhor que a outra em todos os casos. A seguir, veremos como funciona cada um dos tipos de representação de grafos.

Matriz de adjacência

A representação de um grafo por **matriz de adjacência** faz uso de uma simples matriz para descrever as relações entre os vértices. Nesse tipo de representação, um grafo contendo N vértices utiliza uma matriz com N linhas e N colunas para armazenar o grafo. Uma aresta ligando dois vértices é representada por uma **marca** (por exemplo, 1 existe aresta, 0 não existe) na posição (i, j) da matriz, em que i é o vértice inicial e j é o vértice final da aresta, como mostra a Figura 11.10.

> A representação de um grafo por **matriz de adjacência** possui um alto custo computacional, $O(N^2)$. Além disso, ela não é indicada para um grafo que possui muitos vértices, mas poucas arestas ligando esses vértices.

No entanto, se a matriz de adjacências armazenar apenas a conectividade dos vértices (arestas), apenas um *bit* será necessário para cada posição da matriz. Isso torna essa representação bastante compacta. Por outro lado, operações como encontrar todos os vértices adjacentes a um vértice exigem que se pesquise em toda a linha da matriz.

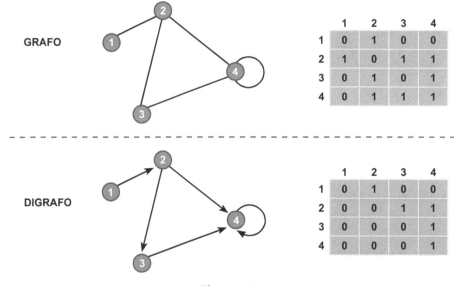

Figura 11.10

Listas de adjacência

A representação de um grafo por **lista de adjacência** faz uso de uma lista de vértices para descrever as relações entre os vértices. Nesse tipo de representação, um grafo contendo N vértices utiliza um *array* de ponteiros de tamanho N para armazenar os vértices do grafo. Em seguida, para cada vértice é criada uma lista de arestas, em que cada posição da lista armazena o índice do vértice a qual aquele vértice se conecta, como mostra a Figura 11.11.

Grafos

> A representação de um grafo por **lista de adjacência** possui um custo computacional $O(N+M)$, em que N é o número de vértices e M é o número de arestas no grafo.

Como se pode notar, a representação por **lista de adjacência** é mais indicada para um grafo que possui muitos vértices, mas poucas arestas ligando esses vértices. À medida que o número de arestas cresce e não havendo nenhuma outra informação associada à aresta (por exemplo, seu peso), o uso de uma matriz de adjacência se torna mais eficiente. Além disso, descobrir se dois vértices estão conectados implica em percorrer todas as arestas de um deles, enquanto na matriz de adjacência essa tarefa é imediata.

A seguir, veremos como implementar um TAD para representar um grafo usando uma **lista de adjacência**.

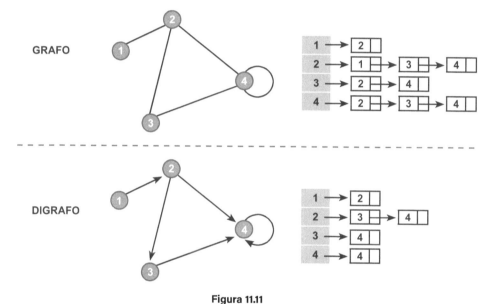

Figura 11.11

Criando o TAD grafo

Definindo o tipo grafo

Antes de começar a implementar o nosso grafo, é preciso definir algumas características, como o número de vértices que ele terá, se será um digrafo etc. Como estamos trabalhando com modularização, precisamos também definir o **tipo opaco** que representa nosso grafo. Esse tipo será um ponteiro para a estrutura que define o grafo. Além disso, também precisamos definir o conjunto de funções que será visível para o programador que utilizar a biblioteca que estamos criando.

> No arquivo **Grafo.h**, iremos declarar tudo aquilo que será visível para o programador.

Vamos começar definindo o arquivo **Grafo.h**, ilustrado na Figura 11.12. Como vamos modelar um grafo simples, temos que definir apenas o tipo opaco que será usado sempre que se desejar trabalhar com um grafo e as funções disponíveis para se trabalhar com esse grafo em especial (linhas 2-5) e que serão implementadas no arquivo **Grafo.c**.

> No arquivo **Grafo.c**, iremos definir tudo aquilo que deverá ficar oculto do usuário da nossa biblioteca e implementar as funções definidas em **Grafo.h**.

Basicamente, o arquivo **Grafo.c** (Figura 11.12) contém apenas:

- as chamadas às bibliotecas necessárias à implementação do grafo (linhas 1-3);
- a definição do tipo que define o funcionamento do grafo, **struct grafo** (linhas 5-12);
- as implementações das funções definidas no arquivo **Grafo.h**. As implementações dessas funções serão vistas nas seções seguintes.

Note que o nosso tipo grafo é uma estrutura contendo vários campos:

- **eh_ponderado**: define se as arestas tem ou não peso (grafo ponderado ou não);
- **nro_vert**: define o número de vértices que o grafo irá ter;
- **Gmax**: define o número de arestas a qual um vértice poderá se conectar;
- **arestas**: ponteiro em que será alocada a matriz de arestas do grafo;
- **pesos**: ponteiro em que será alocada a matriz de pesos das arestas do grafo, se o grafo for ponderado;
- **grau**: ponteiro em que será alocado um vetor que irá armazenar o número de arestas já associadas a um vértice.

> Nessa implementação, os ponteiros **arestas** e **pesos** permitem definir listas de adjacências para cada vértice do grafo.

Os campos **arestas** e **pesos** foram definidos como **ponteiro para ponteiro**. Isso significa que é possível alocar uma matriz para cada um deles. À primeira vista, tem-se a falsa impressão de que essa implementação irá utilizar uma **matriz de adjacência**. Na verdade, cada vértice do grafo funciona como uma lista estática de tamanho **Gmax**, ou seja, tanto a matriz **arestas**, quanto a matriz **pesos**, representam listas de vértices e seu funcionamento é similar a uma **lista sequencial estática**, como mostra a Figura 11.13. Nesse caso, cada linha da matriz arestas (e da matriz pesos) irá funcionar como uma **lista sequencial estática**, e o campo grau irá guardar a quantidade de vértices na lista de adjacência daquele vértice.

Por estar definido dentro do arquivo **Grafo.c**, os campos dessa estrutura não são visíveis pelo usuário da biblioteca no arquivo **main()**, apenas o seu outro nome definido no arquivo **Grafo.h** (linha 1), que pode apenas declarar um ponteiro para ele da seguinte forma:

Grafo *gr;

	Arquivo Grafo.h
01	`typedef struct grafo Grafo;`
02	`Grafo* cria_Grafo(int nro_vert,int Gmax,int eh_ponderado);`
03	`void libera_Grafo(Grafo* gr);`
04	`int insereAresta(Grafo* gr,int orig,int dest,`
	`int digrafo,float peso);`
05	`int removeAresta(Grafo* gr,int orig,int dest,int digrafo);`
	Arquivo Grafo.c
01	`#include <stdio.h>`
02	`#include <stdlib.h>`
03	`#include "Grafo.h" //inclui os Protótipos`
04	`//Definição do tipo Grafo`
05	`struct grafo{`
06	`int eh_ponderado;`
07	`int nro_vert;`
08	`int Gmax;`
09	`int** arestas;`
10	`float** pesos;`
11	`int* grau;`
12	`};`

Figura 11.12

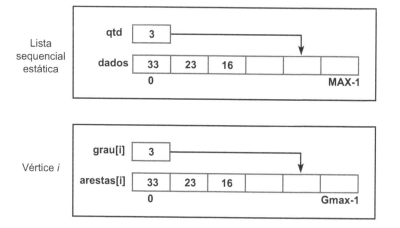

Figura 11.13

Criando e destruindo um grafo

Para utilizar um grafo em seu programa, a primeira coisa a fazer é criar um grafo vazio. Essa tarefa é executada pela função descrita na Figura 11.14. Basicamente, o que essa função faz é a alocação de uma área de memória para armazenar a estrutura que representa o grafo (linha 3). Caso essa operação seja feita com sucesso (linha 3), a função aloca a lista de adjacências (**arestas**) e configura outros campos da estrutura de acordo com o número de vértices (**nro_vert**) e o número máximo de arestas que ele pode ter (**Gmax**) informados pelo usuário (linhas 6-13). Além disso, o usuário também informa se este grafo será ponderado ou não. Em caso afirmativo (linha 15), uma segunda estrutura (**pesos**) similar à lista de adjacências (**arestas**) é alocada para guardar o peso associado àquela aresta (linhas 16-18).

Criando um grafo
```
01    Grafo* cria_Grafo(int nro_vert,int Gmax,int eh_ponderado){
02      Grafo *gr;
03      gr = (Grafo*) malloc(sizeof(struct grafo));
04      if(gr != NULL){
05        int i;
06        gr->nro_vert = nro_vert;
07        gr->Gmax = Gmax;
08        gr->eh_ponderado = (eh_ponderado != 0)?1:0;
09        gr->grau=(int*)calloc(nro_vert,sizeof(int));
10
11        gr->arestas=(int**)malloc(nro_vert*sizeof(int*));
12        for(i=0; i<nro_vert; i++)
13          gr->arestas[i] = (int*)malloc(Gmax * sizeof(int));
14
15        if(gr->eh_ponderado){
16          gr->pesos=(float**)malloc(nro_vert*sizeof(float*));
17          for(i=0; i<nro_vert; i++)
18            gr->pesos[i]=(float*)malloc(Gmax*sizeof(float));
19        }
20      }
21      return gr;
22    }
```

Figura 11.14

O código que realiza a destruição do nosso grafo é mostrado na Figura 11.15. Inicialmente, verificamos se o grafo é válido, ou seja, se a tarefa de criação dele foi realizada com sucesso (linha 2). Em seguida, liberamos a lista de adjacências (**arestas**) anteriormente alocada (linhas 4-6). Caso esse grafo seja ponderado (linha 8), o mesmo processo é realizado para os **pesos** (linhas 9-11). Por fim, liberamos a memória associada ao *array* de graus e a estrutura que representa o grafo (linhas 13-14).

Grafos   **335**

	Destruindo um grafo

```
01    void libera_Grafo(Grafo* gr){
02        if(gr != NULL){
03            int i;
04            for(i=0; i<gr->nro_vert; i++)
05                free(gr->arestas[i]);
06            free(gr->arestas);
07
08            if(gr->eh_ponderado){
09                for(i=0; i<gr->nro_vert; i++)
10                    free(gr->pesos[i]);
11                free(gr->pesos);
12            }
13            free(gr->grau);
14            free(gr);
15        }
16    }
```

Figura 11.15

Inserindo uma aresta no grafo

Uma vez criado o grafo, podemos começar a inserir as suas arestas, como mostra a sua implementação na Figura 11.16. Primeiramente, a função verifica se o ponteiro **Grafo *gr** é igual a **NULL**. Essa condição seria verdadeira, se tivesse um problema na criação do grafo e, nesse caso, não teríamos um grafo válido para trabalhar. Dessa forma, optamos por retornar o valor **0** para indicar um grafo inválido (linha 3). Porém, se o grafo foi criado com sucesso, precisamos verificar se o índice dos vértices inicial (**orig**) e final (**dest**) da aresta são valores válidos (linhas 4 e 6). Caso um deles não seja um valor válido, a função irá retornar o valor **0** (linhas 5 e 7). Por fim, verificamos se o vértice inicial (**orig**) já não atingiu seu grau máximo, ou seja, se há espaço para armazenar mais um vértice vizinho na sua lista de adjacências (linhas 9 e 10).

Tendo um grafo e vértices válidos, inserimos o vértice **dest** no final da lista de adjacências do vértice **orig** (linha 12). Caso o grafo seja ponderado, fazemos isso também para o seu peso (linhas 13-14). Terminada a inserção da aresta, incrementamos o total de arestas do vértice **orig** (linha 15). É importante lembrar que o funcionamento do campo **arestas** (e do campo **pesos**) é similar ao de uma lista sequencial estática, como mostrado na Figura 11.13. Assim, a inserção do vértice **dest** na lista de adjacências do vértice **orig** segue o mesmo funcionamento da inserção de um elemento no final de uma lista sequencial estática, como descrito em detalhes na Seção Inserindo no final da lista sequencial estática.

Em seguida, verificamos se o grafo não é um digrafo. Em caso afirmativo, chamamos a função recursivamente invertendo a ordem dos vértices para que seja inserida a aresta no outro sentido (linhas 17-18). Por fim, retornamos o valor **1** (linha 19), indicando sucesso na operação de inserção da aresta.

	Inserindo uma aresta
01	`int insereAresta(Grafo* gr,int orig,int dest,`
	`                  int digrafo,float peso){`
02	`    if(gr == NULL)`
03	`        return 0;`
04	`    if(orig < 0 || orig >= gr->nro_vert)`
05	`        return 0;`
06	`    if(dest < 0 || dest >= gr->nro_vert)`
07	`        return 0;`
08	
09	`    if(gr->grau[orig] == gr->grau_max)`
10	`        return 0;`
11	
12	`    gr->arestas[orig][gr->grau[orig]] = dest;`
13	`    if(gr->eh_ponderado)`
14	`        gr->pesos[orig][gr->grau[orig]] = peso;`
15	
16	`    gr->grau[orig]++;`
17	`    if(digrafo == 0)`
18	`        return insereAresta(gr,dest,orig,1,peso);`
19	`    return 1;`
20	`}`

Figura 11.16

Removendo uma aresta do grafo

Apesar de simples, remover uma aresta de um grafo é uma tarefa trabalhosa.

> Isso porque precisamos procurar a aresta a ser removida na lista de adjacências, a qual pode estar no início, no meio ou no fim da lista.

Basicamente, o que temos que fazer é procurar essa aresta na lista de adjacências e movimentar todas as arestas que estão à sua frente na lista uma posição para trás dentro do *array*. Isso sobrescreve a aresta a ser removida ao mesmo tempo em que diminui o número de arestas daquele vértice, como mostra a sua implementação na Figura 11.17. Primeiramente, a função verifica se o ponteiro **Grafo *gr** é igual a **NULL**. Essa condição seria verdadeira se tivesse um problema na criação do grafo e, nesse caso, não teríamos um grafo válido para trabalhar. Dessa forma, optamos por retornar o valor **0** para indicar um grafo inválido (linha 3). Porém, se o grafo foi criado com sucesso, precisamos verificar se o índice dos vértices inicial (**orig**) e final (**dest**) da aresta a ser removida são valores válidos (linhas 4 e 6). Caso um deles não seja um valor válido, a função irá retornar o valor **0** (linhas 5 e 7).

Com um grafo e vértices válidos, temos que percorrer as arestas do vértice **orig** enquanto não chegarmos ao seu final e enquanto o valor armazenado não for o vértice **dest** (linhas 9-11). Terminado o processo de busca, verificamos se estamos no final da lista de arestas ou não (linha 12). Em caso afirmativo, essa aresta não existe e a remoção não é possível (linha 13). Caso contrário,

Grafos **337**

diminuímos em uma unidade a quantidade de arestas do vértice **orig** (linha 14) e copiamos o último elemento para a posição do elemento a ser removido (linha 15). Desse modo, não é preciso deslocar as arestas que estão à frente da aresta removida. Caso o grafo seja ponderado, fazemos isso também para o seu **peso** (linhas 16-17).

Em seguida, verificamos se o grafo não é um digrafo. Em caso afirmativo, chamamos a função recursivamente invertendo a ordem dos vértices para que seja removida a aresta no outro sentido (linhas 18-19). Por fim, retornamos o valor **1** (linha 20), indicando sucesso na operação de remoção da aresta.

Removendo uma aresta

```
01    int removeAresta(Grafo* gr, int orig, int dest,
                        int eh_digrafo){
02      if(gr == NULL)
03          return 0;
04      if(orig < 0 || orig >= gr->nro_vertices)
05          return 0;
06      if(dest < 0 || dest >= gr->nro_vertices)
07          return 0;
08
09      int i = 0;
10      while(i<gr->grau[orig] && gr->arestas[orig][i]!=dest)
11          i++;
12      if(i == gr->grau[orig])//elemento nao encontrado
13          return 0;
14      gr->grau[orig]--;
15      gr->arestas[orig][i]=gr->arestas[orig][gr->grau[orig]];
16      if(gr->eh_ponderado)
17          gr->pesos[orig][i]=gr->pesos[orig][gr->grau[orig]];
18      if(eh_digrafo == 0)
19          removeAresta(gr,dest,orig,1);
20      return 1;
21    }
```

Figura 11.17

Tipos de grafos

Grafos trivial e simples

Um **grafo trivial** é a forma mais simples de grafo que existe. Trata-se de um grafo que possui um único vértice e nenhuma aresta ou laço. Já um **grafo simples** é a forma mais comum de grafo que existe. Trata-se de um grafo não direcionado, sem laços e sem arestas paralelas. A Figura 11.18 mostra um exemplo para cada um desses grafos.

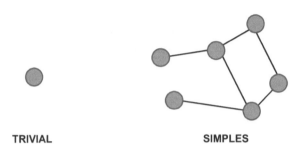

Figura 11.18

Grafo completo

Um **grafo completo** consiste em um grafo **simples** (ou seja, um grafo não direcionado, sem laços e sem arestas paralelas), em que cada vértice seu se conecta a todos os outros vértices do grafo. A Figura 11.19 mostra dois exemplos desse tipo de grafo.

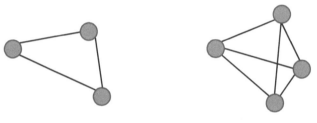

Figura 11.19

Grafo regular

Dá-se o nome de **grafo regular** a todo grafo em que todos os seus vértices possuem o mesmo grau (número de arestas ligadas a ele). A Figura 11.20 mostra alguns exemplos desse tipo de grafo.

> Todo grafo completo é também regular, mas nem todo grafo regular é dito completo.

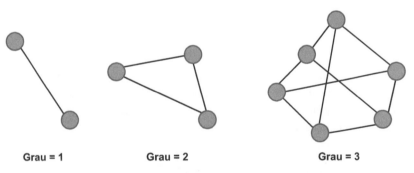

Figura 11.20

Subgrafo

Dados dois grafos $G(V, A)$ e $Gs(Vs, As)$, temos que $Gs(Vs, As)$ é um **subgrafo** de $G(V, A)$ se o conjunto de vértices Vs for um subconjunto de V, $Vs \subseteq V$, e se o conjunto de arestas As for um subconjunto de A, $As \subseteq A$. A Figura 11.21 mostra um exemplo de um grafo e seus subgrafos.

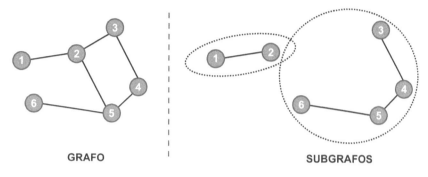

Figura 11.21

Grafo bipartido

Um grafo $G(V, A)$ é chamado **grafo bipartido** se o seu conjunto de vértices pode ser dividido em dois subconjuntos V_1 e V_2 sem intersecção. Já as arestas conectam apenas os vértices que estão em subconjuntos diferentes, ou seja, uma aresta sempre conecta um vértice de V_1 a V_2, ou vice-versa, porém ela nunca conecta vértices do mesmo subconjunto entre si. A Figura 11.22 mostra um exemplo de um grafo bipartido.

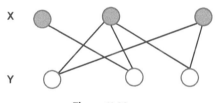

Figura 11.22

> Em um **grafo bipartido** todo ciclo tem comprimento par.

Assim, para verificar se um grafo é bipartido, basta verificar se ele possui ao menos um ciclo de comprimento ímpar.

Grafo conexo e desconexo

Chama-se **grafo conexo** todo grafo que, para quaisquer dois vértices distintos, sempre existe um caminho que os une. Quando isso não acontece, temos um **grafo desconexo**. Um grafo desconexo contém no mínimo duas partes, cada uma delas chamada **componente conexa**. A Figura 11.23 mostra um exemplo grafo conexo e desconexo.

Um grafo é totalmente desconexo quando ele possui mais de um vértice, mas nenhuma aresta.

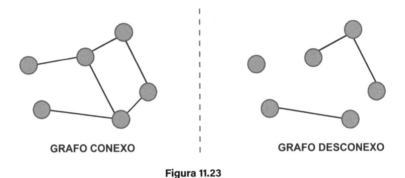

Figura 11.23

Grafos isomorfos

Dois grafos, G_1 (V_1, A_1) e G_2 (V_2, A_2), são ditos isomorfos se existe uma função que faça o mapeamento de vértices e arestas de modo que os dois grafos se tornem coincidentes. Em outras palavras, dois grafos são isomorfos se existe uma função f que, para cada dois vértices a e b adjacentes no grafo G_1, $f(a)$ e $f(b)$ também são adjacentes no grafo G_2.

Condições mínimas para que dois grafos sejam isomorfos:

- possuírem o mesmo número de vértices;
- possuírem o mesmo número de arestas;
- possuírem o mesmo número de vértices de grau n, para qualquer valor n entre zero e o número de vértices que o grafo contém.

A Figura 11.24 mostra dois exemplos de grafos isomorfos.

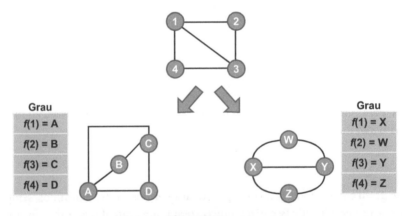

Figura 11.24

Grafo ponderado

Dependendo da aplicação na qual um grafo é usado, as arestas podem ou não ter um peso (valor numérico) associado a cada uma delas. Quando isso ocorre, dizemos que o grafo é **ponderado**. Um exemplo de grafo ponderado é mostrado na Figura 11.25.

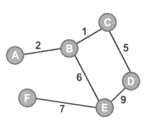

Figura 11.25

Muitos problemas de engenharia são modelados como grafos ponderados. Nesses casos, os valores associados às arestas representam grandezas como distâncias, altitudes, capacidades ou fluxos.

Grafo hamiltoniano

Um **grafo hamiltoniano** é um tipo especial de grafo que possui um caminho que visita todos os seus vértices apenas uma vez. A esse caminho dá-se o nome de **caminho hamiltoniano**. Um **ciclo hamiltoniano** é um ciclo em que cada vértice é visitado exatamente uma vez e retorna a seu ponto de partida (esse é o único vértice que se repete). Um exemplo de caminho e ciclo hamiltoniano é mostrado na Figura 11.26.

A detecção de um **grafo hamiltoniano** é uma tarefa extremamente árdua.

O problema de verificar se existe um caminho (ou ciclo) hamiltoniano em um grafo é NP-completo, ou seja, é pouco provável que exista um algoritmo polinomial para resolver esse problema.

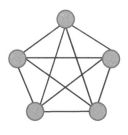
Grafo Hamiltoniano

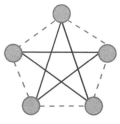
Ciclo Hamiltoniano

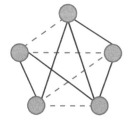
Caminho Hamiltoniano

Figura 11.26

Grafo euleriano

Um **grafo euleriano** é um tipo especial de grafo que possui um **ciclo** que visita todas as suas arestas apenas uma vez, iniciando e terminando no mesmo vértice. A esse ciclo dá-se o nome de **ciclo euleriano**. Um exemplo de **ciclo euleriano** é mostrado na Figura 11.27.

Um **grafo semieuleriano** é um tipo especial de grafo que possui um caminho aberto (não é um ciclo) que visita todas as suas arestas apenas uma vez. A esse caminho dá-se o nome de **caminho euleriano**. Um exemplo de **caminho euleriano** é mostrado na Figura 11.28.

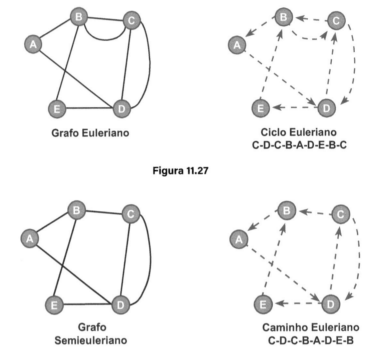

Figura 11.27

Figura 11.28

Algoritmos de busca

A operação de busca consiste em explorar o grafo de uma maneira bem específica. Trata-se de um processo sistemático de como caminhar por seus vértices e arestas.

> De modo geral, as operações de busca dependem do vértice inicial.

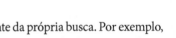

O ponto de partida de uma busca é um aspecto bastante importante da própria busca. Por exemplo, em uma busca pelo menor caminho, temos que saber qual é o ponto de partida desse caminho.

As operações de busca são utilizadas para resolver uma série de problemas em grafos. Para alguns tipos de problemas, a busca pode precisar visitar todos os vértices, enquanto para outros problemas, apenas um subconjunto dos vértices precisa ser visitado. Existem vários tipos de busca que podemos realizar em um grafo. Nas seções seguintes iremos abordar os três principais:

- busca em profundidade;

- busca em largura;
- busca pelo menor caminho.

Para entender o funcionamento desses três tipos de busca, o grafo apresentado na Figura 11.29 será utilizado em todos os exemplos.

Grafo para teste das buscas
| ```
01    #include <stdio.h>
02    #include <stdlib.h>
03    #include "Grafo.h"
04    int main(){
05        int eh_digrafo = 1;
06        Grafo* gr = cria_Grafo(5, 5, 0);
07        insereAresta(gr,0,1,eh_digrafo,0);
08        insereAresta(gr,1,3,eh_digrafo,0);
09        insereAresta(gr,1,2,eh_digrafo,0);
10        insereAresta(gr,2,4,eh_digrafo,0);
11        insereAresta(gr,3,0,eh_digrafo,0);
12        insereAresta(gr,3,4,eh_digrafo,0);
13        insereAresta(gr,4,1,eh_digrafo,0);
14
15        //realizar a busca aqui
16
17        libera_Grafo(gr);
18        system("pause");
19        return 0;
20    }
``` |

Figura 11.29

Busca em profundidade

O algoritmo de busca em profundidade pode ter o seu funcionamento assim descrito:

Partindo de um vértice inicial, a busca explora o máximo possível cada um dos vizinhos de um vértice antes de retroceder (**backtracking**).

Em outras palavras, esse tipo de busca se inicia em um vértice e se aprofunda nos vértices vizinhos até encontrar um dos dois casos: o alvo da busca ou um vértice sem vizinhos que possam ser visitados.

O algoritmo de busca em profundidade está relacionado com o conceito de **backtracking**.
```

Durante a busca, o grafo é percorrido de maneira sistemática. Esse processo se repete até que a busca falhe, ou se encontre um vértice sem vizinhos. Nesse momento, entra em funcionamento o mecanismo de *backtracking*: a busca retorna pelo mesmo caminho percorrido com o objetivo de encontrar um caminho alternativo. Trata-se de um mecanismo usado em linguagens de programação como *Prolog*.

O código que realiza a busca em profundidade é mostrado na Figura 11.30. Esse algoritmo trabalha com o conceito de recursividade: ele usa uma função para realizar a busca, **buscaProfundidade** (linhas 1-8), e outra para inicializar a busca, **buscaProfundidade_Grafo** (linhas 9-14).

A função que inicializa a busca, **buscaProfundidade_Grafo**, recebe três parâmetros: o grafo, o vértice inicial da busca e um *array* cujo tamanho é o número de vértices do grafo. O *array* será usado para marcar a ordem em que cada vértice será visitado e este será o resultado da nossa função. Basicamente, a função marca todos os vértices como não visitados (linhas 11-12) e, em seguida, chama a função **buscaProfundidade** para o vértice inicial, **ini**, e com o contador de visitação, **cont**, inicializado em **1**.

Já a função **buscaProfundidade** recebe como parâmetros o grafo, o vértice inicial, o *array* de vértices visitados e o contador de visitação. A busca se inicia marcando o vértice inicial como visitado (linha 3). Em seguida, para cada vizinho de **vert** (linha 4) a função verifica se ele já foi marcado como visitado (linha 5). Caso ele não tenha sido visitado, a função **buscaProfundidade** é novamente chamada, tendo esse vizinho como vértice inicial da busca e o contador de visitação incrementado em uma unidade (linha 6). A busca termina quando não houver mais vizinhos a serem visitados. O *array* visitado contém agora a ordem em que cada vértice do grafo foi visitado a partir do vértice inicial **ini**. Esse processo é melhor ilustrado pela Figura 11.31, que considera o vértice **0** como o vértice inicial.

Busca em profundidade

```
01    void buscaProfundidade(Grafo *gr, int ini,
                             int *visitado, int cont){
02        int i;
03        visitado[ini] = cont;
04        for(i=0; i<gr->grau[ini]; i++){
05            if(!visitado[gr->arestas[ini][i]])
06                buscaProfundidade(gr,gr->arestas[ini][i],
                                    visitado,cont+1);
07        }
08    }
09    void buscaProfundidade_Grafo(Grafo *gr, int ini,
                                   int *visitado){
10        int i, cont = 1;
11        for(i=0; i<gr->nro_vertices; i++)
12            visitado[i] = 0;
13        buscaProfundidade(gr,ini,visitado,cont);
14    }
```

Figura 11.30

Grafos

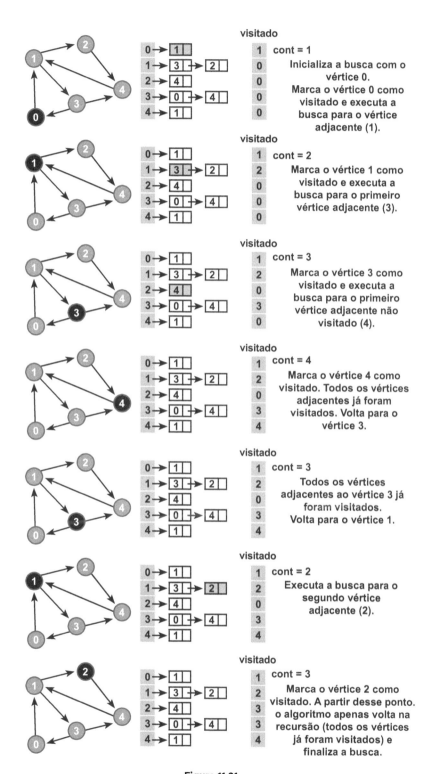

Figura 11.31

Considerando um grafo $G(V, A)$, em que $|V|$ é o número de vértices e $|A|$ é o número de arestas, a complexidade da busca em profundidade no pior caso é:
- custo de ir para cada vértice é proporcional a $|V|$;
- custo de transitar em cada aresta é proporcional $|A|$;
- complexidade da busca no pior caso $O(|V| + |A|)$.

Existem várias aplicações que fazem uso da busca em profundidade. Ela pode ser utilizada para:
- encontrar componentes conectados e fortemente conectados;
- ordenação topológica de um grafo;
- procurar a saída de um labirinto;
- verificar se um grafo é completamente conexo (por exemplo, se rede de computadores está funcionando direito ou não);
- implementar a ferramenta de preenchimento do Photoshop (balde de pintura).

Busca em largura

O algoritmo de busca em largura pode ter o seu funcionamento assim descrito:

Partindo de um vértice inicial, a busca explora todos os vizinhos de um vértice. Em seguida, para cada vértice vizinho, ela repete esse processo, visitando os vértices ainda inexplorados.

Em outras palavras, esse tipo de busca se inicia em um vértice e então visita todos os seus vizinhos antes de se aprofundar na busca. Esse processo continua até que o alvo da busca seja encontrado ou não existam mais vértices a serem visitados.

O algoritmo de busca em largura faz uso do conceito de **fila**.

Durante a busca, o grafo é percorrido de maneira sistemática: primeiro ela marca como "visitados" todos os vizinhos de um vértice e, em seguida, ela começa a visitar os vizinhos de cada vértice na ordem em que eles foram marcados. Para realizar essa tarefa, uma **fila** é utilizada para administrar a visitação dos vértices: o primeiro vértice marcado (ou marcado a mais tempo) é o primeiro a ser visitado.

O código que realiza a busca em largura é mostrado na Figura 11.32. Essa função recebe três parâmetros: o grafo, o vértice inicial da busca e um *array* cujo tamanho é o número de vértices do grafo. O *array* será usado para marcar a ordem em que cada vértice será visitado e esse será o resultado da nossa função. Inicialmente, marcamos todos os vértices como não visitados (linhas 4-5). Em seguida criamos um *array* auxiliar **fila** (linha 7). Como o seu próprio nome diz, esse *array* será utilizado como sendo nossa fila estática, sendo **IF** e **FF** o início e o final da fila, respectivamente.

Em seguida, inserimos o vértice inicial no final da fila e marcamos ele como visitado (linhas 9-11). Tem então início a busca. Enquanto houverem vértices na fila (linha 12), o seguinte conjunto de passos será realizado:

Grafos

- remove-se um vértice da fila, **vert** (linhas 13-14);
- incrementa-se o contador de visitação, **cont** (linha 15);
- para cada vizinho de **vert** (linha 16):
  - verifique se ele já foi marcado como visitado (linha 17);
  - caso ele não tenha sido visitado, ele é inserido no final da fila e marcado como visitado (linhas 18-20).

Uma vez que a fila fique vazia (linha 12), a busca termina e a fila pode ser destruída (linha 24). O *array* visitado contém agora a ordem em que cada vértice do grafo foi visitado a partir do vértice inicial **ini**. Esse processo é melhor ilustrado pela Figura 11.33, que considera o vértice **0** como o vértice inicial.

Busca em largura

```
01    void buscaLargura_Grafo(Grafo *gr,int ini,int *visitado){
02        int i, vert, NV, cont = 1;
03        int *fila, IF = 0, FF = 0;
04        for(i=0; i<gr->nro_vertices; i++)
05            visitado[i] = 0;
06
07        NV = gr->nro_vertices;
08        fila = (int*) malloc(NV * sizeof(int));
09        FF++;
10        fila[FF] = ini;
11        visitado[ini] = cont;
12        while(IF != FF){
13            IF = (IF + 1) % NV;
14            vert = fila[IF];
15            cont++;
16            for(i=0; i<gr->grau[vert]; i++){
17                if(!visitado[gr->arestas[vert][i]]){
18                    FF = (FF + 1) % NV;
19                    fila[FF] = gr->arestas[vert][i];
20                    visitado[gr->arestas[vert][i]] = cont;
21                }
22            }
23        }
24        free(fila);
25    }
```

Figura 11.32

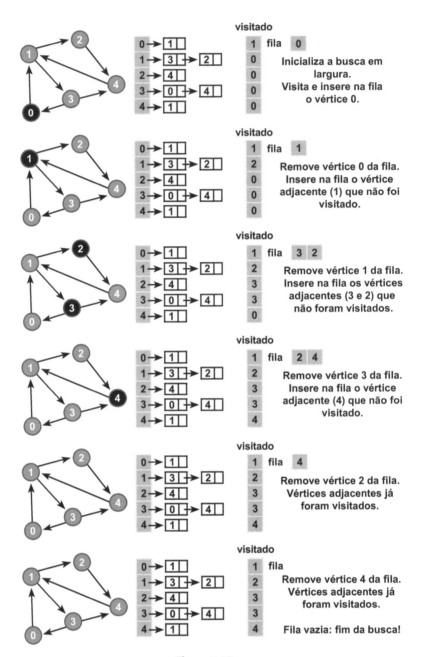

Figura 11.33

Considerando um grafo $G(V, A)$, em que $|V|$ é o número de vértices e $|A|$ é o número de arestas, a complexidade da busca em largura no pior caso é:

- custo de inserção e remoção em fila é constante;
- custo de enfileirar e remover todos os vértices uma vez $O(|V|)$;
- custo de utilizar todas as arestas $O(|A|)$;
- complexidade da busca no pior caso $O(|V|+|A|)$.

Existem várias aplicações que fazem uso da busca em largura. Ela pode ser utilizada para:

- achar todos os vértices conectados a apenas um componente;
- achar o menor caminho entre dois vértices;
- testar se um grafo é bipartido;
- roteamento: encontrar um número mínimo de *hops* em uma rede. Os *hops* são os vértices intermediários no caminho correspondente à conexão;
- encontrar número mínimo de intermediários entre 2 pessoas.

Menor caminho entre dois vértices

O menor caminho entre dois vértices é a aresta que os conecta. No entanto, é muito comum em grafo não existir uma aresta conectando dois vértices v_1 e v_5, isto é, eles não são adjacentes. Apesar disso, dois vértices que não são adjacentes podem ser conectados por uma sequência de arestas como, por exemplo, (v_1, v_2), (v_2, v_3), (v_3, v_4), (v_4, v_5). Caso essa sequência seja a menor sequência de arestas que ligam os dois vértices, dizemos que este é o **menor caminho** ou **caminho mais curto**, ou **caminho geodésico** entre eles.

O **menor caminho** ou **caminho geodésico** entre dois vértices é o caminho que apresenta o menor comprimento dentre todos os possíveis caminhos que conectam esses vértices.

No caso, o comprimento se refere ao número de arestas que conectam os dois vértices. Considerando um grafo ponderado, podemos também calcular o comprimento do caminho como a soma dos pesos das arestas que compõem esse caminho.

Uma das maneiras de achar o **menor caminho** é utilizando o algoritmo de Dijkstra.

O algoritmo de Dijkstra é talvez o mais conhecido algoritmo para resolver o problema do menor caminho para grafos e digrafos, ponderados ou não. Sua limitação é que, no caso de um grafo ponderado, as arestas não podem ter pesos negativos. Seu funcionamento pode ser assim brevemente descrito:

> Partindo de um vértice inicial, o algoritmo de Dijkstra calcula a menor distância deste vértice a todos os demais (desde que exista um caminho entre eles).

O código que realiza a busca pelo menor caminho é mostrado na Figura 11.34. Esse algoritmo utiliza uma função para achar o vizinho mais próximo de um vértice que ainda não tenha sido visitado, **procuraMenorDistancia** (linhas 1-15), e outra para realizar a busca pelo caminho, **menorCaminho_Grafo** (linhas 16-48).

A função **procuraMenorDistancia** recebe três parâmetros: o *array* de distâncias, o *array* de vértices visitados e o número de vértices do grafo. Basicamente, a função testa todos os vértices (linha 3) à procura daquele que tiver a menor distância não negativa e que ainda não tenha sido visitado (linhas 4-12). O índice do vértice que satisfaz essas condições é o retorno da função.

Já a função **menorCaminho_Grafo** recebe como parâmetros o grafo, o vértice inicial (**ini**) e dois *arrays*: **ant**, para armazenar o antecessor do vértice dentro do caminho, e **dist**, que armazenará a distância do vértice inicial até ele. Esses *arrays* têm tamanho igual ao número de vértices do grafo e serão o resultado da nossa função.

Inicialmente, criamos uma variável para guardar o número de vértices que faltam ser visitados, **cont**, e um *array* auxiliar **visitado** para gerenciar os vértices que ainda precisam ser visitados (linhas 18-19). Em seguida, marcamos todos os vértices como não possuindo um antecessor (–1), distância inválida (–1) e não visitados (0) (linhas 20-24). Por fim, marcamos que a distância até o vértice inicial é **ZERO** (linha 25). Tem então início a busca. Enquanto houver vértices a serem visitados (linha 26), o seguinte conjunto de passos será realizado:

- use a função **procuraMenorDistancia** para achar o vértice com a menor distância e que ainda não foi visitado, **vert** (linha 27). Caso o índice do vértice seja inválido (–1), a busca termina (linhas 28-29);
- marque esse vértice como visitado e diminua o número de vértices a serem visitados (linhas 31-32);
- para cada vizinho de **vert** (linha 33):
    - se a distância até ele for negativa (linha 35), ela passa a ser a distância de **vert** mais uma unidade (ou seja, mais uma aresta) e **vert** se torna o antecessor desse vértice no caminho (linha 36-37);
    - se a distância até ele for positiva (linha 38), se verifica se a distância de **vert** mais uma unidade é menor que a distância atual (linha 39). Em caso afirmativo, essa passa a ser a nova distância até esse vértice e **vert** se torna o antecessor desse vértice no caminho (linha 40-41);

Uma vez que não existam mais vértices a serem visitados (linha 26), a busca termina e o *array* auxiliar pode ser destruído (linha 46). Os *arrays* **ant** e **dist** contêm agora os antecessores e a distância de cada vértice do grafo no caminho traçado a partir do vértice inicial **ini**. Esse processo é melhor ilustrado pela Figura 11.35, que considera o vértice **0** como o vértice inicial.

Grafos

Menor caminho entre dois vértices

```
01    int procuraMenorDistancia(float *dist, int *visitado,
                                 int NV){
02        int i, menor = -1, primeiro = 1;
03        for(i=0; i < NV; i++){
04            if(dist[i] >= 0 && visitado[i] == 0){
05                if(primeiro){
06                    menor = i;
07                    primeiro = 0;
08                }else{
09                    if(dist[menor] > dist[i])
10                        menor = i;
11                }
12            }
13        }
14        return menor;
15    }
16    void menorCaminho_Grafo(Grafo *gr, int ini,
                              int *ant, float *dist){
17        int i, cont, NV, ind, *visitado, vert;
18        cont = NV = gr->nro_vertices;
19        visitado = (int*) malloc(NV * sizeof(int));
20        for(i=0; i < NV; i++){
21            ant[i] = -1;
22            dist[i] = -1;
23            visitado[i] = 0;
24        }
25        dist[ini] = 0;
26        while(cont > 0){
27            vert = procuraMenorDistancia(dist, visitado, NV);
28            if(vert == -1)
29                break;
30
31            visitado[vert] = 1;
32            cont--;
33            for(i=0; i<gr->grau[vert]; i++){
34                ind = gr->arestas[vert][i];
35                if(dist[ind] < 0){
36                    dist[ind] = dist[vert] + 1;
37                    ant[ind] = vert;
38                }else{
39                    if(dist[ind] > dist[vert] + 1){
40                        dist[ind] = dist[vert] + 1;
41                        ant[ind] = vert;
42                    }
43                }
44            }
45        }
46        free(visitado);
47    }
```

Figura 11.34

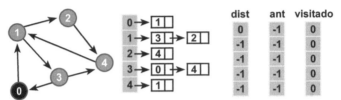

Inicia o cálculo com o vértice 0. Atribui distância ZERO a ele (início). O restante dos vértices recebem distância -1.

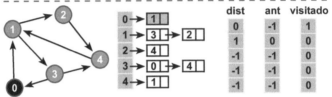

Recupera vértice com menor distância ainda não visitado e o marca como visitado: vértice 0. Verifica e atualiza (se necessário) dist e ant do vértice adjacente (1).

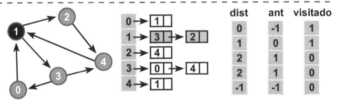

Recupera vértice com menor distância ainda não visitado e o marca como visitado: vértice 1. Verifica e atualiza (se necessário) dist e ant dos vértices adjacentes (2 e 3).

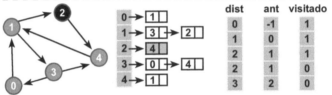

Recupera vértice com menor distância ainda não visitado e o marca como visitado: vértice 2. Verifica e atualiza (se necessário) dist e ant do vértice adjacente (4).

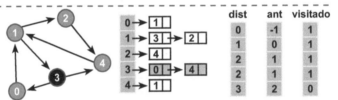

Recupera vértice com menor distância ainda não visitado e o marca como visitado: vértice 3. Verifica e atualiza (se necessário) dist e ant dos vértices adjacentes (0 e 4).

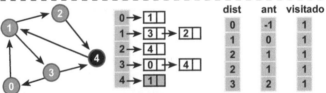

Recupera vértice com menor distância ainda não visitado e o marca como visitado: vértice 4. Verifica e atualiza (se necessário) dist e ant do vértice adjacente (1).

Todos os vértices já foram visitados. Cálculo do menor caminho chegou ao fim.

Figura 11.35

Existem várias aplicações que fazem uso do cálculo do menor caminho. Ele pode ser utilizado:
- para achar o grau de separação entre duas pessoas em uma rede social;
- para achar um trajeto em um mapa rodoviário;
- para programar robôs para explorar áreas;
- em algoritmos de roteamento.

Árvore geradora mínima

Dado um grafo $G(V, A)$, uma **árvore geradora** (do inglês, *spanning tree*) é um subgrafo que contém todos os vértices do grafo original e um conjunto de arestas que permite conectar todos esses vértices na forma de uma árvore. Em outras palavras, uma árvore geradora é a menor estrutura que conecta todos os vértices do grafo. A árvore geradora possui

- todos os vértices V;
- um total de arestas igual ao **número de vértices menos um** ($|V| - 1$ arestas).

Se considerarmos que nosso grafo é ponderado (ou seja, suas arestas possuem um peso), podemos querer encontrar o conjunto de arestas de menor custo que conecte todos os vértices do grafo. Nesse caso, teremos uma **árvore geradora mínima** (do inglês, *minimum spanning tree*), como mostra a Figura 11.36.

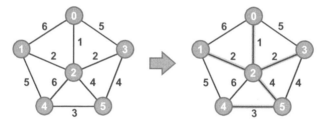

Figura 11.36

De modo geral, para um grafo possuir uma **árvore geradora mínima**, ele deve satisfazer as seguintes propriedades: não direcionado, conexo e ponderado.

Como a árvore geradora conecta todos os vértices do grafo, espera-se que ele seja conexo, ou seja, para quaisquer dois vértices distintos, sempre existe um caminho que os une. Esse tipo de situação é mais fácil de ocorrer em um grafo em que as arestas apenas conectem os vértices, sem informação de direção (não direcionado). Como todos os vértices estão conectados, calcular a árvore geradora não depende do vértice inicial. No caso do grafo não ser conexo, podemos usar o vértice inicial para achar a árvore geradora de cada **componente conexa**. Por fim, o peso da aresta nos permite encontrar uma árvore geradora específica dentre todas possíveis: a **árvore geradora mínima** ou **árvore geradora de custo mínimo**.

Existem várias aplicações que fazem uso da árvore geradora mínima. Ela pode ser utilizada para:

- transporte aéreo: mapa de conexões de voo;
- transporte terrestre: infraestrutura das rodovias com o menor uso de material;
- redes de computadores: conectar uma série de computadores com a menor quantidade de fibra óptica possível;
- redes elétricas e telefônicas: unir um conjunto de localidades com menor gasto;
- circuitos integrados;
- análise de *clusters*;
- armazenamento de informações.

O problema de encontrar uma árvore geradora mínima pode ser resolvido usando uma estratégia gulosa que constrói a árvore incrementalmente. Nas seções seguintes, iremos abordar dois algoritmos clássicos capazes de obter soluções ótimas. A diferença entre eles é a regra utilizada para encontrar a aresta que fará parte da árvore:

- algoritmo de Prim;
- algoritmo de Kruskal.

Para entender o funcionamento desses dois algoritmos, o grafo apresentado nas Figuras 11.36 e 11.37 será utilizado para o cálculo da árvore geradora mínima.

Grafo para teste da árvore geradora mínima

```
01    #include <stdio.h>
02    #include <stdlib.h>
03    #include "Grafo.h"
04    int main(){
05        int eh_digrafo = 0;//não é direcionado
06        Grafo* gr = cria_Grafo(6, 6, 1);//é ponderado
07        insereAresta(gr, 0, 1, eh_digrafo, 6);
08        insereAresta(gr, 0, 2, eh_digrafo, 1);
09        insereAresta(gr, 0, 3, eh_digrafo, 5);
10        insereAresta(gr, 1, 2, eh_digrafo, 2);
11        insereAresta(gr, 1, 4, eh_digrafo, 5);
12        insereAresta(gr, 2, 3, eh_digrafo, 2);
13        insereAresta(gr, 2, 4, eh_digrafo, 6);
14        insereAresta(gr, 2, 5, eh_digrafo, 4);
15        insereAresta(gr, 3, 5, eh_digrafo, 4);
16        insereAresta(gr, 4, 5, eh_digrafo, 3);
17        int i, pai[6];
18        //algoritmoPRIM_Grafo(gr, 0, pai);
19        //algoritmoKruskal_Grafo(gr, 0, pai);
20        for(i=0; i<6; i++)
21            printf("%d: %d\n",pai[i],i);
22        libera_Grafo(gr);
23        system("pause");
24        return 0;
25    }
```

Figura 11.37

Algoritmo de Prim

O algoritmo de Prim é um algoritmo clássico capaz de obter uma solução ótima para o problema da árvore geradora mínima. Ele pode ter o seu funcionamento assim descrito:

> Partindo de um vértice inicialmente na árvore, o algoritmo procura a aresta de **menor peso** que conecte um vértice da árvore a outro que ainda não esteja na árvore. Esse vértice é então adicionado à árvore, e o processo se repete até que todos os vértices façam parte da árvore ou quando não se pode encontrar uma aresta que satisfaça essa condição.

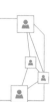

Em outras palavras, o algoritmo de Prim inicia a **árvore** com um vértice qualquer e adiciona um novo vértice a essa árvore a cada iteração. Esse processo continua até que todos os vértices do grafo façam parte da árvore ou não seja possível achar uma aresta de menor peso conectando os vértices (grafo desconexo).

O algoritmo de Prim é mostrado na Figura 11.38. Essa função recebe três parâmetros: o grafo, o vértice que será o ponto de partida para crescer a árvore, **orig**, e um *array* cujo tamanho é o número de vértices do grafo. O *array* será usado para marcar quem é o pai de cada vértice na árvore resultante.

Inicialmente, marcamos todos os vértices como sem pai (−1) (linhas 5-6). Em seguida, marcamos que o pai do vértice inicial é ele mesmo (linha 8). Tem então início o algoritmo. Enquanto for possível achar um vértice sem pai (linha 9), o seguinte conjunto de passos será realizado:

- verifique quais vértices do grafo já possuem **pai** (linhas 11-12);
- para cada vértice com **pai**, percorra suas arestas procurando por vértices vizinhos que **não possuem pai** (linhas 13-14);
- caso este seja o primeiro vértice vizinho visitado que não possui pai, considere que ele possui o **menor peso** e guarde os vértices que formam essa aresta do grafo: **orig** e **dest** (linhas 15-19);
- caso este **não** seja o primeiro vértice vizinho visitado que não possui pai, verifique se o peso dessa aresta é **menor** que o da aresta armazenada e guarde os vértices que formam essa aresta do grafo (**orig** e **dest**), se necessário (linhas 20-25);

Uma vez que se tenha percorrido todos os vértices do grafo, verifique se foi possível achar uma aresta de menor peso (linha 31). Caso não tenha sido possível, o processo termina (linha 32). Do contrário, definimos o vértice **orig** como pai do vértice **dest** na árvore e o algoritmo continua sua execução (linha 34). Ao fim, o *array* **pai** irá conter os antecessores de cada vértice do grafo na árvore montada a partir do vértice inicial **orig** (o qual é pai de si mesmo). Esse processo é melhor ilustrado pela Figura 11.39, que considera o vértice zero como o vértice inicial.

Algoritmos e Estruturas de Dados em Linguagem C

Algoritmo de Prim

```
01   void algoritmoPRIM_Grafo(Grafo *gr,int orig,int *pai){
02     int i, j, dest, NV, primeiro;
03     double menorPeso;
04     NV = gr->nro_vertices;
05     for(i=0; i < NV; i++)
06         pai[i] = -1;// sem pai
07
08     pai[orig] = orig;
09     while(1){
10         primeiro = 1;
11         for(i=0; i < NV; i++){
12             if(pai[i] != -1){
13                 for(j=0; j<gr->grau[i]; j++){
14                     if(pai[gr->arestas[i][j]] == -1){
15                         if(primeiro){
16                             menorPeso = gr->pesos[i][j];
17                             orig = i;
18                             dest = gr->arestas[i][j];
19                             primeiro = 0;
20                         }else{
21                             if(menorPeso > gr->pesos[i][j]){
22                                 menorPeso = gr->pesos[i][j];
23                                 orig = i;
24                                 dest = gr->arestas[i][j];
25                             }
26                         }
27                     }
28                 }
29             }
30         }
31         if(primeiro == 1)
32             break;
33
34         pai[dest] = orig;
35     }
36   }
```

Figura 11.38

Grafos

Passo 1

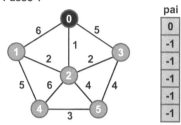

Inicia o cálculo com o vértice 0. Atribui seu próprio índice como pai. O restante dos vértices recebem pai igual a -1 (sem pai).

Passo 2

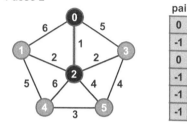

Procura nos vértices com pai por um vértice sem pai e com menor peso: vértice 2.
Atribui vértice 0 como pai do vértice 2.

Passo 3

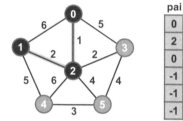

Procura nos vértices com pai por um vértice sem pai e com menor peso: vértice 1.
Atribui vértice 2 como pai do vértice 1.

Passo 4

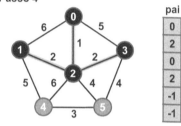

Procura nos vértices com pai por um vértice sem pai e com menor peso: vértice 3.
Atribui vértice 2 como pai do vértice 3.

Passo 5

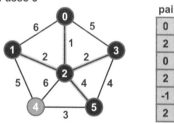

Procura nos vértices com pai por um vértice sem pai e com menor peso: vértice 5.
Atribui vértice 2 como pai do vértice 5.

Passo 6

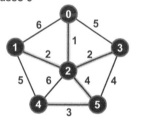

Procura nos vértices com pai por um vértice sem pai e com menor peso: vértice 4.
Atribui vértice 5 como pai do vértice 4.

Fim do cálculo.

Figura 11.39

> Essa versão do algoritmo de Prim deve ser usada apenas para fins didáticos, pois é muito ineficiente.

Considerando um grafo $G(V, A)$, em que $|V|$ é o número de vértices e $|A|$ é o número de arestas, a complexidade dessa versão do algoritmo de Prim no pior caso é $O(|V|*|A|)$. Como o valor de $|A|$ é proporcional a $|V|^2$, seu custo no pior caso é $O(|V|^3)$.

> A eficiência do algoritmo de Prim depende da forma usada para encontrar a aresta de menor peso. Usando uma **fila de prioridades** para achar a aresta, o custo pode ser reduzido para $O(|A| \log |V|)$ no pior caso.

Algoritmo de Kruskal

O algoritmo de Kruskal é outro algoritmo clássico capaz de obter uma solução ótima para o problema da árvore geradora mínima. Ele pode ter o seu funcionamento assim descrito:

> Considerando cada vértice como uma árvore independente, o algoritmo procura a aresta de **menor peso** que conecte duas árvores diferentes. Os vértices das árvores selecionadas passam a fazer parte de uma mesma árvore. O processo se repete até que todos os vértices façam parte de uma mesma árvore ou quando não se pode encontrar uma aresta que satisfaça essa condição.

Em outras palavras, o algoritmo de Kruskal se inicia com uma floresta, ou seja, várias árvores. A cada iteração duas árvores são selecionadas para serem unidas em uma mesma árvore. Esse processo continua até que todos os vértices do grafo façam parte da mesma árvore ou não seja possível achar uma aresta de menor peso conectando os vértices (grafo desconexo).

O algoritmo de Kruskal é mostrado na Figura 11.40. Essa função recebe três parâmetros: o grafo, o vértice que será o ponto de partida para crescer a árvore, **orig**, e um *array* cujo tamanho é o número de vértices do grafo. O *array* será usado para marcar quem é o pai de cada vértice na árvore resultante.

Inicialmente, criamos um *array* auxiliar **arv** para gerenciar a qual árvore cada vértice pertence (linha 5). Em seguida, marcamos todos os vértices como pertencentes a sua própria árvore e sem pai (–1) (linhas 6-9). Também marcamos que o pai do vértice inicial é ele mesmo (linha 10). Tem então início o algoritmo. Enquanto for possível achar uma aresta ligando dois vértices de árvore diferentes (linha 11), o seguinte conjunto de passos será realizado:

- para cada vértice, percorra suas arestas procurando por vértices vizinhos que estejam em uma árvore diferente (linhas 13-15);
- caso seja a primeira aresta encontrada conectando árvores diferentes, considere que ela possui o **menor peso** e guarde os vértices que formam essa aresta do grafo: **orig** e **dest** (linhas 16-20);
- caso **não** seja a primeira aresta encontrada conectando árvores diferentes, verifique se o peso dessa aresta é **menor** que a da aresta armazenada e guarde os vértices que formam essa aresta do grafo (**orig** e **dest**), se necessário (linhas 21-26);

Uma vez que se tenha percorrido todas as arestas do grafo, verifique se foi possível achar uma aresta de menor peso (linha 31). Caso não tenha sido possível, o processo termina (linha 32). Do contrário, definimos um vértice como **pai** do vértice que ainda não possui pai (linhas 34-37).

Grafos **359**

Em seguida, unimos as duas árvores da aresta selecionada (todos os vértices que fazem parte da árvore do vértice **dest** passam a fazer parte da árvore do vértice **orig**) e o algoritmo continua sua execução (linhas 39-42). Ao fm, liberamos o *array* auxiliar **arv**, e o *array* **pai** irá conter os antecessores de cada vértice do grafo na árvore montada a partir do vértice inicial **orig** (o qual é pai de si mesmo). Esse processo é melhor ilustrado pela Figura 11.41, que considera o vértice zero como o vértice inicial.

Algoritmo de Kruskal

```
01    void algoritmoKruskal_Grafo(Grafo *gr,int orig,int *pai){
02        int i, j, dest, NV, primeiro, *arv;
03        double menorPeso;
04        NV = gr->nro_vertices;
05        arv = (int*) malloc(NV * sizeof(int));
06        for(i=0; i < NV; i++){
07            arv[i] = i;
08            pai[i] = -1;// sem pai
09        }
10        pai[orig] = orig;
11        while(1){
12            primeiro = 1;
13            for(i=0; i < NV; i++){
14                for(j=0; j<gr->grau[i]; j++){
15                    if(arv[i] != arv[gr->arestas[i][j]]){
16                        if(primeiro){
17                            menorPeso = gr->pesos[i][j];
18                            orig = i;
19                            dest = gr->arestas[i][j];
20                            primeiro = 0;
21                        }else{
22                            if(menorPeso > gr->pesos[i][j]){
23                                menorPeso = gr->pesos[i][j];
24                                orig = i;
25                                dest = gr->arestas[i][j];
26                            }
27                        }
28                    }
29                }
30            }
31            if(primeiro == 1)
32                break;
33
34            if(pai[orig] == -1)
35                pai[orig] = dest;
36            else
37                pai[dest] = orig;
38
39            for(i=0; i < NV; i++)
40                if(arv[i] == v_dest)
41                    arv[i] = arv[orig];
42
43        }
44        free(arv);
45    }
```

Figura 11.40

Passo 1

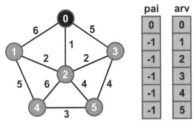

Inicia o cálculo com o vértice 0. Atribui seu próprio índice como pai. O restante dos vértices recebem pai igual a -1 (sem pai).
Inicializa o chefe com o índice do vértice.

Passo 2

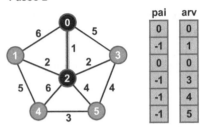

Procura a aresta com menor peso, conectando vértices com chefes diferentes: vértices 0 e 2.
Atribui vértice 0 como pai do vértice 2.
Todos que possuem chefe igual ao vértice 2 passam a ter chefe igual ao vértice 0.

Passo 3

Procura a aresta com menor peso, conectando vértices com chefes diferentes: vértices 1 e 2.
Atribui vértice 2 como pai do vértice 1.
Todos que possuem chefe igual ao vértice 2 passam a ter chefe igual ao vértice 1.

Passo 4

Procura a aresta com menor peso, conectando vértices com chefes diferentes: vértices 2 e 3.
Atribui vértice 2 como pai do vértice 3.
Todos que possuem chefe igual ao vértice 3 passam a ter chefe igual ao vértice 2.

Passo 5

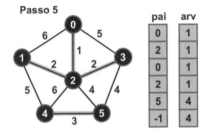

Procura a aresta com menor peso, conectando vértices com chefes diferentes: vértices 4 e 5.
Atribui vértice 5 como pai do vértice 4.
Todos que possuem chefe igual ao vértice 5 passam a ter chefe igual ao vértice 4.

Passo 6

Procura a aresta com menor peso, conectando vértices com chefes diferentes: vértices 2 e 5.
Atribui vértice 2 como pai do vértice 5.
Todos que possuem chefe igual ao vértice 5 passam a ter chefe igual ao vértice 2.

Fim do cálculo.

Figura 11.41

Essa versão do algoritmo de Kruskal deve ser usada apenas para fins didáticos, pois é muito ineficiente.

Considerando um grafo $G(V, A)$, em que $|V|$ é o número de vértices e $|A|$ é o número de arestas, a complexidade dessa versão do algoritmo de Kruskal no pior caso é $O(|V|*|A|)$. Como o valor de $|A|$ é proporcional a $|V|^2$, seu custo no pior caso é $O(|V|^3)$.

A eficiência do algoritmo de Kruskal depende da forma usada para encontrar a aresta de menor peso. Usando uma estrutura de dados união-busca (**Union&Find**) para achar a aresta, o custo pode ser reduzido para $O(|A| \log |V|)$ no pior caso.

Exercícios

1) Descreva, usando as suas palavras, o que é um grafo e dê exemplos de suas aplicações.

2) Descreva, usando as suas palavras, o que é um subgrafo.

3) Descreva, usando as suas palavras, o que é um grafo bipartido.

4) Descreva, usando as suas palavras, o que é um grafo conexo e um grafo desconexo.

5) Descreva, usando as suas palavras, o que são grafos isomorfos. Dê exemplos.

6) Descreva, usando as suas palavras, o que é um grafo Hamiltoniano.

7) Descreva, usando as suas palavras, o que é um grafo Euleriano.

8) Desenhe as versões orientada e não orientada do grafo $G(V, E)$, em que $V = \{1, 2, 3, 4, 5, 6\}$ e $E = \{(6, 1), (5, 2), (3, 4), (2, 1), (3, 6)\}$.

9) Defina os conjuntos V e E dos grafos ilustrados abaixo:

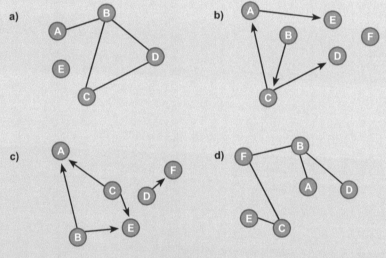

Figura 11.42

10) Defina os conjuntos V e E e desenhe os grafos não orientados completos contendo 4, 5 e 6 vértices.

11) Dado um grafo com três vértices de grau 3 e um vértice de grau 5, diga quantas arestas ele possui.

12) Escreva uma função para obter todos os nós adjacentes (vizinhos) de um nó do grafo. Considere que o grafo é representado por uma matriz de adjacências.

13) Escreva uma função para obter todos os nós adjacentes (vizinhos) de um nó do grafo. Considere que o grafo é representado por uma lista de adjacências.

14) Quantas componentes conexas tem o grafo abaixo?

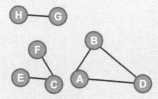

Figura 11.43

15) Descreva, com suas palavras, o funcionamento de um algoritmo de busca em profundidade. Dê dois exemplos de aplicação real desse algoritmo.

16) Descreva, com suas palavras, o funcionamento de um algoritmo de busca em largura. Dê dois exemplos de aplicação real desse algoritmo.

17) Descreva, com suas palavras, o funcionamento de um algoritmo de busca pelo menor caminho. Dê dois exemplos de aplicação real desse algoritmo.

18) Escreva um algoritmo para verificar se um grafo é acíclico. Para isso, use o algoritmo de busca em profundidade.

19) Dado o algoritmo de busca em profundidade, escreva uma versão não recursiva dele.

20) Dado o grafo abaixo, mostre o resultado da busca em largura e em profundidade. Considere o vértice 1 como início da busca.

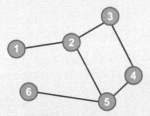

Figura 11.44

21) Considere um grafo contendo *N* vértices e representado por uma matriz de adjacências. Escreva um algoritmo que diga se o grafo é ou não orientado.

12

Árvores

Árvores

Definição

Diversas aplicações necessitam da representação de um conjunto de objetos e as suas relações hierárquicas. Nesses casos, é interessante fazer uso de estruturas chamadas **árvores**.

> Uma árvore é uma abstração matemática usada para representar estruturas hierárquicas não lineares dos objetos modelados.

Várias são as aplicações das árvores. Basicamente, qualquer problema em que exista algum tipo de hierarquia pode ser representado com uma árvore. Um exemplo disso é a estrutura de diretórios do computador (Figura 12.1). Outros exemplos:

- relações de descendência (pai, filho etc.);
- diagrama hierárquico de uma organização;
- campeonatos de modalidades desportivas;
- taxonomia;
- busca de dados armazenados no computador;
- representação de espaço de soluções (ex: jogo de xadrez);
- modelagem de algoritmos.

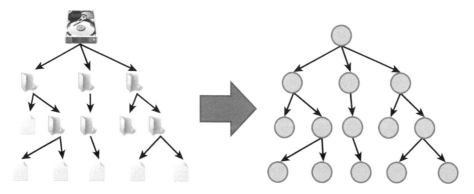

Figura 12.1

Como nos grafos, uma árvore também é definida usando um conjunto de **nós** – ou **vértices** – (que são os itens representados na árvore e dependem da natureza do problema modelado) e **arestas** (que são utilizadas para conectar qualquer par de nós ou vértices).

> Uma árvore é um tipo especial de **grafo**. Porém, ela deve ser sempre um grafo **não direcionado**, **conexo** e **acíclico**.

O fato de a árvore ser um grafo **conexo** significa que existe exatamente um caminho entre quaisquer dois de seus nós. Já o fato de o grafo ser **acíclico** garante que a árvore não possui ciclos. Em termos de representação, uma árvore pode ser representada utilizando-se um grafo ou um Diagrama de Venn (digrama de inclusão ou conjuntos aninhados), como mostra a Figura 12.2.

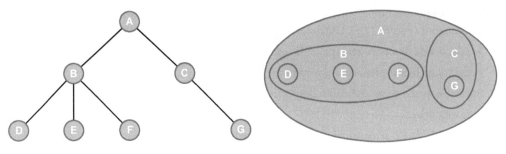

Figura 12.2

Conceitos básicos

Notação

A Figura 12.3 apresenta os principais conceitos relativos às árvores. Uma árvore é formada por um conjunto de nós ligados por arestas de forma hierárquica, simulando as árvores encontradas na natureza. Porém, enquanto as árvores na natureza crescem de baixo para cima, com a raiz localizada na parte inferior (no solo) e as folhas no topo, em computação as árvores crescem de cima para baixo, ou seja, a raiz se encontra no topo e as folhas na parte mais baixa. A seguir, podemos ver a nomenclatura usada para se trabalhar com uma árvore:

- raiz: é o nó localizado na parte mais alta da árvore, o único que não possui pai;
- pai: também chamado **ancestral**, é o nó antecessor imediato de outro nó;
- filho: é o nó sucessor imediato de outro nó;
- nó folha: também chamado **nó terminal**, é qualquer nó que não possui filhos;
- nó interno: também chamado **nó não terminal**, é qualquer nó que possui ao menos UM filho;
- caminho: é uma sequência de nós de modo que existe sempre uma aresta ligando o nó anterior com o seguinte. Note que existe exatamente um caminho entre a raiz e cada um dos nós da árvore.

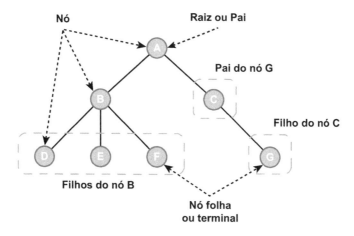

Figura 12.3

Grau do nó e subárvores

Dado um determinado nó da árvore, cada filho seu é considerado a raiz de uma nova subárvore. Ou seja, qualquer nó é a raiz de uma subárvore consistindo dele e dos nós abaixo dele. Já o grau de um nó é dado pelo número de subárvores que ele possui. Na Figura 12.3, temos que o nó A possui duas subárvores (B e C), portanto, o nó possui grau 2. Já o nó B possui três subárvores (D, E e F). Nós folhas (D, E, F e G) possuem grau zero.

Altura e nível da árvore

Em uma árvore, os nós são classificados em diferentes níveis. O nível é dado pelo número de nós que existem no caminho entre esse nó e a raiz (nível 0). Já a altura (ou profundidade) da árvore é o número total de níveis de uma árvore, ou seja, é o comprimento do caminho mais longo da raiz até uma das suas folhas. A Figura 12.4 mostra uma árvore com três níveis.

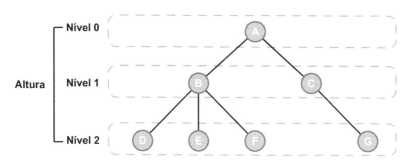

Figura 12.4

Tipos de árvore

Na computação, assim como na natureza, existem vários tipos diferentes de árvores. Cada uma delas foi desenvolvida pensando em diferentes tipos de aplicações. Algumas delas:

- árvore binária de busca;
- árvore AVL;
- árvore rubro-negra;
- árvore B, B+ e B*;
- árvore 2-3;
- árvore 2-3-4;
- *quadtree*;
- *octree*;
- etc.

Árvore binária

Uma **árvore binária** é um tipo especial de árvore na qual cada nó pode possuir nenhuma, uma ou, no máximo, **duas** subárvores: a subárvore da **esquerda** e a da **direita**. Caso o nó possua nenhuma subárvore, este será um nó **folha**. Um exemplo de árvore binária é mostrado na Figura 12.5.

Árvores binárias são muito úteis para modelar situações em que, a cada ponto do processo, é preciso tomar uma decisão entre duas direções.

As árvores binárias também são úteis em banco de dados, compiladores, compressão de dados (Código de Huffman) e na representação de expressões aritméticas. Outras aplicações em que árvores binárias são importantes é na manutenção de estruturas nas quais a ordem é importante.

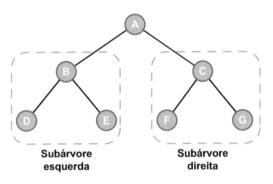

Figura 12.5

Tipos de árvore binária

Existem três tipos de árvores binárias: **estritamente binária**, **quase completa** e **cheia**. Basicamente, elas diferem entre si pelo número de subárvores de um nó e posicionamento do nó na árvore.

Uma **árvore estritamente binária** é aquela em que cada nó possui sempre ou nenhuma (no caso de nó folha) ou duas subárvores. Não existe nenhum nó interno com apenas um filho, todos tem sempre dois, como mostra a Figura 12.6.

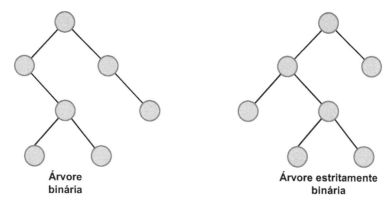

Figura 12.6

Uma árvore **binária cheia** (ou **completa**) é uma **árvore estritamente binária** em que todos os seus nós folhas estão no mesmo nível. Nesse tipo de árvore, é possível calcular o número de nós por nível, assim como o número total de nós da árvore:

- um nível n possui exatamente 2^n nós;
- se um nível n possui m nós, o nível $n + 1$ possuirá $2m$ nós;
- uma árvore de altura H possui $2^H - 1$ nós.

A Figura 12.7 mostra uma **árvore binária cheia** de altura $H = 4$, ou seja, ela possui 15 nós.

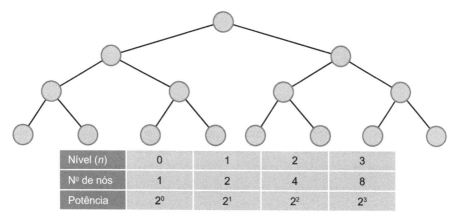

Figura 12.7

Por fim, uma **árvore binária quase completa** é uma árvore em que a diferença de altura entre as subárvores de qualquer nó é, no máximo, igual a um . Ou seja, cada nó folha da árvore deve estar no nível D ou D – 1, como mostra a Figura 12.8.

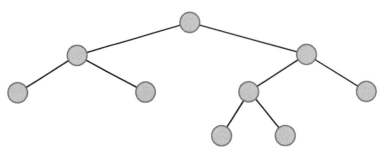

Figura 12.8

Tipos de implementação

Ao se modelar um problema utilizando uma árvore binária, surge a questão: como implementar essa árvore no computador? Existem duas abordagens muito utilizadas. São elas:

- usando um *array* (alocação estática);
- usando uma lista encadeada (alocação dinâmica).

A implementação escolhida para a árvore depende da aplicação. Não existe uma implementação que seja melhor que a outra em todos os casos. Independentemente do tipo de alocação usado na implementação da árvore, as seguintes operações básicas são possíveis:

- criação da árvore;
- inserção de um elemento;
- remoção de um elemento;
- busca por um elemento;
- destruição da árvore;
- informações com número de nós, altura ou se está vazia.

A seguir, veremos como funciona cada um dos tipos de implementação de árvore.

Implementação usando um *array* (*heap*)

A ideia básica é utilizar um *array* como uma estrutura de dados do tipo *heap*. Uma *heap* permite simular uma árvore binária **completa** ou **quase completa** (a exceção é o seu último nível). Nesse tipo de implementação, é necessário definir o número máximo de elementos que a árvore irá possuir para podermos definir o tamanho do *array* utilizado para representar a *heap*. Ou seja, essa abordagem tem a desvantagem de que toda a estrutura da árvore deve ser previamente conhecida.

O uso de um *array* como uma *heap* faz com que cada posição do *array* passe a ser considerado o pai de duas outras posições, chamadas filhos. Com isso, o acesso aos elementos da árvore se dá por meio de duas funções:

- FILHO_ESQ(PAI) = 2 * PAI + 1;
- FILHO_DIR(PAI) = 2 * PAI + 2.

A função **FILHO_ESQ** retorna o índice do filho à esquerda do nó armazenado na posição **PAI**, enquanto a função **FILHO_DIR** retorna o índice do filho à direita. A Figura 12.9 exemplifica a construção da árvore e o uso dessas funções.

A implementação usando *arrays* é utilizada quando todos os elementos são conhecidos *a priori*. Seu uso é mais adequado quando a operação mais comum é a busca por um elemento na árvore.

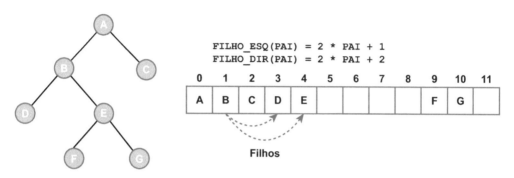

Figura 12.9

Implementação usando acesso encadeado

Nesse tipo de implementação, o espaço de memória é alocado em tempo de execução. A árvore cresce à medida que novos elementos são armazenados, e diminui à medida que elementos são removidos. Nesse tipo de implementação, cada nó da árvore é um ponteiro para uma estrutura contendo três campos de informação: um campo **dado**, utilizado para armazenar a informação inserida na árvore, e dois ponteiros: **esq**, que aponta para a subárvore da esquerda e **dir**, que aponta para a subárvore da direita. A Figura 12.10 exemplifica a construção de uma árvore e o uso desses ponteiros.

A implementação usando acesso encadeado não necessita que se conheça previamente todos os elementos a serem inseridos na árvore. Do mesmo modo, a árvore a ser representada não precisa ser uma árvore binária **completa** ou **quase completa**.

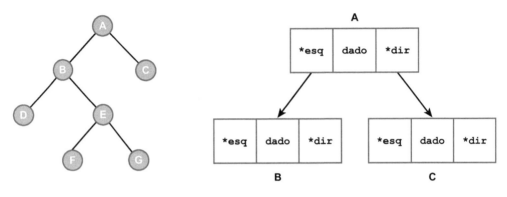

Figura 12.10

Criando a TAD árvore binária

Nesta seção, iremos ver como implementar um tipo abstrato de dado capaz de representar uma árvore binária usando alocação dinâmica e acesso encadeado. Nesse tipo de implementação, cada nó da árvore é um ponteiro para uma estrutura, contendo as informações relativas àquele nó. A ideia é utilizar um **ponteiro para ponteiro** para guardar o primeiro nó da árvore, como mostra a Figura 12.11. Assim, fica fácil mudar quem é a **raiz** da árvore (se necessário).

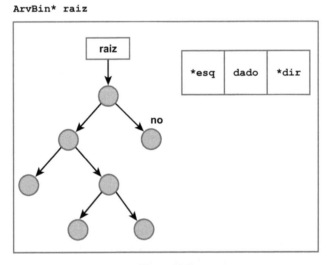

Figura 12.11

Definindo o tipo árvore binária

Antes de começar a implementar a nossa árvore binária, é preciso definir o tipo de dado que será armazenado em cada nó dela. Uma árvore binária pode armazenar qualquer tipo de informação em seus nós. Para tanto, é necessário que especifiquemos isso na sua declaração. Como estamos trabalhando com modularização, precisamos também definir o **tipo opaco** que representa nossa árvore binária. Como estamos trabalhando com alocação dinâmica da árvore binária, esse tipo será um **ponteiro para ponteiro** da estrutura que define o nó da árvore. Além disso, também precisamos definir o conjunto de funções que será visível para o programador que utilizar a biblioteca que estamos criando.

> No arquivo **ArvoreBinaria.h**, iremos declarar tudo aquilo que será visível para o programador.

Vamos começar definindo o arquivo **ArvoreBinaria.h**, ilustrado na Figura 12.12. Por se tratar de uma árvore com alocação dinâmica, temos que definir:

- para fins de padronização, criamos um novo nome para o **ponteiro** do tipo árvore (linha 1). Esse é o tipo que será usado sempre que se desejar trabalhar com uma árvore binária;
- as funções disponíveis para se trabalhar com essa árvore e que serão implementadas no arquivo **ArvoreBinaria.c** (linhas 3-13).

Nesse exemplo, optamos por armazenar em cada nó apenas um valor inteiro (**info**).

> Por que colocamos um ponteiro no comando **typedef** quando criamos um novo nome para o tipo (linha 1)?

Por estarmos trabalhando com uma árvore com alocação dinâmica e encadeada, temos que trabalhar com um **ponteiro para ponteiro** a fim de poder fazer modificações na raiz da árvore, algo necessário em alguns tipos de árvores binárias. Por questões de modularização, podemos esconder um dos ponteiros do usuário para que ele não tenha que se preocupar com possíveis mudanças na raiz da árvore.

> No arquivo **ArvoreBinaria.c**, iremos definir tudo aquilo que deve ficar oculto do usuário da nossa biblioteca e implementar as funções definidas em **ArvoreBinaria.h**.

Basicamente, o arquivo **ArvoreBinaria.c** (Figura 12.12) contém apenas

- as chamadas às bibliotecas necessárias à implementação da árvore binária (linhas 1-3);
- a definição do tipo de cada nó da árvore binária, **struct NO** (linhas 4-8);
- as implementações das funções definidas no arquivo **ArvoreBinaria.h**. As implementações dessas funções serão vistas nas seções seguintes.

Note que a nossa estrutura **NO** nada mais é do que uma estrutura contendo três campos:

- um ponteiro **esq**, que indica o filho da esquerda daquele nó (também do tipo **struct NO**);
- um ponteiro **dir**, que indica o filho da direita daquele nó (também do tipo **struct NO**);
- e um campo **info** do tipo **int**, que é o tipo de dado a ser armazenado no nó da árvore.

Por estar definido dentro do arquivo **ArvoreBinaria.c**, os campos dessa estrutura não são visíveis pelo usuário da biblioteca no arquivo **main()**, apenas o seu outro nome definido no arquivo **ArvoreBinaria.h** (linha 1), que pode apenas declarar um ponteiro para ele da seguinte forma:

ArvBin *raiz;

Arquivo ArvoreBinaria.h
01 `typedef struct NO* ArvBin;`
02
03 `ArvBin* cria_ArvBin();`
04 `void libera_ArvBin(ArvBin *raiz);`
05 `int insere_ArvBin(ArvBin *raiz, int valor);`
06 `int remove_ArvBin(ArvBin *raiz, int valor);`
07 `int estaVazia_ArvBin(ArvBin *raiz);`
08 `int altura_ArvBin(ArvBin *raiz);`
09 `int totalNO_ArvBin(ArvBin *raiz);`
10 `int consulta_ArvBin(ArvBin *raiz, int valor);`
11 `void preOrdem_ArvBin(ArvBin *raiz);`
12 `void emOrdem_ArvBin(ArvBin *raiz);`
13 `void posOrdem_ArvBin(ArvBin *raiz);`

Arquivo ArvoreBinaria.c
01 `#include <stdio.h>`
02 `#include <stdlib.h>`
03 `#include "ArvoreBinaria.h" //inclui os protótipos`
04 `struct NO{`
05   `int info;`
06   `struct NO *esq;`
07   `struct NO *dir;`
08 `};`

Figura 12.12

Entendendo a notação de ponteiros da árvore

Muitas vezes se torna difícil entender a notação de ponteiros de uma árvore. Isso ocorre pelo fato de estarmos utilizando um **ponteiro para ponteiro** para representar a raiz da árvore e ponteiros para cada um dos dois filhos de determinado nó. Além disso, algumas operações da árvore envolvem a passagem do endereço dos nós filhos, os quais já são ponteiros, resultando novamente em um **ponteiro para ponteiro**. Para evitar confusões nos códigos que serão apresentados nas próximas seções, a Figura 12.13 traz uma relação das principais notações de ponteiros (endereçamento e acesso a conteúdo) utilizados na manipulação de uma árvore binária e seus respectivos significados.

Árvores

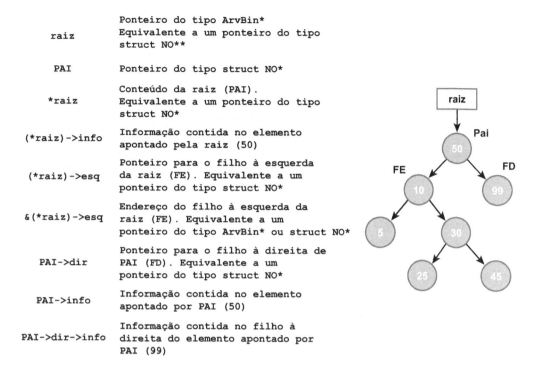

Figura 12.13

Criando e destruindo uma árvore

Para utilizar o tipo árvore binária em seu programa, a primeira coisa a fazer é criar uma nova árvore. Essa tarefa é executada pela função descrita na Figura 12.14. Basicamente, o que essa função faz é a alocação de uma área de memória para armazenar o endereço da raiz da árvore (linha 2), o qual é um **ponteiro para ponteiro**. Essa área corresponde à memória necessária para armazenar o endereço de um nó da árvore, **sizeof(ArvBin)** ou **sizeof(struct NO*)**. Em seguida, essa função inicializa o conteúdo desse **ponteiro para ponteiro** com a constante **NULL**. Essa constante é utilizada na árvore binária para indicar que não existe nenhum nó alocado após o atual, ou seja, que este nó não possui filhos. Como a raiz da árvore aponta para essa constante, isso significa que a árvore está vazia. A Figura 12.15 indica o conteúdo do nosso ponteiro **raiz** após a chamada da função que cria a árvore.

Criando uma árvore binária
| ```
01  ArvBin* cria_ArvBin(){
02      ArvBin* raiz = (ArvBin*) malloc(sizeof(ArvBin));
03      if(raiz != NULL)
04          *raiz = NULL;
05      return raiz;
06  }
``` |

Figura 12.14
```

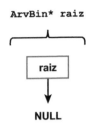

Para liberar uma árvore binária implementada com alocação dinâmica e acesso encadeado, é preciso percorrer toda a árvore liberando a memória alocada para cada nó inserido nela.

Figura 12.15

A Figura 12.16 mostra o código utilizado para liberar uma árvore binária. Esse algoritmo utiliza uma função para percorrer recursivamente todos os nós da árvore e liberá-los, **libera_NO** (linhas 1-8), e outra para inicializar a destruição da árvore e liberar a memória alocada para a raiz, **libera_ArvBin** (linhas 9-14).

A função **libera_ArvBin** recebe como parâmetro a árvore a ser liberada e verifica se a árvore é válida, ou seja, se a tarefa de criação da árvore foi realizada com sucesso (linha 10). Em seguida, essa função chama a função **libera_NO** para percorrer e liberar recursivamente todos os nós da árvore, começando pelo conteúdo da raiz (linha 12). Por fim, a memória associada à raiz da árvore é liberada (linha 13).

Já a função **libera_NO** recebe como parâmetro o endereço de um nó da árvore e verifica se este é um nó válido, ou seja, se a tarefa de alocação e inserção do nó na árvore foi realizada com sucesso (linha 2). Em seguida, a função é chamada recursivamente para o filho da esquerda (linha 4), para o da direita (linha 5) e, por fim, libera a memória do nó recebido por parâmetro (linha 6-7). Esse processo é melhor ilustrado pela Figura 12.17.

Perceba que, para liberar um nó da árvore, devemos antes liberar a sua subárvore esquerda e direita. Desse modo, esse nó se torna um nó folha e pode ser liberado sem prejuízos para o restante da árvore.

Destruindo uma árvore binária
01   **void** libera_NO(**struct** NO* no){
02   **if**(no == NULL)
03   **return**;
04   libera_NO(no->esq);
05   libera_NO(no->dir);
06   free(no);
07   no = NULL;
08   }
09   **void** libera_ArvBin(ArvBin* raiz){
10   **if**(raiz == NULL)
11   **return**;
12   libera_NO(*raiz);//libera cada nó
13   free(raiz);//libera a raiz
14   }

Figura 12.16

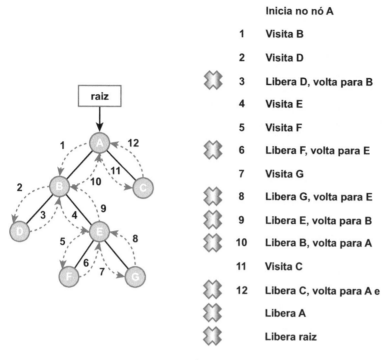

Figura 12.17

Informações básicas sobre a árvore

A seguir, veremos como implementar algumas funções que retornam três informações importante sobre a árvore binária: se ela está vazia, o número de nós que ela possui e a sua altura. Comecemos por saber se a árvore está vazia.

> Uma árvore binária será considerada vazia sempre que o conteúdo da sua "raiz" apontar para a constante **NULL**.

A implementação da função que retorna se a árvore binária está vazia é mostrada na Figura 12.18. Note que essa função, em primeiro lugar, verifica se o ponteiro **ArvBin *raiz** é igual a NULL. Essa condição seria verdadeira, se tivesse um problema na criação da árvore e, nesse caso, não teríamos uma árvore válida para trabalhar. Dessa forma, optamos por retornar o valor **1** para indicar uma árvore inválida (linha 3). Porém, se a árvore foi criada com sucesso, então é possível acessar o conteúdo da sua "**raiz**" (***raiz**) e comparar o seu valor com a constante NULL, que é o valor inicial do conteúdo da "**raiz**" quando criamos a árvore. Se os valores forem iguais (ou seja, nenhum nó contido na árvore), a função irá retornar o valor **1** (linha 5). Caso contrário, irá retornar o valor **0** (linha 6).

Retornando se a árvore binária está vazia
01 `int estaVazia_ArvBin(ArvBin *raiz){`
02 `    if(raiz == NULL)`
03 `        return 1;`
04 `    if(*raiz == NULL)`
05 `        return 1;`
06 `    return 0;`
07 `}`

Figura 12.18

A Figura 12.19 mostra a implementação da função que retorna o total de nós de uma árvore. Note que essa função, em primeiro lugar, verifica se o ponteiro **ArvBin *raiz** é igual a **NULL**. Essa condição seria verdadeira, se tivesse um problema na criação da árvore e, nesse caso, não teríamos uma árvore válida para trabalhar. Dessa forma, optamos por retornar o valor **0** para indicar uma árvore vazia (linha 3). Porém, se a árvore foi criada com sucesso, então é possível acessar o conteúdo de sua raiz (ou seja, o primeiro nó da árvore) e comparar o seu valor com a constante **NULL**, que é o valor inicial do conteúdo da raiz quando criamos a árvore. Se os valores forem iguais (ou seja, nenhum nó contido dentro da árvore), a função irá retornar o valor **0** (linha 5).

Uma vez que temos uma árvore com nós para serem contados, chamamos recursivamente a função para a subárvore da esquerda (linha 6) e para a subárvore da direita (linha 7).

Note que a função **totalNO_ArvBin** recebe como parâmetro um **ponteiro para ponteiro** (**ArvBin*** ou **struct NO****). Como os nós da árvore são ponteiros simples (**struct NO***), é preciso passar o endereço desse ponteiro na chamada recursiva da função (linhas 6-7).

Cada chamada recursiva da função vai descer na subárvore até encontrar um nó folha. Um nó que seja folha não possui subárvores da esquerda nem da direita. Desse modo, as suas chamadas recursivas (linhas 6-7) irão retornar ZERO por causa do segundo **if** (linha 4-5). Nesse caso, em que a **raiz** é um nó folha, a função irá retornar o valor **1**, pois não existem subárvores (**total_esq** e **total_dir** são zeros), o que indica que existe apenas um nó. Ao voltarmos na recursão até a raiz, os valores calculados para cada nó folha são passados para seus respectivos pais, que somam mais um nó ao processo e repassam para seus pais, até que esse valor retorne para a raiz da árvore. Esse processo é melhor ilustrado pela Figura 12.20.

Árvores

Retornando o número de nós da árvore binária
| ```
01  int totalNO_ArvBin(ArvBin *raiz){
02      if (raiz == NULL)
03          return 0;
04      if (*raiz == NULL)
05          return 0;
06      int total_esq = totalNO_ArvBin(&((*raiz)->esq));
07      int total_dir = totalNO_ArvBin(&((*raiz)->dir));
08      return(total_esq + total_dir + 1);
09  }
``` |

Figura 12.19

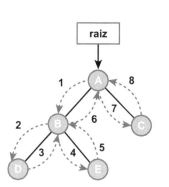

Inicia no nó A

1. Visita B

2. Visita D

3. D é nó folha: conta como 1 nó.
   Volta para B

4. Visita E

5. E é nó folha: conta como 1 nó.
   Volta para B

6. Número de nós em B é 3: total de nós à direita (1) + total de nós à esquerda (1) + 1.
   Volta para A

7. Visita C

8. C é nó folha: conta como 1 nó.
   Volta para A

Número de nós em A é 5: total de nós à direita (1) + total de nós à esquerda (3) + 1.

Figura 12.20

A Figura 12.21 mostra a implementação da função que retorna a altura de uma árvore. Note que essa função, como no caso de contar o total de nós da árvore, verifica se a árvore é válida (linhas 2-3) e se ela não está vazia (linhas 4-5). Em ambos, a função retorna o valor **0** caso essas afirmações sejam verdadeiras. Uma vez que temos uma árvore com nós, é possível calcular a sua altura. Para tanto, chamamos recursivamente a função para a subárvore da esquerda (linha 6) e para a subárvore da direita (linha 7).

Note que a função **altura_ArvBin** recebe como parâmetro um **ponteiro para ponteiro** (**ArvBin*** ou **struct NO****). Como os nós da árvore são ponteiros simples (**struct NO***), é preciso passar o endereço desse ponteiro na chamada recursiva da função (linhas 6-7).
```

Como no cálculo do número de nós da árvore, cada chamada recursiva da função vai descer na subárvore até encontrar um nó folha. Um nó que seja folha não possui subárvores da esquerda nem da direita. Desse modo, as suas chamadas recursivas (linhas 6-7) irão retornar ZERO por causa do segundo **if** (linhas 4-5). Nesse caso, em que a **raiz** é um nó folha, a função irá retornar o valor **1** como a altura da árvore, pois não existem subárvores (**alt_esq** e **alt_dir** são zeros), o que indica que existe apenas um nó. Ao voltarmos na recursão até a raiz, cada nó pai calcula as alturas de suas subárvores e as compara (linhas 6-8). Em seguida, esse nó pai retorna para o nó mais acima na árvore à altura da maior subárvore somada de mais uma unidade, que é a altura desse nó na árvore (linhas 8-11). Esse processo segue até que esse valor retorne para a raiz da árvore, e é melhor ilustrado pela Figura 12.22.

Retornando à altura da árvore binária
01 `int altura_ArvBin(ArvBin *raiz){`
02   `if (raiz == NULL)`
03   `return 0;`
04   `if (*raiz == NULL)`
05   `return 0;`
06   `int alt_esq = altura_ArvBin(&((*raiz)->esq));`
07   `int alt_dir = altura_ArvBin(&((*raiz)->dir));`
08   `if (alt_esq > alt_dir)`
09   `return (alt_esq + 1);`
10   `else`
11   `return (alt_dir + 1);`
12 `}`

Figura 12.21

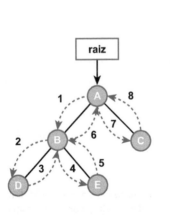

	Inicia no nó A
1	Visita B
2	Visita D
3	D é nó folha: altura é 1. Volta para B
4	Visita E
5	E é nó folha: altura é 1. Volta para B
6	Altura de B é 2: maior altura dos filhos +1. Volta para A
7	Visita C
8	C é nó folha: altura é 1. Volta para A
	Altura de A é 3: maior altura dos filhos +1

Figura 12.22

Percorrendo uma árvore

Uma operação muito comum em árvores binárias é percorrer todos os seus nós, executando alguma ação em cada nó. Essa ação pode ser: mostrar (imprimir) o valor do nó, modificar esse valor etc.

> Não existe uma ordem "natural" para se percorrer todos os nós de uma árvore binária.

Apesar disso, existem algumas formas muito utilizadas de se percorrer uma árvore. São elas:
- percurso **pré-ordem**: visitar a raiz, o filho da esquerda e o filho da direita;
- percurso **em-ordem**: visitar o filho da esquerda, a raiz e o filho da direita;
- percurso **pós-ordem**: visitar o filho da esquerda, o filho da direita e a raiz.

Note que a diferença entre eles está na ordem em que cada nó é visitado ao longo do percurso. Essas três formas de percurso possuem implementação intuitiva via algoritmos recursivos, os quais serão mostrados a seguir.

A Figura 12.23 mostra a função que realiza o percurso **pré-ordem**. Essa função recebe como parâmetro uma árvore (raiz) e, caso ela não seja inválida (linhas 2-3) e não seja vazia (linha 4), ela irá executar o percurso. No percurso **pré-ordem** (linhas 5-7), primeiro se imprime (linha 5) o valor associado ao nó e, em seguida, chama-se o algoritmo recursivamente para percorrer a subárvore da esquerda (linha 6) e a da direita (linha 7). Note que nas chamadas recursivas temos que passar o endereço do nó, pois a função tem como parâmetro um **ponteiro para ponteiro**. O processo de imprimir os nós de uma árvore usando o percurso **pré-ordem** é melhor ilustrado pela Figura 12.24.

```
                    Percurso pré-ordem
01    void preOrdem_ArvBin(ArvBin *raiz){
02        if(raiz == NULL)
03            return;
04        if(*raiz != NULL){
05            printf("%d\n",(*raiz)->info);
06            preOrdem_ArvBin(&((*raiz)->esq));
07            preOrdem_ArvBin(&((*raiz)->dir));
08        }
09    }
```

Figura 12.23

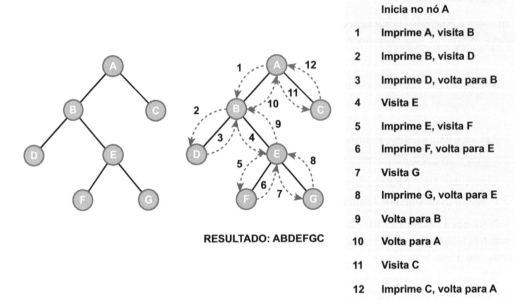

Figura 12.24

A Figura 12.25 mostra a função que realiza o percurso **em-ordem**. Essa função recebe como parâmetro uma árvore (raiz) e, caso ela não seja inválida (linha 2-3) e não seja vazia (linha 4), ela irá executar o percurso. No percurso **em-ordem** (linhas 5-7), primeiro chama-se o algoritmo recursivamente para percorrer a subárvore da esquerda (linha 5) e, em seguida, se imprime (linha 6) o valor associado ao nó e se visita a subárvore da direita (linha 7). Note que nas chamadas recursivas temos que passar o endereço do nó, pois a função tem como parâmetro um **ponteiro para ponteiro**. O processo de imprimir os nós de uma árvore usando o percurso **em-ordem** é melhor ilustrado pela Figura 12.26.

Percurso em-ordem

```
01    void emOrdem_ArvBin(ArvBin *raiz){
02        if(raiz == NULL)
03            return;
04        if(*raiz != NULL){
05            emOrdem_ArvBin(&((*raiz)->esq));
06            printf("%d\n",(*raiz)->info);
07            emOrdem_ArvBin(&((*raiz)->dir));
08        }
09    }
```

Figura 12.25

Árvores

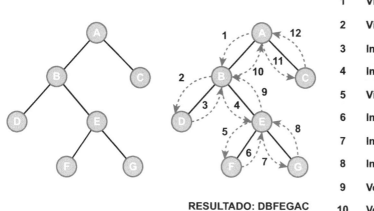

Figura 12.26

Por fim, a Figura 12.27 mostra a função que realiza o percurso **posOrdem**. Essa função recebe como parâmetro uma árvore (raiz) e, caso ela não seja inválida (linha 2-3) e não seja vazia (linha 4), ela irá executar o percurso. No percurso **posOrdem** (linhas 5 e 7), primeiro chama-se o algoritmo recursivamente para percorrer a subárvore da esquerda (linha 5) e a da direita (linha 6). Em seguida, se imprime (linha 7) o valor associado ao nó. Note que nas chamadas recursivas temos que passar o endereço do nó, pois a função tem como parâmetro um **ponteiro para ponteiro**. O processo de imprimir os nós de uma árvore usando o percurso **posOrdem** é melhor ilustrado pela Figura 12.28.

Percurso em pós-ordem
| ```
01  void posOrdem_ArvBin(ArvBin *raiz){
02      if(raiz == NULL)
03          return;
04      if(*raiz != NULL){
05          posOrdem_ArvBin(&((*raiz)->esq));
06          posOrdem_ArvBin(&((*raiz)->dir));
07          printf("%d\n",(*raiz)->info);
08      }
09  }
``` |

Figura 12.27
```

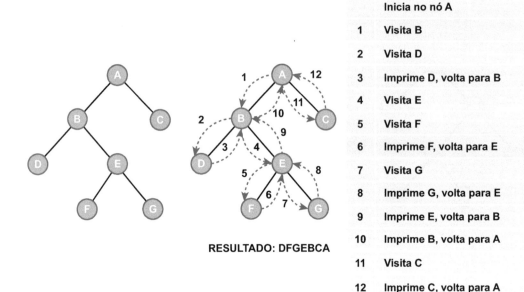

Figura 12.28

Inserindo ou removendo um nó da árvore

As operações de inserção ou remoção de um nó na árvore dependem da aplicação a que se destina a árvore. Por esse motivo, essas operações serão vistas nas próximas seções.

Árvore binária de busca

Definição

Uma **árvore binária de busca** é um tipo especial de **árvore binária**, ou seja, ela possui as mesmas propriedades de uma árvore binária. No entanto, nessa nova árvore cada nó possui um **valor** (**chave**) associado a ele, e esse **valor** determina a posição do nó na árvore.

> A princípio, se considera que não existem valores repetidos na árvore.

Em uma **árvore binária de busca**, temos a seguinte regra para posicionamento dos valores na árvore: para cada nó **pai**:
- todos os valores da subárvore **esquerda** são **menores** do que o nó pai;
- todos os valores da subárvore **direita** são **maiores** do que o nó pai.

Um exemplo de **árvore binária de busca** é mostrado na Figura 12.29.

Árvores

Inserção e **remoção** de nós na **árvore binária de busca** devem ser realizadas respeitando essa regra de posicionamento dos nós.

A **árvore binária de busca** é uma ótima alternativa ao uso de *arrays* para operações de busca binária, pois, além de permitir esse tipo de busca, ela possui a vantagem de ser uma estrutura dinâmica: é muito mais fácil acrescentar um nó na árvore seguindo a sua regra de posicionamento do que inserir um valor dentro de um vetor ordenado (o que envolveria deslocar vários elementos a todo momento). Além disso, esse tipo de árvore também é utilizada para análise de expressões algébricas: prefixa, infixa e pósfixa.

Na Tabela 12.1 podemos ver o custo para as principais operações em uma **árvore binária de busca** contendo N nós. Note que o pior caso ocorre quando a árvore não está balanceada.

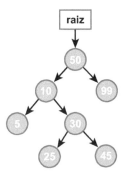

Figura 12.29

Operação	Caso médio	Pior caso
Inserção	$O(\log n)$	$O(N)$
Remoção	$O(\log n)$	$O(N)$
Consulta	$O(\log n)$	$O(N)$

Tabela 12.1

Inserindo um nó na árvore

Inserir um novo nó em uma **árvore binária de busca** é uma tarefa bastante simples. Basicamente, o que temos que fazer é alocar espaço para o novo nó da árvore e procurar a sua posição na árvore usando o seguinte conjunto de passos:

- primeiro compare o **valor** a ser inserido com a **raiz**;
- se o **valor** é **menor** do que a **raiz**: vá para a subárvore da **esquerda**;
- se o **valor** é **maior** do que a **raiz**: vá para a subárvore da **direita**;
- aplique o método recursivamente (pode ser feito sem recursão) até chegar a um **nó folha**.

Também existe o caso em que a inserção é feita em uma árvore que está vazia, como mostrado na Figura 12.30. Nesse caso, a raiz da árvore, que inicialmente apontava para **NULL**, passa a apontar para o único elemento inserido até então.

A Figura 12.31 mostra a implementação da função de inserção. Primeiramente, a função verifica se o ponteiro **ArvBin* raiz** é igual a **NULL**. Essa condição seria verdadeira, se tivesse um problema na criação da árvore. Nesse caso, optamos por retornar o valor **0** para indicar uma árvore inválida (linha 3). Porém, se a árvore foi criada com sucesso, podemos tentar alocar memória para um novo nó (linhas 4 e 5). Caso a alocação de memória não seja possível, a função irá retornar o valor **0** (linhas 6 e 7). Se a função **malloc()** retornar um endereço de memória válido, podemos copiar os dados que vamos armazenar para dentro desse nó (linha 8). Repare também que esse nó não possui filhos à esquerda nem à direita (linha 9-10).

> Todo nó inserido em uma árvore binária de busca é um nó folha ou terminal.

Em seguida, temos que considerar que a árvore pode ou não estar vazia (linha 12):
- no caso de ser uma árvore vazia, mudamos o conteúdo da "raiz" da árvore (***raiz**) para que ele passe a ser o nosso nó **novo** (linha 13);
- no caso de NÃO ser uma árvore vazia, temos que percorrer a árvore procurando o nó folha onde o novo nó será inserido. Para isso, criamos um nó **atual** começando na raiz (linha 15). Note que, além do nó **atual**, também armazenamos o nó pai dele (**ant**). Enquanto o nó atual for diferente de **NULL**, o nó **ant** recebe o valor de **atual**:
    - se o valor do nó (**info**) for igual ao valor a ser inserido (**valor**), o valor já existe e a inserção termina retornando ZERO (linhas 19-22);
    - se o valor a ser inserido (**valor**) é **maior** do que o **atual**, o nó **atual** recebe o seu filho da **direita**. Do contrário, ele recebe o filho da **esquerda** (linhas 24-27);
- uma vez que o nó **atual** é igual a **NULL**, basta verificar se o novo nó será filho da esquerda ou da direita do nó **ant** (linhas 29-32).

Ao fim desse processo, retornamos o valor **1** para indicar sucesso na operação de inserção (linha 34). Esse processo é melhor ilustrado pela Figura 12.30.

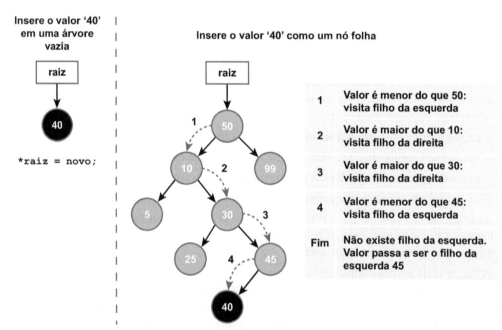

Figura 12.30

Árvores

Inserindo um elemento na ABB

```
01   int insere_ArvBin(ArvBin* raiz, int valor){
02       if(raiz == NULL)
03           return 0;
04       struct NO* novo;
05       novo = (struct NO*) malloc(sizeof(struct NO));
06       if(novo == NULL)
07           return 0;
08       novo->info = valor;
09       novo->dir = NULL;
10       novo->esq = NULL;
11
12       if(*raiz == NULL)
13           *raiz = novo;
14       else{
15           struct NO* atual = *raiz;
16           struct NO* ant = NULL;
17           while(atual != NULL){
18               ant = atual;
19               if(valor == atual->info){
20                       free(novo);
21                   return 0;//elemento já existe
22               }
23
24               if(valor > atual->info)
25                   atual = atual->dir;
26               else
27                   atual = atual->esq;
28           }
29           if(valor > ant->info)
30               ant->dir = novo;
31           else
32               ant->esq = novo;
33       }
34       return 1;
35   }
```

Figura 12.31

Removendo um nó da árvore

Remover um nó de uma **árvore binária de busca** não é uma tarefa tão simples quanto a inserção.

Isso ocorre porque precisamos procurar o nó a ser removido da árvore, o qual pode ser um nó **folha** ou um nó **interno** (que pode ser a raiz), com um ou dois filhos. Se este for um nó interno, é preciso reorganizar a árvore para que ela continue sendo uma **árvore binária de busca**.

Algoritmos e Estruturas de Dados em Linguagem C

Além disso, precisamos verificar se a árvore é vazia (caso em que a remoção não é possível) e se a remoção desse nó não gera uma árvore vazia.

A Figura 12.32 mostra o código utilizado para remover um nó de uma **árvore binária de busca**. Esse algoritmo utiliza uma função para procurar o nó a ser removido, **remove_ArvBin** (linhas 22-46), e outra para remover e reorganizar a árvore (se necessário), **remove_atual** (linhas 1-21).

A função **remove_ArvBin** recebe como parâmetros a árvore (**ArvBin *raiz**) e um número inteiro (**int valor**) do nó que será removido. Primeiramente, a função verifica se o ponteiro **ArvBin* raiz** é igual a NULL. Essa condição seria verdadeira, se tivesse um problema na criação da árvore. Nesse caso, optamos por retornar o valor **0** para indicar uma árvore inválida (linhas 23-24). Porém, se a árvore é válida, criamos dois nós auxiliares: atual, começando na **raiz**, e o nó pai dele, (**ant**). Enquanto o nó atual for diferente de NULL:

- Se o valor do nó **atual** (**info**) for **igual** ao valor buscado (**valor**), verificamos se o nó atual é a **raiz** da árvore ou um dos filhos do nó **ant**. Para todos esses casos, chamamos a função **remove_atual** e retornamos o valor **1**, indicando sucesso na operação de remoção (linhas 28-38).

- Se o valor do nó **atual** (**info**) for **diferente** do valor buscado (**valor**), o nó **ant** recebe o **atual**. Se o valor buscado é **maior** do que o **atual**, o nó **atual** recebe o seu filho da **direita**. Do contrário, ele recebe o filho da **esquerda** (linhas 39-43).

Uma vez que o nó **atual** é igual a NULL, retornamos o valor **0** para indicar que o valor procurado não se encontra na árvore (linha 45).

Já a função **remove_atual** recebe como parâmetro o endereço de um nó da árvore (**atual**) a ser removido, e retorna qual deverá ser o seu nó substituto na árvore. Primeiramente, a função verifica se o nó a ser removido não possui filho à esquerda (linha 3). Se essa condição for verdadeira, a função copia o filho da direita para um nó auxiliar (**no2**), libera o nó **atual**, e retorna o filho da direita (**no2**) como substituto do nó **atual** na árvore (linhas 4-6). Esse processo, ilustrado na Figura 12.33, permite remover um nó que seja **folha** ou que possua apenas a subárvore da **direita**.

A parte mais difícil é remover um nó que possua os dois filhos. Nesse caso, precisamos procurar o filho mais à direita da subárvore da esquerda (**no2**) do nó **atual** (linhas 8-13). Uma vez encontrado esse filho, verificamos se o pai dele (**no1**) é diferente do nó a ser removido (**atual**). Se forem diferentes, a subárvore da esquerda de **no2** (se existir) se torna a subárvore da direita de **no1**, e a subárvore da esquerda de **atual** se torna a subárvore da esquerda de **no2** (linhas 14-17). Em seguida, fazemos com que **no2** receba a subárvore da direita do nó **atual** como sua (linha 18). Por fim, liberamos o nó **atual** e retornamos **no2** como sendo o seu substituto (linhas 19-20). Esse processo é melhor ilustrado pela Figura 12.34.

Árvores

Removendo um elemento da ABB

```
01    struct NO* remove_atual(struct NO* atual) {
02        struct NO *no1, *no2;
03        if(atual->esq == NULL){
04            no2 = atual->dir;
05            free(atual);
06            return no2;
07        }
08        no1 = atual;
09        no2 = atual->esq;
10        while(no2->dir != NULL){
11            no1 = no2;
12            no2 = no2->dir;
13        }
14        if(no1 != atual){
15            no1->dir = no2->esq;
16            no2->esq = atual->esq;
17        }
18        no2->dir = atual->dir;
19        free(atual);
20        return no2;
21    }
22    int remove_ArvBin(ArvBin *raiz, int valor){
23        if(raiz == NULL)
24            return 0;
25        struct NO* ant = NULL;
26        struct NO* atual = *raiz;
27        while(atual != NULL){
28            if(valor == atual->info){
29                if(atual == *raiz)
30                    *raiz = remove_atual(atual);
31                else{
32                    if(ant->dir == atual)
33                        ant->dir = remove_atual(atual);
34                    else
35                        ant->esq = remove_atual(atual);
36                }
37                return 1;
38            }
39            ant = atual;
40            if(valor > atual->info)
41                atual = atual->dir;
42            else
43                atual = atual->esq;
44        }
45        return 0;
46    }
```

Figura 12.32

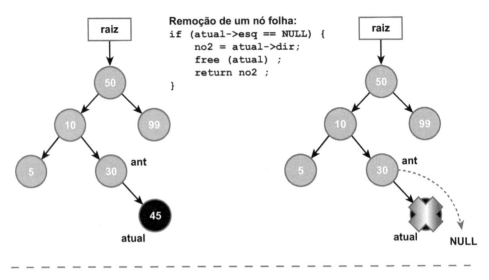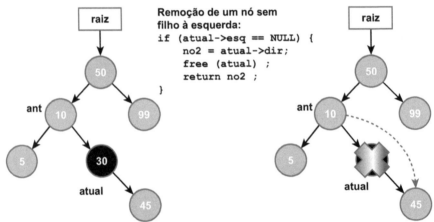

Figura 12.33

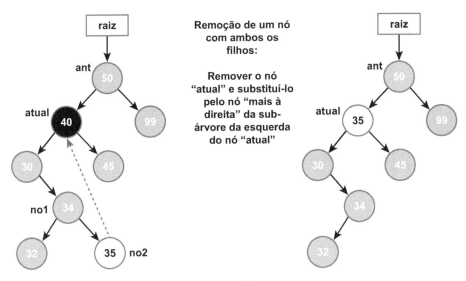

Figura 12.34

Consultando um nó da árvore

Consultar se determinado novo nó existe em uma **árvore binária de busca** é uma tarefa similar à inserção de um novo nó. Basicamente, o que temos que fazer é percorrer os nós da árvore usando o seguinte conjunto de passos:

- primeiro compare o **valor** buscado com a **raiz**;
- se o valor é **menor** do que a **raiz**: vá para a subárvore da **esquerda**;
- se o valor é **maior** do que a **raiz**: vá para a subárvore da **direita**;
- aplique o método recursivamente (pode ser feito sem recursão) até que a **raiz** seja igual ao valor buscado.

A Figura 12.35 mostra a implementação da função de busca. Nesse caso, estamos procurando um nó pelo seu valor. Primeiramente, a função verifica se o ponteiro **ArvBin* raiz** é igual a NULL. Essa condição seria verdadeira, se tivesse um problema na criação da árvore. Nesse caso, optamos por retornar o valor **0** para indicar uma árvore inválida (linha 3). Porém, se a árvore é válida, criamos um nó auxiliar (**atual**) para receber o conteúdo da **raiz** (linha 4). Esse nó será utilizado para percorrer a árvore. Enquanto o nó atual for diferente de **NULL**:

- se o valor do nó **atual** (**info**) for igual ao valor buscado (**valor**), a função retorna o valor **1** para indicar sucesso na operação de busca (linhas 6-8);
- se o valor buscado é **maior** do que o **atual**, o nó **atual** recebe o seu filho da **direita**. Do contrário, ele recebe o filho da **esquerda** (linhas 9-12).

Uma vez que o nó **atual** é igual a **NULL**, retornamos o valor **0** para indicar que o valor procurado não se encontra na árvore (linha 14). O processo de busca por um elemento que existe ou não na árvore é melhor ilustrado pela Figura 12.36.

Consultando um elemento da ABB

```
01    int consulta_ArvBin(ArvBin *raiz,int valor){
02        if(raiz == NULL)
03            return 0;
04        struct NO* atual = *raiz;
05        while(atual != NULL){
06            if(valor == atual->info){
07                return 1;
08            }
09            if(valor > atual->info)
10                atual = atual->dir;
11            else
12                atual = atual->esq;
13        }
14        return 0;
15    }
```

Figura 12.35

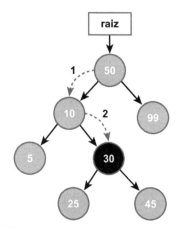

Valor procurado: 30

1 Valor procurado é menor do que 50: visita filho da esquerda

2 Valor procurado é maior do que 10: visita filho da direita

Valor procurado é igual ao do nó: retornar dados do nó

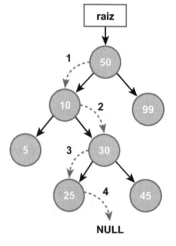

Valor procurado: 28

1 Valor procurado é menor do que 50: visita filho da esquerda

2 Valor procurado é maior do que 10: visita filho da direita

3 Valor procurado é menor do que 30: visita filho da esquerda

4 Valor procurado é maior do que 25: visita filho da direita

Filho da direita de 25 não existe: a busca falhou

Figura 12.36

Árvore binária de busca balanceada

Uma árvore binária de busca **balanceada** é uma árvore binária em que as alturas das subárvores **esquerda** e **direita** de cada nó da árvore diferem de no máximo uma unidade.

> Essa diferença nas alturas das subárvores **esquerda** e **direita** é chamada **fator de balanceamento** (ou **fb**) do nó.

Infelizmente, os algoritmos de inserção e remoção em árvores binárias não garantem que a árvore gerada a cada passo esteja balanceada. Dependendo da ordem em que os dados são inseridos na árvore, podemos criar uma árvore na forma de uma escada. Um exemplo desse tipo de árvore ocorre quando os valores (1, 2, 3, 10, 4, 5, 9, 7, 8 e 6) são inseridos nessa ordem em uma árvore, como mostra a Figura 12.37.

> A eficiência da busca em uma árvore binária depende do seu balanceamento.

Dado o mesmo número de nós N na árvore, quanto maior a altura, maior o custo da operação. Assim, o custo das principais operações em árvores (inserção, remoção e busca) são, no pior caso:

- $O(\log N)$, se a árvore está balanceada;
- $O(N)$, se a árvore não está balanceada.

> Como então resolver o problema de balanceamento da árvore?

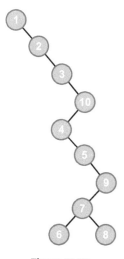

A solução para o problema de balanceamento da árvore consiste em modificar as operações de **inserção** e **remoção** da árvore binária, de modo a balancear a árvore a cada nova inserção ou remoção.

Na computação existem vários tipos diferentes de árvores balanceadas. Cada uma delas foi desenvolvida pensando diferentes tipos de aplicações. Algumas delas:

- árvore AVL;
- árvore *red-black* (também conhecida como vermelho-preto ou rubro-negra);
- árvore 2-3;
- árvore 2-3-4;
- árvore B, B+ e B*.

Figura 12.37

Árvore AVL

Definição

A árvore AVL é um tipo de árvore binária balanceada com relação à altura das suas subárvores. Ela foi criada por Adelson-Velskii e Landis, de quem recebeu a sua nomenclatura, em 1962.

Trata-se de um tipo de árvore que permite o rebalanceamento local da árvore, ou seja, apenas a parte afetada pela **inserção** ou **remoção** é rebalanceada.

> Para manter o balanceamento, a árvore AVL faz uso de rotações **simples** ou **duplas** na etapa de rebalanceamento, o qual ocorre a cada **inserção** ou **remoção**.

Por meio dessas rotações, a árvore AVL busca manter-se como uma **árvore binária quase completa**. Assim, o custo máximo de qualquer algoritmo é $O(\log N)$.

> O objetivo das operações de rotação é acertar o **fator de balanceamento** (ou **fb**) de cada nó, restituindo assim o equilíbrio da árvore. O **fator de balanceamento** nada mais é do que a diferença nas alturas das subárvores **esquerda** e **direita** de um nó.

A Figura 12.38 mostra como é realizado o cálculo do **fator de balanceamento** de determinado nó (no caso, o nó pai da árvore). Esse cálculo deve ser realizado para cada um dos nós da árvore. A Figura 12.38 mostra o cálculo do **fator de balanceamento** para cada nó da árvore.

> Caso uma das subárvores de um nó não existir, então a altura dessa subárvore será igual a –1.

Fator de balanceamento

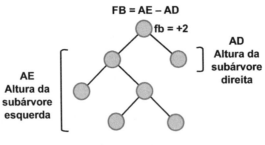

Figura 12.38

Na árvore AVL, as alturas das subárvores **esquerda** e **direita** de cada nó diferem de, no máximo, uma unidade. Ou seja, o **fator de balanceamento** deve ser +1, 0 ou –1.

Se o **fator de balanceamento** for maior do que **+1** ou menor do que **−1** em um nó da árvore AVL, então a árvore deve ser balanceada naquele nó.

Um exemplo de árvore que precisa de balanceamento é mostrado na Figura 12.39. Perceba que, no nó que precisa ser rebalanceado, a altura da subárvore da esquerda é muito maior que a altura da subárvore da direita, assim como a quantidade de nós em cada subárvore.

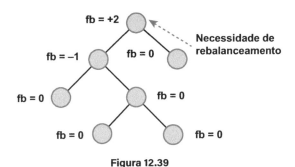

Figura 12.39

A Figura 12.40 mostra uma árvore AVL e o fator de balanceamento de cada nó. Essa árvore é obtida ao se inserir os valores (1, 2, 3, 10, 4, 5, 9, 7, 8 e 6), nessa ordem, na árvore. Para ver a mesma árvore sem balanceamento, basta ver a Figura 12.37.

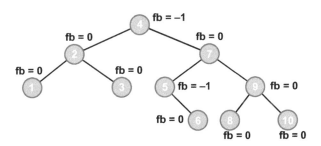

Figura 12.40

Implementando uma árvore AVL

A implementação da TAD de uma árvore AVL é idêntica à da árvore binária mostrada na Seção Criando a TAD árvore binária. Ou seja, aqui também iremos utilizar um **ponteiro para ponteiro** para guardar o primeiro nó da árvore. Isso é especialmente importante na árvore AVL, pois o uso de um **ponteiro para ponteiro** permite mudar mais facilmente quem é a **raiz** no caso de uma rotação (se necessário).

Como na árvore binária, o arquivo **ArvoreAVL.h**, ilustrado na Figura 12.41, define:
- para fins de padronização, criamos um novo nome para o **ponteiro** do tipo árvore (linha 1). Esse é o tipo que será usado sempre que se desejar trabalhar com uma árvore AVL;

- as funções disponíveis para se trabalhar com essa árvore e que serão implementadas no arquivo **ArvoreAVL.c** (linhas 3-13).

Já o arquivo **ArvoreAVL.c** (Figura 12.41) contém apenas:

- as chamadas às bibliotecas necessárias à implementação da árvore AVL (linhas 1-3);
- a definição do tipo de cada nó da árvore AVL, **struct NO** (linhas 4-9);
- as implementações das funções definidas no arquivo **ArvoreAVL.h**. As implementações dessas funções serão vistas nas seções seguintes.

Perceba que a nossa estrutura **NO** possui um campo a mais na árvore AVL do que na árvore binária. Esse campo, **alt**, será utilizado para armazenar a altura da subárvore considerando aquele nó como a raiz. Desse modo, se torna mais rápido e direto o cálculo do **fator de balanceamento** durante o balanceamento da árvore.

Arquivo ArvoreAVL.h

```
01  typedef struct NO* ArvAVL;
02
03  ArvAVL* cria_ArvAVL();
04  void libera_ArvAVL(ArvAVL *raiz);
05  int insere_ArvAVL(ArvAVL* raiz, int valor);
06  int remove_ArvAVL(ArvAVL *raiz, int valor);
07  int estaVazia_ArvAVL(ArvAVL *raiz);
08  int altura_ArvAVL(ArvAVL *raiz);
09  int totalNO_ArvAVL(ArvAVL *raiz);
10  int consulta_ArvAVL(ArvAVL *raiz, int valor);
11  void preOrdem_ArvAVL(ArvAVL *raiz);
12  void emOrdem_ArvAVL(ArvAVL *raiz);
13  void posOrdem_ArvAVL(ArvAVL *raiz);
```

Arquivo ArvoreAVL.c

```
01  #include <stdio.h>
02  #include <stdlib.h>
03  #include "ArvoreAVL.h" //inclui os protótipos
04  struct NO{
05      int info;
06      int alt;
07      struct NO *esq;
08      struct NO *dir;
09  };
```

Figura 12.41

Com respeito à implementação das funções, com exceção das funções de **inserção** e **remoção**, as demais funções da árvore AVL são implementadas de forma idêntica às da árvore binária.

Árvores **397**

Além dessas funções, vamos definir algumas funções auxiliares (Figura 12.42). O propósito dessas funções é agilizar a tarefa de cálculo do balanceamento da árvore.

Funções auxiliares

```
01   //retorna a altura de uma árvore
02   int alt_NO(struct NO* no){
03       if(no == NULL)
04           return -1;
05       else
06               return no->alt;
07   }
08
09   //retorna o fator de balanceamento de um nó
10   int fatorBalanceamento_NO(struct NO* no){
11       return labs(alt_NO(no->esq) - alt_NO(no->dir));
12   }
13
14   //retorna o maior dentre dois valores
15   int maior(int x, int y){
16       if(x > y)
17           return x;
18       else
19           return y;
20   }
```

Figura 12.42

Por fim, para utilizarmos nossa árvore AVL no arquivo **main()**, basta declarar um ponteiro para ele (definido no arquivo **ArvoreAVL.h**) da seguinte forma:

ArvAVL *raiz;

Rotações

A operação básica usada para balancear uma árvore AVL é a rotação. É por meio dela que a árvore AVL busca manter-se como uma **árvore binária quase completa**. Ao todo, existem dois tipos de rotação: **simples** e **dupla**. Os dois tipos diferem entre si pelo sentido da inclinação entre o nó **pai** e **filho**:

- **rotação simples**: o nó desbalanceado (pai), seu filho e o seu neto estão todos no mesmo sentido de inclinação;
- **rotação dupla**: o nó desbalanceado (pai) e seu filho estão inclinados no sentido inverso ao neto. Equivale a duas rotações **simples**.

Além disso, existem duas rotações **simples** e duas **duplas**:

- **rotação simples à direita** ou **rotação LL**;
- **rotação simples à esquerda** ou **rotação RR**;

- **rotação dupla à direita** ou **rotação LR**;
- **rotação dupla à esquerda** ou **rotação RL**.

As rotações são aplicadas no ancestral mais próximo do nó inserido cujo fator de balanceamento passa a ser +2 ou −2.

A seguir, são apresentadas as implementações desses quatro tipos de rotação. O parâmetro das funções implementadas é o ancestral mais próximo do nó inserido.

Dependendo do desbalanceamento a ser tratado na árvore, uma única rotação pode não ser suficiente. Nesse caso, várias rotações são realizadas em diferentes nós da árvore.

Rotação LL

A **rotação LL**, ou **rotação simples à direita**, ocorre quando um novo nó é inserido na subárvore da **esquerda** do filho **esquerdo** de **A**, o qual é o nó desbalanceado. Nesse caso, como houve dois movimentos para a esquerda em relação ao nó **A**, é necessário fazer uma **rotação à direita**, de modo que o nó intermediário **B** ocupe o lugar de **A**, e **A** se torne a subárvore direita de **B**, como mostra a Figura 12.43. Nessa figura, o novo nó inserido pode ser o próprio nó **C** ou estar em uma das subárvores do nó **C**.

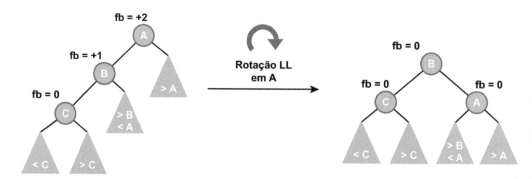

Figura 12.43

A Figura 12.44 mostra a implementação da função que realiza a **rotação LL**. Essa função recebe como parâmetro o nó da árvore que está desbalanceado (**A**) como se este fosse a raiz de uma árvore AVL (**ArvAVL ***). Primeiramente, a função associa ao nó **B** o filho da esquerda do nó **A** (linhas 2-3) e coloca o filho à direita de **B** (se existir) como o novo filho à esquerda de **A** (linha 4). Na sequência, o nó **A** se torna o filho à direita do nó **B** (linha 5). Como os nós **A** e **B** tiveram suas posições alteradas, é necessário recalcular a altura de cada um deles (linhas 6-7). Por fim, o conteúdo da **raiz**, que antes continha o nó **A**, passa a apontar para o nó **B**. Essa última operação só é possível porque o nó **A** foi passado para a função como um **ponteiro para ponteiro** (**ArvAVL ***).

Árvores

	Rotação LL
01	`void RotacaoLL(ArvAVL *A){`
02	`    struct NO *B;`
03	`    B = (*A)->esq;`
04	`    (*A)->esq = B->dir;`
05	`    B->dir = *A;`
06	`    (*A)->altura = maior(altura_NO((*A)->esq),`
	`                         altura_NO((*A)->dir)) + 1;`
07	`    B->altura = maior(altura_NO(B->esq),(*A)->altura) + 1;`
08	`    *A = B;`
09	`}`

Figura 12.44

A Figura 12.45 mostra um exemplo passo a passo desse tipo de rotação.

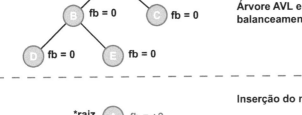

Árvore AVL e fator de balanceamento de cada nó.

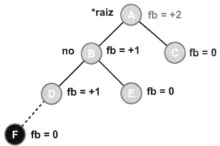

Inserção do nó F na árvore.

Árvore fica desbalanceada no nó A.

Aplicar rotação LL no nó A.

```
no = (*raiz) ->esq;
(*raiz) ->esq = no->dir;
no->dir = *raiz;
*raiz = no;
```

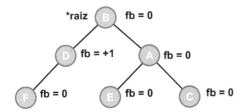

Árvore balanceada.

Figura 12.45

Rotação RR

A **rotação RR**, ou **rotação simples à esquerda**, ocorre quando um novo nó é inserido na subárvore da **direita** do filho **direito** de A, o qual é o nó desbalanceado. Nesse caso, como houve dois movimentos para a direita em relação ao nó **A**, é necessário fazer uma **rotação à esquerda**, de modo que o nó intermediário **B** ocupe o lugar de **A**, e **A** se torne a subárvore esquerda de **B**, como mostra a Figura 12.46. Nessa figura, o novo nó inserido pode ser o próprio nó **C** ou estar em uma das subárvores do nó **C**.

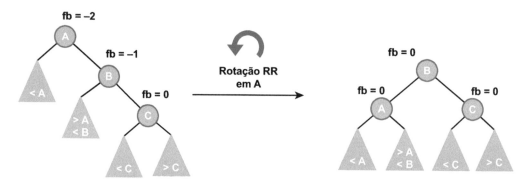

Figura 12.46

A Figura 12.47 mostra a implementação da função que realiza a **rotação RR**. Essa função recebe como parâmetro o nó da árvore que está desbalanceado (**A**) como se fosse a **raiz** de uma árvore AVL (**ArvAVL ***). Primeiramente, a função associa ao nó **B** o filho da direita do nó **A** (linhas 2-3) e coloca o filho à esquerda de **B** (se existir) como o novo filho à direita de **A** (linha 4). Na sequência, o nó **A** se torna o filho à esquerda do nó **B** (linha 5). Como os nós **A** e **B** tiveram suas posições alteradas, é necessário recalcular a altura de cada um deles (linhas 6-7). Por fim, o conteúdo da raiz, que antes continha o nó **A**, passa a apontar para o nó **B**. Essa última operação só é possível porque o nó **A** foi passado para a função como um **ponteiro para ponteiro (ArvAVL *)**.

Rotação RR
01   **void** RotacaoRR(ArvAVL *A){
02   **struct** NO *B;
03   B = (*A)->dir;
04   (*A)->dir = B->esq;
05   B->esq = (*A);
06   (*A)->altura = maior(altura_NO((*A)->esq), altura_NO((*A)->dir)) + 1;
07   B->altura = maior(altura_NO(B->dir),(*A)->altura) + 1;
08   (*A) = B;
09   }

Figura 12.47

A Figura 12.48 mostra um exemplo passo a passo desse tipo de rotação.

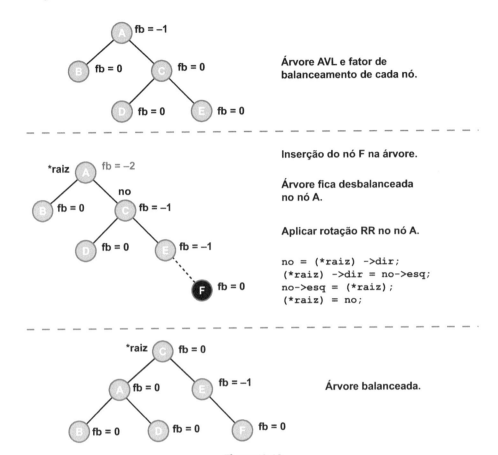

Figura 12.48

Rotação LR

A **rotação LR**, ou **rotação dupla à direita**, ocorre quando um novo nó é inserido na subárvore da **direita** do filho **esquerdo** de **A**, o qual é o nó desbalanceado. Nesse caso, é necessário fazer uma **rotação dupla**, de modo que o nó **C** se torne o pai dos nós **A** (filho da direita) e **B** (filho da esquerda), como mostra a Figura 12.49. Nessa figura, o novo nó inserido pode ser o próprio nó **C** ou estar em uma das subárvores do nó **C**.

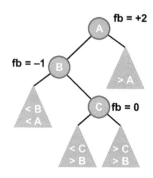

Rotação RR
em B

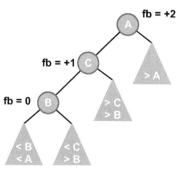

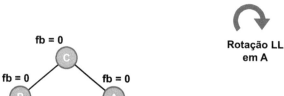
Rotação LL
em A

Figura 12.49

> As rotações **duplas** podem ser implementadas utilizando duas rotações **simples**.

Como houve, partindo do nó **A**, um movimento para a esquerda e outro para a direita, a rotação dupla pode ser substituída por duas rotações **simples**: uma **rotação RR** aplicada no filho da esquerda do nó A (nó **B**) e uma **rotação LL** aplicada no nó **A**, como mostra a sua implementação na Figura 12.50.

Árvores

Rotação LR
01   `void RotacaoLR(ArvAVL *A){`
02   `RotacaoRR(&(*A)->esq);`
03   `RotacaoLL(A);`
04   `}`

Figura 12.50

A Figura 12.51 mostra um exemplo passo a passo desse tipo de rotação.

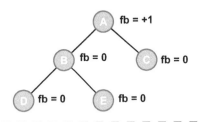

Árvore AVL e fator de balanceamento de cada nó.

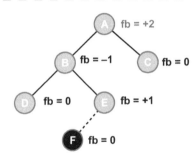

Inserção do nó F na árvore.

Árvore fica desbalanceada no nó A.

Aplicar rotação LR no nó A. Isso equivale a:

– Aplicar a rotação RR no nó B
– Aplicar a rotação LL no nó A

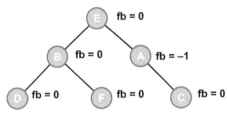

Árvore após aplicar a rotação RR no nó B.

Árvore após aplicar a rotação LL no nó A.

Árvore balanceada.

Figura 12.51

Rotação RL

A **rotação RL**, ou **rotação dupla à esquerda**, ocorre quando um novo nó é inserido na subárvore da **esquerda** do filho **direito** de **A**, o qual é o nó desbalanceado. Nesse caso, é necessário fazer uma **rotação dupla**, de modo que o nó **C** se torne o pai dos nós **A** (filho da esquerda) e **B** (filho da direita), como mostra a Figura 12.52. Nessa figura, o novo nó inserido pode ser o próprio nó **C** ou estar em uma das subárvores do nó **C**.

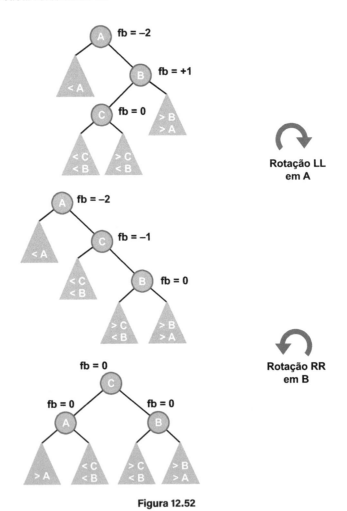

Figura 12.52

> As rotações **duplas** podem ser implementadas utilizando duas rotações **simples**.

Como houve, partindo do nó **A**, um movimento para a direita e outro para a esquerda, a rotação dupla pode ser substituída por duas rotações simples: uma **rotação LL** aplicada no filho da direita do nó **A** (nó **B**) e uma **rotação RR** aplicada no nó **A**, como mostra a sua implementação na Figura 12.53.

Árvores

Rotação RL
01   **void** RotacaoRL(ArvAVL *raiz){
02   RotacaoLL(&(*raiz)->dir);
03   RotacaoRR(raiz);
04   }

Figura 12.53

A Figura 12.54 mostra um exemplo passo a passo desse tipo de rotação.

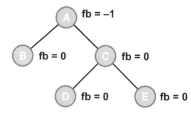

Árvore AVL e fator de balanceamento de cada nó.

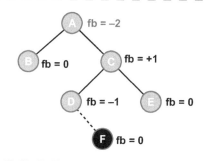

Inserção do nó F na árvore.

Árvore fica desbalanceada no nó A.

Aplicar rotação RL no nó A. Isso esquivale a:

– Aplicar a rotação LL no nó C
– Aplicar a rotação RR no nó A

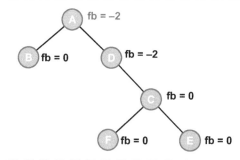

Árvore após aplicar a rotação LL no nó C.

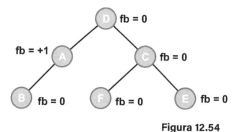

Árvore após aplicar a rotação RR no nó A.

Árvore balanceada.

Figura 12.54

Quando usar cada tipo de rotação?

Uma dúvida muito comum na implementação da árvore AVL diz respeito a quando utilizar cada uma das quatro rotações. A Tabela 12.2 mostra os casos em que cada rotação é utilizada. É fácil perceber que, quando os sinais do nó **A** e do nó **B** forem iguais, a rotação é **simples**. Além disso, se os sinais forem iguais e negativo, a rotação é à esquerda (**RR**); senão, ela é uma rotação à direita (**LL**).

Nas rotações **duplas**, os sinais do nó **A** e do nó **B** são diferentes. Se o sinal de **A** for positivo, a rotação é dupla à direita (**LR**); senão, ela é uma rotação dupla à esquerda (**RL**).

> As rotações LL e RR são simétricas entre si, assim como as rotações LR e RL.

Além disso, como as funções de rotação apenas atualizam ponteiros, a sua complexidade é $O(1)$.

Fator de balanceamento de A	Fator de balanceamento de B	Posições dos nós B e C em relação ao nó A	Rotação
+2	+1	B é filho à esquerda de A C é filho à esquerda de B	LL
−2	−1	B é filho à direita de A C é filho à direita de B	RR
+2	−1	B é filho à esquerda de A C é filho à direita de B	LR
−2	+1	B é filho à direita de A C é filho à esquerda de B	RL

Tabela 12.2

Inserindo um nó na árvore

Inserir um novo nó em uma árvore AVL é uma tarefa bastante simples. Basicamente, o que temos que fazer é alocar espaço para o novo nó da árvore e procurar a sua posição na árvore usando o seguinte conjunto de passos:

- primeiro compare o **valor** a ser inserido com a **raiz**;
- se o **valor** é **menor** do que a **raiz**: vá para a subárvore da **esquerda**;
- se o **valor** é **maior** do que a **raiz**: vá para a subárvore da **direita**;
- aplique o método recursivamente (pode ser feito sem recursão) até chegar a um **nó folha**.

Também existe o caso em que a inserção é feita em uma árvore que está vazia. Nesse caso, a raiz da árvore, que inicialmente apontava para **NULL**, passa a apontar para o único elemento inserido até então.

> A inserção de um novo nó na árvore AVL é exatamente igual à inserção na **árvore binária de busca**. No entanto, uma vez inserido o novo nó na árvore, começam a surgir as diferenças entre uma simples **árvore binária de busca** e uma árvore AVL.

Árvores **407**

Para inserir um nó, temos que percorrer um conjunto de nós da árvore até chegar ao nó folha que irá se tornar o pai do novo nó. Uma vez inserido esse nó, devemos voltar pelo caminho percorrido e calcular o fator de balanceamento de cada um dos nós e, se necessário, aplicar uma das quatro rotações para restabelecer o balanceamento da árvore.

A Figura 12.55 mostra a implementação da função de inserção. Primeiramente, a função verifica se o conteúdo do ponteiro **ArvBin* raiz** é igual a NULL (linha 3). Essa condição é verdadeira em dois casos:

- essa é uma árvore vazia;
- ao descer, recursivamente, na árvore, o nó de onde viemos era um nó folha.

Seja qual for o caso, devemos alocar memória para inserir o novo nó (linhas 5-6). Caso a alocação de memória não seja possível, a função irá retornar o valor **0** (linha 7). Se a função **malloc()** retornar um endereço de memória válido, podemos copiar os dados que vamos armazenar para dentro desse nó (linha 9). Repare também que esse nó não possui filhos à esquerda nem à direita e que sua altura é zero (linhas 10-12). Por fim, copiamos esse **novo** nó para o conteúdo da raiz da árvore e retornamos **1** para indicar sucesso na operação de inserção (linhas 13-14).

Vamos imaginar que, inicialmente, nossa árvore não está vazia. Nesse caso, temos que percorrer a árvore até achar o nó folha em que o novo nó será inserido. Primeiramente, copiamos o conteúdo da raiz para um nó auxiliar, **atual**. Em seguida, consideramos três casos:

- Se o valor do nó **atual** for **maior** do que o valor a ser inserido (**valor**), então devemos ir, recursivamente, para a subárvore **esquerda** do nó **atual** (linhas 18-19).
- Se o valor do nó **atual** for **menor** do que o valor a ser inserido (**valor**), então devemos ir, recursivamente, para a subárvore **direita** do nó **atual** (linhas 28-29).
- Se o valor do nó **atual** for **igual** ao valor a ser inserido (**valor**), então o valor já existe na árvore e a inserção termina retornando ZERO, o que indica que houve uma falha na inserção (linhas 37-38).

Esse conjunto de passos permite caminhar na árvore em busca do ponto de inserção do novo nó. Falta agora rebalancear a árvore. Repare que as chamadas recursivas são feitas dentro de um comando condicional (**if**) (linhas 19-29). Se a resposta da função, armazenada na variável **res**, é igual a UM (1), então a inserção foi realizada com sucesso e devemos verificar o balanceamento do nó atual (linhas 20-30). Devemos então considerar as quatro possíveis rotações se o nó estiver desbalanceado:

- Se a chamada recursiva da função foi feita para a subárvore **esquerda** do nó **atual**, então devemos escolher entre a **rotação LL** e a **rotação LR** (linha 19):
  - se o **valor** inserido for **menor** do que o valor do filho à **esquerda de atual**, isso significa que o valor foi inserido na subárvore **esquerda** do filho **esquerdo** de **atual**: rotação LL (linhas 21-22);
  - caso contrário, o valor foi inserido na subárvore **direita** do filho **esquerdo** de **atual**: rotação LR (linhas 23-24);
- Se a chamada recursiva da função foi feita para a subárvore **direita** do nó **atual**, então devemos escolher entre a **rotação RR** e a **rotação RL** (linha 29):
  - se o **valor** inserido for **maior** do que o valor do filho à **direita de atual**, isso significa que o valor foi inserido na subárvore **direita** do filho **direito** de **atual**: rotação RR (linhas 31-32);

- caso contrário, o **valor** foi inserido na subárvore **esquerda** do filho **direito** de atual: rotação RL (linhas 33-34).

Perceba que esse conjunto de passos responsável pela rotação é feito sempre que voltamos de uma chamada recursiva. Por fim, a função de inserção atualiza a altura do nó **atual** e retorna o valor **res**, que é retornado pelas chamadas recursivas da função de inserção (linhas 40-41). O processo de inserção é melhor ilustrado pelas Figuras 12.56, 12.57 e 12.58.

Inserindo um elemento na AVL

```
01   int insere_ArvAVL(ArvAVL *raiz, int valor){
02     int res;
03     if(*raiz == NULL){//árvore vazia ou nó folha
04       struct NO *novo;
05       novo = (struct NO*)malloc(sizeof(struct NO));
06       if(novo == NULL)
07         return 0;
08
09       novo->info = valor;
10       novo->alt = 0;
11       novo->esq = NULL;
12       novo->dir = NULL;
13       *raiz = novo;
14       return 1;
15     }
16
17     struct NO *atual = *raiz;
18     if(valor < atual->info){
19       if((res = insere_ArvAVL(&(atual->esq), valor)) == 1){
20         if(fatorBalanceamento_NO(atual) >= 2){
21           if(valor < (*raiz)->esq->info )
22             RotacaoLL(raiz);
23           else
24             RotacaoLR(raiz);
25         }
26       }
27     }else{
28       if(valor > atual->info){
29         if((res = insere_ArvAVL(&(atual->dir), valor)) == 1){
30           if(fatorBalanceamento_NO(atual) >= 2){
31             if((*raiz)->dir->info < valor)
32               RotacaoRR(raiz);
33             else
34               RotacaoRL(raiz);
35           }
36         }
37       }else//Valor duplicado!!
38         return 0;
39     }
40     atual->alt=maior(alt_NO(atual->esq),alt_NO(atual->dir))+1;
41     return res;
42   }
```

Figura 12.55

Árvores   **409**

Insere valor: 1

Insere valor: 2

Insere valor: 3

Insere valor: 10

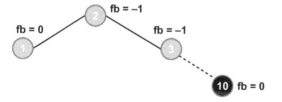

Figura 12.56

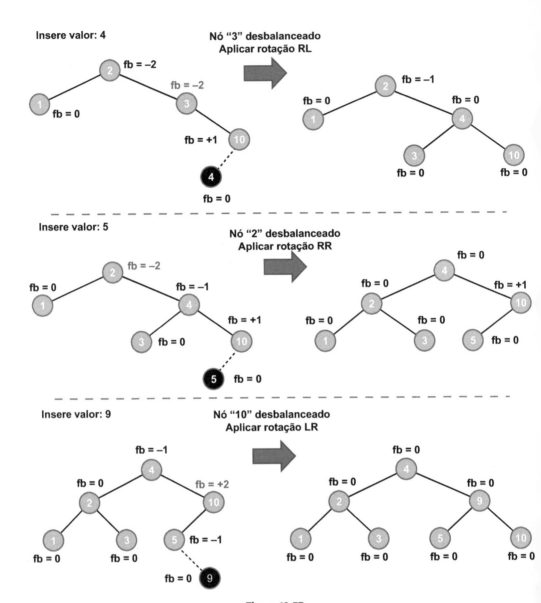

Figura 12.57

Árvores

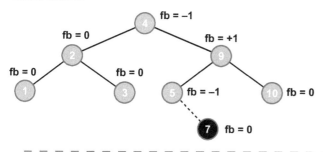

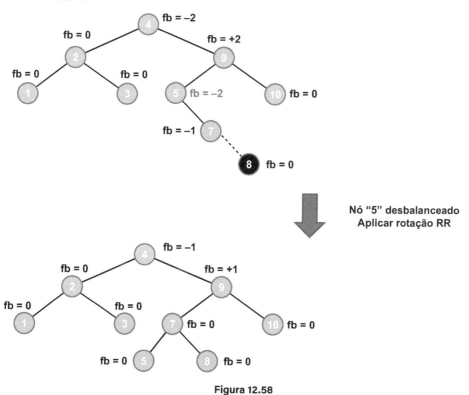

Figura 12.58

Removendo um nó da árvore

Remover um novo nó de uma árvore AVL é uma tarefa um pouco complicada, se comparada com a inserção.

> Isso ocorre porque precisamos procurar o nó a ser removido da árvore, o qual pode ser um nó **folha** ou um nó **interno** (que pode ser a raiz), com um ou dois filhos. Se for um nó interno, é preciso reorganizar a árvore para que ela continue sendo uma **árvore binária de busca**. Terminada a remoção, é preciso também corrigir o balanceamento da árvore.

Podemos descrever o processo de busca e remoção de um nó com o seguinte conjunto de passos:

- primeiro, compare o **valor** a ser removido com a **raiz**;
- se o **valor** é **menor** do que a **raiz**: vá para a subárvore da **esquerda**;
- se o **valor** é **maior** do que a **raiz**: vá para a subárvore da **direita**;
- aplique o método recursivamente (pode ser feito sem recursão) até encontrar o nó que contenha esse valor ou um ponteiro **NULL** (valor não existe na árvore).

Além disso, precisamos verificar se a árvore é vazia (nesse caso, a remoção não é possível) e se a remoção desse nó não gera uma árvore vazia.

> A remoção de um nó da árvore AVL é exatamente igual à remoção na **árvore binária de busca**. No entanto, uma vez removido o nó, começam a surgir as diferenças entre uma simples **árvore binária de busca** e uma árvore AVL.

Para remover um nó, temos que percorrer um conjunto de nós da árvore até chegar ao nó que será removido. Uma vez removido esse nó, devemos voltar pelo caminho percorrido e calcular o fator de balanceamento de cada um dos nós e, se necessário, aplicar uma das quatro rotações para restabelecer o balanceamento da árvore.

> Para balancear a árvore após a remoção de um nó valem as mesmas regras da inserção, mas com uma diferença: **remover** um nó da subárvore da **direita** equivale a **inserir** um nó na subárvore da **esquerda**.

A Figura 12.59 mostra um exemplo em que a remoção em uma árvore AVL produz exatamente o mesmo tipo de rotação que a inserção em outra árvore.

Árvores

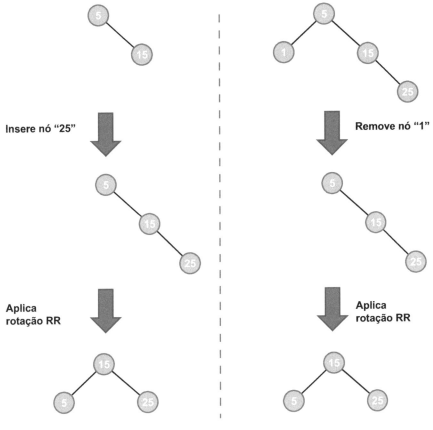

Figura 12.59

A Figura 12.60 mostra o código utilizado para procurar e remover um nó de uma árvore AVL, **remove_ArvAVL**. Note que esse algoritmo faz uso de uma outra função: **procuraMenor** (linha 35), cuja implementação é mostrada na Figura 12.61. Essa função é usada para procurar o **nó mais à esquerda** a partir de um certo nó da árvore, **atual**.

Primeiramente, a função de remoção (Figura 12.60) verifica se o conteúdo do ponteiro **ArvAVL* raiz** é igual a **NULL** (linha 2). Essa condição é verdadeira em dois casos:

- essa é uma árvore vazia;
- ao descer, recursivamente, na árvore, o nó do qual viemos era um nó folha.

Seja qual for o caso, se o conteúdo da raiz é igual a **NULL**, retornamos o valor **0** para indicar que o valor procurado não se encontra na árvore (linha 3).

Vamos imaginar que, inicialmente, nossa árvore não está vazia. Nesse caso, temos que percorrer a árvore até achar o nó que será removido. Devemos, então, considerar três casos:

- se o valor do nó **raiz** for **maior** do que o valor a ser removido (**valor**), então devemos ir, recursivamente, para a subárvore **esquerda** do nó **raiz** (linhas 5-6);

- se o valor do nó **raiz** for **menor** do que o valor a ser removido (**valor**), então devemos ir, recursivamente, para a subárvore **direita** do nó **raiz** (linhas 15-16);

- se o valor do nó **raiz** for **igual** ao valor a ser removido (**valor**), encontramos o nó a ser removido (linha 25).

Esse conjunto de passos permite caminhar na árvore em busca do nó a ser removido. Falta agora tratar a remoção e rebalancear a árvore. A remoção do nó é tratada nas linhas 25-48. Primeiramente, verificamos se o nó a ser removido (raiz) é um nó folha (sem filhos) ou se ele possui apenas um dos filhos (linha 26):

- Se essa afirmação for **verdadeira**, a função irá copiar a **raiz** para um nó auxiliar (linha 28) e o nó filho (se for nó folha, irá copiar a constante **NULL**) para o lugar do nó pai (linhas 29-32). Em seguida, a função irá liberar a memória do nó auxiliar (linha 33).

- Se essa afirmação for **falsa**, significa que o nó **raiz** possui dois filhos. Nesse caso, usamos a função **procuraMenor** para encontrar o nó mais à esquerda a partir do filho à direita do nó **raiz**, e copiamos a informação desse nó para o nó a ser removido, **raiz** (linhas 35-36). Em seguida, chamamos novamente a função **remove_ArvAVL**, dessa vez para remover o nó retornado pela função **procuraMenor** (linha 37). Por fim, temos que tratar o balanceamento dessa remoção (linha 38), o qual poderá ser uma **rotação LL**, se a altura da **árvore direita do filho esquerdo** for menor ou igual a da **árvore esquerda do filho esquerdo** (linhas 39-40), ou uma **rotação LR**, no caso contrário (linhas 41-42).

Terminado o processo de remoção, atualizamos a altura do nó e retornamos o valor 1, indicando sucesso na operação de remoção (linhas 45-47). Falta agora tratar o balanceamento da árvore à medida que voltamos na recursão. Repare que as chamadas recursivas da função de remoção são feitas dentro de um comando condicional (**if**) (linhas 6 e 16). Se a resposta da função, armazenada na variável **res**, é igual a 1, então a remoção foi realizada com sucesso e devemos verificar o balanceamento do nó (linhas 7 e 17). Devemos, então, considerar as quatro possíveis rotações se o nó estiver desbalanceado:

- Se a chamada recursiva da função foi feita para a subárvore **esquerda** do nó **raiz**, então devemos escolher entre a **rotação RR** e a **rotação RL** (linha 6):
  - se a altura da **árvore esquerda do filho direito** for menor ou igual à da **árvore direita do filho direito**: rotação RR (linhas 8-9);
  - caso contrário: rotação RL (linhas 10-11);

- Se a chamada recursiva da função foi feita para a subárvore **direita** do nó **raiz**, então devemos escolher entre a **rotação LL** e a **rotação LR** (linha 16):
  - se a altura da **árvore direita do filho esquerdo** for menor ou igual à da **árvore esquerda do filho esquerdo**: rotação LL (linhas 18-19);

- caso contrário: rotação LR (linhas 20-21);

Perceba que esse conjunto de passos responsável pela rotação é feito sempre que voltamos de uma chamada recursiva. Por fim, a função de remoção atualiza a altura do nó raiz e retorna o valor **res**, que é o valor retornado pelas chamadas recursivas da função de inserção (linhas 50-51). O processo de inserção é melhor ilustrado pela Figura 12.62.

Árvores

Removendo um elemento da AVL

```
01   int remove_ArvAVL(ArvAVL *raiz, int valor){
02    if(*raiz == NULL)// valor não existe
03     return 0;
04    int res;
05    if(valor < (*raiz)->info){
06     if((res = remove_ArvAVL(&(*raiz)->esq,valor)) == 1){
07      if(fatorBalanceamento_NO(*raiz) >= 2){
08       if(alt_NO((*raiz)->dir->esq) <=
            alt_NO((*raiz)->dir->dir))
09        RotacaoRR(raiz);
10       else
11        RotacaoRL(raiz);
12      }
13     }
14    }
15    if((*raiz)->info < valor){
16     if((res = remove_ArvAVL(&(*raiz)->dir,valor)) == 1){
17      if(fatorBalanceamento_NO(*raiz) >= 2){
18       if(alt_NO((*raiz)->esq->dir) <=
            alt_NO((*raiz)->esq->esq))
19        RotacaoLL(raiz);
20       else
21        RotacaoLR(raiz);
22      }
23     }
24    }
25    if((*raiz)->info == valor){
26     if(((*raiz)->esq == NULL || (*raiz)->dir == NULL)){
27      //nó tem 1 filho ou nenhum
28      struct NO *oldNode = (*raiz);
29      if((*raiz)->esq != NULL)
30       *raiz = (*raiz)->esq;
31      else
32       *raiz = (*raiz)->dir;
33      free(oldNode);
34     }else{// nó tem 2 filhos
35      struct NO* temp = procuraMenor((*raiz)->dir);
36      (*raiz)->info = temp->info;
37      remove_ArvAVL(&(*raiz)->dir, (*raiz)->info);
38      if(fatorBalanceamento_NO(*raiz) >= 2){
39       if(alt_NO((*raiz)->esq->dir) <=
            alt_NO((*raiz)->esq->esq))
40        RotacaoLL(raiz);
41       else
42        RotacaoLR(raiz);
43      }
44     }
45        if(*raiz != NULL)
46         (*raiz)->altura = maior(altura_NO((*raiz)->esq),
                                    altura_NO((*raiz)->dir))+1;
47     return 1;
48    }
49
      (*raiz)->altura=maior(altura_NO((*raiz)->esq),
50                          altura_NO((*raiz)->dir))+1;
51    return res;
52   }
```

Figura 12.60

Procurando o menor elemento da AVL
01 `struct NO* procuraMenor(struct NO* atual){`
02 `    struct NO *no1 = atual, *no2 = atual->esq;`
03 `    while(no2 != NULL){`
04 `        no1 = no2;`
05 `        no2 = no2->esq;`
06 `    }`
07 `    return no1;`
08 `}`

Figura 12.61

Remove valor: 2

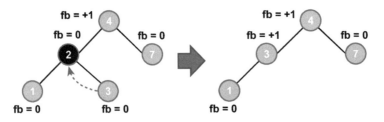

Remove valor: 7

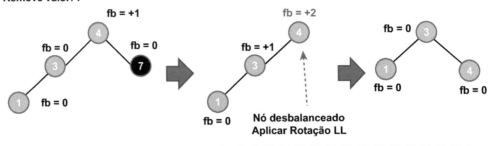

Árvore balanceada

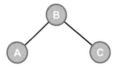

Figura 12.62

Árvore rubro-negra

Definição

Como a árvore AVL, a **árvore rubro-negra** (também conhecida como vermelho-preto ou *red-black*) é também um tipo de árvore binária balanceada. Porém, diferente da árvore AVL, que usa a altura das suas subárvores, a árvore rubro-negra utiliza um esquema de coloração dos nós para manter o balanceamento da árvore. Ela foi originalmente criada por Rudolf Bayer em 1972 e chamada de **árvores binárias simétricas**. Posteriormente, em um trabalho de Leonidas J. Guibas e Robert Sedgewick de 1978, ela adquiriu o seu nome atual.

A árvore rubro-negra possui esse nome, pois cada nó dela possui um atributo de cor (além dos dois ponteiros para seus filhos), que pode ser **vermelho** (aqui representado pelo cinza) ou **preto**. Além disso, a árvore deve satisfazer o seguinte conjunto de propriedades:

- todo nó da árvore é **vermelho** ou **preto**;
- a raiz é sempre **preta**;
- todo nó folha (**NULL**) é **preto**;
- se um nó é **vermelho**, então os seus filhos são **pretos** (ou seja, não existem nós **vermelhos** consecutivos);
- Para cada nó, todos os caminhos desse nó para os nós folhas descendentes contém o mesmo número de nós **pretos**.

A Figura 12.63 apresenta um exemplo de árvore rubro-negra. A terceira propriedade diz que todos os nós **NULL** (representados por pequenos quadrados pretos) devem ser pretos. Como todo nó folha termina com dois ponteiros para **NULL**, eles podem ser ignorados na representação da árvore para fins de didática.

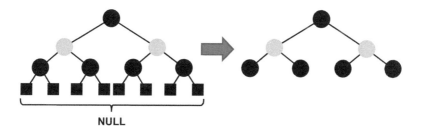

Figura 12.63

> Para manter o balanceamento, a árvore rubro-negra faz uso de **rotações** e **ajuste de cores** na etapa de rebalanceamento, que ocorre a cada **inserção** ou **remoção**.

Por meio dessas operações, a árvore rubro-negra busca manter-se como uma **árvore binária quase completa**. Assim, o custo máximo de qualquer algoritmo é $O(\log N)$.

> O objetivo das operações de **rotação** e de **ajuste de cores** é garantir que suas propriedades não sejam violadas durante a inserção ou remoção de um nó, restituindo assim o equilíbrio da árvore.

Assim, caso alguma das propriedades que definem a árvore rubro-negra não seja satisfeita, são realizadas rotações e/ou ajustes de cores, de forma que a árvore permaneça balanceada.

Diferença entre as árvores AVL e rubro-negra

Apesar de ambas as árvores AVL e rubro-negra serem árvores balanceadas de busca, existem algumas diferenças entre elas que devem ser consideradas antes de sua utilização.

> Na teoria, ambas possuem a mesma complexidade computacional em suas operações de inserção, remoção e busca: $O(\log N)$. Na prática, a árvore AVL é mais rápida na operação de busca, e mais lenta nas operações de inserção e remoção.

Isso se deve ao fato de a árvore AVL ser mais balanceada do que as árvores rubro-negra, o que acelera a operação de busca. No entanto, possuir um balanceamento mais rígido exige um custo maior na operação de inserção e remoção: no pior caso, uma operação de remoção pode exigir $O(\log N)$ rotações na árvore AVL, mas apenas três rotações na árvore rubro-negra.

Assim, se sua aplicação realiza de forma intensa a operação de busca, é melhor usar uma árvore AVL. Se a operação mais usada é a inserção ou remoção, use uma árvore rubro-negra.

> Árvores rubro-negra são de uso mais geral do que as árvores AVL.

A árvore rubro-negra trabalha melhor que a AVL nas operações de inserção e remoção. Isso faz com que elas sejam utilizadas em diversas aplicações e bibliotecas de linguagens de programação como, por exemplo:

- Java: *java.util.TreeMap*, *java.util.TreeSet*;
- C++ STL: *map, multimap, multiset*;
- Linux *kernel*: *completely fair scheduler*, linux/rbtree.h.

Árvore rubro-negra caída para a esquerda

Desenvolvida por Robert Sedgewick em 2008, a **árvore rubro-negra caída para a esquerda** (do inglês, *left-leaning red–black tree*), é uma variante da árvore rubro-negra. Como a árvore original, ela garante a mesma complexidade de operações, mas possui uma implementação mais simples na inserção e remoção de nós.

Árvores

> Além de satisfazer todas as propriedades da árvore rubro-negra convencional, a árvore rubro-negra caída para a esquerda possui uma propriedade extra que deve ser respeitada: se um nó é **vermelho**, então ele é o **filho esquerdo** do seu pai.

É essa propriedade extra da árvore que confere o seu aspecto de **caída para a esquerda**: os nós vermelhos sempre são filhos à esquerda, como mostra a Figura 12.64.

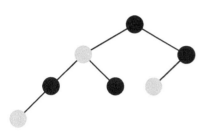

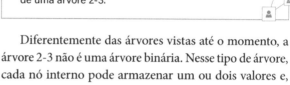

> A implementação da árvore rubro-negra caída para a esquerda corresponde à implementação de uma árvore 2-3.

Figura 12.64

Diferentemente das árvores vistas até o momento, a árvore 2-3 não é uma árvore binária. Nesse tipo de árvore, cada nó interno pode armazenar um ou dois valores e, dependendo da quantidade de valores armazenados, ter dois (um valor) ou três (dois valores) filhos. Seu funcionamento é o mesmo da árvore binária de busca. No caso de um nó com dois valores e três subárvores, os elementos da subárvore esquerda são sempre menores do que o primeiro valor, enquanto os elementos da subárvore direita são sempre maiores do que o segundo valor. Na subárvore do meio se encontram os elementos que são maiores do que o primeiro, mas menores do que o segundo valor do nó pai.

No caso da árvore rubro-negra caída para a esquerda, corresponde a uma árvore 2-3 se considerarmos que o nó vermelho será sempre o valor menor de um nó contendo dois valores e três subárvores, como mostra a Figura 12.65. Assim, balancear a árvore rubro-negra equivale manipular uma árvore 2-3, uma tarefa muito mais simples do que manipular uma árvore AVL ou uma rubro-negra convencional.

Implementando uma árvore rubro-negra

Como a árvore AVL, a implementação da TAD de uma árvore rubro-negra é idêntica à da árvore binária mostrada na Seção Criando a TAD árvore binária. Ou seja, aqui também iremos utilizar um **ponteiro para ponteiro** para guardar o primeiro nó da árvore. Como visto anteriormente, o uso de um **ponteiro para ponteiro** permite mudar mais facilmente quem é a raiz no caso de alguma operação na árvore (como uma rotação) alterar o nó da raiz.

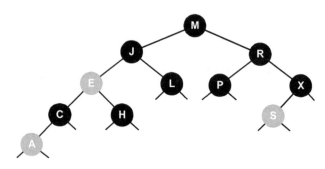

Árvore rubro-negra caída para a esquerda

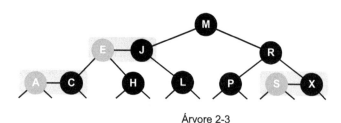

Árvore 2-3

Figura 12.65

Como na árvore binária, o arquivo **ArvoreLLRB.h**, ilustrado na Figura 12.66, define:

- para fins de padronização, criamos um novo nome para o **ponteiro** do tipo árvore (linha 1). Esse é o tipo que será usado sempre que se desejar trabalhar com uma árvore rubro-negra;
- as funções disponíveis para se trabalhar com essa árvore e que serão implementadas no arquivo **ArvoreLLRB.c** (linhas 3-13).

Já o arquivo **ArvoreLLRB.c** (Figura 12.66) contém apenas:

- as chamadas às bibliotecas necessárias à implementação da árvore rubro-negra (linhas 1-3);
- a definição de duas constantes para representar as cores dos nós da árvore (linhas 5-6);
- a definição do tipo que define cada nó da árvore rubro-negra, **struct NO** (linhas 8-13);
- as implementações das funções definidas no arquivo **ArvoreLLRB.h**. As implementações dessas funções serão vistas nas seções seguintes.

Perceba que, assim como na árvore AVL, nossa estrutura **NO** na árvore rubro-negra possui um campo a mais do que na árvore binária. Esse campo, **cor**, será utilizado para armazenar a cor daquele nó da árvore. Essa informação de cor é utilizada durante o balanceamento da árvore.

Árvores

	Arquivo ArvoreLLRB.h
01	`typedef struct NO* ArvLLRB;`
02	
03	`ArvLLRB* cria_ArvLLRB();`
04	`void libera_ArvLLRB(ArvLLRB* raiz);`
05	`int insere_ArvLLRB(ArvLLRB* raiz,int valor);`
06	`int remove_ArvLLRB(ArvLLRB *raiz, int valor);`
07	`int estaVazia_ArvLLRB(ArvLLRB *raiz);`
08	`int totalNO_ArvLLRB(ArvLLRB *raiz);`
09	`int altura_ArvLLRB(ArvLLRB *raiz);`
10	`int consulta_ArvLLRB(ArvLLRB *raiz, int valor);`
11	`void preOrdem_ArvLLRB(ArvLLRB *raiz);`
12	`void emOrdem_ArvLLRB(ArvLLRB *raiz);`
13	`void posOrdem_ArvLLRB(ArvLLRB *raiz);`
	Arquivo ArvoreLLRB.c
01	`#include <stdio.h>`
02	`#include <stdlib.h>`
03	`#include "ArvoreLLRB.h"  //inclui os Protótipos`
04	
05	`#define RED 1`
06	
07	`#define BLACK 0`
08	`struct NO{`
09	`    int info;`
10	`    struct NO *esq;`
11	`    struct NO *dir;`
12	`    int cor;`
13	`};`

Figura 12.66

Com respeito à implementação das funções, com exceção das funções de **inserção** e **remoção**, as demais funções da árvore rubro-negra são implementadas de forma idêntica às da árvore binária.

Por fim, para utilizarmos nossa árvore rubro-negra no arquivo **main()**, basta declarar um ponteiro para ele (definido no arquivo **ArvoreLLRB.h**) da seguinte forma:

ArvLLRB *raiz;

Acessando e mudando a cor dos nós

Cada nó da árvore rubro-negra tem associado a ele uma cor: **vermelha** ou **preta**. Essa cor é utilizada para controlar o balanceamento da árvore. Além disso, todo ponteiro **NULL** é considerado como da cor **preta**. Assim, é interessante possuir uma função capaz de retornar a cor do nó, como mostra a Figura 12.67.

Acessando a cor de um nó
01   int cor(struct NO* H){
02   if(H == NULL)
03   return BLACK;
04   else
05   return H->cor;
06   }

Figura 12.67

Durante o balanceamento da árvore, pode ser necessário mudar a cor de um nó e de seus filhos de vermelho para preto ou vice-versa. Isso ocorre quando, por exemplo, um nó possui dois filhos vermelhos. Nesse caso, temos uma violação de uma das propriedades da árvore e que precisa ser corrigida. A Figura 12.68 mostra a função responsável por fazer a mudança nas cores de um nó da árvore e de seus filhos. Basicamente, a função inverte a cor do nó pai com uma operação de negação e verifica se cada um de seus filhos (o da esquerda e o da direita) existem. Se algum nó filho existir, a função também inverte a sua cor. Perceba que esta é uma operação "administrativa", já que não altera a estrutura ou conteúdo da árvore. A Figura 12.69 mostra um exemplo de mudança de cores dos nós.

Uma operação de mudança de cor não altera o número de nós pretos da raiz até os nós folhas. No entanto, essa operação pode introduzir dois nós consecutivos vermelhos na árvore, o que deve ser corrigido com outras operações.

Mudando a cor de um nó e de seus filhos
01   void trocaCor(struct NO* H){
02   H->cor = !H->cor;
03   if(H->esq != NULL)
04   H->esq->cor = !H->esq->cor;
05   if(H->dir != NULL)
06   H->dir->cor = !H->dir->cor;
07   }

Figura 12.68

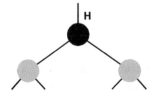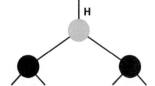

Figura 12.69

Rotações

Ao estudarmos a árvore AVL, vimos que ela utiliza quatro funções de rotação para rebalancear a árvore. A árvore rubro-negra possui apenas duas funções de rotação.

As operações de rotação da árvore rubro-negra são mais simples de implementar e de depurar em comparação com as rotações da árvore AVL.

A rotação é uma operação que, dado um conjunto de três nós, visa deslocar um nó vermelho que esteja à esquerda para a direita, e vice-versa. Dependendo do caso, podemos usar uma rotação à esquerda ou uma rotação à direita.

As operações de rotação apenas atualizam ponteiros, de modo que a sua complexidade é $O(1)$.

A Figura 12.70 mostra a implementação da função que rotaciona à esquerda. Essa função recebe como parâmetro um nó **A**, o qual possui um nó **B** como filho direito. Basicamente, a função movimenta o nó **B** para o lugar do nó **A**, de modo que o nó **A** se torne o filho esquerdo do nó **B**. Junto com essa mudança de posições, o nó **B** passa a ter a cor do nó **A**, enquanto o nó **A** passa a ter a cor vermelha. A Figura 12.71 mostra um exemplo de rotação à esquerda.

	Rotação à esquerda
01	`struct NO* rotacionaEsquerda(struct NO* A){`
02	`    struct NO* B = A->dir;`
03	`    A->dir = B->esq;`
04	`    B->esq = A;`
05	`    B->cor = A->cor;`
06	`    A->cor = RED;`
07	`    return B;`
08	`}`

Figura 12.70

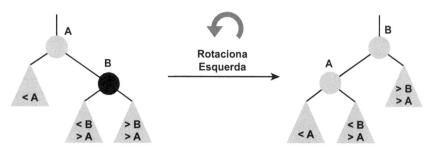

Figura 12.71

A função que rotaciona à direita é mostrada na Figura 12.72. Como podemos notar, essa função se parece muito com a de rotação à esquerda. Essa função recebe como parâmetro um nó **A**, o qual possui um nó **B** como filho esquerdo. Basicamente, a função movimenta o nó **B** para o lugar do nó **A**, de modo que o nó **A** se torne o filho direito do nó **B**. Junto com essa mudança de posições, o nó **B** passa a ter a cor do nó **A**, enquanto o nó **A** passa a ter a cor vermelha. A Figura 12.73 mostra um exemplo de rotação à direita.

	Rotação à direita
01	`struct NO* rotacionaDireita(struct NO* A){`
02	`    struct NO* B = A->esq;`
03	`    A->esq = B->dir;`
04	`    B->dir = A;`
05	`    B->cor = A->cor;`
06	`    A->cor = RED;`
07	`    return B;`
08	`}`

Figura 12.72

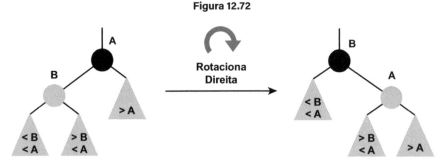

Figura 12.73

Movendo os nós vermelhos

Algumas operações da árvore rubro-negra, quando utilizadas, podem causar uma violação das propriedades da árvore. Por exemplo, a função **trocaCor()** pode introduzir sucessivos nós vermelhos à direita, o que viola uma das propriedades da árvore. Para resolver esse problema, a árvore rubro-negra possui outras funções (além das funções de rotação) que ajudam a restabelecer o balanceamento da árvore e garantir que as suas propriedades são respeitadas.

De modo geral, dado um conjunto de três nós, essas funções têm como objetivo movimentar um nó vermelho para a subárvore esquerda ou direita, dependendo da situação em que o conjunto de nós se encontra.

A Figura 12.74 mostra a implementação da função que movimenta um nó vermelho para a esquerda. Basicamente, a função recebe como parâmetro um nó **A** (representado pelo ponteiro **H**) e troca as cores dele e de seus filhos. Em seguida, ela verifica se o filho à esquerda do filho direito de **A**, **B**, é vermelho. Em caso afirmativo, a função aplica uma rotação à direita no nó **C**, e uma rotação à esquerda no nó **A**. Desse modo, o nó **B** se torna o pai dos nós **A** e **C**, sendo o nó **A** o seu filho à esquerda. Por fim, a função troca as cores do nó **B** e de seus filhos, e retorna o nó **B** como o nó ocupando o lugar de **A**. Esse processo é melhor ilustrado pela Figura 12.75.

Movendo um nó vermelho para a esquerda
|```
01    struct NO* move2EsqRED(struct NO* H){
02        trocaCor(H);
03        if(cor(H->dir->esq) == RED){
04            H->dir = rotacionaDireita(H->dir);
05            H = rotacionaEsquerda(H);
06            trocaCor(H);
07        }
08        return H;
09    }
```|

Figura 12.74

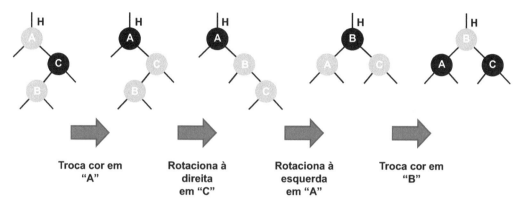

Figura 12.75

A função que movimenta um nó vermelho para a direita é mostrada na Figura 12.76. É possível notar que essa função é similar, mas mais simples do que a que movimenta para a esquerda. Basicamente, a função recebe como parâmetro um nó **C** (representado pelo ponteiro **H**) e troca as cores dele e de seus filhos. Em seguida, ela verifica se o filho à esquerda do filho esquerdo de **C**, **A**, é vermelho. Em caso afirmativo, a função aplica um rotação à direita no nó **C**. Desse modo, o nó **B** se torna o pai dos nós **A** e **C**, sendo o nó **C** o seu filho à direita. Por fim, a função troca as cores do nó **B** e de seus filhos, e retorna o nó **B** como o nó ocupando o lugar de **C**. Esse processo é melhor ilustrado pela Figura 12.77.

Movendo um nó vermelho para a direita
|```
01    struct NO* move2DirRED(struct NO* H){
02        trocaCor(H);
03        if(cor(H->esq->esq) == RED){
04            H = rotacionaDireita(H);
05            trocaCor(H);
06        }
07        return H;
08    }
```|

Figura 12.76

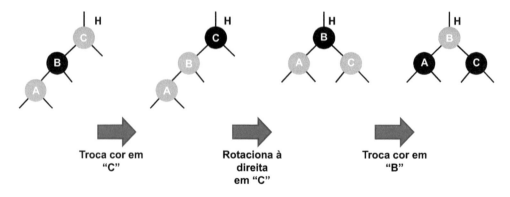

Figura 12.77

Por fim, temos uma função que verifica, em sequência, se alguma das propriedades da árvore rubro-negra foi violada e as corrige. A implementação dessa função é mostrada na Figura 12.78. Assim, dado um nó **H**, a função verifica e corrige as seguintes violações:

- o filho direito é da cor vermelha: fazer uma rotação à esquerda (linhas 3-4);
- o filho da esquerda e o neto da esquerda são vermelhos: fazer uma rotação à direita (linhas 7-8);
- ambos os filhos são vermelhos: trocar a cor do pai e dos filhos (11-12).

A Figura 12.79 mostra as situações e o efeito produzido por cada uma dessas correções nos nós da árvore.

Arrumando o balanceamento da árvore rubro-negra

```
01   struct NO* balancear(struct NO* H){
02       //nó vermelho é sempre filho à esquerda
03       if(cor(H->dir) == RED)
04           H = rotacionaEsquerda(H);
05
06       //Filho da esquerda e neto da esquerda são vermelhos
07       if(H->esq != NULL && cor(H->esq) == RED &&
             cor(H->esq->esq) == RED)
08           H = rotacionaDireita(H);
09
10       //2 filhos vermelhos: troca cor!
11       if(cor(H->esq) == RED && cor(H->dir) == RED)
12           trocaCor(H);
13
14       return H;
15   }
```

Figura 12.78

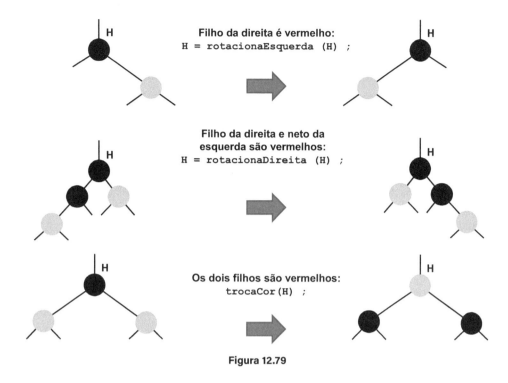

Figura 12.79

Inserindo um nó na árvore

Inserir um novo nó em uma árvore rubro-negra é uma tarefa similar à inserção na árvore AVL. Primeiramente, temos que percorrer um conjunto de nós da árvore até chegar ao nó folha que irá se tornar o pai do novo nó, alocar memória para este nó e copiar os dados inseridos para dentro dele. Uma vez inserido o nó, devemos voltar pelo caminho percorrido e verificar se ocorreu a violação de alguma das propriedades da árvore e, se necessário, aplicar uma das rotações ou mudança de cores para restabelecer o balanceamento da árvore.

A Figura 12.80 mostra a implementação da função de inserção. Note que esse algoritmo utiliza duas funções:

- **insereNO** (linhas 1-36), responsável por percorrer a árvore, procurando o ponto de inserção do novo nó e seu posterior rebalanceamento;
- **insere_ArvLLRB** (linhas 37-44), responsável por fazer a interface com o usuário e corrigir a raiz da árvore.

A função **insere_ArvLLRB** (linhas 37-44) recebe como parâmetros a raiz da árvore em que será feita a inserção e o valor a ser inserido. Essa função é responsável por chamar a função **insereNO**, a qual irá inserir e rebalancear a árvore após a inserção (linha 39). Note que a função **insereNO** irá retornar a nova raiz dessa árvore. Essa função também recebe um parâmetro por referência (**resp**), o qual permitirá saber se a inserção foi realizada com sucesso ou não. Após o retorno da função **insereNO**, verificamos se a raiz da árvore é diferente de **NULL**. Se essa afirmação for verdadeira, definimos a cor da raiz como preta (linhas 40-41). Mesmo que a inserção falhe, a cor da raiz sempre será preta. Por fim, retornamos o valor de **resp** com a resposta do processo de inserção.

428   Algoritmos e Estruturas de Dados em Linguagem C

A função **insereNO** (linhas 1-36) é uma função recursiva responsável por realmente fazer a inserção do novo nó na árvore. Ela recebe como parâmetros o ponteiro para um nó da árvore (**struct NO* H**), o **valor** a ser inserido e o parâmetro em que será armazenada a resposta da operação de inserção (**resp**). Note que inicialmente o ponteiro **H** possui o conteúdo da **raiz** da árvore.

Primeiramente, a função verifica se o conteúdo ponteiro **struct NO* H** é igual a **NULL** (linha 2). Essa condição é verdadeira em dois casos:

- essa é uma árvore vazia;
- ao descer, recursivamente, na árvore, o nó do qual viemos era um nó folha.

Seja qual for o caso, nós devemos alocar memória para inserir o **novo** nó (linhas 3-4). Caso a alocação de memória não seja possível, a função irá retornar o valor **NULL** e colocar o valor **0** no parâmetro **resp**, indicando falha na operação de inserção (linhas 5-8). Tendo a função **malloc()** retornado um endereço de memória válido, podemos copiar os dados que vamos armazenar para dentro desse nó (linha 9). Repare também que esse nó não possui filhos à esquerda nem à direita e que sua cor é inicialmente vermelha (linha 10-12). Por fim, colocamos o valor **1** no parâmetro **resp** para indicar sucesso na operação de inserção e retornamos o **novo** nó para quem fez essa chamada recursiva da função (linhas 13-14).

Agora, vamos imaginar que nossa árvore não estava inicialmente vazia. Nesse caso, temos que percorrer a árvore até achar o nó folha em que o novo nó será inserido (linhas 17-24). Isso é feito recursivamente, em três casos:

- se o valor do nó **H** for **igual** ao valor a ser inserido (**valor**), então o valor já existe na árvore e a inserção termina preenchendo com **ZERO** o parâmetro de resposta (**resp**), o que indica que houve uma falha na inserção (linhas 17-18);
- se o valor do nó **H** for **maior** do que o valor a ser inserido (**valor**), então devemos ir, recursivamente, para a subárvore **esquerda** do nó **atual** (linhas 20-21);
- se o valor do nó **H** for menor do que o valor a ser inserido (**valor**), então devemos ir, recursivamente, para a subárvore **direita** do nó **H** (linhas 22-23).

Esse conjunto de passos (linhas 17-24) permite caminhar na árvore em busca do ponto de inserção do novo nó (linhas 2-15). Falta agora rebalancear a árvore. Essa etapa é realizada à medida que voltamos da recursão, ou seja, para cada nó que existe no caminho percorrido até o nó folha em que o novo nó foi inserido (linhas 26-33). Para rebalancear a árvore, vamos considerar duas propriedades que podem ter sido violadas:

- se um nó é **vermelho**, então ele é o filho **esquerdo** do seu pai;
- se um nó é **vermelho**, então os seus filhos são **pretos** (ou seja, não existem nós **vermelhos** consecutivos).

Também devemos ter em mente que a correção de uma violação das propriedades da árvore pode gerar uma nova violação de suas propriedades. Assim, para corrigir essas duas propriedades, uma sequência de três passos deve ser executada:

- se o filho da direita é **vermelho** e o filho da esquerda é **preto**, temos uma propriedade violada. Essa propriedade pode ser corrigida com uma **rotação à esquerda** (linhas 26-27);
- se o filho da esquerda é **vermelho** e o filho à esquerda do filho da esquerda também é **vermelho**, temos uma propriedade violada (dois nós vermelhos em sequência). Essa propriedade pode ser corrigida com uma **rotação à direita** (linhas 29-30);

Árvores   **429**

- se ambos os filhos são **vermelhos**, temos uma propriedade violada. Essa propriedade pode ser corrigida com uma **troca de cores** (linhas 32-33).

A Figura 12.81 mostra as situações e o efeito produzido por cada uma dessas correções nos nós da árvore. Por fim, a função de inserção retorna o nó **H** (linha 35) como um dos filhos do nó pai que fez a respectiva chamada recursiva (linhas 21 e 23). O processo de inserção é melhor ilustrado pelas Figuras 12.82 e 12.83.

Inserindo um elemento na árvore rubro-negra

```
01    struct NO* insereNO(struct NO* H, int valor, int *resp){
02       if(H == NULL){
03          struct NO *novo
04          novo = (struct NO*)malloc(sizeof(struct NO));
05          if(novo == NULL){
06             *resp = 0;
07             return NULL;
08          }
09          novo->info = valor;
10          novo->cor = RED;
11          novo->dir = NULL;
12          novo->esq = NULL;
13          *resp = 1;
14          return novo;
15       }
16
17       if(valor == H->info)
18          *resp = 0;// Valor duplicado
19       else{
20          if(valor < H->info)
21             H->esq = insereNO(H->esq,valor,resp);
22          else
23             H->dir = insereNO(H->dir,valor,resp);
24       }
25
26       if(cor(H->dir) == RED && cor(H->esq) == BLACK)
27          H = rotacionaEsquerda(H);
28
29       if(cor(H->esq) == RED && cor(H->esq->esq) == RED)
30          H = rotacionaDireita(H);
31
32       if(cor(H->esq) == RED && cor(H->dir) == RED)
33          trocaCor(H);
34
35       return H;
36    }
37    int insere_ArvLLRB(ArvLLRB* raiz, int valor){
38        int resp;
39        *raiz = insereNO(*raiz,valor,&resp);
40        if((*raiz) != NULL)
41            (*raiz)->cor = BLACK;
42        return resp;
43    }
44
```

Figura 12.80

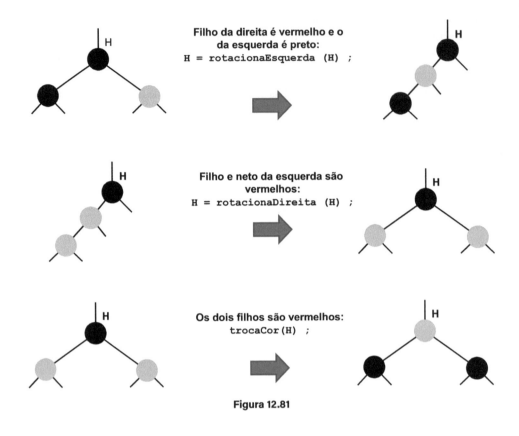

Figura 12.81

Árvores

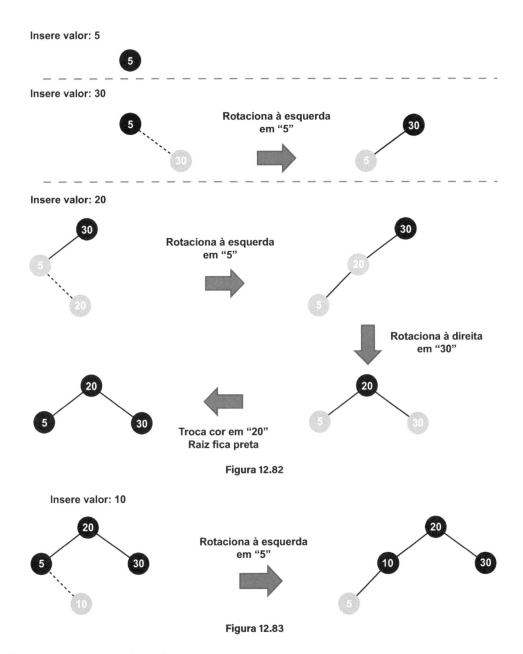

Figura 12.82

Figura 12.83

Removendo um nó da árvore

Remover um novo nó de uma árvore rubro-negra é uma tarefa similar à remoção na árvore AVL. Primeiramente, temos que percorrer um conjunto de nós da árvore até chegar ao nó que será removido (isso se ele existir), o qual pode ser um nó **folha** ou um nó **interno** (que pode ser a raiz), com um ou dois filhos. Se for um nó interno, é preciso reorganizar a árvore para que ela continue sendo uma **árvore binária de busca**. Além disso, precisamos verificar se a árvore é vazia (nesse caso, a remoção não é possível) e se a remoção desse nó não gera uma árvore vazia.

> Diferente da árvore AVL, a remoção na árvore rubro-negra corrige o balanceamento da árvore tanto na ida quanto na volta da recursão. Isso significa que o próprio processo de busca pelo nó a ser removido já prevê possíveis violações das propriedades da árvore. Desse modo, somente devemos executar a remoção se o nó a ser removido realmente existe na árvore.

A Figura 12.84 mostra a implementação da função de remoção. Note que esse algoritmo utiliza duas funções:

- **remove_NO** (linhas 1-27), responsável por procurar o nó a ser removido e rebalancear a árvore;
- **remove_ArvLLRB** (linhas 28-37), responsável por fazer a interface com o usuário, verificar se o nó a ser removido existe e corrigir a raiz da árvore.

A função **remove_ArvLLRB** (linhas 28-37) recebe como parâmetros a raiz da árvore em que será feita a remoção e o valor a ser removido. Essa função é responsável por chamar a função **remove_NO**, a qual irá remover e rebalancear a árvore (linha 31).

Primeiramente, precisamos verificar se o nó **valor** existe na árvore. Esse teste é feito com a função **consulta_ArvLLRB**, que nada mais é do que uma função que percorre a árvore para saber se o nó valor existe na árvore (linha 29). Se o nó não existir, retornamos o valor **0** para indicar falha no processo de remoção (linha 36). Caso o nó exista, executamos a função **remove_NO**. Note que essa função irá retornar a nova **raiz** da árvore após a remoção (linhas 30-31). Após o retorno da função **remove_NO**, verificamos se a **raiz** da árvore é diferente de **NULL**. Se essa afirmação for verdadeira, definimos a cor da **raiz** como **preta** (linhas 32-33). Por fim, retornamos o valor **1** para indicar sucesso na operação de remoção (linha 34).

A função **remove_NO** (linhas 1-27) é uma função recursiva responsável por realmente fazer a remoção do nó da árvore. Ela recebe como parâmetros o ponteiro para um nó da árvore (**struct NO* H**) e o **valor** a ser removido. Note que, inicialmente, o ponteiro **H** possui o conteúdo da raiz da árvore (linhas 30-31).

Primeiramente, a função verifica se o conteúdo do ponteiro **struct NO* H** é maior do que o **valor** a ser removido (linha 2). Se essa afirmação for verdadeira, a função irá verificar se esse nó possui filho e neto da cor preta à esquerda e, se necessário, irá chamar a função que move nó vermelho para a esquerda (linhas 3-4). Em seguida, a função irá descer, recursivamente, para o nó da esquerda (linha 6).

No caso do conteúdo do ponteiro **struct NO* H não é maior** do que o **valor** a ser removido (linha 2), uma séria de ajustes devem ser feitos de modo a preparar a árvore para a remoção:

- se o nó da esquerda for **vermelho**, devemos aplicar uma rotação à direita (linhas 8-9);
- se o nó não possuir filhos (nó folha), ele deverá ser removido e a recursão termina (linhas 11-14);
- se o filho da direita é **preto** e o filho à esquerda do filho direito também é **preto**, devemos chamar a função que move nó vermelho para a direita (linhas 16-17).

Terminados os ajustes acima, temos que verificar se o conteúdo do ponteiro **H** for **igual** ao **valor** a ser removido. Caso não seja, a função irá descer, recursivamente, para o nó da direita (linha 24). No entanto, se este for o nó a ser removido, iremos usar a função **procuraMenor** para encontrar o **nó mais à esquerda** a partir do filho à direita do nó **H** (linha 20). Em seguida, copiamos a informação

Árvores

desse nó para o nó a ser removido, **H**, e chamamos a função **removeMenor** para remover o nó retornado pela função **procuraMenor** (linhas 21-22).

A implementação das funções **procuraMenor** e **removeMenor** são apresentadas na Figura 12.85. Basicamente, a função **procuraMenor** permite encontrar o **nó mais à esquerda** de um determinado nó. Já a função **removeMenor** remove o **nó mais à esquerda** de um determinado nó, ajustando a árvore nesse processo.

Por fim, a função de remoção executa um balanceamento sempre que volta da recursão (linha 26). Isso é feito com a função **balancear**, mostrada na Figura 12.78. O processo de remoção é melhor ilustrado pela Figura 12.84.

Removendo um elemento da árvore rubro-negra

```
01    struct NO* remove_NO(struct NO* H, int valor){
02        if(valor < H->info){
03            if(cor(H->esq) == BLACK &&
                 cor(H->esq->esq) == BLACK)
04                H = move2EsqRED(H);
05
06            H->esq = remove_NO(H->esq, valor);
07        }else{
08            if(cor(H->esq) == RED)
09                H = rotacionaDireita(H);
10
11            if(valor == H->info && (H->dir == NULL)){
12                free(H);
13                return NULL;
14            }
15            if(cor(H->dir) == BLACK &&
                 cor(H->dir->esq) == BLACK)
17                H = move2DirRED(H);
18            if(valor == H->info){
19                struct NO* x = procuraMenor(H->dir);
20                H->info = x->info;
21                H->dir = removerMenor(H->dir);
22            }else
23                H->dir = remove_NO(H->dir, valor);
24        }
25        return balancear(H);
26    }
27
28    int remove_ArvLLRB(ArvLLRB *raiz, int valor){
29        if(consulta_ArvLLRB(raiz,valor)){
30            struct NO* h = *raiz;
31            *raiz = remove_NO(h,valor);
32            if(*raiz != NULL)
33                (*raiz)->cor = BLACK;
34            return 1;
35        }else
36            return 0;
37    }
```

Figura 12.84

Procurando e removendo o menor elemento da árvore rubro-negra

```
01    struct NO* removerMenor(struct NO* H){
02        if(H->esq == NULL){
03            free(H);
04            return NULL;
05        }
06        if(cor(H->esq) == BLACK && cor(H->esq->esq) == BLACK)
07            H = move2EsqRED(H);
08
09        H->esq = removerMenor(H->esq);
10        return balancear(H);
11    }
12    struct NO* procuraMenor(struct NO* atual){
13        struct NO *no1 = atual;
14        struct NO *no2 = atual->esq;
15        while(no2 != NULL){
16            no1 = no2;
17            no2 = no2->esq;
18        }
19        return no1;
    }
```

Figura 12.85

Árvores

Remove valor: 15

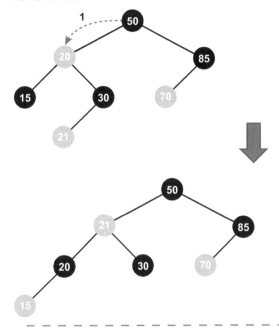

1. Inicia a busca pelo nó a ser removido a partir do nó "50"

1. Nó procurado é menor do que 50. Visita nó "20"

Nó "20" tem filho e neto (NULL) da cor preta à ESQUERDA.
Chama a função move2EsqRED()

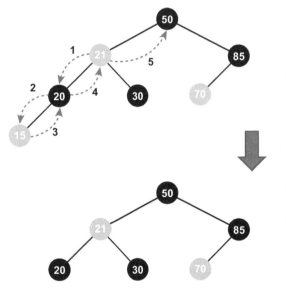

Continua a busca a partir do nó "21"

1. Nó procurado é menor do que 21. Visita nó "20"

2. Nó procurado é menor do que 20. Visita nó "15"

3. Nó a ser removido foi encerrado. Libera o nó e volta para o nó "20"

4. Balanceamento no "20" está OK. Volta para o nó "21"

5. Balanceamento no "21" está OK. Volta para o nó "50"

Balanceamento no "50" está OK. Processo de remoção termina

Figura 12.86

Exercícios

1) Descreva, usando as suas palavras, o que é uma árvore. Utilize os conceitos de grafo.

2) Escreva uma função que percorra uma árvore binária e conte o seu número de nós.

3) Escreva uma função que percorra uma árvore binária e conte o seu número de nós não folhas.

4) Escreva uma função que percorra uma árvore binária e conte o seu número de nós folhas.

5) Escreva uma função que percorra uma árvore binária e exclua todos os nós com valor par.

6) Escreva uma função que retorne se uma árvore é binária de busca ou não.

7) Escreva uma função que encontre o maior valor existente em uma árvore binária de busca.

8) Escreva uma função que encontre o menor valor existente em uma árvore binária de busca.

9) Desenhe a árvore binária de busca resultante da inserção dos seguintes elementos (nesta ordem):
- A, B, C, L, H, X, R, U, F, M, I
- I, D, T, U, A, F, E, N, Z, C, B, L

10) Desenhe a árvore AVL resultante da inserção dos seguintes elementos (nesta ordem):
- A, B, C, L, H, X, R, U, F, M, I
- I, D, T, U, A, F, E, N, Z, C, B, L

11) Desenhe a árvore rubro-negra resultante da inserção dos seguintes elementos (nesta ordem):
- A, B, C, L, H, X, R, U, F, M, I
- I, D, T, U, A, F, E, N, Z, C, B, L

12) Duas árvores binárias são SIMILARES se possuem a mesma estrutura de nós (os valores podem ser diferentes). Implemente uma função para verificar se duas árvores são similares.

13) Duas árvores binárias são IGUAIS se possuem a mesma estrutura de nós e os valores nas mesmas posições da árvore. Implemente uma função para verificar se duas árvores são iguais.

14) Explique, usando as suas palavras, as vantagens e desvantagens de usar árvores binárias balanceadas.

15) Descreva, usando as suas palavras, o que é uma árvore AVL e como ela funciona.

16) Descreva, usando as suas palavras, a diferença de uma árvore binária de busca e uma AVL.

17) Descreva, usando as suas palavras, a diferença de uma árvore AVL para uma árvore rubro-negra.

18) Qual a diferença na operação de busca em uma árvore binária de busca e em uma AVL? Explique.

19) Implemente funções não recursivas para realizar os três tipos de percurso (em-ordem, pré-ordem e pós-ordem) em uma árvore binária.

20) No percurso em largura, os nós de uma árvore são listados por nível, da esquerda para a direita. Dada uma árvore rubro-negra cujo percurso em largura é (67, 51, 87, 23, 53, 82 90, 17, 31, 52, 60, 16 e 21), liste as chaves em nós rubros em ordem crescente.

21) Dada a árvore binária (Figura 12.87), mostre o resultado dos 3 tipos de percurso (em-ordem, pré-ordem e pós-ordem).

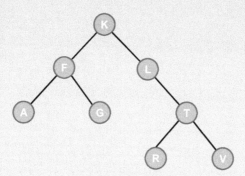

Figura 12.87

13

Skip List

Definição

Vimos no Capítulo 5 que uma lista é uma estrutura de dados linear utilizada para armazenar e organizar dados em um computador. Existem várias formas de se implementar uma lista, entre elas a **lista dinâmica encadeada**.

> Uma **lista dinâmica encadeada** é uma lista definida utilizando alocação dinâmica e acesso encadeado dos elementos. Cada elemento da lista é alocado dinamicamente, à medida que os dados são inseridos dentro da lista, e tem sua memória liberada à medida que é removido.

Esse tipo de lista apresenta várias vantagens. Ela permite um bom gerenciamento de memória, já que a lista cresce à medida que novos elementos são armazenados, e diminui à medida que elementos são removidos. No melhor caso, as operações de inserção/remoção podem ser feitas em $O(1)$.

Como desvantagens, ela não permite o **acesso sequencial** pois cada elemento pode estar em uma área distinta da memória, não necessariamente consecutivas. Assim, para acessar um elemento é preciso percorrer todos os seus antecessores na lista. Como resultado, no pior caso, as operações de inserção/remoção/busca são feitas em $O(N)$ já que não é possível usar **busca binária**.

Uma alternativa à **lista dinâmica encadeada** seria utilizar uma **árvore binária de busca balanceada**.

> Uma **árvore binária de busca balanceada** permite um bom gerenciamento de memória e o custo das operações de inserção/remoção/busca feitas em $O(\log n)$.

A **árvore binária de busca balanceada** apresenta várias vantagens com relação às listas, porém, a árvore necessita que se trate o balanceamento dos nós a cada inserção/remoção, o que torna a sua implementação muito complexa. Além disso, não é uma tarefa fácil recuperar elementos em sequência dentro da árvore.

Uma estrutura que combina a simplificada da **lista dinâmica encadeada** com a eficiência da **árvore binária de busca balanceada** é a *skip list*.

> A *skip list* é uma estrutura de dados baseada na **lista dinâmica encadeada**. Ela utiliza várias listas organizadas em diferentes níveis e apresenta eficiência similar à da **árvore binária de busca balanceada**.

Proposta em 1990 por Bill Pugh, a *skip list* é uma generalização da **lista dinâmica encadeada**, o que torna fácil a sua implementação. Ela utiliza uma estrutura hierárquica de listas, que são organizadas em diferentes níveis, como mostra a Figura 13.1. Nesse tipo de estrutura, os níveis mais altos permitem "pular" vários nós, o que acelera o processo de busca.

> A **skip list** pode ser utilizada em situações em que seria necessário utilizar uma **árvore binária de busca balanceada**.

A *skip list* apresenta uma implementação mais simples, já que as operações de inserção e remoção não exigem balancear a estrutura, como no caso da **árvore binária de busca balanceada**. De modo geral, as operações de inserção/remoção/busca são feitas em $O(\log n)$, com custo equivalente ao da **árvore binária de busca balanceada**. No seu pior caso (raro), essas operações são feitas com custo $O(N)$. Além disso, o próximo elemento da *skip list* pode ser recuperado em custo constante.

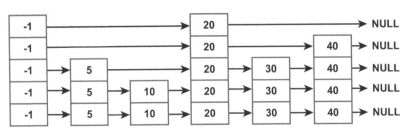

Figura 13.1

Criando a TAD *skip list*

Nesta seção, veremos como implementar um tipo abstrato de dado capaz de representar uma *skip list* usando alocação dinâmica e acesso encadeado, similar à **lista dinâmica encadeada**. Nesse tipo de implementação, cada nó da lista possui um *array* de níveis responsável por fazer as ligações entre os diferentes níveis da *skip list*, como mostra a Figura 13.2.

> O *array* de níveis simplifica a implementação da *skip list*, mas limita o seu uso, pois necessita que se defina previamente o número máximo de níveis da *skip list*. Isso limita o número de níveis que podemos ter.

Antes de começar a implementar a nossa *skip list*, é preciso definir o tipo de dado que será armazenado em cada nó dela. Uma *skip list* pode armazenar qualquer tipo de informação em seus nós. Para tanto, é necessário que especifiquemos isso na sua declaração. Como estamos trabalhando com modularização, precisamos também definir o **tipo opaco** que representa nossa *skip list*. Nesse caso, iremos utilizar um **nó descritor** para armazenar qualquer informação que julgarmos necessária e que facilite a manipulação da lista. Além disso, também precisamos definir o conjunto de funções que será visível para o programador que utilizar a biblioteca que estamos criando.

Um **nó descritor** é uma estrutura especial que possui um campo que aponta para o primeiro elemento da lista (seja ela simples, circular ou duplamente encadeada), além de armazenar outras informações sobre a lista que o programador julgar necessário.

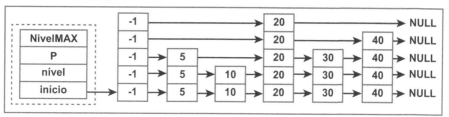

Figura 13.2

No arquivo **SkipList.h**, iremos declarar tudo aquilo que será visível para o programador.

Vamos começar definindo o arquivo **SkipList.h**, ilustrado na Figura 13.3. Por se tratar de uma estrutura com alocação dinâmica, temos que definir:

- para fins de padronização, criamos um novo nome para o ponteiro do tipo **SkipList** (linha 1). Esse é o tipo que será usado sempre que se desejar trabalhar com uma *skip list*;
- as funções disponíveis para se trabalhar com essa *skip list* e que serão implementadas no arquivo **SkipList.c** (linhas 3-9).

Nesse exemplo, optamos por armazenar em cada nó apenas um valor inteiro (**chave**).

No arquivo **SkipList.c**, iremos definir tudo aquilo que deve ficar oculto do usuário da nossa biblioteca e implementar as funções definidas em **SkipList.h**.

Basicamente, o arquivo **SkipList.c** (Figura12.3) contém apenas:
- as chamadas às bibliotecas necessárias à implementação da *skip list* (linhas 1-3);
- a definição do tipo de cada nó da *skip list*, **struct NO** (linhas 5-8);
- a definição do tipo do nó descritor, **struct SkipList** (linhas 10-19);
- as implementações das funções definidas no arquivo **SkipList.h**. As implementações dessas funções serão vistas nas seções seguintes.

Note que a **struct NO** nada mais é do que uma estrutura contendo dois campos:
- um ponteiro para ponteiro **prox** que será utilizado para criar um *array* de níveis, onde cada posição do *array* irá armazenar um ponteiro para o próximo nó naquele nível da *skip list*;
- um campo **chave** do tipo **int**, que é o tipo de dado a ser armazenado na *skip list*.

> Como o ponteiro **prox**, cada nó da *skip list* possui um *array* de níveis alocado dinamicamente.
> É ele que faz as ligações entre os diferentes níveis da *skip list*.

Note também que a **struct SkipList** nada mais é do que uma estrutura contendo quatro campos:

- um campo **NivelMAX** do tipo **int**, que armazena o número máximo de níveis que a *skip list* pode ter;
- um campo **P** do tipo **float**, que é um valor a ser usado no sorteio de quantos níveis um novo nó deverá ter;
- um campo **nivel** do tipo **int**, que armazena o número total de níveis que a *skip list* tem atualmente;
- um ponteiro **inicio** que indica o primeiro elemento da *skip list* (do tipo **struct NO**).

Por estar definido dentro do arquivo **SkipList.c**, os campos dessa estrutura não são visíveis pelo usuário da biblioteca no arquivo **main**(), apenas o seu outro nome definido no arquivo **SkipList.h** (linha 1), que pode apenas declarar um ponteiro para ele da seguinte forma:

SkipList *sk;

Arquivo SkipList.h
| ```
01    typedef struct SkipList SkipList;
02
03    SkipList* criaSkipList(int MAXLVL, float P);
04    void liberaSkipList(SkipList* sk);
05    int insereSkipList(SkipList *sk, int key);
06    int removeSkipList(SkipList *sk, int key);
07    int buscaSkipList(SkipList *sk, int key);
08    int tamanhoSkipList(SkipList* sk);
09    int vaziaSkipList(SkipList* sk);
``` |
| **Arquivo SkipList.c** |
| ```
01    #include <stdio.h>
02    #include <stdlib.h>
03    #include "SkipList.h" //inclui os Protótipos
04
05    struct NO{
06        int chave;
07        struct NO **prox;
08    };
09
10    struct SkipList{
11        // Nível máximo
12        int NivelMAX;
13        // Fração dos nós
14        float P;
15        // Nível atual do nó
16        int nivel;
17        // ponteiro para o nó cabeçalho
18        struct NO *inicio;
19    };
``` |

Figura 13.3

Criando e destruindo uma *skip list*

Para utilizar uma *skip list* em seu programa, a primeira coisa a fazer é criar uma *skip list* vazia. Essa tarefa é executada pela função descrita na Figura 13.4. Basicamente, o que essa função faz é a alocação de uma área de memória para a *skip list* (linha 2). Essa área corresponde à memória necessária para armazenar a estrutura que define o nó descritor da lista, ***struct* SkipList**. Em seguida, essa função inicializa os quatro campos desse nó descritor (linhas 4-9):

- **NivelMAX**, que irá receber o número máximo de níveis que a *skip list* poderá ter;
- **P**, que é um valor a ser usado no sorteio de quantos níveis um novo nó deverá ter;
- **nivel** (que indica a quantidade de elementos na *skip list*) recebe **ZERO** (ou seja, nenhum elemento na lista);
- **inicio**, que irá receber o endereço do primeiro elemento da *skip list*.

Para a criação do início da *skip list* utilizamos a função **novoNo**(), descrita na Figura 13.5. Inicialmente, essa função faz a alocação de uma área de memória para um nó da *skip list* (linha 2). Em seguida, essa função inicializa os dois campos desse nó (linhas 5 e 6):

- **chave**, que irá receber o valor armazenado nesse nó (no caso do nó de início, o valor é –1);
- **prox**, um ponteiro que será alocado dinamicamente para dar origem ao *array* de níveis (no caso do nó de início, o número de níveis é **NivelMAX**).

> Note que a alocação de *array* de níveis utiliza como valor **(niveis+1)**. Dessa forma, o *array* alocado terá todos os níveis desejados, mais o nível de índice **ZERO**.

	Criando uma *skip list*

```
01    SkipList* criaSkipList(int NivelMAX, float P){
02        SkipList *sk = (SkipList*) malloc(sizeof(SkipList));
03        if(sk != NULL){
04            sk->NivelMAX = NivelMAX;
05            sk->P = P;
06            sk->nivel = 0;
07            // cria o cabeçalho com chave -1
08            // a SkipList armazena apenas valores positivos
09            sk->inicio = novoNo(-1, NivelMAX);
10        }
11        return sk;
12    }
```

Figura 13.4

Uma vez alocado o *array* de níveis, é necessário inicializar cada uma de suas posições com o valor **NULL** (linhas 8 e 9), indicando que aquele nível aponta para o final da *skip list*.

Note que o primeiro nó criado na *skip list* define o menor valor a ser armazenado. Nesse caso, o menor valor é **-1**, ou seja, nossa *skip list* irá armazenar apenas valores positivos.

A Figura 13.6 indica o conteúdo do nosso ponteiro **SkipList* sk** após a chamada da função que cria a *skip list*.

Criando um novo nó na *skip list*

```
01   struct NO* novoNo(int chave, int nivel){
02       struct NO* novo = malloc(sizeof(struct NO));
03       if(novo != NULL){
04           // Cria um novo nó apontando para NULL
05           novo->chave = chave;
06           novo->prox = malloc((nivel+1)* sizeof(struct NO*));
07           int i;
08           for(i=0; i<(nivel+1); i++)
09               novo->prox[i] = NULL;
10       }
11       return novo;
12   }
```

Figura 13.5

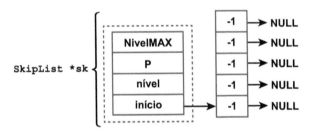

Figura 13.6

Para liberar uma *skip list* implementada com alocação dinâmica e acesso encadeado é preciso percorrer toda a lista liberando a memória alocada para cada nó inserido nela.

Skip List   **445**

A Figura 13.7 mostra o código utilizado para liberar uma *skip list*. Essa função recebe como parâmetro a *skip list* a ser liberada e verifica se a lista é válida, ou seja, se a tarefa de criação da *skip list* foi realizada com sucesso (linha 2). Em seguida, essa função utiliza o ponteiro **atual** para armazenar o nó apontado pelo **início** da *skip list* (linha 6). Em seguida, percorremos a *skip list* até que o conteúdo do ponteiro **atual** seja igual a **NULL** (linha 7), o final da lista. Enquanto não chegamos ao final da *skip list*, liberamos a memória do *array* de níveis e do elemento que se encontra na posição atual da lista e avançamos para o próximo (linhas 8-11). Terminado esse processo, liberamos a memória alocada para o início da lista e para o nó descritor (linhas 14-15). Esse processo é melhor ilustrado pela Figura 13.8, que mostra a liberação de uma *skip list* contendo três elementos.

Destruindo uma *skip list*

```
01    void liberaSkipList(SkipList* sk){
02        if(sk == NULL)
03            return;
04
05        struct NO *no, *atual;
06        atual = sk->inicio->prox[0];
07        while(atual != NULL){
08            no = atual;
09            atual = atual->prox[0];
10            free(no->prox);
11            free(no);
12        }
13
14        free(sk->inicio);
15        free(sk);
16    }
```

Figura 13.7

446   Algoritmos e Estruturas de Dados em Linguagem C

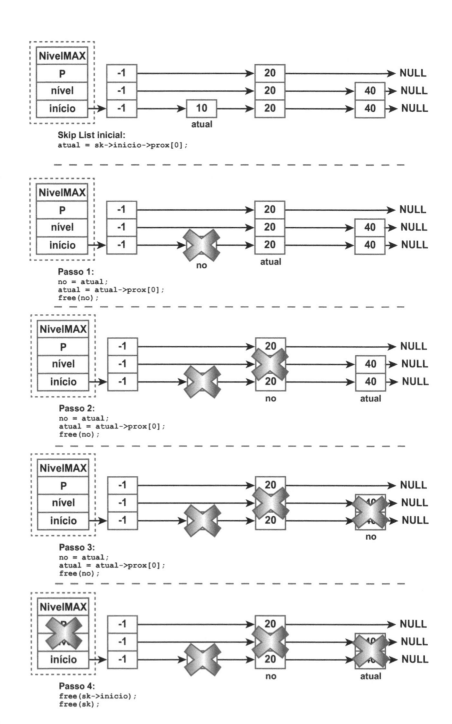

Figura 13.8

Informações básicas sobre a *skip list*

A seguir, veremos como implementar algumas funções que retornam duas informações importante sobre a *skip list*: se ela está vazia e o número de nós que ela possui. Comecemos por saber se a *skip list* está vazia.

> Uma *skip list* será considerada vazia sempre que o conteúdo do seu **início** apontar para a constante **NULL**.

A implementação da função que retorna se a *skip list* está vazia é mostrada na Figura 13.9. Note que essa função, em primeiro lugar, verifica se o ponteiro **SkipList* sk** é igual a **NULL**. Essa condição seria verdadeira, se tivesse um problema na criação da *skip list* e, nesse caso, não teríamos uma *skip list* válida para trabalhar. Dessa forma, optamos por retornar o valor **1** para indicar uma *skip list* inválida (linhas 2-3). Porém, se a *skip list* foi criada com sucesso, então é possível acessar o conteúdo do seu **início** (**sk->inicio->prox[0]**) e comparar o seu valor com a constante **NULL**, que é o valor inicial do conteúdo do **início** quando criamos a *skip list*. Se os valores forem iguais (ou seja, nenhum nó contido na lista), a função irá retornar o valor **1** (linha 6). Caso contrário, irá retornar o valor **0** (linha 7). A Figura 13.9 mostra um exemplo de *skip list* vazia.

	Retornando se a *skip list* está vazia
01	`int vaziaSkipList(SkipList* sk){`
02	`    if(sk == NULL)`
03	`        return 1;`
04	
05	`    if(sk->inicio->prox[0] == NULL)`
06	`        return 1;`
07	`    else`
08	`        return 0;`
09	`}`

Figura 13.9

A Figura 13.10 mostra a implementação da função que retorna o total de nós de uma *skip list*. Note que essa função, em primeiro lugar, verifica se o **ponteiro SkipList* sk** é igual a **NULL**. Essa condição seria verdadeira, se tivesse um problema na criação da *skip list* e, nesse caso, não teríamos uma lista válida para trabalhar. Dessa forma, optamos por retornar o valor **0** para indicar uma *skip list* vazia (linhas 2-3).

> Para saber o tamanho de uma *skip list* que utilize alocação dinâmica e seja encadeada é preciso percorrer toda a lista contando os elementos inseridos nela, até encontrar o seu final.

Para realizar essa tarefa, criamos um contador iniciado em **ZERO** (linha 5) e um ponteiro auxiliar (**atual**) apontado para o primeiro elemento da *skip list* (linhas 6-7). Então, percorreremos a *skip list* enquanto o valor de **atual** for diferente de **NULL**, o final da lista (linha 8). Enquanto não chegarmos ao final da *skip list*, iremos somar "**+1**" ao contador **cont** e avançar para o próximo elemento (linhas 9-10). Terminado esse processo, retornamos o valor da variável **cont** (linha 12). Esse processo é melhor ilustrado pela Figura 13.11, que mostra o cálculo do tamanho de uma *skip list* contendo três elementos.

Retornando o tamanho da *skip list*

```
01    int tamanhoSkipList(SkipList* sk){
02        if(sk == NULL)
03            return 0;
04
05        int cont = 0;
06        struct NO *atual;
07        atual = sk->inicio->prox[0];
08        while(atual != NULL){
09            atual = atual->prox[0];
10            cont++;
11        }
12        return cont;
13    }
```

Figura 13.10

Skip List

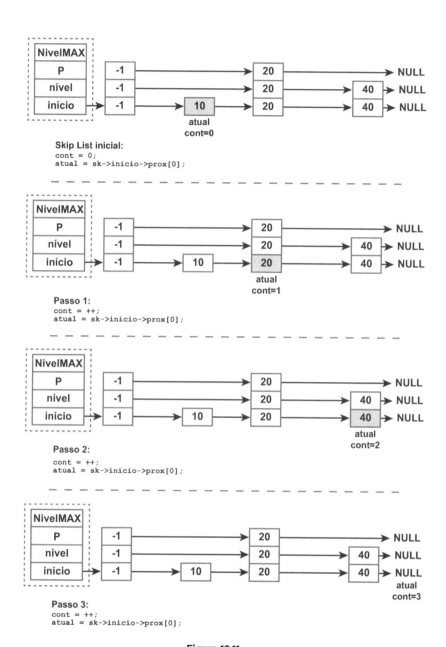

Figura 13.11

Inserindo um elemento na *skip list*

Inserir um novo elemento em uma *skip list* é uma tarefa trabalhosa.

> Isso porque precisamos procurar a posição de inserção do novo elemento em cada nível da *skip list*.

Basicamente, o que temos que fazer é procurar em que lugar da *skip list* será inserido cada nível do novo elemento, alocar espaço para ele e mudar os valores de alguns ponteiros, como mostra a sua implementação na Figura 13.12. Primeiramente, a função verifica se o ponteiro **SkipList *sk** é igual a **NULL**. Essa condição seria verdadeira, se tivesse um problema na criação da *skip list* (linhas 2-3).

Para fazer a inserção corretamente na *skip list* é preciso criar um *array* auxiliar (**aux**), que será preenchido incialmente com **NULL** (linhas 5-9). Esse *array* será usado para armazenar a posição de inserção de cada nível do novo nó. Em seguida, criamos um nó auxiliar (**atual**) para receber o conteúdo do **início** da *skip list* (linha 14). Esse nó será utilizado para percorrer a estrutura.

O próximo passo é percorrer a *skip list* do seu nível mais alto até o nível **ZERO** (linha 15). Para cada nível, o nó (**atual**) irá avançar para o próximo nó daquele nível enquanto o próximo for diferente de **NULL** ou possuir um valor **menor** do que o valor a ser inserido (linhas 16-17). O *array* auxiliar, **aux**, será preenchido com o valor ponteiro **atual** sempre que não for mais possível avançar na *skip list* naquele nível (linha 18).

Uma vez que chegamos no nível **ZERO**, verificamos se a inserção é possível, isto é, se o valor do próximo nó não é igual ao valor a ser inserido na *skip list* (linhas 23-24). Se o valor já existir na *skip list*, liberamos a memória alocada para o *array* **aux** e retornamos o valor **0**, indicando falha na inserção (linhas 47-48).

Caso o valor ainda não exista na *skip list*, é necessário definir quantos níveis ele terá e alocar memória para ele (linhas 25-30). O número de níveis de um novo nó é definido pela função **sorteiaNivel()** (Figura 13.13). Basicamente, essa função sorteia uma série de números aleatórios e verifica se eles são menores que o valor de **P** definido na criação da *skip list*. O número de níveis do novo nó é definido pela quantidade de números escolhidos aleatoriamente menores do que **P**, limitado pelo número máximo de níveis da *skip list*, **NivelMAX**.

Se o número de níveis sorteado para o novo nó (**novo_nivel**) for maior que o número de níveis de algum nó existente na árvore, será preciso atualizar os níveis superiores do *array* auxiliar, **aux**, com o valor do nó de início da *skip list*, isto é, o nó com o menor valor possível da *skip list* (linhas 33-38). Isso irá garantir que o novo nó irá apontar para o final da *skip list* (**NULL**) naquele nível da lista.

Por fim, para cada nível, realizamos a inserção do novo nó naquele nível, similar à inserção ordenada em uma **lista dinâmica encadeada**. Assim, para cada nível, o novo nó irá apontar para onde o *array* **aux** aponta, e o nó armazenado no *array* **aux** irá apontar para o novo nó (linhas 40-43). Ao fim desse processo, liberamos a memória alocada para o *array* **aux** e retornamos o valor **1**, indicando sucesso na operação de inserção (linhas 44-45). Esse processo é melhor ilustrado pela Figura 13.14.

Skip List

451

Inserindo um elemento na *skip list*

```
01    int insereSkipList(SkipList *sk, int chave){
02        if(sk == NULL)
03            return 0;
04
05        int i;
06        struct NO **aux;
07        aux = malloc((sk->NivelMAX+1) * sizeof(struct NO*));
08        for(i = 0; i <= sk->NivelMAX; i++)
09            aux[i] = NULL;
10        // Partindo do maior nível, vá para o próximo nó
11        // enquanto a chave for maior do que a do próximo nó
12        // Caso contrário, insira o nó no array auxiliar,
13        // desca um nível e continue a busca
14        struct NO *atual = sk->inicio;
15        for(i = sk->nivel; i >= 0; i--){
16            while(atual->prox[i] != NULL &&
                                  atual->prox[i]->chave < chave)
17                atual = atual->prox[i];
18            aux[i] = atual;
19        }
20        // Cria e insere um novo nó se a chave não existir
21        // Final da lista (atual == NULL) ou
22        // entre aux[0] e atual
23        atual = atual->prox[0];
24        if(atual == NULL || atual->chave != chave){
25            int novo_nivel = sorteiaNivel(sk);
26            struct NO* novo = novoNo(chave, novo_nivel);
27            if(novo == NULL){
28                free(aux);
29                return 0;
30            }
31            // Nível sorteado é maior que o nível atual
32            // Atualizar os novos níveis do array auxiliar
33            if(novo_nivel > sk->nivel){
34                for(i = sk->nivel+1; i <= novo_nivel; i++)
35                    aux[i] = sk->inicio;
36                // Atualiza o nível da SkipList
37                sk->nivel = novo_nivel;
38            }
39            // Insere o nó, arrumando os ponteiros
40            for(i = 0; i <= novo_nivel; i++){
41                novo->prox[i] = aux[i]->prox[i];
42                aux[i]->prox[i] = novo;
43            }
44            free(aux);
45            return 1;
46        }
47        free(aux);
48        return 0;
49    }
```

Figura 13.12

Sorteando o número de níveis do nó
| ```
01   int sorteiaNivel(SkipList *sk){
02      // Sorteia o nível para o nó
03      float r = (float)rand()/RAND_MAX;
04      int nivel = 0;
05      while(r < sk->P && nivel < sk->NivelMAX){
06         nivel++;
07         r = (float)rand()/RAND_MAX;
08      }
09      return nivel;
10   }
``` |

Figura 13.13

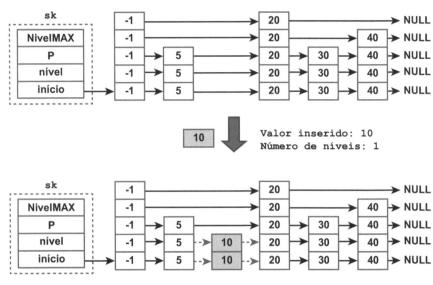

Figura 13.14

Removendo um elemento da *skip list*

Remover um elemento em uma *skip list* é uma tarefa trabalhosa.

Isso porque precisamos procurar a posição do elemento a ser removido em cada nível da *skip list*.

Basicamente, o que temos que fazer é procurar esse elemento na *skip list* em todos os níveis e atualizar os ponteiros de cada nível, como mostra a sua implementação na Figura 13.15. Primeiramente, a função verifica se o ponteiro **SkipList *sk** é igual a **NULL**. Essa condição seria verdadeira, caso houvesse um problema na criação da *Skip List* (linhas 2-3).
```

Skip List

453

Para fazer a remoção corretamente na *skip list* é preciso criar um *array* auxiliar (**aux**), que será preenchido incialmente com **NULL** (linhas 5-9). Esse *array* será usado para armazenar a posição de remoção do elemento em cada nível. Em seguida, criamos um nó auxiliar (**atual**) para receber o conteúdo do **início** da *skip list* (linha 15). Esse nó será utilizado para percorrer a estrutura.

O próximo passo é percorrer a *skip list* do seu nível mais alto até o nível **ZERO** (linha 16). Para cada nível, o nó (**atual**) irá avançar para o próximo nó daquele nível enquanto o próximo for diferente de **NULL** ou possuir um valor **menor** do que o valor a ser removido (linhas 17-18). O *array* auxiliar, **aux**, será preenchido com o valor ponteiro **atual** sempre que não for mais possível avançar na *Skip List* naquele nível (linha 19).

Uma vez que chegamos no nível **ZERO**, verificamos se a remoção é possível, isto é, se o valor do próximo nó não é igual ao valor a ser inserido na *skip list* (linhas 24 e 27). Se o valor não existir na *skip list*, liberamos a memória alocada para o *array* **aux** e retornamos o valor **0**, indicando falha na operação de remoção (linhas 47-48).

O próximo passo é igual à remoção de um elemento da lista dinâmica encadeada. Começando pelo nível **ZERO**, o nó armazenado no *array* **aux** deverá apontar para o elemento seguinte ao **atual**. Esse processo termina quando chegarmos ao último nível, ou caso algum nível intermediário não aponte para o elemento a ser removido (**atual**) (linhas 31-36).

Em seguida, verificamos se a remoção desse elemento diminuiu o número de níveis da lista e atualizamos o número de níveis da *skip list* (linhas 38-39). Por fim, liberamos a memória alocada para o *array* de níveis e para o elemento a ser removido (linhas 41-42). Ao fim desse processo, liberamos a memória alocada para o *array* **aux** e retornamos o valor **1**, indicando sucesso na operação de remoção (linhas 43-44). Esse processo é melhor ilustrado pela Figura 13.16.

Removendo um elemento da *skip list*

```
01    int removeSkipList(SkipList *sk, int chave){
02        if(sk == NULL)
03            return 0;
04
05        int i;
06        struct NO **aux;
07        aux = malloc((sk->NivelMAX+1) * sizeof(struct NO*));
08        for(i = 0; i <= sk->NivelMAX; i++)
09            aux[i] = NULL;
10
11        // Partindo do maior nível, vá para o próximo nó
12        // enquanto a chave for maior do que a do próximo nó
13        // Caso contrário, insira o nó no array auxiliar,
14        // desça um nível e continue a busca
15        struct NO *atual = sk->inicio;
16        for(i = sk->nivel; i >= 0; i--){
17            while(atual->prox[i] != NULL &&
                        atual->prox[i]->chave < chave)
18                atual = atual->prox[i];
19            aux[i] = atual;
20        }
```

Removendo um elemento da *skip list*

```
22      // Acesso ao nível 0 do próximo nó, que é
23      // onde a chave a ser removida deve estar
24      atual = atual->prox[0];
25
26      // Achou a chave a ser removida?
27      if(atual != NULL && atual->chave == chave){
28          // Começando no nível 0, se o array auxiliar
29          // aponta para o nó a ser removido, faça ele
30          // apontar para o próximo nó
31          for(i = 0; i <= sk->nivel; i++){
32              if(aux[i]->prox[i] != atual)
33                  break;
34
35              aux[i]->prox[i] = atual->prox[i];
36          }
37          // Remova os níveis sem elemento
38          while(sk->nivel > 0 &&
                    sk->inicio->prox[sk->nivel] == NULL)
39              sk->nivel--;
40
41          free(atual->prox);
42          free(atual);
43          free(aux);
44          return 1;
45      }
46
47      free(aux);
48      return 0;
49  }
```

Figura 13.15

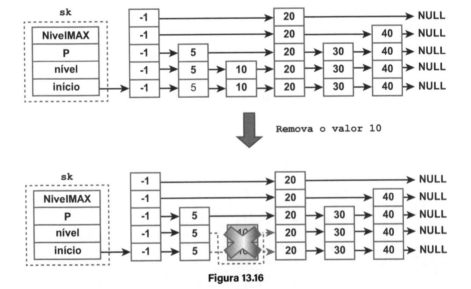

Figura 13.16

Skip List **455**

Busca por um elemento da *skip list*

Consultar se determinado novo nó existe em uma *skip list* é uma tarefa similar à inserção de um novo nó. Basicamente, o que temos que fazer é percorrer os nós da lista usando o seguinte conjunto de passos:

- partindo do **primeiro nó** e do maior nível, compare o **valor** buscado;
- se o valor é **maior** do que o valor do próximo nó: vá para o próximo nó;
- se o valor é **menor** do que o valor do próximo nó: desça um nível;
- aplique o método recursivamente (pode ser feito sem recursão) até chegar ao nível **ZERO**. Se existir, o valor buscado deve estar no nível **ZERO** do próximo nó.

A Figura 13.17 mostra a implementação da função de busca. Nesse caso, estamos procurando um nó pelo seu valor. Primeiramente, a função verifica se o ponteiro **SkipList *sk** é igual a **NULL**. Essa condição seria verdadeira caso houvesse um problema na criação da *skip list*. Nesse caso, optamos por retornar o valor **0** para indicar uma *skip list* inválida (linha 3). Porém, se a *skip list* é válida, criamos um nó auxiliar (**atual**) para receber o conteúdo do **início** da *skip list* (linha 5). Esse será utilizado para percorrer a estrutura.

Consultando um elemento da *skip list*

```
01    int buscaSkipList(SkipList *sk, int chave){
02       if(sk == NULL)
03          return 0;
04
05       struct NO *atual = sk->inicio;
06       // Partindo do maior nível, vá para o próximo nó
07       // enquanto a chave for maior do que a do próximo nó
08       // Caso contrário, desça um nível e continue a busca
09       int i;
10       for(i = sk->nivel; i >= 0; i--){
11          while(atual->prox[i] != NULL &&
                             atual->prox[i]->chave < chave)
12             atual = atual->prox[i];
13       }
14       // Acesse o nível 0 do próximo nó, que é
15       // onde a chave procurada deve estar
16       atual = atual->prox[0];
17       if(atual != NULL && atual->chave == chave)
18          return 1;
19       else
20          return 0;
21    }
```

Figura 13.17

O próximo passo é percorrer a *skip list* do seu nível mais alto até o nível **ZERO** (linha 10). Para cada nível, o nó (**atual**) irá avançar para o próximo nó daquele nível enquanto o próximo for diferente de **NULL** ou possuir um valor **menor** (linhas 11 e 12). Uma vez que chegamos no nível **ZERO**, o valor procurado deve estar no nó seguinte a este (linha 16).

Se o nó **atual** for diferente de **NULL** e possuir valor igual ao procurado, retornamos o valor **1** para indicar que o valor procurado se encontra na árvore (linha 18). Caso contrário, retornamos o valor **0** (linha 20). O processo de busca por um elemento que existe ou não na *skip list* é melhor ilustrado pela Figura 13.18.

Busca pelo elemento:
```
struct NO *atual - sk->inicio;
for(i = sk->nivel; i->= 0; i--){
    whilw(atual->prox[i] !=NULL && atual->prox[i]->chave < chave)
        atual = atual->prox[i];
}
```
Verifica se o elemento foi encontrado e retorna:
```
atual = atual->prox[0];
if(atual != NULL && atual->chave == chave)
    return 1;
else
    return 0;
```

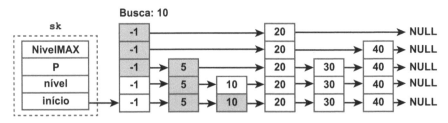

Figura 13.18

Exercícios

1) Desenhe a *skip list* resultante da inserção dos itens com chaves A B C D E F G H I J, nesta ordem, em uma lista inicialmente vazia. Assuma que o gerador de números aleatórios devolverá a sequência 2, 1, 3, 4, 3, 3, 2, 5, 1, e 1.

2) Escreva uma função para juntar duas *skip list* em apenas uma.

3) Uma *skip list* pode ser usada para substituir que outra estrutura de dados?

4) Escreva uma função que percorra uma *skip list* e conte o número de nós com N níveis.

5) Escreva uma função que percorra uma *skip list* e exclua todos os nós com valor par.

6) Escreva uma função que percorra uma *skip list* e exclua todos os nós com valor menor que N.

7) Escreva uma função que receba duas *skip list* e devolva uma nova *skip list* contendo a união delas.

8) Escreva uma função que receba duas *skip list* e devolva uma nova *skip list* contendo a intersecção delas.

14

Conjunto e Multiconjunto

Conjunto

Em Ciência da Computação, um conjunto é uma estrutura de dados utilizada para armazenar e organizar dados, sem repetições e sem qualquer ordem particular.

> A implementação computacional do conjunto segue o conceito matemático de um conjunto finito.

Isso significa que essa estrutura de dados suporta operações matemáticas sobre conjuntos, como a união, a intersecção e a diferença entre dois conjuntos.

Um conjunto pode ser implementado usando uma **tabela *Hash*** ou uma **árvore binária de busca**. Além disso, um conjunto pode ser ordenado ou não. Independentemente da forma com que ele é implementado, as seguintes operações básicas são sempre possíveis:

- criação do conjunto;
- inserção de um elemento;
- remoção de um elemento;
- acesso aos elementos;
- destruição do conjunto;
- além de informações, como o tamanho do conjunto.

Criando a TAD conjunto

Nesta seção, veremos como implementar um tipo abstrato de dado capaz de representar um conjunto, como mostra a Figura 14.1. Para isso, vamos usar uma **árvore binária de busca balanceada**, a árvore AVL vista na Seção Árvore AVL. A árvore AVL é um tipo de árvore binária balanceada com relação à altura das suas subárvores. Assim, o custo máximo das operações de inserção, remoção e busca no conjunto é sempre $O(\log N)$.

Antes de começar a implementar o nosso conjunto é preciso definir o tipo de dado que será armazenado nele. Um conjunto pode armazenar qualquer tipo de informação. Para tanto, é necessário que especifiquemos isso na sua declaração. Como estamos trabalhando com modularização, precisamos também definir o **tipo opaco** que representa nosso conjunto. Nesse caso, iremos utilizar um **nó descritor** para armazenar qualquer informação que julgarmos necessária e que facilite a manipulação do conjunto. Além disso, também precisamos definir o conjunto de funções que será visível para o programador que utilizar a biblioteca que estamos criando.

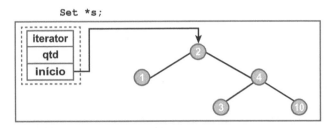

Figura 14.1

Conjunto e Multiconjunto

No arquivo **Set.h**, iremos declarar tudo aquilo que será visível para o programador.

Vamos começar definindo o arquivo **Set.h**, ilustrado na Figura 14.2. Primeiramente, temos que definir:

- para fins de padronização, criamos um novo nome para o tipo **Set** (linha 1). Esse é o tipo que será usado sempre que se desejar trabalhar com um conjunto;
- as funções disponíveis para se trabalhar com esse conjunto e que serão implementadas no arquivo **Set.c** (linhas 3-15).

Arquivo Set.h

```
01   typedef struct set Set;
02
03   Set* criaSet();
04   void liberaSet(Set* s);
05   int insereSet(Set* s, int num);
06   int removeSet(Set* s, int num);
07   int tamanhoSet(Set* s);
08   void imprimeSet(Set* s);
09   int consultaSet(Set* s, int num);
10   Set* uniaoSet(Set* A, Set* B);
11   Set* interseccaoSet(Set* A, Set* B);
12   void beginSet(Set *s);
13   int endSet(Set *s);
14   void nextSet(Set *s);
15   void getItemSet(Set *s, int *num);
```

Arquivo Set.c

```
01   #include <stdio.h>
02   #include <stdlib.h>
03   #include "Set.h"  //inclui os Protótipos
04   #include "ArvoreAVL.h"  //inclui os Protótipos
05
06   //Definição do tipo Set
07   struct set{
08       ArvAVL* arv;
09       int qtd;
10       struct iterator *iter;
11   };
```

Figura 14.2

Como estamos usando uma árvore AVL como base para implementar o conjunto, vamos seguir o tipo de dado armazenado na implementação descrita na Seção Árvore AVL. Assim, nesse exemplo, optamos por armazenar em cada nó apenas um valor inteiro.

> No arquivo **Set.c**, iremos definir tudo aquilo que deve ficar oculto do usuário da nossa biblioteca e implementar as funções definidas em **Set.h**.

Basicamente, o arquivo **Set.c** (Figura 14.2) contém apenas:
- as chamadas às bibliotecas necessárias à implementação do conjunto (linhas 1-4);
- a definição do tipo que define o **nó descritor**, **struct set** (linhas 7-11);
- as implementações das funções definidas no arquivo **Set.h**. As implementações dessas funções serão vistas nas seções seguintes.

Note que a **struct set** nada mais é do que uma estrutura contendo três campos:
- um ponteiro **arv** para uma árvore AVL, que será usado para armazenar os dados do conjunto;
- um campo **qtd** do tipo **int**, que armazena a quantidade de nós atualmente na árvore;
- um ponteiro **iter** para uma estrutura que nos permitirá percorrer os elementos da árvore como se fosse uma lista dinâmica encadeada. Isso será útil para operações de união e intersecção de conjuntos.

Por estar definido dentro do arquivo **Set.c**, os campos dessa estrutura não são visíveis pelo usuário da biblioteca no arquivo **main()**, apenas o seu outro nome definido no arquivo **Set.h** (linha 1), que pode apenas declarar um ponteiro para ele da seguinte forma:

Set *s;

Criando e destruindo um conjunto

Para utilizar um conjunto em seu programa, a primeira coisa a fazer é criar um conjunto vazio. Essa tarefa é executada pela função descrita na Figura 14.3. Basicamente, o que essa função faz é a alocação de uma área de memória para o conjunto (linha 2). Essa área corresponde à memória necessária para armazenar a estrutura que define o nó descritor do conjunto, **struct set**. Em seguida, essa função inicializa os três campos desse nó descritor (linhas 4-6):
- **arv**, que irá armazenar uma árvore AVL, o qual será usado para armazenar os dados do conjunto;
- **qtd**, que indica a quantidade de elementos no conjunto, recebe **ZERO** (ou seja, nenhum elemento no conjunto);
- **iter**, usado para percorrer os elementos da árvore, recebe **NULL**.

A Figura 14.4 indica o conteúdo do nosso ponteiro **Set* s** após a chamada da função que cria o conjunto.

Criando um conjunto
01   Set* criaSet(){
02   Set* s = (Set*) malloc(**sizeof**(Set));
03   **if**(s != NULL){
04   s->arv = cria_ArvAVL();
05   s->qtd = 0;
06   s->iter = NULL;
07   }
08   **return** s;
09   }

Figura 14.3

Conjunto e Multiconjunto

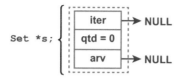

Figura 14.4

A Figura 14.5 mostra o código utilizado para liberar um conjunto. Essa função recebe como parâmetro o conjunto a ser liberado e verifica se é um conjunto válido, ou seja, se a tarefa de criação do conjunto foi realizada com sucesso (linha 2). Em seguida, essa função libera a árvore AVL usando sua função própria (linha 3).

O campo **iter** do conjunto é implementado como uma lista dinâmica com acesso encadeado. Assim, é preciso percorrer toda a lista, liberando a memória alocada para cada nó inserido nela.

Para liberar o campo **iter**, percorremos seus elementos até que o conteúdo de **iter** seja diferente de **NULL**, o final da lista (linha 6). Enquanto não chegamos ao final da lista, liberamos a memória do elemento que se encontra atualmente no campo **iter** e avançamos para o próximo (linhas 7-9). Terminado esse processo, liberamos a memória alocada para o nó descritor do conjunto (linha 12).

```
                    Destruindo um conjunto
01    void liberaSet(Set* s){
02        if(s != NULL){
03            libera_ArvAVL(s->arv);
04
05            struct iterator* no;
06            while(s->iter != NULL){
07                no = s->iter;
08                s->iter = s->iter->prox;
09                free(no);
10            }
11
12            free(s);
13        }
14    }
```

Figura 14.5

Inserindo e removendo um elemento do conjunto

A tarefa de inserir um novo elemento em um conjunto é bastante simples, como mostra a Figura 14.6. O primeiro passo é verificar se o ponteiro **Set *s** é igual a **NULL**. Essa condição seria verdadeira, se tivesse um problema na criação do conjunto e, nesse caso, não teríamos um conjunto válido para trabalhar. Dessa forma, optamos por retornar o valor **0** para indicar um conjunto inválido (linha 3). Porém, se o conjunto foi criado com sucesso, basta chamar a função de inserção da árvore AVL (linha 5). Se o resultado da inserção na AVL for verdadeiro, incrementamos a quantidade de elementos no conjunto e retornamos o valor **1**, indicando sucesso na operação (linhas 6-7). Caso a inserção na AVL não seja possível, a função irá retornar o valor **0** (linha 9), indicando erro na operação. Esse processo é melhor ilustrado pela Figura 14.7.

	Inserindo um elemento no conjunto
01	`int insereSet(Set* s, int num){`
02	`    if(s == NULL)`
03	`        return 0;`
04	
05	`    if(insere_ArvAVL(s->arv,num)){`
06	`        s->qtd++;`
07	`        return 1;`
08	`    }else`
09	`        return 0;`
10	`}`

Figura 14.6

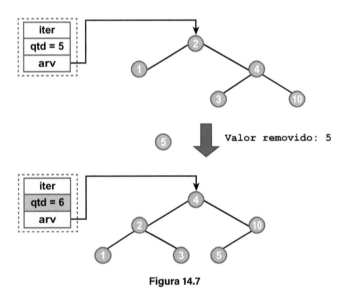

Figura 14.7

Assim como a inserção, a operação de remoção do conjunto também é muito simples.

A operação de remoção do conjunto é apresentada na Figura 14.8. Inicialmente verificamos se temos um conjunto válido e retornamos **0**, caso não seja possível fazer a remoção (linhas 2-3). Se o conjunto é válido, então basta chamar a função de remoção da árvore AVL (linha 5). Se o resultado da remoção da AVL for verdadeiro, diminuímos a quantidade de elementos no conjunto e retornamos o valor **1**, indicando sucesso na operação (linhas 6-7). Caso a remoção da AVL não seja possível, a função irá retornar o valor **0** (linha 9), indicando erro na operação. Esse processo é melhor ilustrado pela Figura 14.9.

	Inserindo um elemento no conjunto
01	`int removeSet(Set* s, int num){`
02	`    if(s == NULL)`
03	`        return 0;`
04	
05	`    if(remove_ArvAVL(s->arv,num)){`
06	`        s->qtd--;`
07	`        return 1;`
08	`    }else`
09	`        return 0;`
10	`}`

Figura 14.8

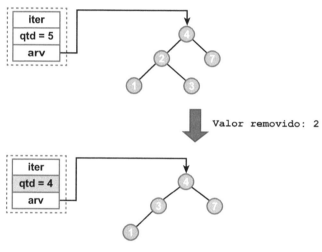

Figura 14.9

Tamanho do conjunto

Saber o tamanho de um conjunto é uma tarefa relativamente simples. Isso porque seu nó descritor possui um campo inteiro (**qtd**) que indica a quantidade de elementos inseridos na árvore AVL usada para representar o conjunto, como mostra a Figura 14.2.

Basicamente, retornar o tamanho de um conjunto consiste em retornar o valor do seu campo **qtd**.

A implementação da função que retorna o tamanho do conjunto é mostrada na Figura 14.10. Note que essa função, em primeiro lugar, verifica se o ponteiro **Set *s** é igual a **NULL**. Essa condição seria verdadeira, se tivesse um problema na criação do conjunto e, nesse caso, não teríamos um conjunto válido para trabalhar (linhas 2-3). Porém, se o conjunto foi criado com sucesso, então é possível acessar o seu campo **qtd** e retornar o seu valor (linha 5).

```
Retornando o tamanho do conjunto
01    int tamanhoSet(Set* s){
02        if(s == NULL)
03            return 0;
04
05        return s->qtd;
06    }
```

Figura 14.10

Busca por um elemento do conjunto

Saber se um elemento existe dentro do nosso conjunto é uma tarefa muito simples.

> Basicamente, devemos retornar o resultado da operação de busca da árvore AVL.

A implementação da função que verifica se um elemento existe no conjunto é mostrada na Figura 14.11. Primeiramente, devemos verificar se temos um conjunto válido para se trabalhar e, no caso dele ser inválido, retornar o valor **0**, indicando erro na operação de busca (linhas 2-3). Porém, se temos um conjunto válido, basta retornar o resultado da chamada da função **consulta_ArvAVL()** (linha 5), a qual recebe como parâmetros a árvore associada ao conjunto (**arv**) e o valor buscado (**num**).

```
Busca por um elemento do conjunto
01    int consultaSet(Set* s, int num){
02        if(s == NULL)
03            return 0;
04
05        return consulta_ArvAVL(s->arv,num);
06    }
```

Figura 14.11

Percorrendo os elementos do conjunto

Em algumas aplicações, como no caso do conjunto, é preciso percorrer e acessar todos os elementos da estrutura de dados. Isso é muito útil quando queremos calcular a união ou a intersecção entre dois conjuntos. Para realizar essa tarefa, podemos utilizar um *iterator*.

Conjunto e Multiconjunto

Um *iterator* é um padrão de projeto comportamental que nos fornece uma forma de acessar, sequencialmente, todos os elementos de uma estrutura de dados, mas sem expor sua representação interna para o usuário.

Por meio do *iterator* podemos percorrer e acessar todos os elementos da nossa estrutura usando um simples comando de repetição e de forma similar ao que é feito com um *array*, como mostra a Figura 14.12.

Percorrendo os elementos de um conjunto

```
01    //percorrendo um array
02    int i, V[3] = {5,10,15};
03    for(i = 0; i < 3; i++){
04       printf("array: %d:\n",V[i]);
05    }
06
07    //iterator
08    Set *A = criaSet();
09    insereSet(A,5);
10    insereSet(A,10);
11    insereSet(A,15);
12    for(beginSet(A); !endSet(A); nextSet(A)){
13       getItemSet(A, &x);
14       printf("Iterator %d: %d\n",i,x);
15    }
```

Figura 14.12

Para definir o *iterator* para nossa estrutura, é necessário definir as 4 funções que irão gerenciar o *iterator*. São elas:

- **beginSet**: função que inicializa o *iterator*;
- **endSet**: função que verifica se chegamos ao último elemento da estrutura;
- **nextSet**: função que movimenta o *iterator* para o próximo elemento da estrutura;
- **getItemSet**: função que retorna, por referência, o valor do elemento atualmente apontado pelo *iterator*.

A implementação dessas funções é mostrada na Figura 14.13. Basicamente, o *iterator* é um ponteiro que aponta para o primeiro elemento de uma lista dinâmica encadeada. Assim, as funções:

- **beginSet**: inicializa o campo **iter** com uma lista dinâmica encadeada produzida a partir da árvore AVL (função **iterator_ArvAVL()**);
- **endSet**: verifica se o campo **iter** é igual a **NULL** (final da lista dinâmica encadeada);
- **nextSet**: atribui ao campo **iter** o próximo elemento da lista, se ele existir. Também libera o elemento anterior;
- **getItemSet**: retorna, por referência, o valor associado ao campo **iter**, se for diferente de **NULL**.

Como vimos, o *iterator* funciona como uma lista dinâmica encadeada. Assim, é necessário implementar uma função que visite os nós da árvore AVL e os adicione em uma lista, como mostrado na Figura 14.14. Basicamente, modificamos a TAD árvore AVL para incluir a *struct iterator*, a qual representa um nó em uma lista dinâmica encadeada. Também implementamos a função **iterator_ArvAVL()**. Essa função realiza o percurso em ordem na árvore e adiciona cada nó da árvore no início da lista dinâmica encadeada passada como parâmetro (linhas 7-11).

Percorrendo os elementos de um conjunto

```
01    void beginSet(Set *s){
02        if(s == NULL)
03            return;
04        s->iter = NULL;
05        iterator_ArvAVL(s->arv, &(s->iter));
06    }
07    int endSet(Set *s){
08        if(s == NULL)
09            return 1;
10        if(s->iter == NULL)
11            return 1;
12        else
13            return 0;
14    }
15    void nextSet(Set *s){
16        if(s == NULL)
17            return;
18        if(s->iter != NULL){
19            struct iterator *no = s->iter;
20            s->iter = s->iter->prox;
21            free(no);
22        }
23    }
24    void getItemSet(Set *s, int *num){
25        if(s == NULL)
26            return;
27        if(s->iter != NULL)
28            *num = s->iter->valor;
29    }
```

Figura 14.13

Conjunto e Multiconjunto

Arquivo ArvoreAVL.h

```
01   struct iterator{
02       int valor;
03       struct iterator *prox;
04   };
```

Arquivo ArvoreAVL.c

```
01   void iterator_ArvAVL(ArvAVL *raiz,struct iterator **iter){
02    if(raiz == NULL)
03       return;
04    if(*raiz != NULL){
05       iterator_ArvAVL(&((*raiz)->esq),iter);
06       //Insere no início da lista
07       struct iterator* no;
08       no = (struct iterator*) malloc(sizeof(struct iterator));
09       no->valor = (*raiz)->info;
10       no->prox = *iter;
11       *iter = no;
12       iterator_ArvAVL(&((*raiz)->dir),iter);
13    }
14   }
```

Figura 14.14

União de dois conjuntos

Dado dois conjuntos, a operação de união consiste em criar um terceiro conjunto contendo os elementos de ambos, sem repetições.

Como estamos trabalhando com um conjunto implementado com uma árvore AVL, a própria operação de inserção da AVL se encarrega de evitar que um valor repetido seja inserido.

Sendo assim, para realizar a operação de união basta percorrer os dois conjuntos e inserir os elementos deles no novo conjunto, como mostra a sua implementação na Figura 14.15. Primeiramente, a função verifica se os dois conjuntos, **A** e **B**, são válidos. Caso um deles não seja, a função irá retornar **NULL** (linhas 2-3). De posse de dois conjuntos válidos, um terceiro conjunto é criado, **C** (linha 5). Esse conjunto irá conter a união dos outros dois.

Agora, é necessário percorrer cada um dos conjuntos e copiar seus elementos para o novo conjunto (linhas 7-10 e 12-15). Para isso usamos o *iterator* definido na Seção Percorrendo os elementos do conjunto. Basicamente, o *iterator* cria uma lista dinâmica encadeada com os elementos da árvore, permitindo assim acessar e recuperar todos os elementos da árvore. Terminado esse processo, retornamos o conjunto **C** como resultado da função (linha 17).

União de dois conjuntos
| ```
01    Set* uniaoSet(Set* A, Set* B){
02        if(A == NULL || B == NULL)
03            return NULL;
04
05        int x;
06        Set *C = criaSet();
07        for(beginSet(A); !endSet(A); nextSet(A)){
08            getItemSet(A, &x);
09            insereSet(C,x);
10
11        }
12        for(beginSet(B); !endSet(B); nextSet(B)){
13            getItemSet(B, &x);
14            insereSet(C,x);
15        }
16
17        return C;
18    }
``` |

Figura 14.15

Intersecção de dois conjuntos

Dado dois conjuntos, a operação de intersecção consiste em criar um terceiro conjunto contendo os elementos que existem em ambos os conjuntos.

Isso pode ser facilmente feito percorrendo o menor dos conjuntos e verificando se cada um dos seus elementos existe no conjunto maior.

Na operação de intersecção, o novo conjunto terá no máximo a mesma quantidade de elementos do conjunto menor. Assim, por questão de eficiência, é mais rápido percorrer o conjunto menor e verificar se seus elementos existem no conjunto maior.

A implementação da operação de intersecção é mostrada na Figura 14.16. Primeiramente, a função verifica se os dois conjuntos, **A** e **B**, são válidos. Caso um deles não seja, a função irá retornar **NULL** (linhas 2-3). De posse de dois conjuntos válidos, um terceiro conjunto é criado, **C** (linha 5). Esse conjunto irá conter a intersecção dos outros dois.

Em seguida, verificamos qual é o conjunto menor (linha 7). Se o conjunto **A** for o menor, teremos que percorrer seus elementos usando o *iterator* definido na Seção Percorrendo os elementos do conjunto. Basicamente, o *iterator* cria uma lista dinâmica encadeada com os elementos da árvore, permitindo assim acessar e recuperar todos os elementos da árvore. Para cada elemento do conjunto **A**, verificamos se ele existe no conjunto **B** e, se existir, inserimos no conjunto **C** (linhas 8-12). O mesmo processo é feito caso o conjunto **B** seja o menor (linhas 14-18). Por fim, retornamos o conjunto **C** como resultado da função (linha 20).
```

Conjunto e Multiconjunto

Intersecção de dois conjuntos
| ```
01    Set* interseccaoSet(Set* A, Set* B){
02        if(A == NULL || B == NULL)
03            return NULL;
04        int x;
05        Set *C = criaSet();
06
07        if(tamanhoSet(A) < tamanhoSet(B)){
08            for(beginSet(A); !endSet(A); nextSet(A)){
09                getItemSet(A, &x);
10                if(consultaSet(B,x))
11                    insereSet(C,x);
12            }
13        }else{
14            for(beginSet(B); !endSet(B); nextSet(B)){
15                getItemSet(B, &x);
16                if(consultaSet(A,x))
17                    insereSet(C,x);
18            }
19        }
20        return C;
21    }
``` |

Figura 14.16

Multiconjunto

De modo informal, o multiconjunto (do inglês, *Bag*) é um conjunto não ordenado de zero ou mais elementos, em que a repetição de elementos é permitida. Se os elementos forem do mesmo tipo, temos um multiconjunto homogêneo.

> O multiconjunto é uma estrutura similar a um carrinho de compras, onde você pode adicionar uma ou mais ocorrências de um item, sem se importar com a ordem.

Um multiconjunto pode ser implementado usando um ***array* estático** ou uma **lista dinâmica encadeada**. Independente da forma com que ele é implementado, as seguintes operações básicas são sempre possíveis:

- criação do multiconjunto;
- inserção de um elemento;
- remoção de um elemento (algumas implementações consideram que essa operação não é possível);
- acesso aos elementos;
- verificar se um elemento existe;
- destruição do multiconjunto;
- além de informações com o tamanho do multiconjunto.
```

Criando a TAD multiconjunto

Nesta seção, veremos como implementar um tipo abstrato de dado capaz de representar um multiconjunto, como mostra a Figura 14.17. Para isso, usaremos uma lista dinâmica encadeada, como visto na Seção lista dinâmica encadeada. Assim, o custo máximo das operações de inserção será $O(1)$, enquanto o custo das operações de remoção e busca no multiconjunto é sempre $O(N)$.

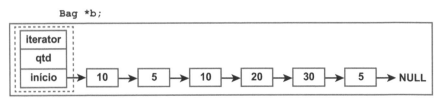

Figura 14.17

Antes de começar a implementar o nosso multiconjunto, é preciso definir o tipo de dado que será armazenado nele. Um multiconjunto pode armazenar qualquer tipo de informação. Para tanto, é necessário que especifiquemos isso na sua declaração. Como estamos trabalhando com modularização, precisamos também definir o **tipo opaco** que representa nosso conjunto. Nesse caso, iremos utilizar um **nó descritor** para armazenar qualquer informação que julgarmos necessária e que facilite a manipulação do conjunto. Além disso, também precisamos definir o conjunto de funções que será visível para o programador que utilizar a biblioteca que estamos criando.

> No arquivo **Bag.h**, iremos declarar tudo aquilo que será visível para o programador.

Vamos começar definindo o arquivo **Bag.h**, ilustrado na Figura 14.18. Primeiramente, temos que definir:

- para fins de padronização, criamos um novo nome para o tipo *Bag* (linha 1). Esse é o tipo que será usado sempre que se desejar trabalhar com um multiconjunto;
- as funções disponíveis para se trabalhar com esse multiconjunto e que serão implementadas no arquivo **Bag.c** (linhas 3-13).

Nesse exemplo, optamos por armazenar em cada nó apenas um valor inteiro (chave).

> No arquivo **Bag.c**, iremos definir tudo aquilo que deve ficar oculto do usuário da nossa biblioteca e implementar as funções definidas em **Bag.h**.

Basicamente, o arquivo **Bag.c** (Figura 14.18) contém apenas:

- as chamadas às bibliotecas necessárias à implementação do conjunto (linhas 1-3);
- a definição do tipo de cada nó da lista dinâmica encadeada, **struct NO** (linhas 5-9);
- a definição do tipo que define o **nó descritor**, **struct descritor** (linhas 11-16);
- as implementações das funções definidas no arquivo **Set.h**. As implementações dessas funções serão vistas nas seções seguintes.

Conjunto e Multiconjunto

Note que a **struct NO** nada mais é do que uma estrutura contendo dois campos:

- um ponteiro **prox** que indica o próximo elemento (também do tipo **struct NO**) dentro da lista dinâmica encadeada;
- um campo **valor** do tipo **int**, que é o tipo de dado a ser armazenado no multiconjunto.

Note também que a **struct descritor** nada mais é do que uma estrutura contendo três campos:

- um ponteiro **inicio** (do tipo *struct* **NO**), o qual será usado para armazenar o início da lista dinâmica;
- um campo **qtd**, do tipo **int**, que armazena a quantidade de nós atualmente no multiconjunto;
- um ponteiro *iterator*, também do tipo **struct NO**, o qual será utilizado caso se precise recuperar, em sequências, os elementos multiconjunto.

Por estar definido dentro do arquivo **Bag.c**, os campos dessas estruturas não são visíveis pelo usuário da biblioteca no arquivo **main()**, apenas o seu outro nome definido no arquivo **Bag.h** (linha 1), que pode apenas declarar um ponteiro para ele da seguinte forma:

Bag *b;

Arquivo Bag.h

```
01      typedef struct descritor Bag;
02
03      Bag* criaBag();
04      void liberaBag(Bag* b);
05      int insereBag(Bag* b, int num);
06      int removeBag(Bag* b, int num);
07      int tamanhoBag(Bag* b);
08      void imprimeBag(Bag* b);
09      int consultaBag(Bag* b, int num);
10      void beginBag(Bag *b);
11      int endBag(Bag *b);
12      void nextBag(Bag *b);
13      void getItemBag(Bag *b, int *num);
```

Arquivo Bag.c

```
01      #include <stdio.h>
02      #include <stdlib.h>
03      #include "Bag.h" //inclui os protótipos
04
05      //Definição do tipo Bag
06      struct NO{
07          int valor;
08          struct NO *prox;
09
10      };
11      //Definição do Nó Descritor
12      struct descritor{
13          struct NO *inicio;
14          int qtd;
15          struct NO *iterator;
16      };
```

Figura 14.18

Criando e destruindo um multiconjunto

Para utilizar um multiconjunto em seu programa, a primeira coisa a fazer é criar um multiconjunto vazio. Essa tarefa é executada pela função descrita na Figura 14.19. Basicamente, o que essa função faz é a alocação de uma área de memória para o multiconjunto (linha 2). Essa área corresponde à memória necessária para armazenar a estrutura que define o nó descritor do multiconjunto, **struct descritor**. Em seguida, essa função inicializa os três campos desse nó descritor (linhas 4-6):

- **inicio**, que aponta para o elemento que está no início da lista, recebe **NULL**;
- **qtd**, que indica a quantidade de elementos no multiconjunto, recebe **ZERO** (ou seja, nenhum elemento no multiconjunto);
- **iter**, usado para percorrer os elementos da lista, recebe **NULL**.

A Figura 14.20 indica o conteúdo do nosso ponteiro **Bag* b** após a chamada da função que cria o multiconjunto.

Criando um multiconjunto
01   Bag* criaBag(){
02   Bag* b = (Bag*) malloc(**sizeof**(Bag));
03   **if**(b != NULL){
04   b->inicio = NULL;
05   b->qtd = 0;
06   b->iterator = NULL;
07   }
08   **return** b;
09   }

Figura 14.19

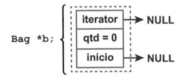

Figura 14.20

A Figura 14.21 mostra o código utilizado para liberar um multiconjunto. Essa função recebe como parâmetro o multiconjunto a ser liberado e verifica se ele é válido, ou seja, se a tarefa de criação do multiconjunto foi realizada com sucesso (linha 2). Em seguida, é necessário liberar a lista dinâmica encadeada que define o multiconjunto.

> O campo **início** do multiconjunto é implementado como uma lista dinâmica com acesso encadeado. Assim, é preciso percorrer toda a lista liberando a memória alocada para cada nó inserido nela.

Conjunto e Multiconjunto

Para liberar o campo **início**, percorremos seus elementos até que o conteúdo de **início** seja diferente de **NULL**, o final da lista (linha 4). Enquanto não chegamos ao final da lista, liberamos a memória do elemento que se encontra atualmente no campo **início** e avançamos para o próximo (linhas 5-7). Terminado esse processo, liberamos a memória alocada para o nó descritor do multiconjunto (linha 9). Esse processo é melhor ilustrado pela Figura 14.22, a qual mostra a liberação de um multiconjunto.

```
                Destruindo um multiconjunto
01      void liberaBag(Bag* b){
02          if(b != NULL){
03              struct NO* no;
04              while(b->inicio != NULL){
05                  no = b->inicio;
06                  b->inicio = b->inicio->prox;
07                  free(no);
08              }
09              free(b);
10          }
11      }
```

Figura 14.21

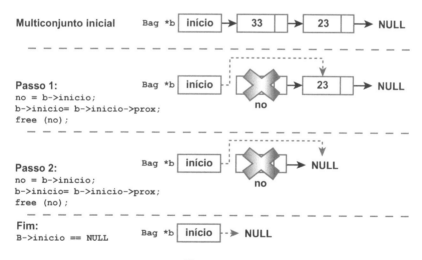

Figura 14.22

Inserindo e removendo um elemento do multiconjunto

A tarefa de inserir um novo elemento em um multiconjunto é bastante simples, como mostra a Figura 14.23. O primeiro passo é verificar se o ponteiro **Bag *b** é igual a **NULL**. Essa condição seria verdadeira, se tivesse um problema na criação do multiconjunto. Nesse caso, optamos por retornar o valor **0** para indicar um multiconjunto inválido (linha 3).

> A inserção de um elemento no multiconjunto é idêntica à inserção no início de uma **lista dinâmica encadeada**.

Basicamente, o que temos que fazer é alocar espaço para o novo elemento do multiconjunto (linhas 4-5) e mudar os valores de alguns ponteiros. Como se trata de uma inserção no início de uma lista dinâmica encadeada, temos de fazer o novo elemento apontar para o início da lista (linhas 8-10). Assim, o elemento **no** passa a ser o início da lista enquanto o antigo início passa a ser o próximo elemento da lista. Por fim, mudamos o conteúdo do "início" da lista (linha 10) para que ele passe a ser o nosso elemento **no**, incrementamos a quantidade de elementos no multiconjunto e retornamos o valor **1** (linhas 11-12), indicando sucesso na operação de inserção. Esse processo é melhor ilustrado pela Figura 14.24.

```
                    Inserindo um elemento no multiconjunto
01      int insereBag(Bag* b, int num){
02          if(b == NULL)
03              return 0;
04          struct NO* no;
05          no = (struct NO*) malloc(sizeof(struct NO));
06          if(no == NULL)
07              return 0;
08          no->valor = num;
09          no->prox = b->inicio;
10          b->inicio = no;
11          b->qtd++;
12          return 1;
13      }
```

Figura 14.23

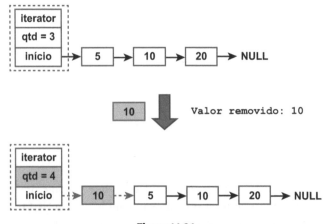

Figura 14.24

Conjunto e Multiconjunto

Diferente da inserção, a operação de remoção do multiconjunto exige mais trabalho, já que é necessário procurar todas as ocorrências do elemento a ser removido, o qual pode estar no início, no meio ou no final da lista.

A operação de remoção do multiconjunto é apresentada na Figura 14.25. Primeiramente, temos que percorrer a lista que define o multiconjunto, enquanto não chegamos ao seu final (linha 8). Note que, além do elemento **no**, inicializado com o início da lista (linha 7), também armazenamos o elemento anterior a ele (**ant**), o qual é necessário em uma remoção no meio da lista.

Para cada elemento da lista, verificamos se ele é igual ao valor procurado (linha 9). Se for diferente, avançamos para o próximo elemento da lista (linhas 21-22). Se o valor for igual ao procurado, verificamos se ele está no início da lista ou não (linha 11). Se a remoção for no início da lista, é necessário mudar o valor do campo **inicio** do multiconjunto (linhas 12-14). Nesse caso, o ponteiro **no** continua apontando para o início da lista para não pular nenhum elemento. Caso contrário, a remoção é no meio ou no final da lista (linhas 16-18). Basta apenas fazer os elementos **ant** e **no** apontarem para o elemento seguinte a **no**. Nos dois casos, a memória associada ao elemento **no** deve ser liberada (linhas 13 e 17). Por fim, diminuímos a quantidade de elementos no multiconjunto e retornamos o valor **cont** (linha 25), o qual contém o número de remoções realizadas. Esse processo é melhor ilustrado pela Figura 14.26.

```
                Removendo um elemento do multiconjunto
01      int removeBag(Bag* b, int num){
02          if(b == NULL)
03              return 0;
04          int cont = 0;
05          struct NO *ant;
06          struct NO *no = b->inicio;
07          while(no != NULL){
08              if(no->valor == num){
09                  cont++;
10                  if(b->inicio == no){//remover o primeiro?
11                      b->inicio = no->prox;
12                      free(no);
13                      no = b->inicio;
14                  }else{
15                      ant->prox = no->prox;
16                      free(no);
17                      no = ant->prox;
18                  }
19              }else{
20                  ant = no;
21                  no = no->prox;
22              }
23          }
24          b->qtd = b->qtd - cont;
25          return cont;
26      }
```

Figura 14.25

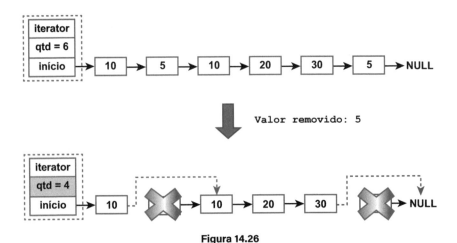

Figura 14.26

Tamanho do multiconjunto

Saber o tamanho de um multiconjunto é uma tarefa relativamente simples. Isso porque seu **nó descritor** possui um campo inteiro (**qtd**) que indica a quantidade de elementos inseridos na lista dinâmica encadeada usada para representar o multiconjunto, como mostra a Figura 14.18.

> Basicamente, retornar o tamanho de um multiconjunto consiste em retornar o valor do seu campo **qtd**.

A implementação da função que retorna o tamanho do multiconjunto é mostrada na Figura 14.27. Note que essa função, em primeiro lugar, verifica se o ponteiro **Bag *b** é igual a **NULL**. Essa condição seria verdadeira, se tivesse um problema na criação do multiconjunto e, nesse caso, não teríamos um multiconjunto válido para trabalhar (linhas 2-3). Porém, se o multiconjunto foi criado com sucesso, então é possível acessar o seu campo **qtd** e retornar o seu valor (linha 5).

Tamanho do multiconjunto
01   `int tamanhoBag(Bag* b) {`
02   `if(b == NULL)`
03   `return 0;`
04
05   `return b->qtd;`
06   `}`

Figura 14.27

Busca por um elemento do multiconjunto

Saber se um elemento existe dentro do multiconjunto é uma tarefa muito simples.

Conjunto e Multiconjunto

> Basicamente, devemos percorrer a lista dinâmica encadeada que define o multiconjunto e retornar a quantidade de elementos com o valor procurado.

A implementação da função que verifica se um elemento existe no multiconjunto é mostrada na Figura 14.28. Primeiramente, devemos verificar se temos um multiconjunto válido para se trabalhar e, no caso dele ser inválido, retornar o valor **0**, indicando erro na operação de busca (linhas 2-3). Porém, se temos um multiconjunto válido, é necessário percorrer a lista até o seu final (linha 6). Para isso, usamos um ponteiro auxiliar **no**, inicializado com o início da lista (linha 4). Enquanto não chegarmos ao final, iremos verificar cada elemento da lista e contar quantos deles possuem valor igual ao valor procurado (linhas 7-8) e avançar para o próximo (linha 9). Terminado esse processo, retornamos à quantidade de elementos com valor igual ao procurado, **cont** (linha 12).

```
Consultando um elemento do multiconjunto
01    int consultaBag(Bag* b, int num){
02        if(b == NULL)
03            return 0;
04        struct NO *no = b->inicio;
05        int cont = 0;
06        while(no != NULL){
07            if(no->valor == num)
08                cont++;
09            no = no->prox;
10        }
11
12        return cont;
13    }
```

Figura 14.28

Percorrendo os elementos do multiconjunto

Em algumas aplicações, como no caso do multiconjunto, é preciso percorrer e acessar todos os elementos da estrutura de dados. Para realizar essa tarefa, podemos utilizar um ***iterator***.

> Um ***iterator*** é um padrão de projeto comportamental que nos fornece uma forma de acessar, sequencialmente, todos os elementos de uma estrutura de dados, mas sem expor sua representação interna para o usuário.

Por meio do ***iterator*** podemos percorrer e acessar todos os elementos da nossa estrutura usando um simples comando de repetição e de forma similar ao que é feito com um *array*, como mostra a Figura 14.29.

Percorrendo os elementos de um multiconjunto

```
01   //percorrendo um array
02   int i, V[3] = {5,10,15};
03   for(i = 0; i < 3; i++){
04      printf("array: %d:\n",V[i]);
05   }
06
07   //iterator
08   Bag *b = criaBag();
09   insereBag(b,5);
10   insereBag(b,10);
11   insereBag(b,15);
12
13   for(beginBag(b); !endBag(b); nextBag(b)){
14      getItemBag(b, &x);
15      printf("Iterator %d:\n",x);
16   }
```

Figura 14.29

Para definir o *iterator* para nossa estrutura, é necessário definir as quatro funções que irão gerenciar o *iterator*. São elas:

- *beginBag*: função que incializa o *iterator*;
- *endBag*: função que verifica se chegamos ao último elemento da estrutura;
- *nextBag*: função que movimenta o *iterator* para o próximo elemento da estrutura;
- *getItemBag*: função que retorna, por referência, o valor do elemento atualmente apontado pelo *iterator*.

A implementação dessas funções é mostrada na Figura 14.30. Como o nosso multiconjunto foi implementado utilizando uma lista dinâmica encadeada, o processo de implementação do *iterator* é bastante simples: ele é, basicamente, um ponteiro auxiliar igual ao que aponta para o início da lista. Assim, as funções:

- *beginBag*: inicializa o campo *iterator* com o campo início do multiconjunto;
- *endBag*: verifica se o campo *iterator* é igual a **NULL** (final da lista dinâmica encadeada);
- *nextBag*: atribui ao campo *iterator* o próximo elemento da lista, se ele existir;
- *getItemBag*: retorna, por referência, o valor associado ao campo *iterator*, se este for diferente de **NULL**.

Conjunto e Multiconjunto

Percorrendo os elementos de um multiconjunto

```
01    void beginBag(Bag *b){
02        if(b == NULL)
03            return;
04        b->iterator = b->inicio;
05    }
06    int endBag(Bag *b){
07        if(b == NULL)
08            return 1;
09        if(b->iterator == NULL)
10            return 1;
11        else
12            return 0;
13    }
14    void nextBag(Bag *b){
15        if(b == NULL)
16            return;
17        if(b->iterator != NULL)
18            b->iterator = b->iterator->prox;
19    }
20    void getItemBag(Bag *b, int *num){
21        if(b == NULL)
22            return;
23        if(b->iterator != NULL)
24            *num = b->iterator->valor;
25    }
```

Figura 14.30

Exercícios

1) Quais atributos definem a estrutura de dados conjunto?

2) Quais atributos definem a estrutura de dados multiconjunto?

3) Qual a diferença entre um conjunto e um multiconjunto?

4) O que é um *iterator*? Qual o seu propósito?

5) Implemente a estrutura de dados conjunto usando como base um multiconjunto.

6) Suponha que você queira definir um operador de igualdade para multiconjunto. Um multiconjunto é igual a outro se eles tiverem o mesmo número de elementos e cada elemento ocorrer no outro multiconjunto o mesmo número de vezes. Implemente essa função.

7) Implemente uma função que verifique se um multiconjunto possui elementos duplicados.

8) Implemente uma função que verifique se um multiconjunto possui elementos que se repetem pelo menos três vezes.

9) Implemente uma função que adicione os elementos de um multiconjunto ao fim de outro multiconjunto.

10) Implemente uma função que receba dois conjuntos, A e B, e devolva a diferença entre eles em um novo conjunto C = A – B.

15

Usos e Aplicações das Estruturas de Dados

Quando estamos desenvolvendo uma aplicação, pode ser necessário utilizar uma estrutura de dados. Porém, nem todas as estruturas de dados são adequadas para resolver um determinado problema. Assim, neste capítulo, veremos quando e por que usar cada uma das estruturas de dados vistas ao longo deste livro.

> **Estruturas (*structs*)** devem ser utilizadas sempre que se tem uma coleção de dados que precisam ser manipulados de forma conjunta.

Uma **estrutura** pode ser vista como um conjunto de variáveis sob o mesmo nome, e cada uma delas pode ter qualquer tipo (ou o mesmo tipo). A ideia básica por trás da estrutura é criar apenas um tipo de dado que contenha vários membros, que nada mais são do que outras variáveis. Em outras palavras, uma estrutura é uma variável que contém dentro de si outras variáveis, o que permite uma manipulação mais conveniente dos dados. Além disso, as estruturas possuem alto desempenho no acesso à memória e são fundamentais para a construção de quase todas as estruturas de dados conhecidas, como listas, filas, pilhas, árvores, grafos etc.

> ***Arrays*** devem ser utilizados sempre que soubermos a quantidade de dados que será armazenada e precisarmos de acesso aleatório a esses dados.

Nunca subestime o poder dos *arrays*. Basicamente, um *array* é uma estrutura de dados linear utilizada para armazenar e organizar dados em um computador. Trata-se de uma estrutura de dados muito útil quando sabemos antecipadamente a quantidade de dados que devemos armazenar. O acesso aos elementos é extremamente rápido, $O(1)$, de forma sequencial ou aleatória, por meio do índice. Além disso, eles ocupam menos memória do que as listas dinâmicas, por não possuir ponteiros ligando os dados. Sua desvantagem é o alto custo das operações de inserção e remoção no meio do *array*, pois envolvem o deslocamento de elementos.

Array são estruturas de dados com alto desempenho no acesso à memória e fundamentais para a construção de outras estruturas de dados, como:

- em uma lista sequencial estática;
- em uma fila estática;
- em uma pilha estática;
- em uma tabela *Hash*.

> **Listas** devem ser utilizadas sempre que se deseja armazenar dados como em um *array*, mas não sabemos a quantidade e não precisamos de acesso aleatório aos dados.

Uma lista é uma estrutura de dados linear utilizada para armazenar e organizar dados em um computador. Trata-se de uma estrutura muito similar a *array*. No entanto, nas listas, principalmente nas dinâmicas, não precisamos saber antecipadamente a quantidade de dados que serão armazenados;

a lista pode crescer ou diminuir à medida que os dados são inseridos ou removidos. Além disso, podemos inserir dados no meio da lista sem nenhum custo extra, diferente dos *arrays*, em que esse tipo de inserção envolve o deslocamento de elementos. Infelizmente, todos esses benefícios vem com uma desvantagem: não temos acesso aleatório às posições da lista. Desse modo, não podemos acessar diretamente uma posição do meio, nem fazer uma busca binária.

Listas são utilizadas de forma indireta com outras aplicações ou estruturas de dados, como:

- implementação de filas e pilhas;
- representar um baralho de cartas;
- representar um polinômio e implementar operações entre dois polinômios;
- tratamento de colisões em tabelas *Hash* (encadeamento separado ou *separate chaining*);
- representação de um grafo por lista de adjacência;
- sistema de arquivos FAT;
- matriz esparsa: uso de listas encadeadas contendo somente os elementos não nulos;
- representação de números muito grandes.

Filas devem ser utilizadas sempre que se deseja processar itens de acordo com a ordem de chegada.

Nas filas, a inserção de um item é feita de um lado enquanto a remoção é feita do outro lado. Ou seja, se quisermos acessar determinado elemento da fila, devemos remover todos os que estiverem à frente dele. Desse modo, filas podem ser usadas para armazenar e controlar o fluxo de dados em um computador, ou o acesso aos seus recursos, como:

- gerenciamento de documentos enviados para a impressora;
- processamento de tarefas em multiprogramação.

Filas também são utilizadas de forma indireta com outras aplicações ou estruturas de dados, como:

- busca em largura em grafos e árvores;
- fila de prioridade;
- soma de inteiros (super) longos;
- manipulação de uma sequência de caracteres;
- transferência de dados assíncrona;
- lista de reproduções em tocadores de MP3.

Pilhas devem ser utilizadas sempre que se necessita voltar em tarefas ou itens na ordem inversa da que elas foram percorridas.

Nas pilhas, inserção e remoção são realizadas sempre no topo. Ou seja, se quisermos acessar determinado elemento da pilha, devemos remover todos os que estiverem sobre ele. Desse modo, pilhas podem ser usadas para manter um histórico de tarefas ou ações, como:

- histórico do seu navegador de internet;
- listas de formatações feitas em um editor de texto e que podem ser desfeitas com o comando desfazer.

Essa funcionalidade da pilha também permite a criação de algoritmos de *backtracking*, ou seja, esses algoritmos, ao desempilhar os elementos da pilha, são capazes de percorrer tarefas ou itens na ordem inversa da que eles foram colocados na pilha. Uma aplicação simples de *backtraking* é um algoritmo para achar a solução de um labirinto: à medida que se avança no labirinto, podemos guardar o caminho que já foi percorrido. Sempre que encontramos um beco sem saída, podemos voltar no caminho desempilhando a pilha e escolhendo uma nova rota.

Pilhas também são utilizadas de forma indireta com outras aplicações ou estruturas de dados, como:

- gerenciamento de memória em ambientes Java, C++, FORTRAN etc.;
- chamada e retorno de funções;
- processamento de estruturas aninhadas de profundidade imprevisível;
- processamento de expressões aritméticas (prefixa, infixa e pós-fixa);
- conversão de números decimais em binários;
- implementação do *Quicksort* sem recursão.

> **Tabelas *Hash*** devem ser utilizadas sempre que se necessita de velocidade no acesso a pares de dados do tipo **valor/chave** e a ordenação dos dados não é necessária.

Nas tabelas *Hash*, a inserção e a busca são realizadas em tempo constante, $O(1)$. Isso porque esse tipo de estrutura usa uma chave para acessar de forma rápida determinada posição do *array* em que os valores estão espalhados. Desse modo, tabelas *Hash* podem ser usadas para:

- construção de dicionários e *arrays* associativos (por exemplo, listas de telefones, catálogo de produtos etc.);
- recuperação rápida de informação;
- verificação de exclusividade (se aquele item é único);

Tabelas *Hash* também são utilizadas de forma indireta com outras aplicações ou estruturas de dados, como:

- busca de elementos em base de dados: estruturas de dados em memória, bancos de dados e mecanismos de busca na internet;
- verificação de integridade de dados e autenticação de mensagens: os dados são enviados juntamente com o resultado da função de *hashing*. Quem receber os dados recalcula a função de *hashing* usando os dados recebidos e compara o resultado obtido com o que ele recebeu. Se os resultados forem diferentes, houve erro de transmissão;

- armazenamento de senhas com segurança: a senha não é armazenada no servidor, mas sim o resultado da função de *hashing*;
- implementação da tabela de símbolos dos compiladores;
- criptografia: MD5 e família SHA (*Secure Hash Algorithm*);
- tabelas de roteamento;
- reconhecimento de palavras e detecção de erros de ortografia (dicionário de palavras).

> **Grafos** devem ser utilizados sempre que se necessita representar um conjunto de objetos e explorar as suas relações.

Grafo é um modelo matemático que representa os objetos (vértices) de determinado conjunto e as relações (arestas) que existem entre eles. Grafos são ideais para se estudar as relações entre objetos e possuem uma grande quantidade de algoritmos desenvolvidos para essa finalidade. Desse modo, grafos podem ser usados para modelar e estudar:

- redes sociais: relações de parentesco ou amizade entre pessoas;
- redes de transporte, tecnológicas e de serviços: melhor trajeto em uma rodovia, como a informação flui em uma rede de computadores, se existem falhas em uma rede elétrica etc.;
- organização de dados: tarefas de um projeto e o pré-requisito entre elas;
- lugares de um mapa: estradas que existem ligando os lugares, qual o melhor caminho;
- sociologia: medir o prestígio de atores, explorar como boatos se espalham etc.

Grafos são virtualmente capazes de modelar qualquer tipo de problema. Por esse mesmo motivo, existem inúmeros algoritmos desenvolvidos para os mais diversos fins. Os grafos também são utilizados de forma indireta com outras aplicações ou estruturas de dados, como:

- procurar a saída de um labirinto;
- verificar se uma rede de computadores está funcionando direito ou não (grafo completamente conexo);
- implementar a ferramenta de preenchimento do Photoshop (balde de pintura);
- roteamento: encontrar um número mínimo de *hops* em uma rede. Os *hops* são os vértices intermediários no caminho correspondente à conexão;
- achar o menor caminho entre duas cidades vértices (melhor trajeto);
- em algoritmos de roteamento: protocolos de roteamento dinâmicos (OSPF, IS-IS), algoritmo A* (planejamento de rota);
- programar robôs para explorar áreas;
- procurar a rede celular GSM na vizinhança (coloração de grafos);
- achar o melhor meio de conectar um conjunto de prédios por fibras ópticas (árvore geradora de custo mínimo).

> **Árvores** devem ser utilizadas sempre que se necessita representar um conjunto de objetos e explorar as suas relações **hierárquicas**.

Uma árvore é um tipo especial de **grafo**. Ou seja, como o grafo, a árvore também é um modelo matemático que representa os objetos de determinado conjunto. No entanto, enquanto o grafo permite modelar as relações entre objetos de um conjunto, a árvore modela as relações hierárquicas entre esses objetos. Assim, qualquer problema em que exista algum tipo de hierarquia pode ser representado com uma árvore:

- relações de descendência (pai, filho etc.);
- diagrama hierárquico de uma organização;
- campeonatos de modalidades desportivas;
- taxonomia;
- busca de dados armazenados no computador;
- representação de espaço de soluções (ex: jogo de xadrez);
- modelagem de algoritmos.

Além disso, as árvores possuem um tempo de execução rápido $O(\log N)$, se a árvore estiver balanceada para todas as operações; inserção, remoção e busca. Isso permite encontrar facilmente valores mínimos e máximos, percorrer os elementos, e inserir elementos aleatoriamente. As árvores também são úteis na manutenção de estruturas nas quais a ordem é importante, pois permite armazenar dados ordenados de forma eficiente e com rápido acesso. Por esse mesmo motivo, existem vários tipos de árvores desenvolvidas para os mais diversos fins: árvore binária, árvore AVL, árvore B etc. Além disso, as árvores são utilizadas de forma indireta com outras aplicações ou estruturas de dados, como:

- o processamento de expressões aritméticas (prefixa, infixa e pós-fixa);
- codificação de Huffman (código de compressão de dados);
- processos de decisão (árvore de decisão);
- detecção de colisão em jogos (*quadtree* e *octree*);
- particionamento de espaço para indexação espacial (*quadtree* e *octree*);
- indexar informação de uma posição geográfica (árvores R);
- gerenciamento de banco de dados e sistemas de arquivos (árvores B);
- representar as possibilidades de jogadas para um jogador a partir de um estado do jogo (*game tree*).

Referências bibliográficas

AHO, A.V.; ULLMAN, J. D.; HOPCROFT, J. E. *Data Structures and Algorithms*. 1. ed. Boston: Addison-Wesley, 1983.

ASCENCIO, A. F. G.; ARAÚJO, G. S. *Estruturas de Dados*: algoritmos, análise da complexidade e implementações em JAVA e C/C++. 1. ed. São Paulo: Pearson, 2015.

BACKES, A. *Linguagem C*: completa e descomplicada. 2. ed. Rio de Janeiro: LTC, 2018.

BOAVENTURA NETTO, P. O. *Grafos*: teoria, modelos, algoritmos. 4. ed. São Paulo: Blucher, 2006.

CORMEN, T. *Algoritmos*: teoria e prática. 3. ed. Rio de Janeiro: LTC, 2012.

DROZDEK, A. *Estruturas de dados e algoritmos em C++*. São Paulo: Cengage Learning, 2002.

SEDGEWICK, R. *Algorithms in C*. 3. ed. Boston: Addison-Wesley, 2002.

TENENBAUM, A. M.; LANGSAM, Y.; AUGENSTEIN, M. J. *Estrutura de Dados Usando C*. São Paulo: Makron Books, 1995.

ZIVIANI, N. *Projeto de Algoritmos*. 2. ed. São Paulo: Pioneira, 2004.

Índice alfabético

A
Acessando
  e mudando a cor dos nós da árvore rubro-negra, 421
  o conteúdo de um ponto, 76
  o elemento no topo da pilha, 282, 293
Acesso
  encadeado, 82
  sequencial, 82
Agrupamento secundário, 316
Ajuste de cores, 418
Algoritmo(s), 3
  básicos de ordenação, 29
  bubble sort, 29, 32
  counting sort, 48
  de busca, 342
    em largura, 346
    em profundidade, 343
  de Dijkstra, 349
  de Kruskal, 358
  de Prim, 355
  heap sort, 44
  insertion sort, 34, 35, 50
  merge sort, 37
  quick sort, 40
  selection sort, 32
  sofisticados de ordenação, 37
Alocação
  de memória, 4
  dinâmica, 5, 7, 82, 87, 195, 196, 242, 274
  estática, 4, 7, 82, 87, 195, 196, 242, 273
Altura e nível da árvore, 367
Análise
  assintótica, 18
  de algoritmos, 9
  de complexidade, 102, 126, 151, 179, 191, 206, 217, 283, 294
  empírica, 9
  matemática, 9, 10
Ancestral, 366
Arco, 326
Arestas, 326, 365
  múltiplas, 329
Arrays, 482
  estático, 469
  ordenado, 223, 229
Árvore(s), 486
  AVL, 394, 395
  binária(s), 368
    cheia, 369
    de busca, 384, 385, 458
      balanceada, 393, 439
    quase completa, 370, 394, 397, 417
    simétricas, 417
  definição, 365
  estritamente binária, 369
  geradora
    de custo mínimo, 353
    mínima, 353
  implementação usando
    acesso encadeado, 371
    um *array* (*heap*), 370
  informações básicas, 377
  rubro-negra, 417
    caída para a esquerda, 418
    implementando uma, 419
Atribuindo um valor ao ponto, 77

B
Backtracking, 343, 344
Busca
  binária, 63, 64
  em *arrays*, 59
  em largura, 346
  em profundidade, 343
  em um *array* de *struct*, 64, 65
  por conteúdo na lista, 101, 126, 150, 179
  por posição na lista, 100, 125, 149, 178
  por um elemento
    da lista, 100, 148, 177
    do conjunto, 464
    do multiconjunto, 476
  skip list, 455
  sequencial ou linear, 60
  ordenada, 61, 62

C
Calculando a
  distância entre dois pontos, 77
  posição da chave, 305
Caminho(s), 327, 366
  euleriano, 342
  fechado, 328
  geodésico, 349
  hamiltoniano, 341
  mais curto, 349
  simples, 328
Chave de busca, 60
Ciclo(s), 327
  euleriano, 341
  hamiltoniano, 341
Classes de problemas, 21
Comando
  do-while, 30, 31
  if, 11
Complexidade
  computacional, 9
  para a ordenação externa, 59
Componente conexa, 353
Comportamento assintótico, 13, 14
Comprimento
  do caminho, 328
  do ciclo, 328
Conjunto, 457
Consulta, 103, 127, 151, 180, 191
Consultando
  o deque, 254
    dinâmico, 269
  o elemento no início da fila de prioridades, 216, 232
  um nó da árvore em uma árvore binária de busca, 391
Contando instruções de um algoritmo, 10
Criando
  a TAD

árvore binária, 372
conjunto, 458
multiconjunto, 470
skip list, 440
tabela *Hash*, 301
e destruindo
  um conjunto, 460
  um deque, 245, 258
  um grafo, 334
  um multiconjunto, 472
  uma árvore, 375
  uma fila, 225
  uma lista, 86, 110, 131,
    162, 183
  uma pilha, 277, 287
  uma *skip list*, 443
  uma tabela *Hash*, 302
  um ponto, 75
  uma fila usando uma
    lista, 217
  uma lista, 87
  uma pilha usando uma
    lista, ≈295
Custo dominante, 12

D
Dados
  aleatórios, 10
  estruturados, 69
  não ordenados, 29
  perversos, 10
Definindo o tipo
  árvore binária, 372
  deque
    dinâmico, 256
    estático, 243
  fila
    de prioridades, 223
    dinâmica encadeada, 208
    sequencial estática, 197
  grafo, 331
  lista
    com nó descrito, 181
    dinâmica
      duplamente encadeada,
        159
      encadeada, 108
      circular, 129
    sequencial estática, 84
  pilha
    dinâmica encadeada, 285
    sequencial estática, 275
  tabela *Hash*, 301
Deque, 240
  cheio, 247, 261
  definição, 241
  dinâmico, 242, 255
    inserindo no

final do, 265
início do, 263
removendo do
  final do, 268
  início do, 266
tamanho do, 261
estático, 242, 243
  inserindo no
    final do, 250
    início do, 249
  removendo do
    final do, 253
    início do, 251
  informações básicas, 246, 260
  removendo um elemento do,
    251, 266
  tamanho do, 247
  vazio, 248, 262
Destruindo
  um ponto, 76
  uma lista, 87
Diferença entre as árvores AVL
  e rubro-negra, 418
Dígrafos, 326
Direção das arestas, 326
Duplo *hash*, 316

E
Encadeamento separado, 320
Encapsulamento, 70
Endereçamento aberto, 313
Entrada de dados, 4
Escolha do pivô, 41
Estrutura, 482
  de dados, 4, 69
  do tipo file, 71

F
Fator de balanceamento, 394,
  395
Fila(s), 81, 194, 346, 483
  cheia, 201, 212, 227
  de espera, 195
  de prioridade, 221-223, 227,
    229, 233, 235, 237
  definição, 195
  dinâmica encadeada,
    206, 207, 210, 211, 214,
    215, 212
  informações básicas, 227
  sequencial estática, 197, 199,
    201, 203, 205, 206, 210
  vazia, 202, 213, 228
Filho, 366
Flexibilidade, 70
Fórmula fechada, 23, 24
Função
  criaArquivosOrdenados, 55
  criaHeap, 46

de *hashing*, 305
heapSort, 46, 47
mergeSort, 37
mergeSortexterno, 54
preencheBuffer, 58
quickSort, 55
recursiva, 22

G
Grafo(s), 323, 326, 485, 486
  acíclico, 328, 366
  bipartido, 339
  completo, 338
  conexo, 339, 366
  definição, 324
  desconexo, 339
  euleriano, 341
  hamiltoniano, 341
  isomorfos, 340
  ponderado, 341
  regular, 338
  semieuleriano, 342
  simples, 337
  trivial, 337
Grau
  de entrada, 327
  de saída, 327
  de um vértice, 326
  do nó e subárvores, 367

H
Hashing
  perfeito e imperfeito, 312
  universal, 311
Heap, 5, 6
  binária, 223

I
Implementação da fila de
  prioridades, 222
Informações básicas sobre
  a árvore, 377
  a fila, 227
  a lista
    dinâmica
      com nó descritor, 185
      duplamente encadeada,
        164
      encadeada, 111
      circular, 133
    sequencial estática, 87
  a pilha, 278, 288
  a *skip list*, 447
  o deque, 246, 260
Inserção
  e busca
    com tratamento de colisão,
      317
    sem colisão, 309

Índice alfabético

no final, 102, 127, 151, 180, 191
no início, 102, 126, 151, 179, 191
ordenada, 102, 127, 151, 180, 191
Inserindo
de forma ordenada na lista, 93, 117, 140, 170
e removendo um elemento
do conjunto, 461
do multiconjunto, 473
no final da lista, 92, 115, 138, 154, 168, 188
no final do deque
dinâmico, 265
estático, 250
no início da lista, 91, 114, 137, 153, 167, 187
no início do deque
dinâmico, 263
estático, 249
um elemento na
fila, 203, 214, 229
lista, 90, 114, 136, 166, 186
pilha sequencial estática, 280
skip list, 450
um elemento no deque, 249, 263
um nó da árvore, 384, 406
em uma árvore binária de busca, 385
em uma árvore rubro-negra, 427
uma aresta no grafo, 335
Insertion sort, 34
Instruções simples, 11
Intersecção de dois conjuntos, 468
Iterator, 464, 465

L

Laços, 327
Limite
assintótico
firme, 20
inferior, 18
superior, 19
superior, 17, 18
Lista(s), 81, 482, 483
cheia, 88, 113, 135, 165
convencional, 81
de adjacência, 330, 331
dinâmica com nó descritor, 183, 185, 186-189
dinâmica duplamente encadeada, 157, 159, 162, 164, 166-168, 170-179

dinâmica encadeada, 103-105, 110, 111, 114, 115, 117, 119, 124-126, 158, 162, 321, 439, 469, 474
circular, 127, 128, 131-138, 140, 143, 144, 146, 148-154, 156
com nó descritor, 180, 216
estática ou dinâmica, 87
linear estática, 83
sequencial estática, 83, 86-101, 104, 162
vazia, 89, 113, 135, 165

M

Matriz de adjacência, 330
Menor caminho entre dois vértices, 349
Merge sort externo, 53, 55
cria arquivos ordenados, 56
manipulando o *buffer*, 58
multiway merging, 57
Método
bubble sort, 30
counting sort, 49
da divisão, 305
da multiplicação, a função *hash*, 306
da sobra, 307
heap sort, 45
insertion sort, 35
merge sort, 38
quick sort, 41
selection sort, 33
Modularização, 73
Módulos, 73
Motivação, 10
Movendo os nós vermelhos da árvore rubro-negra, 424
Multiconjunto, 457, 469
Multigrafo, 329

N

Nível da árvore, 367
Nó(s), 365
da árvore
inserindo ou removendo um, 384
removendo um, 411, 431
de uma árvore binária de busca, 387
descritor, 180, 181, 212, 441
folha, 366
interno, 366
não terminal, 366
terminal, 366
Notação, 366
de ponteiros da árvore, 374
Grande-O, 16

O, 19
O e ω, 21
θ, 20
Ω, 18

O

Operação(ões)
básicas de
um deque, 242
um TAD, 72
uma fila, 196, 222
uma lista, 82
uma pilha, 274
de busca, 59
de inserção na lista, 82
de remoção da lista, 83
Ordem
constante, 21
cúbica, 21
exponencial, 21
fatorial, 21
linear, 21
log linear, 21
logarítmica, 21
quadrática, 21
Ordenação, 28
de um *array* de *struct*, 50, 51
estável, 29
externa, 29, 52
interna, 28
não estável, 29
por "bolha", 29
por contagem, 48
por *heap*, 44
por inserção, 34
por "partição", 40
por seleção, 32
Otimizando a remoção da lista sequencial estática, 99

P

Pai, 366
Percorrendo
os elementos do
conjunto, 464
multiconjunto, 477
uma árvore, 381
Percurso
em-ordem, 381, 382
pós-ordem, 381, 383
pré-ordem, 381
Pilha(s), 81, 272, 483, 484
cheia, 278, 290
definição, 273
dinâmica encadeada, 283, 288, 292
informações básicas, 278, 288
linear estática, 274

sequencial estática, 274, 280, 281
vazia, 279, 290
Pior caso do algoritmo, 12, 18
Pivô, 41
Ponteiro para ponteiro, 103, 105, 127
Preparando
a inserção na lista, 90, 114, 136, 166
a remoção da lista, 94, 119, 142, 172
Prioridade, 222
Problema da separação, 40
Processamento de dados, 4
Progressão aritmética, 17

R
Raiz, 366
Recorrência, 23
Regra da soma, 19
Relações de recorrências, 22, 23
Remoção
de um elemento específico, 102, 127, 151, 180, 191
do final, 102, 127, 151, 180, 191
do início, 102, 127, 151, 180, 191
Removendo
do final
da lista, 96, 121, 144, 174
do deque
dinâmico, 268
estático, 253
do início
da lista, 95, 120, 143, 156, 173
do deque
dinâmico, 266
estático, 251
um elemento
da fila
de prioridades, 231
dinâmica
encadeada, 215
sequencial estática, 205
da lista, 94, 119, 142, 172, 189

da pilha
dinâmica
encadeada, 292
sequencial estática, 281
da *skip list*, 452
do deque, 251, 266
específico da lista, 97, 122, 146, 175
um nó da árvore, 384, 411, 431
de uma árvore binária de busca, 387
uma aresta do grafo, 336
Representação de grafos, 329
Retornando se a lista está cheia, 89
Reutilização, 70
Rotação, 397, 418, 423
árvore rubro-negra, 423
dupla, 397
dupla à direita, 401
dupla à esquerda, 404
LL, 398
LR, 401
RL, 404
RR, 400
simples, 397
à direita, 398
à esquerda, 400

S
Saída de dados, 4
Segurança, 70
Selection sort, 16, 17, 32
Skip list, 438
definição, 439
informações básicas, 447
Sondagem
linear, 314
quadrática, 315
Stack, 4, 5, 6
Subgrafo, 339

T
Tabela *Hash*, 298, 299, 458, 484
TAD, 69, 70
grafo, 331
implementando um, 74
vantagens de usar, 70

Tamanho
da fila
de prioridades estática, 227
dinâmica encadeada, 212
sequencial estática, 201
da lista
dinâmica
duplamente encadeada, 164
encadeada, 111
circular, 134
sequencial estática, 88
da pilha sequencial estática, 278
do conjunto, 463
do deque, 247
dinâmico, 261
do multiconjunto, 476
Tipo(s)
abstrato de dados, 69
file, 70, 71
opaco, 72
de árvore, 368
de árvore binária, 369
de busca, 60
de dados, 69
de deques, 241
de filas, 195
de grafos, 337
de listas, 81
de pilhas, 273
Trabalhando com ponteiro, 106
para ponteiro, 104, 107
Tratamento de colisões, 312
Tratando uma *string* como chave, 308

U
União de dois conjuntos, 467

V
Vazamento de memória (*memory leak*), 5
Vértice(s), 325, 365
adjacentes, 326
final, 328
inicial, 328